高等院校教师教育公共课教材

现代教育学
Xiandai Jiaoyuxue
（第4版）

主编　扈中平

高等教育出版社·北京

内容简介

本书为《现代教育学》第 4 版，较全面地阐述了教育与教育学的概念及历史、教育与人和社会的关系、教育规律、教育原则、教育艺术、教育目的、学校制度、教师与学生、课程、教学、德育、班主任等教育学的基本问题，并用二维码关联了作者对重难点、知识点讲解的微视频和拓展学习资源，较好地呈现了教育理论与教育实践的内在关系和教育学的学科特性，既有利于提升读者的理论素养，又有利于启迪其实践智慧。

本书既可作为高等院校教育学公共课教材，也可作为备考教育学硕士和教育硕士的参考书，亦可作为教师资格考试用书。

图书在版编目（CIP）数据

现代教育学 / 扈中平主编. — 4 版. — 北京：高等教育出版社，2020.9（2023.5 重印）

ISBN 978-7-04-048632-2

Ⅰ. ①现… Ⅱ. ①扈… Ⅲ. ①教育学 – 教材 Ⅳ. ①G40

中国版本图书馆 CIP 数据核字（2017）第 243328 号

策划编辑	魏延娜	责任编辑	魏延娜	封面设计	李小璐	版式设计	马 云
插图绘制	于 博	责任校对	陈 杨	责任印制	田 甜		

出版发行	高等教育出版社	网　址	http://www.hep.edu.cn
社　址	北京市西城区德外大街 4 号		http://www.hep.com.cn
邮政编码	100120	网上订购	http://www.hepmall.com.cn
印　刷	北京鑫海金澳胶印有限公司		http://www.hepmall.com
开　本	787mm×1092mm 1/16		http://www.hepmall.cn
印　张	20.75	版　次	1999 年 9 月第 1 版
字　数	440 千字		2020 年 9 月第 4 版
购书热线	010-58581118	印　次	2023 年 5 月第 4 次印刷
咨询电话	400-810-0598	定　价	39.90 元

本书如有缺页、倒页、脱页等质量问题，请到所购图书销售部门联系调换
版权所有　侵权必究
物　料　号　48632-00

第4版前言

《现代教育学》自2010年发行第3版以来，获得更广泛的好评。高等教育出版社希望我们再做修订以推出第4版，非常感谢出版社对这本教材的厚爱！

按照出版社的要求，经过两年多的努力，我们对教材做了较大幅度的修改，删减了部分相对陈旧的内容，同时增补了教育理论界近年来的新成果，并对教育实践界的新动向给予了应有的关注。由于时间、精力和水平所限，本次修订仍然留有不少遗憾，一些好的想法和意图未能付诸修订。恳请广大师生和学界同仁提出宝贵意见。

本次修订由扈中平任主编。参与修订与撰写工作的是：扈中平（第一、二、四章），文雪（第三章），陈彩燕（第五章），王文岚、施雨丹（第六章），曾文婕（第七章），黄黎明（第八、九章），郑航（第十、十一章）。施雨丹对第六章的修订做了较多工作。第二章中"人性与教育"由肖绍明撰写，第四章中"'核心素养'视域下的教育目的"由邹小婷撰写。

扈中平负责全书统稿、定稿。

本次修订得到了高等教育出版社魏延娜编辑的大力支持，并提出了许多很好的意见和建议，对她的付出在此表示感谢！

本次修订中参阅了大量的中外文献及资料，并得到了广东省人文社会科学重点研究基地"华南师范大学现代教育研究与开发中心"的资助。在此向这些文献的作者及资助者一并表示感谢！

扈中平
2019年7月于广州

第3版前言

《现代教育学》自2005年发行第2版以来，选用院校逐年增加，已印刷了20余次，受到广泛好评。

2007年，《现代教育学》(第3版)被评定为普通高等教育"十一五"国家级规划教材，高等教育出版社对此高度重视并要求对这部教材作大幅度修改。本次修订重新组织了编写队伍，经过近三年的努力，对教材作了大幅度和深层次的修改，其中一半多的章节近乎重写，第五章"现代学校制度"为新增，替换了原有的"教育改革"一章。本次修订不仅涉及具体的观点、内容、资料，而且学术理念上也有所更新，特别是更加突出了复杂性理论和人性理论对教育学知识阐释的指导作用，从而使相关论述显得更有深度和说服力。当然，由于水平和时间所限，仍有不少遗憾，恳求广大读者提出宝贵意见。

修订中参阅了大量中外文献，在此向这些文献的作者表示谢意！

策划编辑张忠月女士对这次修订提出了不少有价值的建议，对她付出的心血在此表示感谢！

本次修订由扈中平任主编。参与修订与撰写工作的是：扈中平（第一、二、四章），文雪（第三章），陈彩燕（第五章），王文岚（第六章），曾文婕（第七章），黄黎明（第八、九章），郑航（第十、十一章）。陈彩燕、常淑芳、左璜参与了第一章的资料收集与整理工作。

扈中平负责全书统稿、定稿。

这次修订工作得到了广东省人文社会科学重点研究基地"华南师范大学现代教育研究与开发中心"的资助。

扈中平

2010年5月于华南师范大学

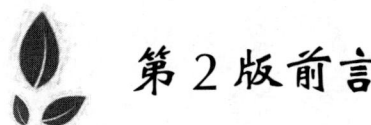

第 2 版前言

《现代教育学》自 2000 年出版以来，被全国多所师范院校选用，已印刷了近十次，产生了良好的反响。

近些年，教育理论和教育实践发展很快，我国素质教育的推进与新一轮基础教育课程改革提出了许多新的理论和实践问题。为了使本教材更好地适应和推动我国的教育改革，我们产生了修订这部教材的想法，恰好高等教育出版社也同样有这个计划，可谓不谋而合。

在修订中，我们有选择地吸收了近几年国内外教育理论和实践方面的新成果，以开阔眼界、启发思维。我们还特别注重对新课程改革中的理论和实践问题进行分析与阐释，以帮助师范生了解教育实际。修订后的教材理论上更加深刻，也更加贴近实际。但由于时间和水平所限，问题还会不少，恳请各位读者提出宝贵意见。

修订中参阅了一些新的中外文献，在此向这些文献的作者表示感谢！

策划编辑林丹瑚女士给了我们许多鼓励和有价值的建议，对本教材质量的提高大有裨益。责任编辑肖冬民先生为本书付出了大量心血，不胜感激！

负责具体修订工作的是：张俊洪副教授负责第一、五章；扈中平教授负责第二、三、四章；郑淮副教授负责第六章；吴全华、王永红副教授负责第七章；黄甫全教授负责第八（其中第二节由刘朝晖副教授负责）、九章；郑航副教授负责第十、十一章。

扈中平负责全书修订和审稿。

这次修订工作得到了广东省人文社会科学重点研究基地"华南师范大学现代教育研究与开发中心"的支持和资助，参与修订工作的大部分人员都是该基地成员。

编　者

2005 年 2 月于华南师范大学现代教育研究与开发中心

第1版前言

华南师范大学教育系教育学教研室编写的《现代教育学》，1993年由广东高等教育出版社出版，在随后几年的教学中，我们有了一些新的想法，产生了新编教材的打算。1995年，《现代教育学（新编本）》由江月孙、李方教授负责立项，被列入广东省"一三五二工程""九五"百本重点教材计划。后由于江月孙教授年事较高，改由扈中平教授任第一主编。

这次编写，我们有如下考虑，并在本书中有所体现。

第一，不追求体系的完整。我们的新编意图是，多实实在在地讲一些问题。师范院校实施的是教师职前教育，因而公共教育学应多考虑一个师范生毕业后近几年的工作需要，有些方面的知识还需要依靠今后的职后培训。因此，公共教育学教材不必搞一个庞大而完整的体系。与其讲那么宽，不如把一些问题讲得深入一点。本书一共11章，体系上与许多同类教材亦有些不同，显得不怎么完整和严密。我们有这样一个感觉，以往的许多教材太受体系上的完整性和严密性的限制了。

第二，力求"上天入地"。即理论上该抽象的就抽象一些，该实际的就尽量有点操作性，以避免那种"上不沾天下不着地"的状况。本书侧重的还是教育理论，这主要基于两点考虑：其一，师范生在学校里只能以学习理论知识为主，要想在课堂上通过五十几个课时的公共教育学学会如何当教师是根本不可能的。师范生要真正成为一个比较好的教师，更重要的是，还需在今后的教育实践中不断学习、磨炼、总结。公共教育学只能给师范生一些最基本的理论知识和实践规范，其作用不能被过分夸大。其二，各师范专业均开有中学教材教法这门课，有的学校还开有现代教育技术课，这两门课理应承担更多的实践性方面的任务，教育类课程之间应该有一个大致的分工。

第三，力求有一些学术性、选择性、历史性、针对性和批判性。所谓学术性，即要有一定的理论性和前沿性；所谓选择性，即要多提供一些观点和理论供学生思考、选择，摒弃"知识专制"；所谓历史性，即在公共教育课程中没有教育史课的情况下，在一些比较重要的教育问题上给学生一点历史感；所谓针对性，即对现实的教育理论，尤其是教育实践中的重要问题要有较贴切的分析和建议；所谓批判性，即对一些理论和实际问题发表作者的批判性见解。这些意图，其目的还是为了培养学生的理论思维、独立思考能力、历史感、理论联系实际的学风以及批判精神；同时，也是为了使公共教育学有一点看头，有一点学头，有一点教头，不至于让学的人和教的人都感到过于乏味。

以上意图，只是我们想努力做到的，实际效果还不够理想，有待进一步努力。

由于水平所限，书中一定存在着不少缺点和错误，敬请各位教师、专家和学生批评指正。

本书在编写过程中参阅了大量中外文献资料，在此谨向文献资料的作者表示衷心的感谢！同时还要感谢高等教育出版社和本书的策划编辑林丹瑚女士。

本书由扈中平、李方、张俊洪任主编。承担执笔任务的是（以章节的先后为序）：张俊洪副教授（第一、五章），扈中平教授（第二章第一、二、三节），董标副教授、扈中平教授（第二章第四节），程少堂副教授（第三章），王本陆副教授、王永红讲师（第四章第一、四、五节），扈中平教授、刘朝晖副教授（第四章第二、三节），郑淮副教授（第六章），吴全华讲师（第七章第一节），王永红讲师（第七章第二节），黄甫全教授（第八章第一、三、四节），刘朝晖副教授（第八章第二节），李方教授（第九章），郑航讲师（第十章），李方教授（第十一章第一、二节），郑文讲师（第十一章第三、四、五节）。全书由扈中平、李方、张俊洪统稿，扈中平定稿。

编　者

1999 年 4 月于华南师范大学

目 录

第一章 教育与教育学 ··· 1

    第一节 教育与教育学概念的界定 ··· 2
    第二节 教育与教育学的历史演进 ··· 17

第二章 教育的功能和教育的客观制约性 ····································· 31

    第一节 教育的功能 ·· 32
    第二节 教育的客观制约性 ·· 50

第三章 教育规律、教育原则和教育智慧 ···································· 66

    第一节 教育规律 ··· 67
    第二节 教育原则 ··· 76
    第三节 教育智慧 ··· 82

第四章 教育目的 ·· 89

    第一节 教育目的概述 ·· 90
    第二节 教育目的的理论基础 ·· 93
    第三节 我国的教育目的及其实践 ·· 109

第五章 现代教育制度 ·· 123

    第一节 教育制度 ·· 124
    第二节 学制 ·· 127
    第三节 现代学校制度 ··· 134

第六章　教师与学生 …… 146

第一节　教师 …… 147
第二节　学生 …… 156
第三节　师生关系 …… 161

第七章　课程 …… 167

第一节　课程概述 …… 168
第二节　课程改革 …… 178
第三节　课程资源 …… 186

第八章　教学理论 …… 194

第一节　教学概述 …… 195
第二节　教学过程 …… 202
第三节　教学设计 …… 210
第四节　教学原则 …… 217

第九章　教学实施 …… 226

第一节　教学方法 …… 227
第二节　教学活动 …… 232
第三节　教学组织形式 …… 241
第四节　教学评价 …… 253

第十章　德育 …… 261

第一节　德育概述 …… 263
第二节　德育的目标与内容 …… 272
第三节　德育过程及其组织 …… 277
第四节　国外德育思想与流派简述 …… 282

第十一章　班主任工作 293

第一节　班级与班主任 294
第二节　班级群体的发展与教育 299
第三节　班级个别指导 306
第四节　班级学生评价 312

 第一章　教育与教育学

学习目标

- 了解中西"教育"的意蕴及差异、国内外关于教育和教育学比较典型的定义，以及古今中外精妙的教育智慧和教育学思想。
- 理解教育和教育学概念、教育学的学科性质以及教育理论与教育实践的复杂关系。
- 掌握分析教育理论实践功用的基本思路。
- 应用教育和教育学的相关知识和理论论证为什么"教育学是一门既古老又年轻的学科"。

知识列表

教育与教育学	教育与教育学概念的界定	教育概念的界定
		教育学概念的界定
	教育与教育学的历史演进	教育的产生与发展
		教育学的历史演进

本章导入

自教育学成为一门学科以来，其对教育实践的实用性一直饱受质疑。不少人，特别是教育实践工作者认为教育学没有多大的实用性，往往不能有效和直接解决教育实际问题，这种认知严重影响了教育学的学科形象和学科地位。美国著名教育学家拉格曼（E.C.Lagemann）在《一门捉摸不定的科学：困扰不断的教育研究的历史》中说道："……当教育研究走向学科化的时候，教育研究被寻求教育实践灵丹妙药的学生所回避。"美国政治家霍金斯（A.Hawkins）曾说：

教育研究不过是"一大堆花言巧语"。为了使教育学能得到教育实践工作者的青睐，全世界的教育研究者一两百年来都在不遗余力地探索和加强教育学的实用性，力图拿出实践工作者所期望的能复制、可操作的对教育实践有明显和直接效用的研究成果，但就这种意义上的实用性而言，教育研究者的作为至今仍与教育实践工作者的期待相差甚远。早在20世纪二三十年代，心理学家也信心满满地做过一些有益的尝试，例如，教育心理学家桑代克（E.L.Thorndike）把教学定义为简单的"技术性和从属性的工作"。当时一些持相反立场的教育学家认为，企图用"狭隘的行为主义心理学"找到"解决所有课程问题的灵丹妙药是不理智的，这样的做法正在危及教育学家的威信"。时至今日，无论是技术立场的还是文化立场的教育学、心理学，无论是定量的还是定性的教育研究，虽然事实上都大大推进了教育理论和教育实践的发展，但却始终没有逃脱诸如"教育理论脱离教育实践""教育学没有多大实际用处"的责难。甚至美国著名心理学家布鲁纳（J.S.Bruner）也曾坦诚地反省："总体上说，心理学家面对教育是尴尬无策的。"①

为什么"教育学对教育实践没什么用"的认知那么具有持续性和普遍性？为什么有着很强反思精神和危机意识的教育研究始终走不出教育理论脱离教育实践的困境？教育学究竟是一门什么样的学科？教育学的研究对象——教育——究竟有着什么样的特性？教育理论与教育实践究竟是一种什么样的关系？究竟应该怎样理解教育学的实用性？教育实践工作者对教育理论的实用需求是否完全合理？这些问题尽管极其复杂，学术界分歧很大，但也是教育学初学者绕不开的问题。

何谓教育？何谓教育学？这是学习教育学这门学科首先要面对的两个最基本的问题。对其作何界定，既是理解教育学中其他概念的基础，也是树立正确的教育观和深入认识教育活动以及教育内外各种关系的基础。

古往今来，教育作为一种与人类社会共始终的社会现象和社会活动，日益成为社会生活中不可或缺的部分，成为个人生存和发展的重要前提，成为与人们生活最为密切的终身性活动之一。然而，教育是怎样产生和发展的？教育学又是怎样演进的？思考这些问题有助于领悟教育和教育学丰厚的内涵与意蕴。

第一节 教育与教育学概念的界定

[考纲链接]
《教育知识与能力》（中学）掌握教育的含义

一、教育概念的界定

教育是什么？这个问题既容易回答，又难以深究。说易，是因为但凡受过教育的人都能根据自身的经验和观察对教育作出某种解释，以致几乎人人都能对教育

---

① ［美］拉格曼. 一门捉摸不定的科学：困扰不断的教育研究的历史［M］. 花海燕，等译. 北京：教育科学出版社，2006.

"说三道四";说难,是因为不同的人对教育的感受、期许和理解方式难免有异,因而对教育的理解又常常是见仁见智。

(一)对"教育"的词源考察

词源考察有助于对教育内涵的理解,因为教育在字词的起源时便已蕴含着人们最初赋予了教育什么样的内涵,这种内涵已触及了教育的质的规定性和所附着的价值指向。

在我国,"教"和"育"两个字最初是分开使用的。"教"在甲骨文中写作"敎",象形地示意成人手持棍棒演卜并训导儿童学习经典的活动。"育"在甲骨文中写作"毓",像妇女孕子之形。在先秦古籍中,"教"已具有了后来"教育"的含义。一般认为,最早将"教"和"育"二字连用为一个词的是孟子:"君子有三乐,而王天下不与存焉。父母俱存,兄弟无故,一乐也;仰不愧于天,俯不怍于人,二乐也;得天下英才而教育之,三乐也。"①

在西方,"教育"一词英文为education、法文为éducation和德文为Erziehung,均源于拉丁文educare。词首的"e"含有"由……出来"之义,"ducare"为"引"之义。因而,educare即指引导儿童把潜藏于心灵中的固有资质发挥出来。西文词源中"教育"的含义浸透着古希腊高超的唯心主义精神智慧,也内含着一种神秘主义的文化底蕴。苏格拉底(Socrates)的"精神助产术",就十分精妙地展现了拉丁文"教育"的内蕴。

[微视频]
苏格拉底"精神助产术"的教育意蕴

中西方在词源上赋予教育的内涵既有共通性,也有不同点。共通性在于,中西方都把教育视为培养人的活动,无论是训导、强制儿童学习,还是把人本性中固有的潜质引发出来,指称的都是培养人,而且都内含有培养人的价值指向。不同点在于,尽管中西方对教育的理解都内含着价值赋予,但对所要培养的人的期许却是很不相同的。持棒训导与潜质引发看似教育方式的不同,实为教育价值的不同,因为这两种教育方式所培养出来的人肯定是大相径庭的。由于种种复杂的原因,中西方教育观在文化起源时便选择了不同的起点,并沿着各自的走向逐步形成了各具特色的教育传统。从传统教育的主流及总体趋向上看:中国教育更重"外铄"而西方教育更重"内发",中国教育更重约束而西方教育更重自由,中国教育更重人为控制而西方教育更重顺其自然,中国教育更重知识累积而西方教育更重能力培养,中国教育更重教师作用而西方教育更重学生地位,中国教育更重努力而西方教育更重兴趣,中国教育更重教育的结果而西方教育更重教育的过程。虽然历经数千年,但这些差异大致延续至今,根深蒂固。

(二)"教育"定义的若干表述及其分析

由于对教育理解的侧重点和所持价值立场与所依循的逻辑规则不同,在"教育是什么"这一问题上,历来是见仁见智,众说纷纭,这是十分正常的。

在我国古代,思孟学派认为:"天命之谓性,率性之谓道,修道之谓教。"② 由

---

① 孟子·尽心上.
② 礼记·中庸.

于孟子认为人性本善，因而他对教育的基本理解是"存心养性"，使固有的善性得以保持。荀子则认为"以善先人者谓之教"①。荀子持性恶论，故他对教育的基本理解是"化性起伪"，使人的本性得到人为矫正。《礼记·学记》对教育的基本解释是"教也者，长善而救其失者也"。许慎在《说文解字》中对教育的注解为："教，上所施，下所效也。""育，养子使作善也。"

在西方近现代，法国自然主义教育家卢梭（J.J.Rousseau）认为，教育就是要让儿童的天性率性发展。瑞士人文主义教育家裴斯泰洛齐（J.H.Pestalozzi）认为，教育的目的在于发展人的一切天赋力量和能力。英国实证主义教育家斯宾塞（H.Spencer）认为，教育就是要为儿童的未来美好生活做准备。瑞典自由主义教育家爱伦·凯（E.Key）认为，教育的使命就在于帮助儿童本性自发地发展。美国实用主义教育家杜威（J.Dewey）认为，"教育是生活的过程，而不是未来生活的预备"②，因此，"在实用主义者约翰·杜威看来：'教育的定义可以说是不断改造经验的过程，其目的在于加广和加深经验的社会内容'"③。意大利进步教育家蒙台梭利（M.Montessori）认为，教育就是促进儿童内在力量自我发展的过程。教皇庇护十一世认为："教育在本质上就是培养人应当如何生存，并且在尘世上应当做什么，以便达到上帝创造他所要达到的崇高目的……教育的主体就是在自然的统一性中灵魂和肉体相结合的整个人，即具有自然的及超自然的全部官能的人……"④

以上关于教育内涵的表述，严格地讲并非在逻辑意义上给教育概念下定义，最多只能算是分析教育哲学意义上的纲领性定义。纲领性定义主要不在于揭示教育的客观内涵，而是立足于赋予教育以主观内涵，即主要不在于说明教育的"实然"而在于说明教育的"应然"；不在于说明教育在事实上本身是什么，而在于说明教育在价值上应该是什么；不在于说明教育区别于其他社会活动的质的规定性，而在于说明一种教育区别于其他教育的本质属性。当然，上述纲领性定义也在客观上揭示了教育的实然共性，即无论教育应该是什么，任何教育都是培养人的活动。因此，上述定义也隐含而间接地触及了教育的质的规定性。然而，教育的纲领性定义不免有些粗糙，因为它内涵不够确定，外延过于宽泛。

一般来说，教育的定义可分为广义和狭义两种。以下列举若干相对符合逻辑规则的广义教育的定义。

《中国大百科全书·教育》："凡是增进人们的知识和技能、影响人们的思想品德的活动，都是教育。"⑤

《教育大辞典》："通常认为，广义的教育，泛指影响人们的知识、技能、身心

---

① 荀子·修身.
② ［美］杜威. 我的教育信条［M］//赵祥麟，王承绪. 杜威教育名篇. 北京：教育科学出版社，2006：4.
③ ［美］孟禄. 教育百科全书（杜威所写"教育"条目）［M］//陈友松. 当代西方教育哲学. 北京：教育科学出版社，1982：27.
④ ［梵蒂冈］教皇庇护十一世. 基督教教育百科全书［M］//陈友松. 当代西方教育哲学. 北京：教育科学出版社，1982：27.
⑤ 中国大百科全书·教育［Z］. 北京：中国大百科全书出版社，1985：1.

健康、思想品德的形成和发展的各种活动。"①

《美利坚百科全书》:"从最广泛的意义上说来,教育就是个人获得知识或见解的过程,就是个人的观点或技艺得到提高的过程。"②

法国教育学家涂尔干(E.Durkheim):"……我们得出这样一个定义:教育是年长的几代人对社会生活方面尚未成熟的几代人所施加的影响。其目的在于,使儿童的身体、智力和道德状况都得到某些激励与发展,以适应整个社会在总体上对儿童的要求,并适应儿童将来所处的特定环境的要求。"③

美国教育学家奈勒(G.F.Kneller):"在广义上,教育指的是对一个人的身心和性格产生塑造性影响的任何行动或经验。这种意义上的教育是永无终止的,实际上我们是终生从经验中学习的。所有各种的经验——从读书到出国旅行,从我们所认识的人的观点到我们在食堂排队买饭时偶然耳闻的一些议论——都是有教育意义的。"④

[微视频]
中西教育观的若干比较与思考

上述关于广义教育的定义都明确揭示了教育的质的规定性,即教育是培养人或促进人的发展的活动。这是教育之所以为教育的根本依据,是对教育在事实上是什么的判断。同时,它们也都赋予了教育以一般价值,即"增进""提高"和"发展"人的素质。这是对教育在价值上是什么的判断。

这种广义教育的定义是可以接受的,但亦有过宽、过泛之弊。把凡是能增进人的素质和促进人的发展的活动都定义为教育,会导致教育的外延过大,边界模糊,难以揭示教育这一社会活动与其他亦能"增进人们的知识和技能、影响人们的思想品德"的社会活动的"种差"。广义的教育也是教育,既然是教育,就应该具有区别于同样能增进人们的知识和技能、影响人们的思想品德的其他社会活动的特殊属性。尽管其他社会活动也可能与教育有着同样的一些属性,如同样具有教育的影响作用或教育性,但却可能是无意识的;即便同样是有意识地以影响人的身心发展为目标,但不一定以其为首要目的。比如某些艺术活动也会有意识地追求教育性,但它只要在性质上是艺术活动,就只能将审美性和娱乐性作为首要目的,教育性只是它的间接的或派生的目的,否则其活动性质就会演变成教育活动,而不再属于艺术活动的范畴。所以一种活动是否属于教育活动,不能只看它是否具有教育的影响和作用,还要看它是否把教育人作为首要目的。一种教育活动也可能同时附带有审美性和娱乐性,但并不能因此而把它定义为艺术活动。再比如,教育具有促进生产力发展的功能,但并不能因此而把教育定义为生产活动,因为对生产力发展的促进作用只是教育的派生功能,教育活动的直接对象是人,它只能通过培养人去促进生产力的发展。可见,如果仅仅用"培养人"而不同时用"首要目的"来限定教育的内涵,教育就会泛化为渗透在各种社会活动中的一种"现象",就不能与其他具有教

---

① 顾明远. 教育大辞典(增订合编本)[Z]. 上海:上海教育出版社,1998:725.
② 叶澜. 教育概论[M]. 北京:人民教育出版社,2006:7.
③ [法] 涂尔干. 教育及其性质与作用[G]//张人杰. 国外教育社会学基本文选. 上海:华东师范大学出版社,1989:9.
④ [美] 奈勒. 教育哲学导论[M]//陈友松. 当代西方教育哲学. 北京:教育科学出版社,1982:26.

育性的诸多活动区分开，这不符合给概念下定义的逻辑规则。

关于狭义教育（即学校教育）的定义，在我国学术界并无大的争议。一是因为学者们给教育下定义的逻辑规则基本一致；二是因为赋予教育的价值指向比较类似；三是对教育的方式、过程、目的以及教育者与受教育者关系的认识非常接近。因而，虽然我国学者对狭义教育下有众多定义，但大同小异，鲜有另类。至于国外学者，专门定义狭义教育的并不多见。

《教育大辞典》："狭义的教育，主要指学校教育。即根据一定的社会要求和受教育者的发展需要，有目的、有计划、有组织地对受教育者施加影响，以培养一定社会（或阶级）所需要的人的活动。"①

这是国内关于狭义教育有代表性的定义，其他不再例举。

奈勒："教育就是通过各级学校、成人教育机构和其他有组织的媒介，有意地把上一代的文化遗产和所积累起来的知识、价值和技能传给下一代的过程。"②

相对于广义教育，学校教育的显著特征在于其专门性、制度性、规范性、计划性、组织性和持续性。"学校指以教育为目的而又比较长期地开展计划性活动的组织体。"③这一关于学校的定义，对于理解学校教育的特征有一定启示。

（三）本书对"教育"的定义及其阐释

[微视频]
教育的基本特性

这里不追求为教育下一个为人们所普遍认同的所谓"科学"的定义，因为作为社会人文领域的教育，不可能也不必要有一个完全统一和永远不变的定义。教育在本质上不属于科学概念，它不是纯客观的，也不是一成不变的。加之"教育"与"非教育"之间的界限在很多情况下是模糊的、交融的，也不可能"一刀两断"。教育在本质上是一种价值活动，必然随社会历史的变化而变化，因此，企图给教育下一个统一的科学定义是不明智的和徒劳的。

为教育特别是狭义教育下定义，总要有定义者的基本立场，这是在内涵和外延上界定教育所必需的。本书的立场是：（1）在逻辑立场上，大致遵循形式逻辑对概念下定义的基本规则，尽可能揭示出教育的质的规定性，以在本质上将教育与其相近的概念区别开来。（2）在价值立场上，不仅要赋予教育以最一般的价值内涵，而且力求赋予当今教育所应具有的核心价值，以体现出定义的导向性。（3）在学科立场上，将人的需求和人自身的发展视为教育的根本，这是教育学应坚守的学科立场，以有别于社会学、经济学、政治学、伦理学等其他学科界定教育的立场。（4）在实践立场上，试图对教育实践的基本活动方式给予符合教育本性的规定，以宣示真正的、进步的教育。基于上述立场，我们对广义教育和狭义教育分别定义如下。

广义教育，即有意识的、以促进人的身心发展为首要目的的社会活动。

这一定义有两个基本立足点：一是立足于更准确地揭示教育的质的规定性，即

---

① 顾明远. 教育大辞典（增订合编本）[Z]. 上海：上海教育出版社，1998：725.
② [美]奈勒. 教育哲学导论[M]//陈友松. 当代西方教育哲学. 北京：教育科学出版社，1982：26.
③ [日]平塚益德. 世界教育辞典[Z]. 黄德诚，等译. 长沙：湖南教育出版社，1989：523.

尽可能将教育与其相近的、易于混淆的其他社会活动区分开。人们常认为，"有目的地培养人"是教育的质的规定性，是教育的本质特点，是教育区别于其他社会活动的特殊属性。这一界定基本上能够把教育与其他众多社会活动区分开，但仅此还不足以把握教育与某些和教育比较类似的活动（如某些艺术活动和政治宣传活动）的区别。如果没有"首要目的"这一界定，广义的教育将过于泛化，从而使教育研究的对象过于模糊。二是立足于赋予教育以正面价值，即教育必须是主观上、总体上指向增进和促进人的身心发展的活动。如果主观上就是为了害人而对他人施加某种影响，实在难以称它是一种"教育"，如把一个天真无知的儿童"训练"成一个窃贼的活动，尽管实施这种活动的人也会自认为在主观上是为了这个孩子"好"。这样的教育，至多是在事实上具有教育的某些外在形式，但在价值上它不能称为教育，人们通常也不把这样的活动叫作"教育"，而用"教唆""蛊惑""诱骗""误导"等贬义词来称谓。可见，在日常生活中，人们也总是赋予教育以积极的价值内涵。

狭义教育（学校教育）是一种由学校等教育机构实施的专门性、制度性和系统性的教育，即根据人的发展和社会发展的合理要求，教育者有目的、有计划、有组织地对受教育者施加影响，并通过平等的交往与互动过程，促进受教育者健全发展的活动。

这一定义有四个基本立足点：一是立足于揭示学校教育的质的规定性，即尽可能将狭义教育与广义教育区分开。狭义教育的特殊属性就是其专门性、制度性和系统性。专门性是指学校教育是专门的教育，有专门的教育机构和专门的教育人员；制度性是指学校教育是纳入国家教育制度或教育系统中并具有合法资质的比较规范的教育；系统性是指学校教育具有以教育目的为指向的持续性、全面性、计划性和组织性。二是立足于教育学的学科立场，即坚守教育以人为本，以人的需要和发展为教育的第一要务。上述定义在表述学校教育的两个客观依据时将人的发展要求置于社会发展要求之先，这与其他定义有所不同。这并非说如此就正确，不如此就错误，只是基于教育学的学科立场而已。此外，这一立场还包含对教育应有之独立性的坚持，即教育要遵循的是人的发展和社会发展的合理要求，但要尽力避免丧失教育立场而不加判断地顺应所有要求。至于什么是"合理要求"，难免见仁见智。三是立足于学校教育应有的价值立场，即赋予其更显著和更富时代感的价值承载。如果说广义教育只是一般意义上的"增进"和"促进"人的身心发展，那么学校教育就当以促进人的健全发展为己任，为学生实现社会化与个性化的统一，为学生丰富学识、发展能力，为学生的生存和终身发展以及获得幸福生活提供条件和奠定基础。四是立足于学校教育的实践立场，即指出学校教育实践最基本的活动样态是教育者与受教育者之间平等的交往与互动，这与那些只是强调教育者对受教育者单向地施加影响的教育定义有所不同。交往与互动是教育的应有之意，这早在古希腊教育中就存在了，在孔子的教育思想中也依稀可见，为人类几千年所追求的理想教育的重要特征，近现代教育尤其如此。德国哲学家雅斯贝尔斯（K.Jaspers）认为，教育"是人与人精神相契合，文化得以传递的活动"。"所谓教育，不过是人对人的主体间的灵肉交流活动。"① 奥地利哲学家布贝尔（M.Buber）从"我"和"你"的人格呼应关系出发追索教育的本质，强调教育是"交往"，指出人的存在方式是教育的根基。德国哲学家博尔诺（O.F.Bollnow）把海德格尔（M.Heidegger）、雅斯贝尔斯等人的存在主义哲学同狄尔泰学派的生命哲学在人学的观点下统一起来，以此展开他的教育学，深化了"交往"的概念，强调教育是内在的自我变革，是一种觉醒。② 尽管赋予教育以这样的活动样态与许多现实还有些格格不入，但教育定义作为教育理论的一部分，理应对教育实践的改造和改善产生导向作用，而不是仅限于给教育下一个中性的、价值无涉的"科学定义"。学校教育的定义，不仅要指出它是培养人的活动，而且理应内含培养什么样的人的价值指向。

需要指出，学校教育尽管是有目的、有计划、有组织的，但对此亦不可过度强调。中国教育由于强调施教者一方的强势地位和对整个教育过程的掌控，因而特别看重教育的目的性、计划性和组织性。这种理念与传统使得我们的教育"要教育人"的意图往往过于明显、强烈和露骨。教育者总显得那么居高临下，教育过程总显得有些过于按部就班和形式化，教育方式总显得那么说教式，学生很容易感到自己是在"被教育"。相对于教育者，学生固然是受教育者，但"受教育"并不等同于"被教育"。人人都要受教育是事实，但人大都不愿低人一等地被别人教育。对于中国教育来讲，还需多一些平等性、亲和性、自然性、灵活性和随机性的意味。

此外，关于学校教育的定义中一般都示明了构成教育活动的三个基本要素，即教育者、受教育者和教育影响。在学校教育中，教育者主要指专事教育工作并具有职业或专业身份的教师；受教育者主要指专事学习并具有学籍的学生；教育影响（亦称教育中介），即"教育者与受教育者之间相互作用、进行教育双边活动的一切中介的总和"③，主要包括教育内容、教育方法、教育形式、教育媒介，等等。

二、教育学概念的界定

如果说对教育概念界定的分歧主要源于人们关于教育的日常经验和价值立场的不同，那么对教育学概念界定的差异则主要源于人们对教育学或教育学研究是"干什么的"和"能够干什么"这类问题的不同理解。也就是说，人们对"教育学是什么"的认识还不够清楚。正因为如此，我们所说的"教育学"一词，与其他许多学科不同，在西语中难以找到完全对应的词汇。即便在翻译上也将其与"pedagogy"或"education"对应起来，但西语对这两个词的解释比较含混。尽管从古至今教育研究实实在在地存在着，但教育学作为一门学科却不尽然，以致在《美利坚百科全书》《不列颠百科全书》等一些西方权威工具书中要么找不到"教育学"词条，要么只是模糊提及。甚至在20世纪70年代由联合国教科文组织出版的三卷本《社会科学和人文学科研究中的主要趋势》所列举的11个学科门类中，无论是社会科学

---

① ［德］雅斯贝尔斯.什么是教育［M］.邹进，译.北京：生活·读书·新知三联书店，1991：2-3.
② 瞿葆奎，沈剑平.教育学文集·教育与教育学［M］.北京：人民教育出版社，1993：329.
③ 顾明远.教育大辞典（增订合编本）［Z］.上海：上海教育出版社，1998：792.

还是人文学科，均不包括教育学。在我国现行的学科设置中，教育学独立的学科地位是没有争议的。

（一）"教育学"定义的若干表述及其分析

在西方，19世纪以前"教育学（pedagogy）通常被理解为教的科学和艺术"。[①]"教育学"一词是希腊语中"教仆"（pedagogue）的派生词，意即照管儿童的学问。[②] Pedagogy 在我国尽管也被译为"教育学"，但该词本意上是指"教学法"，即教育活动中教师怎样教的应用技艺，具有"教育术"的意味。在19世纪之前，由于教育学对教育实践的影响主要局限在小学教育，又过于强调应用的技艺，因而"很少受人尊重，所以，教育学这个词从一开始就没有'深奥的科学'这种含义"[③]。到了19世纪，随着初等教育的急剧发展，人们普遍认为小学教师不仅应该懂得所教科目，而且应该掌握教的技艺，因此教育学成为师范学校或师资培训学校的学习科目，学科地位有所提高。随后，一些学者认为，教育的科学研究不应只限于小学教育中的问题，从而导致学院或大学设立了教育学系（department of pedagogy）。但在大学教师中，教育学给人的印象是"'根据经验（rule-of-thumb）而得出的'方法"，是"'软性'教育学（soft pedagogy）"[④]。为了维护教育学的学科地位，一些研究者认为应该修正和丰富教育研究的内容，使其更具有学术性乃至科学性。显示这种变化的标志之一，就是"出现了用 education 一词代替 pedagogy 的倾向，并用 education 作为系科和教授职位的名称。pedagogy 一词在很大程度上也就弃之不用了"[⑤]。作为 education 的教育学与作为 pedagogy 的教育学主要有两点不同：一是前者的涵盖面更广泛一些，远不止后者所涉及的教学技艺和学校管理；二是前者更追求学术性和科学性，不仅广泛吸纳其他各学科的研究成果，而且重视采用更为严谨的研究方法，立足于事实材料，运用历史研究、比较研究以及实验和统计等方法来为教师提供"被证明有实践价值的、无可辩驳的事实和结论"，而后者往往是比较经验化和想当然的"不切实际的（armchair）教育学（pedagogy）"[⑥]。

按照德国教育学家朔伊尔（H.Scheuerl）、施密特（G.R.Schmidt）的观点，应区分教育学的四种不同内涵：一是"作为教育的行动方式和观念的教育学"，即对特殊教育场景实用的或对教师个人实用的教育学；二是"作为教育理论的教育学"，即能够对教育实践进行指导的教育学，它包括适用于一定阶段、一定范围的特殊性教育理论和适用于所有教育的一般性教育理论；三是"作为教育科学的教育学"，即首先把教育现实作为一种"客观存在"加以理性认识，并在此基础上对教育现实提出批评但自身不能直接创造教育现实的教育学；四是"作为建立在牢固科学基础

[①] 瞿葆奎，沈剑平．教育学文集·教育与教育学[M]．北京：人民教育出版社，1993：295.
[②] 教仆在古希腊通常指照料男童的奴隶，其职责是陪伴孩子上学，替他携带学习用品，注意他需要些什么，并管束他。在古代，这个词含有蔑视的含义。
[③] 瞿葆奎，沈剑平．教育学文集·教育与教育学[M]．北京：人民教育出版社，1993：296.
[④] 瞿葆奎，沈剑平．教育学文集·教育与教育学[M]．北京：人民教育出版社，1993：297.
[⑤] 瞿葆奎，沈剑平．教育学文集·教育与教育学[M]．北京：人民教育出版社，1993：297.
[⑥] 瞿葆奎，沈剑平．教育学文集·教育与教育学[M]．北京：人民教育出版社，1993：298.

上的教育学",即通过严谨科学论证、避免了经验式教育学的僵化、能够对教育实践提出最终规范的哲学意义上的教育学,也叫作"高级的教育理论"①。这一观点的启示在于,教育学有不同层次和类型的区分,各有其不同的研究对象和功用。

在西方国家,"教育学"一词及其含义几经演变,至今仍不确定。在英语国家中,"教育"和"教育学"通常均用 education 一词,而在欧洲大陆国家,"教育学"仍沿用 pedagogy 一词。之所以如此,症结就在于人们对教育学的研究对象、研究目的以及学科性质等问题在认识上存在分歧。为此有学者认为,education 既表示教育活动又表示教育学科,不仅造成了人们区分教育和教育学的困难,而且损害了教育学的学科地位。为了解决这一问题,一个新的术语 educology(有人将其译为"教理学")被一些学者提了出来。对 educology 有多种解释,如"关于教育的知识体系""一系列关于教育的知识、概念和理论""关于教的技巧的理论研究或关于教育实践的理论"。研究者希望 educology 能成为关于教育的学术性学科的标识,能涵盖关于教育的分析研究的知识、规范研究的知识和经验研究的知识。然而,educology 一词并未得到学界认同和广泛使用。

下面例举几种关于教育学的定义。

1979 年英国出版的《国际教育辞典》:"教育学,教学的艺术和科学。"②

法国教育学家马里翁(H.Marion)在 1887 年出版的《教育学词典》中写道:"教育学……既是教育的科学,又是教育的艺术。但是,法国的语言通常不允许用一个词既表示一种艺术又表示与艺术相对应的科学,我们必须在两者之中作出选择。因此,我直接把教育学定义为教育的科学。"③

日本教育学家田浦武雄认为:"对教育进行学术研究并综合成一个理论体系,这就是教育学。"④

苏联教育家巴班斯基认为:"教育学这一科学认识领域的对象是社会的一个特殊职能——教育。因此,可以把教育学称为教育的科学。"⑤

苏联教育学家皮斯库诺夫认为:"教育学是关于专门组织的、有目的的和系统的培养人的活动的科学,是关于教育、教养和教学的内容、方式和方法的科学。"⑥

由于我国教育学界对教育学的内涵以及研究的对象、目的并未深入推究和论争过,加之有追求概念、定义统一的传统,所以各种辞典和教科书对教育学的定义总体上比较一致。我国学术界对一门学科的概念下定义的基本模式是:研究××现象,揭示××规律的科学。××现象是研究的对象,揭示××规律是研究的目的或任务,学科定性上都尽量归属于"科学"。如"文艺学"的定义通常是:系统地研究文艺的各种现象从而阐明其基本规律及基本原理的科学。

---

① 瞿葆奎,沈剑平. 教育学文集·教育与教育学 [M]. 北京:人民教育出版社,1993:298.
② 睢文龙,等. 教育学教学咨询 [M]. 北京:人民教育出版社,1991:13.
③ 瞿葆奎,沈剑平. 教育学文集·教育与教育学 [M]. 北京:人民教育出版社,1993:334.
④ 瞿葆奎,沈剑平. 教育学文集·教育与教育学 [M]. 北京:人民教育出版社,1993:320.
⑤ 睢文龙,等. 教育学教学咨询 [M]. 北京:人民教育出版社,1991:13.
⑥ 瞿葆奎,沈剑平. 教育学文集·教育与教育学 [M]. 北京:人民教育出版社,1993:308.

由此，我国教育学界给教育学概念所下定义通常是：教育学是研究教育现象，揭示教育规律的科学。各种定义与此大同小异，只是有的定义把"教育问题"作为研究对象，有的定义将教育学定性为"社会科学"。尽管定义比较统一，但这并不能说明对教育学的理解就真正清晰了。

尽管教育学这一概念至今还有些模糊不清，但这恰恰说明了教育的复杂性和教育研究的艰巨性。不能因为教育学的不成熟而弱化其对教育的进步和人类社会发展所作出的不可替代的贡献。正如法国教育学家贝斯特（F.Best）所指出的："与其说教育学研究和教育学着眼于澄清具体的教育问题，还不如说它们参与了社会发展的过程，这将会导致教育体系的进步，以及在教育系统中的教师的进步，以便使儿童和青年能有机会创造他们自己的未来。因此，尽管……'教育学'这一词具有多种不同的含义，但'教育学'和'教育学研究'依然作出了巨大的贡献。"①

（二）本书对"教育学"的定义及其阐释

对"教育学"下定义需包含三个要点：一是界定教育学研究的对象，二是界定教育学研究的目的，三是界定教育学的学科性质。

据此，教育学定义可表述为：教育学是研究教育现象、揭示教育规律和阐释教育理论及其应用的一门社会科学。

关于教育学的定义，无需去追求其统一性，如何表述教育学的定义并非那么重要，更重要的是如何理解关于教育学的如下问题。

1. 关于教育学的学科性质

教育学的学科性质是由其研究对象的特性所赋予的。教育学研究的对象是教育，教育现象尽管极其复杂多样，但在根本上属于社会现象，因而应将教育学定性为社会科学。所谓社会科学，即"研究社会现象的科学"②。这一界定是相对于自然科学而言的，而在传统上，科学是特指以自然现象为研究对象的学问。把教育学定性为社会科学，一是能够更明确地将其与自然科学区别开，二是有助于避免教育学的自然科学化倾向。社会现象与自然现象尽管有相通之处，但毕竟有着质的不同。因此，将教育学定性为一门"科学"过于笼统，易于混淆。当然，考虑到"科学"一词的使用有愈来愈泛化的趋向，如若将"科学"解释为"按照一定的原则建立一个完整知识系统"③的话，教育学被称为一门科学也未尝不可。但需要警惕的是，"科学"一词的泛用的确内藏着一种科学主义的偏向。

需要指出的是，尽管我们将教育学的学科性质界定为社会科学，但教育学亦有着显著的人文学科特性。教育是培养人的活动，是人与人之间的交往，是针对一个个个体的人而言的，这就使得教育学不可能不具有人文性。在教育学中，研究教育事业的变革与发展及其与社会的政治、经济、文化的关系部分，属于比较典型的社会科学范畴，而研究教育活动的实施与变革以及教育中各种人与人关系的部

---

① 瞿葆奎，沈剑平. 教育学文集·教育与教育学［M］. 北京：人民教育出版社，1993：345.
② 宋原放. 简明社会科学词典［Z］. 上海：上海辞书出版社，1984：530.
③ ［德］波塞尔. 科学：什么是科学？［M］. 李文潮，译. 上海：上海三联书店，2002：11.

分，则在很大程度上属于人文学科的范畴。教育学的人文性主要源于教育活动所具有的独特的主观性、价值性、难以重复性和艺术性等特征。教育活动中的人的需要、兴趣、爱好、能动性，以及情绪、情感、性格、意志等非理性因素不仅强烈制约着教育活动，而且这些因素本身就是教育活动不可或缺的要素。教育活动中诸多包括人性在内的人的因素，无论是自然科学的方式还是社会科学的方式，都是不能从根本上把握的。因此，教育学还不同于政治学、经济学这类不大涉及个人而主要以社会活动和社会行为作为研究对象的典型的社会科学学科。然而也要看到，相对于教育的社会性，教育的人文性在现实中一般说来处于弱势地位。当教育的社会性因素与教育的人文性因素发生难以调和的冲突时，尽管教育学者大多倾向于以人文性为基点，但事实上通常要做出更多的妥协。教育在强大的政治、经济、文化面前，不仅总体上处于弱势和跟随的地位，而且其发展和变革也通常处于相对滞后和守成的状态。因此，将教育学定性为社会科学而不是人文学科，主要是基于教育在更为根本的意义上是一种社会现象，这与美学、文学、艺术这类主要是按照人自身的尺度（至少真正的美学、文学和艺术应该是这样，如被政治化和意识形态化，那它们也就演变成了社会科学）来思考和行为的典型的人文学科有所不同。正因为教育现象在根本上是社会现象，所以许多教育问题看似教育自身的问题，但实质上却是社会问题在教育中的折射和反映，只是表现为教育现象而已。许多教育问题要从根本上得到解决，必须以相关社会问题的解决为前提，比如，教育要真正实现民主、平等、自由，必须以社会的民主、平等、自由为大前提，教育只能为其所能为，往往难以在根本上解决它自身的问题。不过，在肯定教育学的社会科学性质的同时，体察教育学的人文学科特性和坚守教育学的人文价值立场是十分必要的。

2. 关于教育学研究的方法

由于教育与社会和人的方方面面的千丝万缕、错综复杂的联系，以及各种联系之间的交互作用，教育现象往往并不那么单纯或单一。教育现象这种显著而独特的交错性和复杂性使得教育学研究的方法势必比较多样，既没有独特的研究方法，甚至也没有特别倚重的研究方法。正如哈佛大学教育研究生院前院长拉格曼（E.C.Lagemann）所指出的："的确，教育既没有独特的研究方法，也没有明确划定的专业知识内容……我把教育看成是一门受到其他许多学科和跨学科的影响的一个研究领域与一门专业领域。""教育研究产生于哲学、心理学、社会科学以及统计学的不同组合，它既没有单一的研究重点，也没有统一的研究方法。这种多样性从一开始就成为教育学术的特点。"[①] 正是在这个意义上，拉格曼把教育学称为"一门捉摸不定的科学"。没有独特的研究方法往往被视为教育学不够成熟的表现之一，这困扰了百余年来无数的教育学家，他们为摆脱这种困境付出过艰辛努力，却始终未能如愿。现在看来，教育学没有独特的研究方法或许是正常的和合理的，而且也并

[拓展阅读]
扈中平：《教育研究必须坚持科学人文主义的方法》

---

① ［美］拉格曼. 一门捉摸不定的科学：困扰不断的教育研究的历史［M］. 花海燕，等译. 北京：教育科学出版社，2006：10，6.

非所有的学科都有其独特的研究方法。

百余年来，世界范围内的教育学研究总体上是在定量的方法与定性的方法之间摇摆。在这一过程中，以定量为标志的统计、测量、实验等量性研究方法曾几度居主导地位，但终归不能稳固。与此对应，以定性为标志的思辨、体验、反思、历史等质性研究方法也奋力维护其传统地位。总的来说，量性研究"竭力仿效'硬'科学（或者说至少是更为发展的社会科学）"[①]，更重视事实判断，力求推进教育学的科学化；而质性研究更推崇人文学科的研究方法，更重视价值判断，力求维护教育学的人文性。由于量性研究与质性研究常常彼此交叉牵连，难以划界，所以换个角度看，教育研究在一定程度上也是在逻辑研究和叙事研究的分类框架内摇摆不定的。逻辑研究重"逻辑"，包括形式逻辑和数理逻辑；叙事研究重"事实"，尤其重"个人生活史""经验"及"事件"。逻辑研究既可以采用文献研究法、历史研究法等，也可以采用测量法和统计法；叙事研究则主要采用人种志研究法、观察法、历史研究法、传记研究法、个案研究法、行动研究法以及问卷法和访谈法等。

面对教育现象的交错性和复杂性，上述教育学的研究方法都有其独特的作用但又有其难以避免的局限性，没有哪一种研究方法能够成为主导，而需依所研究的问题和所需达到的研究目的有侧重地选择并综合性、组合性地加以运用。但需指出，由于教育现象归根到底是一种社会现象，同时又具有显著的人文特征，所以量性研究与质性研究的关系在总体上是手段与目的的关系。所有量性研究以及以事实判断为指向的实证研究，都是为了探究教育现象的客观状态，最终为以价值判断为指向的质性研究提供客观依据的。在教育学研究中，仅到事实判断为止的量性研究意义有限，而没有事实判断依据的价值判断往往是难以令人信服的。

[微视频]
教育研究要坚持科学人文主义的方法论

3. 关于教育学研究的目的

教育学研究的目的是揭示教育规律、阐释教育理论及其应用。任何能称之为"研究"的活动，都是为了透过纷繁复杂的现象揭示出潜藏于后的具有一定必然性和普遍性的事物之间的联系，即探究事物的规律性。所谓揭示教育规律，就是探究教育系统在其运动发展过程中内部诸要素之间、教育系统与环境（物质的、精神的、社会的）之间的必然性的联系。对教育现象的规律性认识，是教育理论生成的重要前提，也是规范和改善教育实践的重要前提。需要指出的是，由于教育现象属于一种具有人文性的社会现象，教育活动终归是人的活动，因而教育规律只具有相对意义上的客观性、普遍性和必然性，很大程度上是一种"概率"意义上的规律，切不可与自然现象中的规律相提并论。否则，将会使教育实践变得僵化、机械化和技术化，使教师变成被动执行他人预先设定的固定程式的操作员，这会使教育学变成俗不可耐的"操作手册"和"注意事项"。即使相对于一般的社会性规律，教育规律也具有更为明显的弹性、偶然性和更多的例外。

所谓阐释教育理论，第一，是将对教育现象的规律性认识转化为教育学的知识

---

① [美]拉格曼. 一门捉摸不定的科学：困扰不断的教育研究的历史[M]. 花海燕，等译. 北京：教育科学出版社，2006：8.

和原理，不断构建和完善教育学的理论体系，丰富对教育的理性认识。第二，由于复杂的教育现象并非事事都内含着规律，还包含着大量介乎于普遍与个别、客观与主观、必然与偶然、本质与非本质之间的教育事实和教育事件，这些也是教育学研究的重要对象，同样需要对其进行理论阐释。第三，即便个别的、主观的、偶然的和非本质的教育事实、教育事件和教育经验，同样也有进行理论阐释的价值，其研究成果同样是教育学知识的重要来源。第四，对教育学自身的研究，即教育学的元研究，也是教育理论阐释的一个方面。

阐释教育理论的最终目的是为了将教育理论应用于教育实践。教育是一种实实在在、真真切切的实践活动，如果教育理论不能应用于教育实践，那教育学研究也就失去了其根本价值。无论将教育学视为理论性学科还是应用性学科，无论教育理论是解释性理论还是实用性理论，教育学终归要以影响教育实践为指向，但关键是怎样理解"应用"，怎样理解教育理论与教育实践的关系，这才是问题的关键所在。

长期以来，许多教育学研究者，尤其是教育实践工作者都希望能够在教育理论与教育实践之间建立起一种直接的线性关系，以使教育理论能够立竿见影地解决教育实践问题，但大都以失望而告终。总的来讲，教育理论与教育实践之间是一种非线性关系，二者的距离本身就比较远。任何理论与实践之间都是有距离的，一种与实践没有距离的理论也许就不能称之为理论，教育理论亦不能例外。教育理论与教育实践的逻辑各异，教育理论追求的是抽象、普遍的知识，而教育实践要解决的是具体的、个别的问题。正因为如此，教育理论更倾向于指向一种相对意义上的确定性，而在复杂的现实中，教育生活很大程度上是一种"可能生活"，教育实践更需要的是富有个性、灵活性、选择性和鲜活灵动的智慧与艺术。而且，任何理论尤其是作为指向培养人的教育理论总是带有强烈的应然性，具有一定的理想性甚至浪漫色彩，更关注的是应该怎么做；而教育实践总是置身于纷繁复杂的现实生活中，很多时候不得不面对诸多无奈，面对来自社会方方面面既可能一致也可能冲突的各种制约乃至强迫，更关注的是实然，即只能怎么做。

由此可见，不可把教育理论与教育实践的关系理解得过于简单，它们本身就是有距离的，这种距离使得教育理论对教育实践的作用往往是有限的，也是有前提的。因为教育实践不可能只按照教育理论的意志行事，甚至不可能只按教育自身的规律行事，它还要受到来自教育内外特别是各种社会意志的影响甚至强制，而教育理论的意志由于多根植于教育学的立场而时常处于弱势。在这种情况下，并不是教育理论本身错了或者没有用，而可能是其他影响对教育实践的干预错了，使得教育实践不能或不能完全按照教育理论的指引行事，但教育理论也不能放弃应有的立场去迎合现实以表明自己的有用。许多教育实践工作者也时常感叹：一些教育理论好是好，但现实中我们没法那么去做。有的时候，并不是教育理论没有用，而是由于种种原因，教育实践工作者不能去用。比如关于"减负"与推进素质教育关系的一些理论研究成果本身可能是有用的，但教育实践工作者却不能用，因为这可能会导致升学率的下降。但面对这类情况，教育理论坚守其立场本身就意味着另一种意义的"有用"，因为它可以制衡社会对教育的不良影响和缓解事态的恶化，不过这种"有用"不仅很难被人们意识到，而且往往会被视为"无用"。此外，教育理论的作用之所以是有限的和有前提的，还与运用教育理论的教育实践工作者自身的素养和能力有关。在很多情况下，并不是教育理论本身没有用，而是因为运用它的人不会用。还有一种情况，就是教育理论遭到教育实践的拒斥而导致"没有用"，即教育实践工作者由于其惰性或过分沉溺于自己的习惯和经验而不去学习和运用教育理论。教育实践的经验性很强，经验也很重要，因而教育实践工作者容易不知不觉地走向轻视教育理论的经验主义。

当然，不少教育学研究也的确因为脱离实际而制造了大量没有用、不可用的教育理论。不过，在现实中，教育理论与教育实践的脱离并非是单向而是双向的。一方面，教育理论脱离教育实践的状况严重存在；另一方面，教育实践也严重脱离教育理论。不仅如此，在这种双向脱离中还常常存在着相互指责和贬斥。

可见，关于教育理论的有用性问题有两种可能的情况：一是本身就没有用；二是有用但不能用、不被用、不会用、不愿用、不敢用。

即便是被应用了的教育理论，对其效应也有一个如何理解的问题。教育理论是有不同形态和层次的，无论是德国教育学家布列钦卡（W.Brezinka）将教育学划分成"教育科学""教育哲学"和"实践教育学"，还是英国教育学家奥康纳（D.G.O'Connor）将教育学划分成形而上学部分、价值判断部分和经验性部分，都表明不同的教育理论具有不同性质和不同特点的实践功效。有些教育理论几乎就是为教育理论自身发展服务的，它不指向教育实践，但也不能因此将其斥责为脱离教育实践，因为发展教育理论最终还是指向教育实践的。对于可用于教育实践的教育理论，也不能将其作用夸大。与具体的教育技术不同，教育理论对教育实践的作用一般是间接性的、启示性的和渗透式的，其效应通常是比较缓慢的、隐含的、滞后的，直接的、明显的、立竿见影的作用并不多。教育理论的作用往往只是为教育实践工作者提供一般情况下可能适用和特殊场景下可供选择的建议，分析、解决问题的理念与思路，最终解决问题还要依靠实践工作者自己的判断、选择和执行。

教育理论的作用之所以往往是间接的、启示性的和渗透式的，就在于实际的教育活动通常是极其复杂的、多变的，具有很强的个别性、场景性、难以预测性和不可重复性，教育理论不可能对充满变数的教育活动一一规定出灵验的方法、技术和操作程式，不可能开出"药到病除"的"灵丹妙药"。在具体操作方面，倒是实践者个人的和集体的实际经验更能发挥作用。然而教育实践工作者的经验对他们自身的专业发展和对教育实践的改善又是一把"双刃剑"，一方面是财富，另一方面又是包袱，过多地局限于经验，容易自我封闭而僵化，容易形成定式。哈佛大学发布的一篇名为《挑选一个好教师比培训一个更容易》的学术论文，就用实证和数据驳斥了"教师经验越丰富教学越成功"这一普遍被接受的观点。① 因此，实践经验

［微视频］
好老师与职业经验关系不大

---

① 好教师是天生的，和教学经验无关？[N]．教育文摘报，2016-08-31．

需随着教育的变革和实践工作者的发展不断得到改造和重组,而教育理论就是推进经验改造与重组的重要资源,也是实现这种改造与重组的捷径。教育理论对教育实践发挥作用的一条非常重要的路径,就是通过理论对实践者思想的渗透和启示,使他们的教育经验在自我反思与自我批判中得到改造与升华,使他们的教育行为自觉地或悄然地发生改变,进而使教育实践得到改善。一般说来,教育理论无法为教育实践提供具体的和确定的操作方式,通常只是某种方案和建议,它还需要通过具体实施教育活动的实践者这一"中介"的内化与转化,才能成为解决具体、个别教育问题的操作方式。因此,教育实践者对教育理论的运用,更多的是一个包括分析、选择、组合、转换、改造、具体化和寻求适切性等在内的创造性过程,而不是一个"搬运"的过程。教育并非就一定是一个周而复始、循环往复的过程,教师的发展也并非是一个经验的简单积累和技艺不断熟练的过程,只要实践者怀抱热情和追求,愿意学习和运用教育理论而不是仅仅去指望被给予现成的操作技艺,教育完全是可以富有创造性的,也可以是充满乐趣和成就感的。

美国教育学家罗伊斯(J.Royce)早在1891年就曾指出:教师尽管需要接受教育理论方面的训练,但其目的主要在于对自己的教育经验和教育艺术进行反思;不应要求教师去精通任何一种教育理论体系,因为没有一种教育理论曾经是或可能是完备的,现实中并不存在"普遍有效、发展成熟、适用于每一个教师和学生的教育科学"①。这一见解对于理解教育理论与教育实践的关系颇有启示。

当下,不少一线教师还比较轻视教育理论的作用而过分热衷于移植现成的操作程式和具体怎么教的做法,名师的课堂教学就是争相模仿的对象之一。但大多数模仿过名师课堂的教师总是很沮丧,因为哪怕采用和名师课堂完全相同的教案、课堂形式甚至课堂语言,最后也会发现自己的课堂并没有生机和魅力,更不用说有名师课堂的整体效果与艺术享受了。名师课堂的奥秘何在?名师的精彩并不在于课堂的外在形式有多么完美,也不在于具体的技法技巧有多么娴熟,而在于平常之处彰显出的智慧、灵性和风范,在于鲜明的个性化追求和不断的再创造,在于对教育的深度理解和全身心的投入,在于渗透于片段与细节中的深层理念和综合素养,在于来自于教育理论或吻合于教育理论的"内功"与"底气",总之,在于其"神"而不在于其"形"。

"杜威曾明智地指出,人们不应该对教育学术期望过多,也不应该放弃寻找改进教育学术的途径的努力。"② 对教育理论不应期望过多,就是不要不切实际地夸大教育理论的作用和忽视教育理论对教育实践作用的特点,不要因为教育理论通常不能直接解决教育实践问题而武断地认为教育理论没有用。

---

① [美]拉格曼. 一门捉摸不定的科学:困扰不断的教育研究的历史[M]. 花海燕,等译. 北京:教育科学出版社,2006:5.
② [美]拉格曼. 一门捉摸不定的科学:困扰不断的教育研究的历史[M]. 花海燕,等译. 北京:教育科学出版社,2006:232.

第二节 教育与教育学的历史演进

教育和教育学都有其产生、发展的历程，了解这一历程，除了能获得一些关于教育和教育学的历史知识，更重要的是从中可以进一步体悟到教育和教育学的深刻内涵。

[考纲链接]
《教育知识与能力》（中学）了解教育的起源、基本形态及其历史发展脉络

一、教育的产生与发展

教育是人类最古老的活动之一，伴随着人类社会的产生和发展，与人类社会共始终。

（一）教育的起源

从不同视角解释教育的起源，对于认识教育的内涵，厘清教育与其他社会现象的区别以及教育在人类社会发展中的作用具有重要意义。关于教育起源的认识，传统上有以下三种比较有代表性的观点。

1. 生物起源说

19世纪末，法国哲学家、社会学家利托尔诺（C.Letourneau）在《各人种的教育演化》中，从进化论出发，提出了生物学的教育起源说。他认为，早在人类产生之前，教育已在动物界存在。"动物尤其是略为高等的动物，完全同人一样，生来就有一种由遗传而得到的潜在的教育。""人类教育的进行与动物的教育差别不大，在低等人种中进行的教育，与许多动物对其孩子进行的教育甚至相差无几。"① 他提出，生存竞争是教育产生的基础。动物为保存自己的物种，本能地要把自己的"知识"和"技巧"传递给下一代。

英国教育学家沛西·能（T.P.Nunn）也持这种观点。他在一篇以《人的教育》为题的演说词中说："教育从它的起源来说，是一个生物学的过程，不仅一切人类社会有教育，不管这个社会如何原始，甚至在高等动物中也有低级形式的教育。我之所以把教育称为生物学的过程，意思就是说，教育是与种族需要相应的、天生的，而不是获得的表现形式；教育既无待周密的考虑使它产生，也无需科学予以指导。它是扎根于本能不可避免的行为。""生物的冲动是教育的主要动力。"②

生物起源说是教育学史上第一个正式提出的有关教育起源的学说。它以达尔文生物进化论为指导，与神话起源说相比是认识的进步，标志着在教育起源问题上开始从神话解释转向科学解释。

2. 心理起源说

美国心理学家孟禄（P.Monroe）从心理学的角度探讨了教育的起源，提出了教育的心理起源说。他认为，教育的生物起源说忽视了人的心理与动物心理的本质区别。他断定原始社会的教育起源于儿童对成人的本能的、无意识的模仿③，模仿既是

---

① 瞿葆奎，沈剑平. 教育学文集·教育与教育学[M]. 北京：人民教育出版社，1993：158，177.
② [英] 沛西·能. 教育原理[M]. 王承绪，等译. 北京：人民教育出版社，1992：38.
③ 瞿葆奎，沈剑平. 教育学文集·教育与教育学[M]. 北京：人民教育出版社，1993：178-179.

最初的教育形式和手段，也是教育的本质。在他看来，原始教育尽管是最简单形式的教育，但已具备了教育的所有基本特点。

3. 劳动起源说

教育的劳动起源说是苏联一些教育学家运用历史唯物主义观点在阐明教育起源的过程中提出的观点，即认为教育起源于劳动。他们认为，教育产生的必要性和可能性都来自于人的劳动。首先，人在制造和使用工具的劳动中逐渐积累起了有关经验、技能和人与人之间的规范，为了使年轻一代在同大自然的斗争中不至于牺牲，不至于变为野兽，便产生了上一辈向下一辈传递这些经验、技能和规范的必要性。同时，人是在劳动中得以进化的，人的意识、语言以及发音器官的改变都是在劳动中逐渐形成和实现的，这就为教育的产生提供了必需的条件。劳动起源说的基本逻辑是：劳动创造了人，因而也创造了包括教育在内的人的一切。

自20世纪50年代初到80年代初，"教育的劳动起源说"在我国教育学界被视为马克思主义的教育起源论，是唯一正确的，不容置疑的。80年代之后随着对"教育的劳动起源说"的质疑与争论的展开，形成了"前身说""需要说""人生发展说""社会化影响说""超生物经验的传递和交流说""交往起源说""文化活动起源说""知识传授起源说""知识授受起源说""前提条件说""军事训练说"等众多观点。

（二）教育的发展

教育自产生之日起，就随着人类社会的发展变化而发展变化。在不同的社会历史阶段，由于生产力发展水平不同，生产关系和政治制度的差异，教育也因此具有不同的性质和特点，形成了与各历史形态相应的教育形态。

1. 古代教育

这里所说的"古代"，包括原始社会、奴隶社会和封建社会。

（1）原始社会教育的基本样态

一是教育尚未成为独立的社会活动。教育与生产劳动和社会生活融为一体，年轻一代跟随成人在劳动和生活中接受长者的教育，成人或经验丰富者即教育者。

二是教育平等。教育面向全体儿童，仅学习内容上存在性别之间的差异，这是自然分工的结果。到了原始社会后期，部落首领子弟才开始受到特殊的训练。

三是教育内容简单。教育内容从茹毛饮血、打制石器、采集狩猎，到学会用火、构屋、制陶，经过160余万年的历程。随着农业、手工业的发展，有了少量剩余生产品，出现了社会分工和部落战争以及文字和宗教的萌芽，教育内容才趋于多样，除生产、生活经验外，还增加了部落传统风习、宗教禁忌、军事及艺术活动方面的内容。

四是教育方式主要为口耳相传和行为模仿。由于没有文字，人们把生产、生活经验物化在工具和劳动产品上或凭借记忆，在言传身教中传授给下一代。

（2）奴隶社会教育的基本样态

一是产生了教育的专门机构——学校。学校的产生使教育从生产和生活中分化出来，脱离了原始的自然状态，具备了独立的社会职能。中国奴隶社会已有校、序、庠、学、瞽宗等教育机构，后期还建立了政治与教育合一的国学、乡学体系；古希腊的斯巴达、雅典产生了文法学校、弦琴学校、体操学校以及青年军训团等教育机构；古埃及王国末期产生了宫廷学校。

二是教育内容大为丰富。文字的发展和典籍的出现，大大丰富了教育内容，促进了知识的积累和传承。我国西周教育的"六艺"就包含了德、智、体、美等要素，并成为学校传习的科目；古希腊也产生了德、智、体、美和谐发展的教育。

三是学校教育有了明显的阶级性。我国夏、商、西周"学在官府"，只收王太子、王子、诸侯之子、公卿大夫之嫡子入学，乡学也只收奴隶主贵族子弟；古希腊斯巴达和雅典的学校专为贵族而设；古埃及的宫廷学校只收王子、王孙和贵族子弟入学。学校教育与生产劳动相分离，这在当时是具有进步意义的，劳动阶级子弟不需也不能接受学校教育。

四是学校教育开始有了一定的理论指导。随着教育经验的积累和教育作用的日益显现，哲学家和思想家纷纷涉足教育活动和教育研究，促进了教育实践理论水平的提高。中国的孔子、孟子、荀子，古希腊的苏格拉底、柏拉图（Platon）、亚里士多德（Aristoteles），古罗马的昆体良（M.F.Quintilianus）等都是当时著名的思想家和教育家。

（3）封建社会教育的基本样态

一是学校体制趋于完备。中国的唐代已形成了相当齐备的学校体系，京都的儒学有弘文馆、崇文馆、国子学、太学、四门学；京都的专门学校有律学、书学、算学、医药学、兽医学、天文学以及音乐学校、工艺学校；地方学校有按行政区划办的府、州、县学和由私人办的乡学。西方中世纪时期出现了教会学校、世俗封建主的宫廷学校以及后来的城市大学和行会学校。

二是教育功能有所扩展。在奴隶社会，教育侧重政治、军事、伦理等功能。到了封建社会，科学技术和各门学问的发展拓宽了教育的文化传播功能、社会选择功能和生产服务功能。

三是教育在阶级性的基础上突出了它的等级性和宗教性（宗教性主要指西方中世纪教育）。

2. 现代教育

现代教育是指资本主义制度建立以来的教育，也包括社会主义社会的教育。尽管资本主义和社会主义制度迥异，其教育也有诸多根本性的差异，但由于同处于现代社会，教育亦有着一些共同特征。此外，由于各国在政治、经济、文化上的性质和水平差异极大，因而在现代教育的水平上也有很大差距。以下所概括的现代教育特征，主要是指西方发达国家率先追求，其他国家普遍跟进的世界教育发展的普遍特征。

一是普及义务教育的实施。西方资本主义国家在19世纪后半叶便相继实施了普及初等义务教育，到20世纪，普及义务教育的年限不断延长、质量不断提高。迄今，多数国家都相继普及了九年义务教育，普及义务教育不仅成为国家发展的战略重点，也是提高社会福利的重要举措。

二是现代教育体系的建立。随着社会的发展和受教育需求的不断扩大,大多数国家都逐步建立起了包括学前教育、学校教育、成人教育在内的终身教育体系,包括初等教育、中等教育、高等教育在内的各级教育体系和包括普通教育、职业教育、专门教育在内的各类教育体系。教育体系不仅日趋完整、丰富,而且日趋多元、灵活。

三是教育民主理念的确立。现代社会要求教育具有民主、平等、合作的精神,坚持公平、正义、人道的原则。现代教育主张教育机会均等,消除等级教育制度,保证所有公民受教育权利的平等;主张在教育过程中平等地对待所有学生,消除一切歧视,摒弃体罚和变相体罚;主张在教育中培养学生的民主精神和博大胸怀,反对在学校教育内容中宣扬法西斯主义、军国主义、民族歧视、宗教歧视、性别歧视;主张教育的人道化,反对压抑学生个性,要求尊重学生的人格和权益,保护儿童的身体和心理安全,提倡教育过程中师生关系的民主;主张教育民主决策和管理,提倡教师、学生、家长和国家其他公民与教育行政管理人员共同参与教育的决策和管理。

四是教育的多元化。教育的多元化不仅体现在教育制度上,也体现在教育内容和教育方法上。在教育制度上,办学主体和学校定位与办学特色日趋多元化。在教育内容上,现代学校不仅设置有完整、多样的课程体系,而且反对知识专制,提倡知识的开放性。在教育方法上,反对模式化、僵化和单一化,提倡不同风格的教育方法和获取知识的途径的多样化。教育的多元化,旨在满足学生多样化的需求,培养各具特色的人才,养成学生的个性和创造精神。

五是学校教育与社会实践和日常生活紧密结合。现代教育反对脱离社会现实和学生实际生活的枯燥、乏味、空疏的教育,主张教育为社会生产和社会生活服务,为学生在现实社会中的生存、发展和幸福生活服务。

六是科学教育与人文教育的融合。从19世纪后期开始,科学主义和人文主义的相互对抗与攻击持续了百年左右。其间,科学主义居强势而人文主义居下风,科学教育受青睐而人文教育遭冷遇。随着20世纪70年代人文主义在欧洲大陆的复兴,面对日趋严重的人自身和社会的种种危机,人们日益认识到,科学教育和人文教育都只是教育的"一半";要培养完整的人和构建和谐的社会,就必须构建一个完整的教育,实现科学教育与人文教育的融合与互补。

七是教育的国际化与本土化并进。随着世界的一体化和多元化,各国教育的交流日益增多,教育的国际化水平不断提高。各国教育在相互学习、取长补短的同时又极力维护各自的优良传统和民族特色,力求处理好国际化与本土化的关系。

八是教育技术不断更新。随着科学技术的发展及其在教育中的应用,新的教育技术不断涌现,给教育方式和学习方式带来了革命性的变化。以计算机为核心的多媒体技术和网络技术作为教育辅助手段在教育中广泛应用,并不断更新换代,呈现出勃勃生机和广阔前景。

二、教育学的历史演进

教育学是一门既古老又年轻的学科。说古老,是因为自有了教育之后就有了关于教育的学问;说年轻,是因为作为独立形态的教育学直到17世纪才艰难形成。[①]回顾教育学的演进历程,不仅有助于深化对教育学概念的理解,而且有助于增强教育学的历史感。

(一)教育学的萌芽

在近代之前,人们对教育的探讨整体上还停留在经验和习俗的水平上,未形成系统的理性认识,作为学科的教育学尚处于萌芽阶段。此间,尽管论及教育的学问颇为丰富,其中亦不乏真知灼见,但多是在论述哲学、政治、伦理等问题时顺及而已,教育思想多散见于其中。

在我国古代,先秦诸家,汉唐的董仲舒、王充、颜之推、韩愈,宋元明清的程颐、朱熹、陆九渊、王守仁、王夫之、颜元等诸多思想家都有较丰富的教育思想。其中,孔子最令人称道。

孔子尽管没有专门的教育著作,但在其弟子辑录孔子言行的《论语》中却蕴含着极为丰富和有价值的教育思想。他提出的因材施教、启发诱导、循序渐进、学思并重、温故知新、立志乐道、自省自克、以友辅仁等教育思想,光彩夺目,影响深远。汉代以后,孔子的学说成为我国两千多年封建文化教育的正统,他也被后人尊为"师祖"和"万世师表"。

《学记》被认为是我国乃至世界上最早的一篇集中论述教育问题的专门论著,约成文于战国后期,相传是儒家思孟学派所撰。《学记》是《礼记》中的一篇,全文仅1229字,虽不是一部教育学专著,却是一部典型的教育专著。该作对先秦时期的教育经验和孔、孟、荀的教育思想作了系统的总结,概括了对教育的若干规律性认识,涉及教育的功能、制度、内容、方法以及师生关系、教师作用等方面。《学记》所提出的"化民成俗,其必由学""建国君民,教学为先"的教育功能观和教学相长、尊师重道、藏息相辅、豫时孙摩、启发诱导、长善救失等教育教学原则,至今仍为人们所津津乐道。

在西方,首先值得一提的是古希腊的智者派。它是以传授知识为职业的古希腊哲学家们的称号,最著名的代表人物是普罗塔哥拉(Protagoras)、希比亚(Hippias)、普罗蒂克(Prodikos)等。他们对古希腊教育思想的萌生与发展做出了重要贡献,被黑格尔誉为希腊人的"启蒙者",是以"智慧、科学、音乐、数学等教人"的教师,希腊人在知识上能得到教养,"应当感谢智者们"[②]。在教育观上,智者们在雅典奴隶主民主政治的氛围中,从"人是万物的尺度"这一哲学命题出发,认为教育应该以人的本性为前提,使人得到多方面的和谐发展;教育不应是为国家

---

① 其实作为独立形态的学科,历史大都不长。经济学独立的标志,是亚当·斯密1776年发表的《国富论》;社会学的概念,是孔德在1839年发表的《实证哲学教程》中才提出的;政治学和人类学,都是在19世纪后期才成为独立学科的。
② [德]黑格尔.哲学史讲演录(2)[C].贺麟,等译.北京:生活·读书·新知三联书店,1957:8.

和社会培养公民，而应是培养能与集体相区别的有个性的人；个人行为的准则不应该是贵族的言行，甚至不应该是城邦的法律，而应是个人的意志，个人是至高无上的。① 这样的教育观适应和强化了雅典的个人主义和民主主义，对西方教育产生了绵长的影响。

西方古代最伟大的教育思想家当属古希腊三贤——苏格拉底、柏拉图和亚里士多德，他们的政治、哲学和教育思想对西方学术有着奠基性的意义。

苏格拉底好谈论而无著述，其言行大多见于与柏拉图的一些对话。他认为"无论是天资比较聪明的人还是天资比较鲁钝的人"都应该接受教育，而且越是"禀赋好的人越要受教育"②，因为只有学识渊博而具有"善德"的人才能把城邦治理好。他提出了"美德即知识"的命题和"德行可教"的观点，因此在教育内容方面，他主张首先要培养人的美德，教人学会做人，成为有德行的人，其次才是教人学习广博而实用的知识和锻炼身体。苏格拉底通过长期的教学实践，形成了一套独特的教学法，人们称之为"苏格拉底法"或"苏格拉底问答法"，他本人称之为"产婆术"，是他用于引导学生自己思索、自己得出结论的一种教学方法。这种方法包括四部分：一是"讥讽"，即在谈话中让对方谈出自己对某一问题的看法，然后揭露对方谈话中的自相矛盾之处，使其承认对这一问题的无知；二是"助产"，即用谈话法帮助对方回忆知识，就像产婆帮助产妇生产婴儿一样；三是"归纳"，即通过问答使对方能逐步排除对事物个别的特殊的认识，能揭示事物的本质和普遍的东西；四是"定义"，即在归纳的基础上得出事物的定义。

柏拉图的教育思想在很大程度上是与智者派的教育思想相颉颃的产物，而且正是由于这两种教育思想的对抗，才形成了教育思想史上持续至今的个人主义与国家主义或个人本位与社会本位两种教育观的论争。作为传统贵族出身的柏拉图认为，民主和个人主义的泛滥只会导致雅典的衰亡，因而他推崇斯巴达那种国家主义和社会本位的教育。由于民主政体的雅典不能给他实践这种教育的机会，他只能在其《理想国》中描绘这种"理想"的教育。柏拉图强调国家和社会在一切方面高于个人，因此教育目的不应是促进个人的发展，而应是使每一个人根据自己的天资在社会中找到自己的位置，从芸芸众生中经过若干次筛选，最终产生出统治国家的哲学王，达到"政治权力与聪明才智合二为一"③，从而实现国家的和谐稳定。柏拉图虽然反对当时的雅典民主政治，但也继承了雅典的一些优良教育传统。他认为教育的目的必须是培养身心和谐发展的人，因为只有这种人才能成为"理想国"的统治者和好公民。为此，他主张音乐教育（按照古希腊的传统，音乐包括诗歌和文学）与体育并重。

亚里士多德以其丰富的哲学、伦理学、政治学为基础提出了自己的教育理论。他的教育思想从本质上讲与柏拉图是一致的，但在教育与个人和国家、社会的关

---

① [美] 布鲁巴克. 教育问题史 [M]. 吴元训, 等译. 合肥：安徽教育出版社, 1991：26.
② [古希腊] 色诺芬. 回忆苏格拉底 [M]. 吴永泉, 译. 北京：商务印书馆, 1986：116, 139.
③ [古希腊] 柏拉图. 理想国 [M]. 郭德和, 等译. 北京：商务印书馆, 1986：215.

系方面，他有所调和。一方面，他强调个人是属于国家的，教育的任务应该是为国家培养公民；另一方面，他又主张教育也应使个人得到和谐发展，应顺应儿童个人发展的需要，助长人的本性，把人性中的可能性变为现实性。在他的教育言论中，"自然"一词被广泛使用。"他强调教育必须依靠自然，发展儿童天性中的潜在能力。在这个意义上，他的学说开了后代资产阶级的'遵循自然'教育思想的先河。在亚里士多德的发展学说中已经萌芽着后代资产阶级教育思想中的'内发论'（相对于'外铄论'）的倾向。"① 另外，亚里士多德强化了由柏拉图开始的"主智主义"的教育观。他的"文雅教育"思想把教育区分为两类：有用的与文雅的。"有用的"是不高尚的，因为它服务于事功与实用；"文雅的"是高尚的、人性的，因为它服务于闲暇。亚里士多德自由教育理论和教育适应自然主张的提出，标志着西方两个重要教育思想传统的起始，并逐渐形成了自由教育和自然教育的传统。

古罗马教育家、演说家昆体良所著的《论演说家的培养》（又译《雄辩术原理》）是西方最早的专门论述教育问题的著作。在书中，昆体良总结了一般的教学原理，并最早提出了集体教学的设想，论证了学生的个性差异并倡导因材施教，重视培养学生的独立工作能力和创造能力，详细说明了希腊文和拉丁文的文法教学方法。19世纪英国哲学家穆勒（J.Mill）在谈到昆体良的杰出成就时说："他的著作是整个文化教育领域中古代思想的百科全书。"②

（二）教育学的创立

教育学作为一门学科形成的标志主要有："（1）从对象方面而言，教育问题成为一个专门的研究领域。（2）从概念和范畴方面而言，形成了专门的反映教育本质和规律的概念、范畴及其体系。（3）从方法方面而言，有了科学研究方法。（4）从结果方面而言，产生了一些重要的教育学家，出现了专门的、系统的教育学著作。（5）从组织机构而言，出现了专门的教育研究机构。"③

教育学的创立开始于文艺复兴之后。首先，随着资本主义的萌芽和发展，出现了一些讲授新兴自然科学、社会科学知识和现代语的实科学校，这些学校需要新的教师和新的教学方法。这样，培养具有新的教育思想并掌握新的教学方法的教师就成了适应教育实践发展的客观要求。从17世纪末开始，欧洲陆续出现了一些教师讲习所，一些大学增设了师范课程以培养师资。所有这些，都促成了教育学的创立。其次，西欧商品经济的发展以及产业革命引发了人们对于普及教育的需求，促使现代学校得以迅速发展，继而引发了人们对教育尤其是学校教育能否寻找到一种规律、方法、技术，以完成培养人的"产业化"的探寻，这为教育学的创立提供了机遇。再次，哲学的发展以及新的自然科学和社会科学的发展，不仅为人们认识教育这一复杂问题提供了方法和知识，也为教育学的诞生创造了学术条件。最后，教育学的创立也与一些著名思想家和教育家的追求分不开，正是他们不懈的努力才使

---

① 滕大春，等. 外国古代教育史［M］. 北京：人民教育出版社，1981：62.
② 昆体良教育论著选［Z］. 仁钟印，选译. 北京：人民教育出版社，1989：16（"译序"）.
③ 全国十二所重点师范大学. 教育学基础［M］. 北京：教育科学出版社，2002：16.

对教育的认识从"教育术"上升为"教育学"。不过,由于教育学研究自身的复杂性,这一时期的教育学还只是初步的。

英国哲学家和科学家培根(F.Bacon)1623年在《论学术的进展》一书中提出了科学分类的原则与系统。在他构想的科学分类中,"教育学"有了一席之地,即"讲授和传授的艺术"。

有"教育学之父"之称的捷克教育家夸美纽斯(J.A.Comenius)继承了古希腊和古罗马的教育思想遗产,吸收了文艺复兴时期人文主义教育的成果,总结了当时资产阶级的教育经验,并结合他本人的教育实践,于1632年写成了《大教学论》一书,这是世界上第一部完全以教育为论述对象的专著。夸美纽斯对教育学的贡献主要表现在:(1)构建了教育学的基本框架和教育学研究的基本内容。(2)主张以"自然秩序"为教育的主导原则。(3)提倡教育对象的普及化。(4)构建了阶段分明、相互衔接的教育体制。(5)创立了班级授课制和学年制。(6)倡导科学教育与人文教育相结合的"百科全书式"的教育内容观。(7)系统总结了确切性、便易性、彻底性、简明性、迅速性等教与学的原则。(8)提出了终身教育的初步设想。夸美纽斯的《大教学论》奠定了近代教育理论的基础,在教育学史上矗立起一座丰碑。

夸美纽斯之后,西方的教育思想家及教育论著大量涌现,大大促进了教育学的发展,较有代表性的如下。

17世纪英国哲学家、教育家洛克(J.Locke)提出了著名的"白板说",以抗衡天赋观念说。他认为人的心灵本是一张白板,一切知识和观念都是建立在经验基础上的,进而认为教育在人的成长中起决定性作用。他的代表作《教育漫话》是围绕"绅士教育"的主题来展开他的教育思想的:(1)教育的目的就是要培养身体健康、具有良好德行、拥有广博实用知识和技能、精明能干的资产阶级事业家。(2)在教育内容方面,第一次对德、智、体做了明确区分并论述了三者之间的关系。(3)在教育教学方法上,强调教育应该遵循儿童心理发展的规律和特点,在愉悦和轻松的气氛中、在游戏中进行教育和教学。从西方教育思想发展史来看,洛克的教育思想对后世产生了深远的影响。美国史学家佛朗斯特(S. E. Frost)评论说:"尽管洛克生活在17世纪,却对18世纪的欧洲和美国造成了几乎无可匹敌的影响。他的著作讨论了社会政治和教育问题,其中所表达的思想被18世纪的许多伟大人物奉若神明。"①

被誉为"教育上的哥白尼"的是18世纪自然主义教育家卢梭,他强调教育要顺应自然,要根据儿童的发展阶段实施教育,在西方教育史上乃至世界教育史上具有划时代的意义。如果说夸美纽斯更多的是在教育学学科体系的构建方面做出了贡献的话,那么卢梭则在思想观念方面对后世的教育思想家们产生了重要影响。卢梭在其小说体教育名著《爱弥儿》中,对当时流行的成人化的儿童教育,从教育的目标、内容、方法和组织形式等方面都进行了猛烈抨击,认为时下的教

---

① [美]佛朗斯特. 西方教育的历史和哲学基础[M]. 吴元训,等译. 北京:华夏出版社,1987:405.

育"对儿童是一点也不理解的：对他们的观念错了，所以就愈走愈入歧途"①。因此，他认为创建新教育的关键在于树立人们的新观念：（1）教育适应自然的观念。卢梭把教育分为"自然的教育""人的教育"和"事物的教育"。其中，"我们的才能和器官的内在发展，是自然的教育；别人教我们如何利用这种发展，是人的教育；我们对影响我们的事物获得良好的经验，是事物的教育"②。只有当三种教育协调一致时，教育才可能取得理想的效果。由于自然的教育是无法控制的，事物的教育只能部分地控制，因此，要使三种教育协调，唯一的办法就是使人的教育去适应自然的教育，即适应儿童的天性。这里所指的自然与夸美纽斯所指的自然界的现象和规律不同，因此卢梭的自然主义教育思想又被称为主观自然主义教育思想。（2）儿童中心的观念。卢梭认为，自然教育的目的是培养身心率性发展的人，因此任何在教育中对儿童个性的压抑都是不能容忍的。教育必须从儿童的兴趣和爱好出发，不灌输任何固有的观念。教师的作用并不在于教给儿童什么，而在于保护儿童不受到不良教育的影响。在整个教育过程中，儿童应成为无可置疑的中心。（3）在活动中学习的观念。卢梭对通过书本进行知识学习深恶痛绝，主张让儿童在亲身的活动中去学习他们感兴趣的事实，就像爱弥儿通过折纸来学习平面几何，通过旅行来学习地理，通过夜间观察来学习天文一样，只有结合实际来行以求知才可能使儿童的天性得到自然的发展。（4）实用主义的观念。卢梭反对夸美纽斯百科全书式的教育，因为人的智慧是有限的，因此教育应以增进儿童的生活效用为主。（5）发现的观念。在儿童的学习中强调发现是卢梭最有价值的教育思想之一。在他看来，教学的根本问题不在于教给儿童知识，而在于引导儿童去发现知识。在西方教育史上，卢梭的自然主义教育思想被誉为"旧教育"和"新教育"的分水岭，在他之后的教育思想家几乎没有不受到他的影响的。"卢梭同时奠定了实用主义哲学和进步教育的理论基础，我们的现代教育从许多方面说来都是卢梭思想的产物。"③

在教育学创立的过程中，德国哲学家康德（I.Kant）有着独特的贡献。他在哥尼斯堡大学最早开始讲授教育学，这也许是教育学列入大学课程的开端。④晚年，他将自己有关教育的讲演稿交给学生编纂发表。1803年，《康德论教育》一书正式出版。在该书中，他明确指出教育必须成为一种学业，教育的方法必须成为一种科学，其实践必须和"真知灼见"结合起来，否则就会变成机械的东西。

德国哲学家特拉普（E.C.Trapp）1779年担任哈勒大学教育学教授，从而成为德国也是世界上第一位教育学教授，而在此之前的教育学课程均由哲学教授开设。1780年，他出版了《教育学探讨》一书，这是第一本以教育学命名的著作。此时

---

① [法]卢梭.爱弥儿[M].李平沤，译.北京：商务印书馆，1978：2.
② [法]卢梭.爱弥儿[M].李平沤，译.北京：商务印书馆，1978：7.
③ [美]佛朗斯特.西方教育的历史和哲学基础[M].吴元训，等译.北京：华夏出版社，1987：352.
④ 我国也有人认为教育学作为一门学科在大学传播始于德国哲学家格斯纳。他于1735年在哥廷根大学创办了一个"教育学研讨班"并作了教育学理论的讲座。（韩延明.新编教育学[M].北京：人民教育出版社，2006：26.）

的德国，不仅在大学开设了教育学课程，设立了教育学教授职位，而且出版了大量教育学的著作，这标志着作为学科的教育学基本形成。

德国哲学家、教育学家赫尔巴特（J.F.Herbart）对教育学的创立做出了里程碑式的贡献。他在1806年发表的《普通教育学》被认为是教育学作为一门规范学科形成的标志，教育学从此真正成为一门独立的学科，他本人也被誉为"科学教育学的奠基人"。与卢梭在《爱弥儿》中所表现出的法国浪漫主义不同，赫尔巴特在《普通教育学》中表现了德国严谨的理性主义传统。赫尔巴特的主要贡献在于：（1）构建了比较严密的教育学的逻辑体系，形成了一系列教育学的基本概念和范畴。（2）在伦理学的基础上建立了教育目的论，在心理学的基础上建立了教学方法论。（3）根据受教育者的心理活动规律提出了具有启示意义的教育过程的四个基本阶段，即明了、联想、系统、方法。（4）揭示了教学的教育性规律。

（三）教育学的发展

随着各国教育实践的不断发展和来自教育学内部的反思与批判，19世纪以来，教育学得到了长足的发展，涌现了许多教育思想家和教育思想流派，教育学呈现出多元发展的态势。

19世纪下半叶，现代自然科学取得了突破性进展，自然科学的成果和实验研究方法为教育学研究带来了极大的启示。德国教育学家和心理学家梅伊曼（E.Meumann）和拉伊（W.A.Lay）将自然科学中的实验法应用于教育研究，首创了"实验教育学"。其主要观点是：（1）反对以赫尔巴特为代表的强调概念思辨的教育学，认为这种教育学对教育毫无用处；（2）提倡把实验心理学的研究成果和方法应用于教育研究，从而使教育研究真正"科学化"；（3）主张用实验数据作为改革学制、课程和教学方法的依据，倡导通过科学意义上的观察、实验得出有关教育上的种种认识。"实验教育学"所强调的定量研究后来成为20世纪教育学研究的一个重要范式。

19世纪科学教育的主要倡导者斯宾塞（H.Spencer）极大地推动了科学教育思想的发展。他的主要贡献在于：（1）明确提出了科学知识最有价值的见解。斯宾塞详尽地论证了科学知识在社会生产和个人生活中的巨大作用，并充分肯定了科学教育的重要性，制订了以科学知识为核心的课程体系。（2）第一次明确提出了"教育预备说"，认为教育就是引导一个人怎样生活，使他获得生活所需要的各种科学知识，为他的完满生活做好预备。所谓"完满生活"包括五种活动：一是直接保全自己的活动；二是获得生活必需品从而间接保全自己的活动；三是目的在于抚养教育子女的活动；四是与维持正常社会关系有关的活动；五是在闲暇时间满足爱好和情感的活动。

精神科学教育学是19世纪出现在德国的一种教育学说，代表人物有狄尔泰（W.Dilthey）、斯普朗格（E.Spranger）等。其主要观点有：（1）认为教育学的任务就是对教育实践的批判和解释，注重从历史的和系统的视角对教育实践及其价值进行澄清和反思。（2）认为人是一种文化的存在，教育是在一定历史文化背景下进行的。因此，赫尔巴特试图用概念思辨的方法建立普遍适用的一般教育学的尝试和实验教育学用数量统计进行教育研究的做法，从根本上讲都是不可行的，而必须采用文化科学或精神科学的方法，即理解和解释的方法来研究教育。（3）教育目的是培养完整人格，其主要途径是"陶冶"和"唤醒"。为此，该学说主张建构和谐对话的师生关系。精神科学教育学致力于建立像自然科学那样严格的精神科学，同时关注教育实践，注重生活体验的表达与理解，注重教育的历史性和文化性，强调教育学的相对独立性等，这对教育以及教育学的发展，尤其对经验教育学和批判教育学的发展产生了很大影响。

经验教育学产生于20世纪20年代。它的产生主要是由于人们认为教育实验与真实情境是有差别的，实验教育学脱离了具体的教育情境，对教育实践的指导作用并不大。为此，它主张以教育事实为研究对象，开展教育事实的经验——实证研究，建立经验的"教育科学"。它首先将教育现象看作一种"客观存在"，然后从"纯认识"的角度考察其条件结构及相互关系，只描述教育事实而不对教育做任何规定。法国社会学家涂尔干、德国教育家菲舍尔（A.Fischer）等是其主要的代表人物，他们都致力于建立一种纯认识的、价值中立的教育科学。

自19世纪中期起，从欧洲传入的赫尔巴特教育理论在美国学校教育中占据了统治地位，这对提高美国中小学教学质量、扩大入学人数起到了积极作用。但是，其致命的形式主义弱点致使学校生活、课程内容、教学方法等极不适应美国社会生活的变化。尤其是到了19世纪末，美国工业经济的发展要求学校为社会提供大批量的技术人员和熟练工人，原有学校教育的"不合时宜"表现得愈加明显，社会呼唤用一种新的教育理论取代赫尔巴特教育理论来指导当时美国的学校教育。在这种背景之下，以杜威为代表人物的实用主义教育理论应运而生。杜威对当时的美国教育进行了严厉批评，称这种教育"是非常专门化的、片面的和狭隘的。这是一种几乎完全被中世纪的学术观点所支配的教育"[1]。他于1899年在《学校与社会》一书中第一次使用"传统教育"的概念并以此对赫尔巴特教育理论作了定性，同时把自己的教育理论称为"现代教育"。实用主义教育的基本观点有：（1）"教育即生长"。儿童的发展基本上就是以本能活动为核心的习惯、冲动、智慧等天生心理机能的不断开展和生长，从这个角度说，教育就是促进本能生长的过程。（2）"教育即生活"。教育就是生活本身，而不是为未来生活做准备，人不能脱离具体环境，学校也不能脱离眼前的生活，教育应将现有的生活情境作为主要学习内容。（3）"做中学"。传统的教学是硬性灌输给儿童脱离他们个人生活与经验的书本知识，因此应以儿童在活动中形成的经验为主要学习内容，注重从经验中学习。为此要改变传统的课堂教学和以教师讲解为中心的教学组织形式和教学方法，代之以以儿童的活动为中心，视教学过程为"做"的过程。（4）"儿童中心"。在学校生活中，"儿童是起点，是中心，而且是目的"[2]。在杜威看来，这种教学中心的转变可与哥白尼把天文学的中心从地球转移到太阳的革命相媲美。

---

[1] 杜威教育论著选［M］．赵祥麟，王承绪，译．上海：华东师范大学出版社，1981：26．
[2] 杜威教育论著选［M］．赵祥麟，王承绪，译．上海：华东师范大学出版社，1981：79．

概括起来，赫尔巴特的"传统教育"与杜威的"现代教育"的根本分歧表现为：前者主张教师中心、教材中心和课堂中心；后者主张儿童中心、经验中心和活动中心。实用主义教育思想是20世纪影响最为广泛的教育思潮，它分别引发了声势浩大的美国进步主义教育运动和欧洲新教育运动，对美国基础教育的主导长达半个世纪之久，给教育带来诸多革命性的变化，其主要教育理念已沉淀为现代教育精髓的组成部分。它的影响在20世纪二三十年代也曾波及中国，改革开放后更是成为改造我国传统教育的重要理论资源。

要素主义教育思想是20世纪30年代末在美国兴起的一种"保守"的教育思潮，它是作为进步主义教育思想的对立面而出现的，其代表人物有巴格莱（W.C.Bagley）、柯南特（J.B.Conant）、贝斯特（A.E.Bestoy）和里科弗（H.G.Richover）等。针对进步主义教育"适应生活""儿童中心"等激进主张，要素主义教育提出"回到传统"的口号，强调学校教育必须依赖于"人类文化遗产中的共同要素"，学习者应该系统地学习、透彻地理解和熟练地掌握这些"共同要素"。要素主义教育的基本主张有：（1）强调继承和发扬教育史上的智力训练传统。（2）强调严格按照系统性、逻辑性、学术性设置学校课程和制定教学计划。（3）强调教师在教育和教学过程中的核心地位。（4）鼓励智力上的竞争并主张英才教育。由于要素主义教育正好迎合了美国20世纪五六十年代"冷战"时期经济、军事、科技对人的智力发展的高要求，迅速成为当时美国教育中的一种"占统治地位的教育哲学"①。

建构主义教育思想是20世纪五六十年代形成的一种教育思潮。其理论基础是瑞士心理学家皮亚杰（J.Piaget）的认知建构理论，其代表人物是美国心理学家和教育学家布鲁纳（J.S.Bruner）。建构主义教育思想的基本主张是：（1）强调认知能力的发展。布鲁纳认为，智力活动本身是一个建构的过程，所以应加强对智力活动过程的动态研究，从儿童的心理能力引出关于不同年龄儿童学习和理解的一般性法则，继而依据这些法则进行教育活动，发展儿童的认知能力。（2）重视掌握学科的基本结构。所谓学科的基本结构即学科的基本原理。相对于知识量的增加，掌握学科的基本结构意义更大，它可以使学习者对所学学科产生深刻的理解，实现学习的普遍迁移。（3）提倡"从发现中学习"。为激发儿童的智力活动，布鲁纳建议，在提出一个学科的基本结构时，应"尽可能保留一些令人兴奋的部分，引导学生自己去发现它"②，因为成功学习的一个重要因素是"对于发现的兴奋感"和与之相随的"对本身能力的自信感"。布鲁纳还强调说："如果我们要展望对学校来说什么是特别重要的问题，我们就得问怎样训练几代儿童去发现问题、去寻找问题。"③

建构主义教育思想主导了美国20世纪60年代范围广泛、意义深远的课程改革，其中一些主张，尤其是掌握学科的基本结构和发现学习的理念对许多国家的

---

① ［美］范斯科德，等.美国教育基础：社会展望［M］.北京师范大学外国教育研究所，译.北京：教育科学出版社，1984：52.
② ［美］布鲁纳.布鲁纳教育论著选［M］.邵瑞珍，等译.北京：人民教育出版社，1989：33.
③ ［美］布鲁纳.布鲁纳教育论著选［M］.邵瑞珍，等译.北京：人民教育出版社，1989：371.

教育改革都产生了积极作用,对我国改革开放后的教育改革也产生了持续、深刻的影响。

除了上述教育思想外,20 世纪还产生了诸如后现代主义教育思想、终身教育思想、全纳教育思想等,极大地促进了教育学的发展。

本章小结

教育,包括广义的教育和狭义的教育,尽管千差万别,但其质的规定性是统一的,即"培养人的活动"。相对于广义的教育,学校教育的特殊属性就是其专门性、制度性和系统性。以教育为研究对象的教育学在学科性质上归属于社会科学,但又具有显著的人文学科特性。由于教育特有的复杂性,教育研究并没有独特的研究方法,教育理论的实践效用也往往不是线性的和立竿见影式的。教育和教育学的产生、发展和演进,都是在人的发展与社会发展之间的矛盾运动中实现的。

实践·反思·探究

1. 以"教育"的词源考察为起点,以你的观察或了解来看,中、西方教育有哪些主要差异?请说明造成这些差异的主要原因。
2. 教育的质的规定性是"培养人的活动",这一认识对教育自身有何意义?
3. 你认为狭义教育下定义所预设的四个基本立场有无道理,为什么?
4. 你是否同意把教育学定性为具有显著人文学科特性的社会科学?为什么?
5. 怎样理解教育学没有自己独特的研究方法是正常的?
6. 你认为应该怎样理解教育理论的"有用"与"无用"?
7. 你对孔子的教育思想和《学记》中的教育思想有何感悟?
8. 你对苏格拉底的"精神助产术"有何感想?
9. 谈谈你对西方的自由教育传统和自然教育传统的理解和价值评判。
10. 赫尔巴特的"传统教育"与杜威的"现代教育"有何区别?为什么会有这些区别?

推荐阅读

1. 瞿葆奎,沈剑平. 教育学文集·教育与教育学 [M]. 北京:人民教育出版社,1993.
2. 王道俊,郭文安. 教育学 [M]. 北京:人民教育出版社,2016.
3. 郑金洲. 教育通论 [M]. 上海:华东师范大学出版社,2000.
4. 黄志成. 西方教育思想的轨迹:国际教育思潮纵览 [M]. 上海:华东师范大学出版社,2007.
5. [爱尔兰] 弗拉纳根. 最伟大的教育家:从苏格拉底到杜威 [M]. 卢立涛,

安传达,译.上海:华东师范大学出版社,2009.

6.[美]拉格曼.一门捉摸不定的科学:困扰不断的教育研究的历史[M].花海燕,等译.北京:教育科学出版社,2006.

7.[美]沙沃森,丽萨·汤.教育的科学研究[M].曹晓南,等译.北京:教育科学出版社,2006.

8.[德]布列钦卡.教育知识的哲学[M].杨明全,宋时春,译.上海:华东师范大学出版社,2006.

第二章 教育的功能和教育的客观制约性

学习目标

- 了解教育的人的发展功能和社会发展功能的基本含义、影响人的发展的基本因素、教育的社会制约性和人的制约性的具体表现,以及人性的基本含义和人性与教育的内在关系。
- 理解教育的相对独立性与社会制约性及教育的本体功能与派生功能的内在关系、影响人的发展因素的复杂性和学校教育对促进人的发展的独特性。
- 掌握分析教育的两个客观制约性之间内在关系的基本思路。
- 应用关于人性与教育的关系的认识,综合分析人与教育、人与社会、教育与社会的关系。

知识列表

教育的功能和教育的客观制约性	教育的功能	教育的人的发展功能
		教育的社会发展功能
	教育的客观制约性	教育的社会制约性
		教育的人的制约性
		人性与教育

本章导入

2005 年 7 月 29 日,时任国务院总理温家宝探视已 94 岁高龄的钱学森先生。谈完对科技规划的意见后,钱学森说:"现在中国没有完全发展起来,一个重要原因是没有一所大学能够按照培养科学技术发明创新人才的模式去办学,没有自己独特的创新的东西,老是冒不出杰出人才。这是个很大的问题。"这段话后来被概括为"钱学森之问"：我们的学校为什么总是培养不出杰出人才？"钱学森之问"影响甚大并连同"今日中国为何出不了大师？"被人们一再追问。回答五花八门，其中不少人在归因上都将矛头直指学校教育。

影响人的发展的因素有哪些？学校教育对人的发展和成才究竟有多大作用？教育对人的发展和社会发展的功能发挥需要哪些前提？要受到哪些方面的制约？教育在与社会的政治、经济、文化的关系中处于什么地位？这些问题都关涉到教育学中的一些基本原理，"钱学森之问"及其回应，就涉及了教育学中的若干基本理论问题。

人、社会和教育三者之间存在着复杂的多维关系。研究教育与教育学，不可能超脱人与社会的关系、教育与人的关系和教育与社会的关系。在人、社会和教育的关系中，教育既有其能动性，即教育具有促进人和社会发展的功能；又有其受动性，即教育有着来自人和社会的双重制约性。正是基于这一认识，我国教育学界一般认为，教育有两个最基本的规律：一是教育必须适应和促进人的发展，二是教育必须适应和促进社会的发展。教育的这两个"适应"和"促进"，是教育存在和发展的根本依据，是教育价值的根本所在，也是全部教育学理论的根基所在。

第一节 教育的功能

[考纲链接]
《教育知识与能力》（中学）理解教育与人的发展的基本关系

教育所面临的基本矛盾是人的发展与社会发展的矛盾。在这一矛盾关系中，教育充当着中介转化角色，即教育一方面要把社会发展的要求转化为对受教育者的教育要求并进而转化为受教育者发展的自我要求；另一方面要把受教育者的素质提高到社会发展要求的水平上来，从而不断解决人的发展与社会发展的矛盾。这样，便生成了教育的两大功能，即教育的人的发展功能和教育的社会发展功能。

一、教育的人的发展功能

所谓教育的人的发展功能，就是教育对促进人的生存与发展所具有的功用和效能，亦即教育的育人功能。具体地讲，就是教育通过传授、训练、启迪、陶冶、评价等方式对人的发展所发挥的导向、激发、奠基、重构、提高、矫正、完善、增值、甄选等方面的积极作用。

（一）促进人的发展是教育的本体功能

所谓教育的本体功能，是指教育自身所具有的原生性、基源性、根本性和直接性的功能，它是相对于教育的派生性功能而言的。教育的派生功能即教育的社会功能，是指教育通过其育人功能的延伸和转化所生成的对促进社会发展的间接作用，它是教育通过所培养的人进入社会，成为一定社会的公民，担任一定的社会角色，而对社会的维持和发展所发挥的适应、改造和变革的功能。

教育的本体功能之所以是促进人的发展，这是由教育解决人的发展与社会发展之间矛盾时的着眼点所决定的。

教育所面临的基本矛盾是人的发展与社会发展的矛盾。这一矛盾是指，在人的发展与社会发展互为条件、互为因果、相互决定、相互促进的连续性的"关系链"中，人的发展的现有水平与社会发展对人的素质的要求之间总是存在着差异和不适应。人对社会有了一定的适应之后，社会发展对人的发展又会提出新的要求，从而产生新的不适应。于是，人的发展与社会发展之间处于永恒的矛盾运动之中。这一矛盾运动过程同时也就是矛盾的相互转化过程，解决这一矛盾的重要途径，就是不断地把人的发展水平提高到社会发展所要求的水平上来。

在人的发展与社会发展相互制约、相互促进、相互转化的因果链中，教育成为连接人与社会的中介。在教育中，无论是把社会的要求转化为人的素质，还是把人的素质提高到社会发展所要求的水平上，都是在培养人的过程中实现的。人的发展与社会发展的矛盾是包括教育在内的人类众多社会实践活动共同面临和所要解决的基本矛盾，而教育活动不同于其他社会活动的特点在于，教育解决这一矛盾的着眼点只能是直接指向培养人，而不能直接指向社会发展问题的解决，但政治活动和经济活动在解决人的发展与社会发展的矛盾时，其直接着眼点可以是制度建设和物质生产等。以培养人为直接和首要目的是教育的质的规定性，也是教育功能的独特性和优势所在，这是教育这一社会现象区别于其他社会现象的根本之点，是教育的独特属性。教育之所以是教育，全在于此。从这个意义上说，人是教育的出发点和归宿，促进人的发展是教育的本体功能。通过培养人来解决人的发展与社会发展之间的矛盾，是教育永恒的主题，也是教育发生、发展和变革的根本依据。也正是这一点，决定了教育学最基本的学科立场是人和人的发展。

教育不仅要把有目的地培养人作为其本体功能，而且在现代社会中还应把人作为社会历史活动的主体来培养，这是由人在社会历史中的主体地位以及这种主体地位在现代社会中的凸显所赋予的使命。人的发展既决定于又决定着社会的发展。在人与社会的关系中，人是受动和能动的统一体。一方面，人是随着社会历史的发展而发展的，人的发展必然要受到既定社会历史条件的制约，人必定是社会存在的生成物。人可以完全离开社会而生存和发展的说法，只能存在于人们的想象中。"要做这样的人，恰如用自己的手拔着自己的头发，要离开地球一样……"① 另一方面，人并不是社会存在的消极产物，环境改变着人，人也改变着环境；人是随着社会历史的发展而发展的，社会历史也是随着人的发展而发展的；人的本质在其现实性上"是一切社会关系的总和"②，而社会也无非是"个人彼此发生的那些联系和关系的总和"③。马克思关于人的发展是一个社会历史的过程的观点，绝非一种机械的决定论，更不是宿命论。人虽然是受动与能动的统一体，但能动是更能体现人的本质的一面。即便就人与动物共有的对环境的适应而言，更能体现人的本质的也是积极的适应而不是消极的顺应。社会是由人组成的，历史是由人创造的，社会的活力来自于人的活力，社会的有机性来自于人的有机性。总之，人是万物之灵，是社会历史活

---

① 鲁迅全集（第4卷）[M].北京：人民文学出版社，1981：440.
② 马克思恩格斯选集（第1卷）[M].北京：人民出版社，1995：56.
③ 马克思恩格斯全集（第46卷）[M].北京：人民出版社，1979：220.

动的主体。马克思认为:"历史什么事情也没有做,它'并不拥有任何无穷尽的丰富性',它并'没有在任何战斗中作战'!创造这一切、拥有这一切并为这一切而斗争的,不是'历史',而正是人,现实的、活生生的人。'历史'并不是把人当做达到自己目的的工具来利用的某种特殊的人格。历史不过是追求着自己目的的人的活动而已。"① 人始终是社会历史的主体,随着社会的发展和文明,其主体性日益重要和显著。因此,现代教育必须在人与社会的相互制约中更加重视人的主体性、个性和创造性,以更好地满足人自身发展的需求,适应与促进社会的发展。

(二)学校教育在人的发展中的作用

影响人的发展的因素极其复杂,既有必然性和确定性的因素,也有偶然性和不确定性的因素。相对于影响人的发展的其他因素,学校教育一般说来起着主导性的作用,在现代社会尤其如此。

1. 影响人的发展的基本因素

影响人的发展的因素概括起来有三个基本方面:个体的先天性素质、社会环境、个体活动。学校教育是一种特殊的社会环境。

(1) 个体的先天性素质在人的发展中的作用

个体的先天性素质是指个体所具有的一切与生俱来的特质,主要包括:由上代继承下来的遗传特质,生命孕育过程中生成的先天的非遗传性特质,由基因控制的个体的成熟机制等。这些因素对个体发展的影响,既具有既定性,又具有可塑性和不确定性。既定性表现为先在因素对个体来说的不可选择性;可塑性和不确定性表现为通过后天的影响以及机体的内调节能力,先天性某些因素也是可以在一定程度上加以改变的,它对人的发展的影响具有多种可能性。

先天性因素中最基本的是遗传因素。所谓遗传,就是亲代的性状通过遗传物质,即通过以细胞染色体为载体的基因传给后代的一种生物现象。遗传因素对人的发展具有不可忽视的作用,主要表现在两个方面:

第一,遗传素质是人的身心发展的生理前提。人的身心发展的潜能、范围、程度及特点等,都与是否具有相应的生理前提有直接或间接的关系。首先,从这个意义上来说,遗传素质对人的发展也可能产生决定性的影响。因为某些遗传特质(包括遗传之外的其他先天性特质)可以预示和决定个体是否具有在某些方面获得发展的可能性。以极端的事例来说,天生的白痴不可能成为科学家,生来色盲的人不可能成为油画家,侏儒不可能成为职业篮球运动员。其次,遗传因素可以限制个体在某些方面发展的程度,例如,一个嗓音条件天生一般的人,几乎不可能成为一名歌唱家。正因为遗传的重要性,才需提倡优生优育,以改善人的遗传素质和避免新生一代的先天不足。必须注意,这里是在个体不具有相应的遗传素质就不可能在某方面获得某种水平的发展的意义上来讲遗传的决定性作用的,但是,个体如果具有相应的遗传素质,也不能说他一定能在某方面获得某种水平的发展,因为遗传素质只是为人的身心发展提供了生物学上的可能性,要使这种可能性变为现实,更要依靠

---

① 马克思恩格斯全集(第2卷)[M]. 北京: 人民出版社, 1957: 118–119.

种种后天因素。从常态的意义上来说，遗传素质对人的身心发展不起决定作用。特别是从心理和精神发展方面讲，遗传的影响是很有限的，绝大多数人的遗传素质都属常态。

第二，遗传差异是造成人的发展的个别差异的原因之一。个体之间的遗传差异是客观存在的，即便绝大多数人的智力在遗传上都属正常范围，但在这个范围内，差异也是不可忽视的。所谓遗传差异，是指由遗传基因引起的个体生理、心理上的差别。这主要表现在两方面：生理方面，遗传控制个体的先天解剖和生理机能，致使不同的人在机体构造、形态、感官、神经系统上呈现差异；心理方面，遗传会给个体的能力发展和性格气质的形成带来一定影响，是人们心理状态各不相同的自然前提。遗传差异在身体上表现得较为明显，在心理上则较为隐蔽。

对遗传素质的影响既不可夸大，也不可贬低。忽视遗传因素，问题可能很严重；但同时，也要警惕和反对遗传决定论。遗传决定论亦称"生物因素决定论"，即认为人的机体构造、形态、神经系统机制乃至能力和性格的发展及差异的形成都是遗传的直接结果。遗传决定论与自古就有的天赋论有相通之处。在柏拉图的理念中就已有了天赋论的萌芽。明确提出天赋论的是法国哲学家、科学家笛卡儿（R.Descartes）。英国人类学家和心理学家高尔顿（F.Galton）在《遗传的天才》一书中，首先提出"天才是遗传的"观点。他认为儿童的智力和品质在生殖细胞的基因中就已决定，后天的环境和教育只能影响这些由遗传决定的能力和品质或迟或早地实现，而不能加以改变。遗传决定论对引起人们对遗传在人的发展中的作用的关注以及对抗环境决定论无疑是有积极意义的，但面对既定的、个体无法选择的"基因"，过于强调遗传的作用并无积极意义，只会给个体的发展带来消极影响。

（2）社会环境在人的发展中的作用

所谓环境，是指直接或间接影响个体的形成和发展的全部外在因素。环境包括先天环境即胎内环境和后天环境即自然环境与社会环境。尽管先天环境和后天环境中的自然环境对人的发展都有不可忽视的影响，但对人的发展更具决定意义的还是社会环境。所谓社会环境，是指人类在自然环境基础上创造和积累的物质文化、制度文化、精神文化和社会关系的总和，如民族文化、生产方式、生活方式、社区条件、家庭条件、科学技术、交往关系、文化教育、公共场所、国民性格、民俗习惯、社会风气和流行思潮等，其本质是文化。社会环境是人类世代创造的产物，它是年轻一代身心发展的基础。个体出生时所面对的是他所无法选择的生活环境，它为个体发展提供了一个外在的客观基础和特定条件，从总体上制约着人的发展状态。相对于人的发展的先天因素，后天的社会环境因素对个体发展的意义更为重大。人在本质上是社会的人，而造成人与人之间巨大差异的一个重要原因就是每个人所处的社会环境不同。在不同历史时期、不同民族和国家、不同地域的社会环境中成长的个人，具有不同的身心发展水平和思想特征。在人的发展的先天性因素和后天主观能动性的发挥程度大致相同的情况下，可以说，有什么样的社会环境，就有什么样的人。从这个意义上说，社会环境对人的发展具有决定性的影响。

若按范围划分，环境有大环境和小环境之分，它们与人的发展的相互作用是很不相同的。大环境是指个体所处的总体性的自然环境和社会环境，小环境是指与个体直接发生联系的自然环境和社会环境。对于同一年代和同一国家或地区的新生代来说，他们所处的大环境基本相同，对于同一个体来说，一生中大环境的变化具有不确定性，个体对它的变化也无法掌控。但是，个体在大环境面前也不是完全无能为力的，比如，为了改变自己生存和发展的状况，个体可以通过社会流动来选择自己所生活的大环境。个体所生活的小环境千差万别，对人的发展的影响比较直接，而且也比较容易通过个体的努力来加以改变和选择。相对而言，个体在小环境面前所能发挥的主观能动性比在大环境面前的作为要大得多。正因为如此，教育学往往更关注的是小环境，学校教育就是一种专门营造的社会性小环境。

社会环境对人的发展的决定性作用是毋庸置疑的，但这与环境决定论是有根本区别的。这里所说的环境的决定性作用，是在多因素论的视野下，一是主要相对于影响人的发展的遗传因素而言的，二是在遗传因素与个人主观努力大致相当的情况下而言的，而不是在否定遗传和个人能动性以及割裂环境与影响人的发展的其他因素的联系的意义上而言的。所谓环境决定论，在人类学上是指强调人们居住地的自然地理环境是影响人的生活方式的主因素的学说，广义上与地理决定论相同；狭义上主要指20世纪初美国一批社会地理学家的观点，即在一定地区内，自然环境控制人的生命活动的假设。在心理学上，环境决定论是指否认遗传素质的作用，强调人的机体构造、形态、神经系统机制以及能力和性格的发展及差异的形成都由环境决定的学说。这种学说所说的环境其实包括教育，因而与教育万能论是相通的。环境决定论的实质是否认遗传和个人主观能动性在人的发展中的重要作用，单一地夸大环境的作用。环境决定论尽管在抗衡遗传决定论和天赋论方面具有积极意义，但总体上讲仍然不可取。环境毕竟只是人的发展的客观和外在因素，过于强调其作用，仍然会走向另一种决定论和宿命论，从而否定人在自身发展中的能动作用。

（3）个体活动在人的发展中的作用

所谓个体活动，是指由个人行为构成的主体与客体相互作用的过程。活动是人的生命存在的基本方式，对人的发展具有极为重要的意义。从个体发展的各种可能变为现实这一意义上说，个体的活动是个体发展的决定性因素。

第一，人与环境的互动关系只有通过个体的活动才能实现。人的发展的受动性与能动性都只有通过个体的活动才能实现。人的发展既是受动的又是能动的，而受动性与能动性都只能在人与环境的互动关系中才能得以表征。一方面，人是在接受环境影响的过程中获得发展的；另一方面，人也是在选择和改变环境的过程中获得发展的。人无论是接受环境的作用还是作用于环境，都必须通过人的活动才能实现，离开了人的活动，人与环境的关系便无从建立，人的活动是连接人与环境的中介。外部环境的因素只有成为个体活动的对象，才能表现出它对人的发展的意义，才会映入个体的主观意识，对个体的动机、需要、认识、意志发生作用。假如人不从事任何活动，无论什么外部环境，都不会对个体发展构成意义。

第二，人的潜能和素质（包括遗传素质）的发挥与展现只有通过个体的活动才能实现。人的发展就是人的潜能的开发和素质的发展，这种开发和发展必须在人的活动中通过人的潜能和素质的对象化，即通过运用和发挥才能得以实现。离开了人的活动，人的潜能和素质只能潜藏于人的内部，无从运用，无从发挥，无从表现，从而也就无从发展。

第三，人的主观能动性的发挥只有通过个体的活动才能实现。对个体来说，环境，包括教育的影响只是其发展的外部因素，而外因是变化的条件，内因是变化的根据，外因要通过内因起作用。个体的主观能动性是其身心发展的内部动力，无疑是影响人的发展的一个重要的因素。在环境和教育等外部条件以及人的先天性因素大致相当的情况下，个体的主观能动性对人的发展具有决定性的意义。在社会生活环境、受教育条件和先天素质大致相同的情况下，为什么人在发展上往往会表现出巨大差异，其中的决定性因素，就是在个体活动中所发挥的主观能动性存在巨大差异。即便在社会生活环境、受教育条件和先天性因素明显不利的情况下，个体主观能动性的发挥也有可能在很大程度上改变条件不利者的命运。在现实中，不少生活在良好社会环境中的人或先天性条件较好的人，由于不能正确对待其有利条件，个人不努力，意志力薄弱，贪图安逸，结果一生碌碌无为，甚至消沉堕落；也不乏生活在恶劣社会环境中的人或先天性条件相对较差的人，由于能正确地对待这些不利因素，个人努力，意志坚强，不怕吃苦，结果一生有所作为，甚至轰轰烈烈。因此，究竟是顺境还是逆境更有利于人的发展，这不能一概而论。顺境既可能成就一个人，也可能毁灭一个人；逆境既可能毁灭一个人，也可能成就一个人。苦难有可能成为财富，优裕有可能成为祸患。关键取决于个人怎么面对自己的遭遇，怎样去发挥其主观能动性。有句话说得好：我们不能改变这个世界，但可以改变对这个世界的态度。然而，人的主观能动性只能通过人的活动才能得以发挥，离开了人的活动，也就无所谓什么主观能动性了；没有主观能动性，人也不会去从事活动。活动本身就意味着主观见之于客观，意味着能动性。

人的活动包括生命活动、心理活动和社会实践活动。生命活动是一种物质性的活动，为维持人的生命服务，是人的心理活动和社会实践活动的前提。心理活动是一种精神性活动，它使人获得对世界和自身的认识。社会实践活动是一种最具综合性的活动，人的生命活动和心理活动都渗透在社会实践活动中。从某种意义上讲，人的活动是怎样的，人的发展大体上也就是怎样的。在马克思看来，人的类特性恰恰就是自由的自觉的活动。一部人类发展史，就是一部人类的活动史，就是一本打开了的关于人的本质力量的书；一部个人发展史，同样也是一部个人的活动史和一部打开了的关于个人主体力量的书。个体活动的性质、方式、对象、内容、范围、强度等，对个人的发展具有决定性的影响，这一点在社会分工对人的发展的影响中看得最清楚。从事不同职业活动的人之所以其发展状态很不相同，从事同一职业活动的人之所以发展状况也会很不相同，关键就在于人们在从事什么样的活动和怎样从事活动方面很不相同。一些人为什么发展片面，关键就在于他们从事的活动比较贫乏单一；一些人为什么发展比较全面，关键就在于他们从事的活动比较丰富多彩。

需要指出，影响人的发展的各种因素是交互作用、交织影响、共同制约人的发展的，它们是一个整体、一个系统，错综复杂，与人的发展的因果关系往往不是单一的、线性的，而是复合的、非线性。尽管从理论上讲，影响人的发展的三个基本因素都能在一定意义上和一定前提下对人的发展产生决定性作用，但一般说来，在现实中不宜孤立、片面地和以单因素论的思维方式来看待单个因素对人的发展的作用，而应以系统综合、动态分析的观点来看待各因素与人的发展的复杂关系。

2. 学校教育在人的发展中的主导作用

首先需要明确，这里在逻辑上已将学校教育从社会环境的概念中抽取了出来，是在学校教育这一自觉的社会环境与自发的社会环境的比较中立论的。

所谓主导作用，即主要的并具有导向性的作用。我国教育理论界一致认为，学校教育对人的发展起主导作用。随着社会发展对人的素质要求的不断提高，学校教育对人的发展的影响日益增强。当今社会，在一定的条件下，这种作用已具有了决定性的意义。难怪人们说："知识改变命运。"这在很大程度上是指学校教育，年轻一代，就绝大多数人而言，获取知识最有效的途径就是学校教育。现代社会是一个高度流动的社会，而个人的流动性主要取决于他自身的素质。无论是横向流动还是纵向流动，都是大多数人尤其是年轻人所追求的，而实现社会流动特别是纵向流动的重要"资本"，就是个人的受教育水平，因为现代社会几乎所有的职业或岗位，都有相应的受教育水平的要求。而且一般说来，受教育的水平和质量越高的个体，追求流动的欲望就愈强，适应流动的素质就愈高。普遍的事实说明，现代社会是大体承认学校教育的成果的，人的素质与人的受教育水平是大体呈正相关的。否则，学校教育的规模就不可能不断扩张。如果在日常社会环境中人能获得与在学校中相当或更好的发展，就不可能有如此多的人涌向学校了。所有这些都证明了这样一个道理，即学校教育在人的发展中能够起主导作用。

学校教育对人的发展起主导作用是相对而言的，即主要是相对于人的发展的后天因素中的自发的社会环境而言的，同时也是相对于遗传素质的自然作用而言的。学校教育本身也是社会环境的一个组成部分，但它是一种特殊的社会环境。对人的发展来说，社会环境大致可分为两大部分：一部分是自发的社会环境，一部分是自觉的社会环境。自发的社会环境对人的发展的影响总的来说是自然生成的，通常比较混杂和不易控制。自觉的社会环境对人的发展来说是人为营造的，通常具有组织性。自发的社会环境大致包括民族文化、流行性文化、商业性文化、生产方式、生活方式、人际关系、风俗习惯、社会风气、社会思潮、等等，它犹如空气，无处不在、无孔不入，具有潜移默化的自然性和渗透性。自觉的社会环境大致包括社会教育、家庭教育和学校教育，而学校教育又是最为自觉的一种社会环境。因此，学校教育的主导作用在一定程度上也是相对于社会教育和家庭教育而言的。

学校教育为什么可以并可能对年轻一代的发展起主导作用呢？

（1）学校教育具有较强的目的性

学校是专门培养人的机构，其活动开展、文化营造、制度设计等几乎都是围绕有目的地培养人而组织起来的，学校的一切所作所为都应尽可能对人具有发展性和教育性。学校教育不仅有目的，而且目的性比较强，因为：首先，学校教育的目的比较明确。培养什么样的人，这是学校教育首先要明确的问题，否则，教育就既无出发点也无归宿。其次，学校教育的目的比较统一。这一是表现为学校教育的目的与社会主导性的要求通常比较一致，二是表现为学校教育内部各方面的教育影响在基本指向上通常比较一致。最后，学校教育的目的比较稳定。学校教育的目的虽然在总体上要随社会的发展而有所变化，但由于人的发展规律以及教育的内在规律和特点，学校教育的目的需具有相对的稳定性，不宜过多、过大地波动和摇摆。

（2）学校教育具有较强的系统性

人的培养是一个复杂的系统工程，要求学校教育具有较强的系统性，以避免教育影响的自发性、盲目性和随意性。因此，如何使各方面的教育影响较好地形成一个良序的系统，是学校教育必须解决的一个问题。学校教育的系统性主要表现在以下方面：第一，计划性。学校教育总体上是有计划的，而不是杂乱无章的。有计划的教育工作才可能保证教育影响的效率和效益。第二，组织性。学校教育总体上是有组织的，而不是自发无序的。学校本身就是一种组织机构，教育活动通常是通过一定的组织形式来进行的。第三，协作性。学校教育总体上是协调一致、同频共振的，而不是各行其是、离散冲突的。学校内部的教育影响也有其复杂性，不仅在时空上具有一定的分散性，而且由于教育者的意识、态度和水平等方面的差异以及教育者有意、无意地受个人需要和利益的驱使，从而造成教育者之间教育影响的冲突。这就需要学校对其内部各种教育影响加以协调，以形成一种比较符合教育目的的教育合力。此外，学校教育还要对校内外教育影响的关系进行一定的协调，借助、激活、引导社区和家庭的教育影响，特别是要加强家校合作，以形成学校教育、家庭教育和社会教育的合力。第四，全面性。学校教育总体上是完整的，而不是片面的。学校教育通常比其他教育更有条件实施全面的教育。这一是因为学校教育有比较全面的教育目的，二是因为学校教育设置有比较全面的课程体系，三是因为学校教育有比较多样化的教育途径及方式方法，四是因为学校教育有一支结构比较完整的教师队伍。

（3）学校教育具有较强的选择性

影响人的发展的因素是复杂多样并具有不确定性的，这就需要学校教育对纷繁复杂的教育影响进行选择、整理和加工，为年轻一代的发展营造一个健康的小环境。学校教育的选择性主要表现在以下方面：第一，对教育培养目标的选择。社会对人的素质的要求是不断变化的，社会不同方面对人的素质的要求也是不甚一致的，比如分别站在政治的、经济的、文化的和伦理的立场上就有可能更多地把人分别看作为政治人、经济人、文化人和伦理人，对人的素质的要求的侧重面就会不尽相同。对人的素质的各种社会要求都可能以这样那样的途径和形式影响到学校教育的培养目标，但学校教育不可能对所有社会要求不加区别地对待，统统都反映到培养目标中去，而是必须站在教育的立场上加以选择和整合。此外，学校教育对受教育者个人的教育需求同样也有一个选择的问题，不可能都反映到培养目标中去。第二，对教育内容的选择。学校教育不可能不加选择地把人类文化成果传递给年轻一代，而是必须根据社会发展和人的发展的合理需要以及人的发展的特点和规律，筛选最有价值的知识作为教育内容，以促进受教育者的有效发展。第三，对教育的方式、方法和手段的选择。教育的方式、方法和手段丰富多彩，而且是发展变化的，不同的教育内容和不同的教育对象往往对教育的形式、方法和手段有不尽相同的要求，这就需要对其进行选择和整合，以保证教育的有效性。

（4）学校教育具有较强的专门性

在所有的社会机构中，学校是培养人的专门场所，最具有专门性，尽管培养人并不是学校的"专利"，培养人也不是学校的唯一职能。学校教育的专门性主要表现在以下几方面：第一，培养人是学校的中心任务。学校产生的第一根据就是专门培养人，学校存在的第一理由也是专门培养人，无论大、中、小学，概莫能外。第二，学校教育设有专供学习的课程。课程是专门为学习者的学习而组织的教育内容，有一系列专门的要求和规范，更加适合教与学。第三，学校教育有专门的教师。教师专事教育工作，教书育人是教师的天职。从更高的要求来看，教师还属于专业人员，经过专门的训练。教师是学校存在的显著标志之一，人在学校里学习与在生活和工作中学习的一个最大区别，就是学生在学校里的学习是在教师的引导下进行的。

（5）学校教育具有较强的基础性

从终身教育和终身发展的角度看，各级各类学校教育都是在不同层面上为人的一生发展奠定基础的。学校教育的基础性尤其表现在基础教育和普通教育中，对人一生的发展具有"定调"乃至"定性"的意义，对人一生的发展前景和发展后劲具有持续的影响。从某种意义上讲，各级各类教育都是在为人学会做人、学会做事、学会生存、学会学习打基础。学校教育才应面向全体学生并促进学生的全面发展；正因为如此，现代教育才越来越注重通识教育和宽厚的基础。由于学校教育有较强的基础性，因此它对人的发展不仅具有即时的价值，而且具有延时的、持续的和增值的价值，从而对人的发展发挥主导性作用。

3. 正确认识学校教育在人的发展中的作用

在充分肯定了学校教育在人的发展中的主导作用之后，有两个观点应明确。

（1）学校教育对人的发展的作用不是万能的

教育在人的发展中的作用，曾被历史上许多思想家和教育家作过充分肯定，其中不乏偏颇之说。荀子说："干越夷貉之子，生而同声，长而异俗，教使之然也。"[①]卢梭说："植物的形成由于栽培，人的形成由于教育。"[②]康德说："人只有通过教育才能成为一个人，人是教育的产物。"[③]洛克说："我敢说我们日常所见的人中，他们之所以或好或坏，或有用或无用，十分之九都是他们的教育所决定的。人类之所以千差万别，便是由于教育之故。"儿童"是一张白纸或一块蜡，是可以随心所欲地做成任何式样的"。[④]莱布尼茨（G.Leibniz）甚至说，如果给他以教育的全权，不

---

① 荀子·劝学篇．干越，皆国名，在今江苏、浙江一带；夷貉，当时居住在东北和北方的少数民族。
② 张焕庭．西方资产阶级教育论著选[M]．北京：人民教育出版社，1979：95．
③ [苏]古留加．康德传[M]．贾泽林，译．北京：商务印书馆，1981：86．
④ [英]洛克．教育漫话[M]．傅任敢，译．北京：人民教育出版社，1979：4，191．

需一百年，就可使欧洲改观。① 华生极端地说："给我一打健全的儿童，我可以用特殊的方法任意加以改变。或者使他们成为医生、律师……或者使他们成为乞丐、盗贼。"② 上述说法包括极端之说，都各有其理，特别是当把这些观点放在反遗传决定论和反天赋论的历史背景下去考察时，就显得更有积极意义。但这些说法没有对环境和教育进行严格区分，也过分而片面地夸大了教育在人的发展中的作用，实际上就是"教育万能论"③。教育万能论忽视或否认了遗传和人的主观能动性在个体发展中的重要作用，把人看作环境和教育的消极产物，这是不足取的。

当今，学校教育对人的发展的意义不断增强。在信息社会和知识经济时代，在一些人看来，学校教育对人一生发展的意义几乎到了无论怎么说都不为过的地步。片面夸大学校的作用，进而就是片面夸大教师的作用，以致一些人把进什么学校、跟什么老师视为一种命运的抉择和人生的赌博，他们几乎就把自己的前途完全交给了学校和老师。人的发展是一个极其复杂的过程，其影响因素很多，学校教育只是其中的一个重要因素，而且其作用的发挥还是与其他因素交织在一起的。人的发展也是多方面的，学校教育也不可能对人所有方面的发展都起到主导作用。比如，学校教育对人的身体发展就不一定能起到主导作用；在有些条件下，学校教育对人的道德发展也不一定能够起到主导作用。因此，必须实事求是地看待学校教育在人的发展中的作用，不能对这种作用寄予不切实际的期望。也正因为如此，所以不能把人的发展中所出现的所有问题都归咎于学校教育，比如，就不宜把青少年道德品质中所出现的重大问题在根本上归咎为学校德育无能，尽管学校德育对此也负有不可推卸的责任。

（2）学校教育对人的发展的主导作用不是无条件的

并非什么样的学校教育都能对人的发展起主导作用，学校教育主导作用能否实现、实现的程度如何，取决于学校教育内外方方面面的条件。从学校内部来讲，首先，取决于学校教育的目的性、系统性、选择性、专门性和基础性的体现程度。其次，取决于教师的专业化水平。最后，取决于在教育过程中能否尊重学生身心发展的规律并充分调动与发挥学生的主观能动性。从学校外部来讲，首先，取决于社会影响与学校影响一致性的程度，如果这两种影响严重冲突，学校教育的主导作用是很难实现的。其次，取决于家庭教育与学校教育配合的程度，如果家庭教育与学校教育明显相左，或者家庭教育不能履行应尽的义务和责任，学校教育的主导作用至少也是要大打折扣的。

还需指出的是，自觉的社会环境对人的发展的影响并不一定就比自发的社会

---

① 顾明远. 教育大辞典（增订合编本）[Z]. 上海：上海教育出版社，1998：781.
② 朱智贤. 儿童心理学（上）[M]. 北京：人民教育出版社，1979：70.
③ 教育万能论是十七八世纪理性主义者关于教育作用的主张，其代表人物有德国哲学家康德、莱布尼茨和法国启蒙思想家爱尔维修。它反对"天赋观念"论，否定人与人之间的天赋差别，主张"人是环境和教育的产物"，认为环境和教育在人的发展中起决定作用，因而要改变人首先要改变环境和教育。通过教育能够扫除封建迷信和偏见，发展人的理性，形成健全的道德，并以此改变社会现状，建立起合乎理性的社会制度。这种主张是与"意志支配世界"的理性万能论联系在一起的。教育万能论在很大意义上是针对教育无能论提出来的，教育无能论是遗传决定论者和天赋论者关于教育作用的一种主张。

环境大，更为自觉的学校教育对人的发展的影响也不一定就比自觉性相对较弱的家庭教育大。强调学校教育主导作用的意义主要在于，作为最自觉的学校教育理应尽专门教育机构的职责，尽可能协调校内外各种教育影响，以期对人的发展发挥主要的和导向性的作用，但这种作用并不一定是学校教育的必然结果。即便由于种种原因，如因社会转型期的混乱和冲击造成学校教育主导作用被弱化，学校仍然不能放弃行使主导作用的职责。学校教育主导作用的发挥愈是艰难的时候，愈是不能放弃。因此，不要仅仅把学校教育的主导作用看成一种结果，还要同时将其视为一个过程。学校教育的主导作用从可能性变为现实性是一个复杂的过程，需要各方面的配合与努力。

二、教育的社会发展功能

[考纲链接]《教育知识与能力》（中学）理解教育与社会发展的基本关系。

所谓教育的社会发展功能，就是教育对社会的存在与发展所具有的功用和效能。具体地讲，就是教育通过培养符合一定社会需要的人对社会的经济、政治、文化以及整个社会的稳定、变革和发展所发挥的积极作用。教育一方面要受到社会的强力制约，另一方面又对社会具有巨大的能动作用。

（一）教育的经济功能

教育的经济功能就是指教育系统对一定社会经济发展所起的作用。当今社会，随着科学技术对经济增长贡献率的不断提升和人的素质的不断提高，教育已成为推动经济发展和提高经济质量的重要因素。教育对经济发展的作用，不是表现为直接创造物质财富，而是表现为为经济活动再生产劳动者和再生产科学技术。

1. 教育是劳动者再生产的基本手段

从根本上讲，作为劳动者的人是生产力要素中最重要、最活跃的因素。在现代经济活动中，技术的改造、设备的更新、资源的利用、工艺的变革和劳动生产率的提高等，都主要取决于包括科技人员、管理人员和一线操作人员在内的所有劳动者素质的高低。由此，教育，尤其是学校教育，日益成为劳动者再生产的基本手段。过去那种主要依靠生产现场授受技艺和通过个体经验自发积累再生产劳动者的时代已一去不复返。

（1）教育能够把可能的劳动者转化为现实的劳动者

严格地讲，一个人在不具备任何相关知识和经验之前，只是一个可能的或潜在的劳动者，而劳动知识和劳动经验的获得必须通过一定的教育或训练。在现代社会，学校教育在这方面的基础性作用日益明显。在现代经济活动中，科学技术已成为一个关键性因素，但科学技术属于知识形态的生产力，在它没有运用于生产过程和内化为劳动者的素质之前，只是潜在的生产力。人只有掌握了一定的科学技术知识和相应的劳动能力后才能成为生产力中的劳动力要素，进而转化为现实的劳动者。

（2）教育能够把一般性的劳动者转型为专门性的劳动者

在这方面，专业教育和职业教育的作用尤为突出，而普通教育在劳动者再生产上的意义主要是提高整个民族的普通科学文化水平。普通教育培养的劳动者，本质上还是一般意义上的劳动者，还是作为劳动后备力量的劳动者，这是劳动者再生产所必需的；专业教育和职业教育可以在普通教育的基础上把一般性的劳动者进一步转变为某一领域、某一行业乃至某一岗位的专门劳动者，这种劳动者对经济活动来说具有更现实的意义。

（3）教育能够把较低水平的劳动者转变为较高水平的劳动者

劳动者的素质都有一个由低水平向高水平提升的过程。在现代社会，生产的技术基础频繁更新，生产方式和劳动工艺不断变化，从而对劳动者的素质不时提出新的要求，劳动者不仅必须受教育，而且必须不断地受教育。从终身教育的观念看，现代社会的劳动者必须终身受教育，除了职前的学校教育外，职后还需间隔性地往返于工作和学校之间，将教育以"回归"的方式分布于一生。当今，终身教育已日益成为人们的一种生活方式，成为不断提升劳动者素质和促进劳动者纵向流动的基本手段。

（4）教育能够把一种形态的劳动者转换为另一种形态的劳动者

在传统生产活动中，劳动主要是凭借个体经验，而经验的积累需要长时间的摸索和积累，加上行业之间的相互隔离，一个人要从一个劳动领域转换到另一个劳动领域是非常困难的。在这种社会条件下，劳动者的工作转换和职能变动既没有什么必要，也没有什么可能。现代生产是以科学技术为基础的社会化大生产，行业的盛衰、职业的增减、工种的消长此起彼伏，会给劳动者带来职业和岗位转换。现今，改行转业、工作变换日益频繁，学非所用、用非所学不足为怪。这就要求劳动者具备较为宽厚的基础，以提高改行转业的机动性和适应能力。由于现代生产科技含量较高，如果劳动者掌握了生产和工艺的一般原理，就能够相对顺利地从一种工作转移到另一种工作，从一种形态的劳动者转换为另一种形态的劳动者。因此，劳动者形态的转换既是必需的也是可能的，教育就是转换劳动者形态和促进劳动者横向流动的重要手段。

（5）教育能够把单维度的劳动者改善为多维度的劳动者

传统经济学意义上的劳动者几乎就是一个纯粹的劳动力，一个可供使唤的工具，这种劳动者是单维度的，其发展和需求也是单维度的。现代经济学对劳动者的理解已经超出了纯经济学的范畴，这种劳动者不仅具有一定科学技术知识和劳动能力，而且具备一定的文化素养、思想修养、职业道德、心理素质、创新精神。这种劳动者是多维度的，其发展和需求也是多维度的。多维度的劳动者必定比单维度的劳动者具有更高的境界和层次，具有更丰富的精神世界，也更具有劳动能力，而且他们的生活不会仅仅"从属于劳动"①。当代许多西方学者都从现代经济学的意义上

---

① 马克思认为，如果一个人仅仅只能够劳动，如果"个人的全部时间都成为劳动时间"，那就"使个人降低到仅仅是工人的地位，使他从属于劳动"，这样的劳动近似于"役畜的劳动"，劳动时间的质量也比较低。在马克思看来，劳动时间之外的"闲暇时间"和"自由时间"里所从事的文化、艺术等精神性活动，能够丰富个人的发展，从而把劳动力在扩大的规模上再生产出来。他指出："自由时间——不论是闲暇时间还是从事较高级活动的时间——自然要把占有它的人变为另一主体，于是他作为这另一主体又加入直接生产过程。"这种同时作为拥有自由时间的人的劳动时间，必然比役畜（指不占有自由时间的工人——编者注）的劳动时间具有高得多的质量"，因而更能促进生产力的发展。

强调作为人的劳动力素质的全面提升，充分肯定劳动者的综合素质在经济活动中的作用。我国一些学者也从经济发展方面注意到了市场经济运作中人的非理性因素的作用。教育对劳动者素质的提高具有综合性的意义，现代教育越来越注重对劳动者的多维度培养。

2. 教育是科学知识再生产的重要手段

科学技术是第一生产力的论断，充分说明了在现代社会中科学技术所具有的经济价值。科学技术的发展与教育具有极其密切的关系，"科教兴国"的基本国策把科技与教育相提并论就说明了这一点。

（1）教育能够传递和传播科学知识

科学知识的再生产首先需要进行积累和继承，这是科学发展的一个基本前提，任何科学的发现和发明都与前人的成果有着直接或间接的关系。科学知识的积累和继承离不开科学知识的传递和传播，离不开大众科学素质的提高。科学知识的传递和传播不仅为科学的发展提供了必要的前提和基础，而且这种传递和传播本身也是科学知识的一种再生产。科学知识的传递能够保证科学知识的延续，这种延续可以理解为一种科学知识的简单再生产。科学知识的传播可以使由少数人掌握的知识变为多数人所掌握，尽管它并没有创造出新的科学知识，但也可以理解为一种科学知识的扩大再生产。一般说来，教育是传递和传播科学知识最简捷和最有效的途径，正如马克思所说的那样，"再生产科学所必要的劳动时间，同最初生产科学所需要的劳动时间是无法相比的，例如，学生在一小时内就能学会二项式定理。"①

（2）教育能够发展科学

发展科学是科学知识扩大再生产的另一个方面。教育的主要职能是传递和传播人类已有的科学知识，它也担负着创造新的科学知识的任务，高等学校在这方面尤为突出。本来，纯粹意义上的教育活动并无创造新的科学知识的功能，而只有科学研究才能生产新的科学知识。教育活动和科学研究活动具有不同的质的规定性。教育活动是教师与学生之间的活动，其首要目的是培养人，着眼点是学生对已有科学知识的认识和掌握，在纯粹的教育过程中并不会生产出新的科学知识。科学研究活动是科研人员以自然、社会等诸领域为认知对象的研究活动，其首要目的是探索和发现新的科学知识。因此，与其说教育不如说是学校可以生产新的科学知识。学校与教育同样是两个概念，教育是培养人的活动，学校是专门实施教育的机构，学校中的基本活动是教育活动，但不一定是唯一的活动。在大学特别是研究型大学，科学研究不仅是一种独立的活动，有专门科研机构和科研人员，而且科研与教学往往是密不可分的，甚至是在同一时空和同一过程中进行的，因为如果教学与科研不相互结合与渗透，就难以培养出高层次的人才。在这个意义上说，教育可以再生产新的科学知识。

自19世纪初德国柏林大学首开"教学与科研相统一"之先河以来，科学研究早已成为大学尤其是一流大学的重要职能，大学甚至已成为许多国家的科学中心。

---

① 马克思恩格斯全集（第26卷）[M]．北京：人民出版社，1972：377．

大学之所以具有较强的科研尤其是基础研究方面的能力，主要在于：一是大学具有雄厚的理论储备，二是大学高级人才比较集中，三是大学的学科综合性较强，四是大学师生思想比较活跃。

（二）教育的政治功能

到了现代社会，尽管教育逐渐从过去较多地为政治服务转移到了较多地为经济服务，但教育的政治功能仍然明显，只不过有了新的特点罢了。政治是经济的集中表现，是社会不同利益集团关系的集中反映，作为政治核心的各级国家政权，其基本职能就是直接或间接地组织、调节和干预社会生活。由于现代社会更加注重民主与法制，更加注重社会秩序，更加注重全体公民主动参与社会政治生活的积极性，因而政治生活更加普遍，对公民参与政治事务和政治决策的素质要求也更高了。

教育为政治服务具有必然性，并不以人的意志为转移。古今中外，几乎没有哪一个政治家和社会思想家不关注教育和影响教育，不把教育作为实现其政治和社会理想的重要手段。在古代社会，教育和政治几乎是融为一体的。在现代社会，教育尽管相对独立于政治，但教育为政治服务同样是必须的。

根据教育的质的规定性，教育的政治功能，无论是稳定政治的功能还是变革政治的功能，主要都是通过培养人来实现的。

1. 教育能够促进年轻一代的政治社会化

所谓政治社会化，是指人们通过接受一定社会的政治意识形态，逐步形成适应一定社会政治制度的政治态度、政治认同感、政治生活方式和政治生活习惯的过程。政治社会化是人的社会化的一个重要方面，是社会政治的稳定与变革以及人在社会生活中的生存与发展所不可缺少的部分。在现代社会，人的政治社会化一般也是不可避免的，只是程度不同而已，一个人不被这种政治社会化，往往就要被另一种政治社会化。通过政治社会化，可以形成一定社会主流的政治意向，提高人们的政治参与意识，巩固社会的政治基础。任何一个社会，如若不能使较多数人认同其政治制度和政治原则，那么这个社会就有些危险了。因此，社会成员的政治社会化状况直接关系到一定社会政治制度和政治秩序的稳定。教育作为传播文化、形成思想、培养情感和养成社会行为习惯的活动，能以直接或间接的、显性或隐性的方式向年轻一代传播一定的社会政治意识，促进他们的政治社会化。没有任何一个国家，其教育的目的、制度、内容甚至方法不内含有某种政治意向。作为教育者的教师，也难以避免地具有某种政治立场或政治倾向，并且有意无意地要在教育过程中以这样或那样的方式影响学生。

教育通过政治社会化，不仅可以使年轻一代普遍养成一定社会所需要的政治意识和政治态度，还可以培养出各种专门的政治人才或为其奠定基础。在现代社会，没受过高水平教育的政治家越来越少，学校已成为培养政治人才的主要场所。随着科学的发展和政治活动日趋复杂，要求专门从事政治活动的人需具备较高的综合素质，因此通过系统教育的方式来培养政治人才的趋势日益明显。一流大学在培养专门政治人才方面的作用显得尤为突出，西方发达国家的高级政治领导人大多毕业于名牌大学。

需要指出，专制社会的教育与民主社会的教育对人的政治社会化的基本理念有着本质区别。专制社会关注的主要是政权的稳定，因而所实施的思想教化是为了把学生驯服为安分守己、服服帖帖和政治头脑简单的顺民，其目的是要扼杀人们政治上的独立人格，盲目而无条件地认同和接受统治者的任何政治主张，进而达到维护既得利益者的政治目的。民主社会不仅重视政治的稳定，而且追求政治的变革和完善。因此，教育除了引导人们对现有政治的认同外，还引导人们主动参与政治和监督政府，自觉承担政治义务和理性行使政治权利，其目的是要培养人们的民主精神、政治上的独立人格以及政治责任感，以使社会更加文明。

2. 教育能够促进政治民主化

民主是现代政治的核心价值，是社会进步和文明最显著的标志，政治民主化是现代社会发展的潮流。一个国家政治民主的程度直接取决于国家的政体，但也与其公民的文化素养和受教育水平有直接的关系，甚至一个国家政体的选择也与其国民的文化素质有着一定的关系。教育是推动政治民主化的重要力量。民主意识的启蒙、民主观念的确立和民主能力的提高，都需借助教育。民主意识和民主观念又与科学意识和科学理性紧密相关，没有科学知识的普及，是很难萌发真正的民主意识和民主观念的。正因为如此，在一个文盲充斥、国民愚昧的国度里，集权政治、个人崇拜和官僚主义才会大行其道。所以，提高教育普及的程度和国民的文化素质，是不断提高和推进政治民主化的重要前提与保障。

教育不仅可以通过提高人们的一般科学文化素质来为政治民主化提供前提与保障，还可以通过教育自身的民主化来养成年轻一代的民主意识和民主观念。教育制度的民主化、受教育权利的民主化、教育决策与管理的民主化、教育资源分配的民主化、师生关系的民主化，等等，都可以在教育中营造一种平等、自由、合作的民主氛围，对学生的民主意识会产生潜移默化的影响。

3. 教育能够制造政治舆论

政治舆论和政治思潮是政治的稳定与发展所不可缺少的思想力量，一向为政治家所关注。学校是知识分子和年轻人集中的地方，尤其是大学师生，他们知识丰富，思想活跃，眼光敏锐，富有激情，敢于批判，具有超越现实的强烈冲动，理性与情感兼备；此外，他们一般都比较忧国忧民，有敢为天下先的勇气和冒险精神，具有强烈的公民意识、公共精神、爱国热情和政治责任感，而且，他们往往也具有一些理想主义倾向。因此，学校必定是研究、探讨和传播各种政治思想，形成各种政治思潮的场所，往往是新思想、新思潮的策源地和集散地，也是社会政治最为敏感的地方之一。大学师生的政治思想状态往往是一个国家政治形势的"晴雨表"，政治运动常常就是从这里发端的。

（三）教育的文化功能

教育的文化功能就是指教育系统对文化的保存和发展所起的作用。文化可以说是歧义最多的概念之一，内涵不确定，外延模糊。一般认为，文化分为物质文化、制度文化和精神文化三个层面。物质文化是整个文化构成的基础，是人类所创造的物质财富的总和，它主要指对象化在各种人造物上的人的思想特征。制度文化即典章制度以及维系个体生活与一定文化共同体的人群关系的法则,它是人们在团体中为了满足或适应某种基本需要而建立的有系统、有组织的思想与行为模式①。精神文化又称观念文化,在文化构成中处于核心位置,内容十分广泛,主要包括价值观念、思维方式、行为准则、伦理道德、宗教信仰、文学艺术、审美情趣、民俗风范等,其中价值观念是其核心。这里所说的文化,主要是指精神文化。从广义上说,教育也是文化的一部分,但教育又是一种特殊的文化,教育既是文化的构成体,又是文化传承、传播、改造和更新的手段。

1. 教育能够传承文化

文化的传承是文化得以延续和发展的基本前提。教育传承文化的功能有两种主要表现形式。②

(1) 教育可以传递和保存文化

人类社会是人的生物性与社会文化性的统一体。文化既是社会活动的产物,又是新生代生存和发展的基础和必要条件。人类社会的延续在本质上就是文化的延续,这种延续必须通过文化的传递,教育就是文化传递最基本和最重要的手段。相对于人类生物学意义上的延续,人类文化的延续有一个极其重要的特征,就是文化只能通过后天学习和实践的方式获得,而不能通过生物遗传的方式获得,这就决定了文化从产生的那一天起,就与教育有着不可分割的联系。

人类文化传递大致经历了由简单到复杂的三个历史阶段。第一阶段,文字出现之前,文化主要依赖上下代人之间和同代人之间的口耳相传而获得传递与保存,这时专门的教育还没产生,教育与人们的社会生产和生活天然地融为一体。由于这种文化传递的时空范围极其有限,因而史前文化虽然经历了十分漫长的岁月,但其积累却相当微薄。第二阶段,文字出现后,文化的传递与保存更多地依赖于文字的记载和授受,专门的学校教育伴随而生。文字的出现给人类文化的传递与保存带来了一场真正意义上的革命,它打破了文化传递与保存的时空界限,也使作为观念形态的文化有可能与人类个体的生命存在相分离,从而为人类文化的大量积累创造了条件。社会发展至今,文字早已成为人们一生中所需掌握的最重要的工具。第三阶段,人类通过教育与多种高科技手段传递和保存文化。教育的重心逐渐从大量授受知识转移到帮助人们从浩瀚文化中获得最基本的要素,包括选取、使用、储存与创造文化的基本手段与基本方法,学会认知或学会学习,已成为当今教育所要解决的基本问题之一。

(2) 教育可以活化文化

文字和科学技术为人类传递和保存文化提供了各种方式和可能,从而可以避免由于人类个体生死交替而造成的文化流失与断裂。但是文化如果仅仅是附着于物体、文字或其他技术性载体之上,那还只是一种储存形态的文化,虽然达到了文化保存的目的,却并没有被活化。教育要实现真正意义上的文化传承,还必须把储

---

① 刁培萼. 教育文化学 [M]. 南京:江苏教育出版社,1992:58.
② 袁振国. 当代教育学 [M]. 北京:教育科学出版社,1998:459-463.

存形态的文化转化为现实活跃形态的文化,即把附着于物体、文字和技术性载体上的文化符号转化到人这一载体上,为人所掌握与内化。这一转化的过程就是文化的活化。

2. 教育能够改造文化

改造文化是指在原有文化要素的基础上所进行的取舍、调整和再组合。教育对文化的改造主要是通过选择文化和整理文化来实现的。

文化是教育的基本内容,但并不是所有文化都能够成为教育内容。教育必须对文化进行一定的选择、加工、整理,使其成为教育内容。选择什么样的文化进入教育内容,有两个基本标准:一是社会价值标准,它主要是由社会的政治、经济和文化传统决定的,其目的是要保证人才培养的基本方向;二是知识价值标准,它主要是由知识的类型、层次和功用决定的,其目的是要保证人才培养的基本规格。一般说来,教育所选择的都是不同层次和类型文化中的基本要素。教育内容确定后,教材的编写实际上就是整理文化基本要素和选取文化精髓的过程。为了遵循受教育者认知发展的规律和学科的内在逻辑,必须对文化进行整理和组织,使之系统化、逻辑化、简约化、结构化。人类文化是一个不断积累的过程。新文化不断产生,要求教育内容不断充实、更新和变革,所以教育也总是在不断地选择和整理着文化。教育对文化的选择和整理,一方面给文化的发展以导向,另一方面又对文化体系做某种程度的改造。

3. 教育能够创造与更新文化

随着社会的发展,文化的创造和更新是必需的。如果说传统社会的教育在文化延续中的作用是继承多于革新,守成多于创造,那么现代社会要求教育除了更好地继承优秀传统文化外,还需更多地发挥创造与更新文化的作用,发挥文化批判与文化融合的作用,发挥导向文化与教化社会的作用。

教育创造与更新文化的功能主要表现在两个方面:其一,教育通过培养具有创新精神和创造能力的人来发挥文化创造功能,这是教育文化创新功能的基本方面。人既是文化的产物又是文化的创造者,但只有那些既掌握大量文化知识又具有创新精神和创造能力的人才能对文化的发展做出较大的贡献。在现代社会,创新精神本身就已成为现代人所必须具备的一个重要的文化心理品质,培养有创造性的人才已成为现代教育的文化追求。其二,教育通过创造新的文化来发挥其文化创造功能。学校往往是新思想、新文化的发源地,在文化的创造与更新中起着关键性的作用。一方面,新的教育思想、理念、学说的提出和实施,本身就是文化创新的重要组成部分;另一方面,作为实施教育的机构,学校尤其是大学还可以直接创造出新的文化。

(四)教育社会功能的特点

认识教育社会功能的特点对于完整理解、正确评判和充分发挥教育的社会功能具有重要意义。教育主要是通过培养人来实现其社会功能的,这一特性使教育的社会功能具有如下基本特点。

1. 间接性

教育社会功能的间接性是指教育的社会功能是通过培养人而间接实现的。教育尽管对社会方方面面具有巨大的能动作用，但严格地讲，教育并不能对社会直接发生作用。教育是由教师的教和学生的学所构成的认知性和发展性活动，这种活动本身并不对社会发生直接作用，教育只有通过培养具有一定素质并参与社会生活的人才能真正作用于社会，实现其社会功能。

2. 隐含性

教育社会功能的隐含性是指教育的社会功能比较隐蔽。教育的社会功能尽管非常巨大，但这种精神性力量往往没有物质性力量那么刚性和显性，不易被人们充分认识。教育社会功能的间接性使得教育对社会发展的作用一般是弥漫性和渗透性的，也是比较软性的，难以对其进行精确的估算。

3. 潜在性

教育社会功能的潜在性是指教育的社会功能在实现之前只是一种可能性力量。即只是一种可能的、潜在的效能，要使这种力量变为现实，必须有相应的社会条件。如果社会不重视、不利用教育的社会功能，不重视教育的产品，如不为受过教育的人提供合适的就业机会和相应的社会地位与报酬，那么教育的社会功能就难以变为现实。

4. 迟效性

教育社会功能的迟效性是指教育的社会功能一般要经过较长的时间周期才能得以显现。教育，尤其是基础教育和普通教育，具有周期长的特点，其社会功能具有明显的迟效性或滞后性。因而办教育绝不能急功近利，追求立竿见影是不符合教育社会功能的特点的。

5. 超前性

教育社会功能的超前性是指教育的社会功能需适度超越于社会发展的现实需要。教育的社会功能不仅有滞后的一面，也有超前的一面。由于教育的周期比较长，所以人才培养的数量、质量、规格、层次、结构，以及教育发展的规模和速度等就不能完全局限于社会发展的当下需要，而需适当着眼于社会发展的未来需要。

6. 有限性

教育社会功能的有限性是指教育社会功能是有局限的。教育只能通过培养人这一途径来促进社会发展，其功能显然是有限度的。此外，教育所处的地位使得它不可能凌驾于社会的政治、经济和文化之上而对社会发挥作用。教育的社会功能无论多大，都不能决定社会的发展，教育不能扭转乾坤。"我们的学校为什么总是培养不出杰出人才？"其实，这些质问可能都是假问题，因为这样提问题本身就虚夸了教育的作用。实际上，诺贝尔奖获得者和杰出人才在根本上并不是仅靠教育所能培养出来的，而是整个社会的政治、经济和文化所生成的。如果仅认为是教育无能，那么还需问，教育为什么无能？如果回答是教育压抑了人的个性和创造性，那么还需问，教育为什么要压抑人的个性和创造性？很多教育的深层问题，看似表现在学校，根源却往往在社会。如果一些社会问题不能得到根本性解决，就不要指望教育能培养出诺贝尔奖获得者和杰出人才。过分夸大教育的社会功能看似无碍，实

［微视频］
对"钱学森之问"的质疑

为有害。对教育的过高期望，很容易导致教育无能的谴责。教育的作用是有限的，所能承担的责任也是有限的。教育只能为其所能为，而不能承受不能承受之重。

第二节 教育的客观制约性

教育活动既是能动的又是受动的。所谓能动，是指教育能够主动地适应和促进社会发展；所谓受动，是指教育总要受到一定客观因素的制约和规定。教育具有两个最基本的客观制约性，即教育的社会制约性和教育的人的制约性，它们构成了教育的两个客观依据，也构成了教育规律、教育原则和一切教育行为的客观基础。

在教育史上，不少人早就注意到了教育的这两个客观依据。孔子主张德治、仁政，把教育作为实现德治、仁政的重要手段，要求教育按照社会的规范培养人。他说："道之以政，齐之以刑，民免而无耻；道之以德，齐之以礼，有耻且格。"① 同时，他又提出启发诱导、学思结合、举一反三、闻一知十、因材施教、学与习结合、学与行结合等教学原则。可见，孔子既注意到了教育中的社会规范，又注意到了教育中学生的认识特点。

《学记》中说："古之王者，建国君民，教学为先。""君子如欲化民成俗，其必由学乎。"另一方面又说："大学之法，禁于未发之为豫，当其可之谓时，不陵节而施之谓孙，相观而善之谓摩。此四者，教之所由兴也。""君子之教，喻也：道而弗牵，强而弗抑，开而弗达。道而弗牵则和，强而弗抑则易，开而弗达则思。和易以思，可谓善喻矣。""学者有四失，教者必知之。人之学也，或失则多，或失则寡，或失则易，或失则止。此四者，心之莫同也。知其心，然后能救其失也。教也者，长善而救其失者也。"可见，《学记》是从教育的社会目的及人的认识特点两方面来阐述教育活动的客观依据的。

赫尔巴特力图使教育学成为一门科学。他认为："教育学作为一门科学，是以实践哲学和心理学为基础的。前者说明教育的目的；后者说明教育的途径、手段和障碍。"② 可见，赫尔巴特是以反映社会需求的实践哲学（伦理学）和反映人的发展需求的心理学为依据来构建教育学的。

杜威不仅清楚地看到了教育活动的两个客观依据，而且论及了两者的关系。他说："……教育过程有两个方面：一个是心理学的，一个是社会学的。它们是并列并重的，哪一个也不能偏废；否则，不良后果将随之而来。这两者，心理学方面是基础的。"他进一步说："心理的和社会的两个方面是有机联系着的，而且不能把教育看作二者之间的折中或其中之一凌驾于另一个之上而成的。"③

皮亚杰也指出："……教育就是使儿童适应于成人的社会环境，换言之，就是根据个人所在的社会认为具有一定价值的整个现实需要去改造一个人的生理和心理

---

① 论语·为政.
② [德]赫尔巴特. 普通教育学·教育学讲授纲要 [M]. 李其龙, 译. 北京：人民教育出版社，1989：190.
③ 杜威教育论著选 [M]. 赵祥林, 王承绪, 编译. 上海：华东师范大学出版社，1981：2.

结构。所以在教育所构成的关系中有两个因素,一方面是成长中的个人;另一方面是社会的、理智的和道德的价值。"[1] 他进一步认为,新旧教育方法的不同,就在于是否考虑到儿童本身的特性,是否利用关于个人心理结构的规律和关于个人发展的规律,是否尊重儿童的主动性。

教育研究的历史表明,人们对教育的认识总的来说是沿着两个方面展开和深入的,一是教育与社会发展的关系,一是教育与人的发展的关系。当然,这两大关系之间的关系,也是人们所关注的。

一、教育的社会制约性

所谓教育的社会制约性,即教育的变化和发展要以社会的变化和发展为条件和依据。

(一)社会生产力对教育的制约

社会生产力对教育的制约明显地表现在两个方面:一是对教育的变化和发展提出要求,二是为这种发展和变化提供条件。要求是一种动力,条件是一种可能。只有在要求与可能基本一致的情况下,教育的变化和发展才能得以实现。

1. 生产力制约着教育发展的规模和速度

教育发展的规模和速度必然受制于生产力的发展水平。办教育必须投入一定的物质资源,生产力的发展水平不仅直接关系到教育发展的物质基础,而且直接关系到一个社会能够为其成员提供多少受教育的机会和时间。从总体上讲,生产力的发展水平与教育发展的规模和速度成正比。因为生产力发展水平越高,对教育发展的需求就越大,同时对教育发展的投入也越大。

2. 生产力制约着人才培养的规格

在不同阶段的生产力发展水平上,生产力的科学技术含量和社会分工的水平是很不相同的,因而必然会对人才培养的基本规格提出不同的要求,进而制约教育诸多方面的发展。比如,在古代社会,教育主要是培养各级各类治术人才,对这种人才的基本要求是有一定的文化素养、政治意识和统治方略。到了资本主义社会,由于生产的技术基础的革命性变化,生产的社会化程度大大提高,劳动者的社会流动大大加速,这就要求学校必须重视生产工人、管理者和科技人员的培养,同时也对人才培养的规格提出了新的要求,不仅要求受教育者掌握一定的科学知识和技能,而且要求他们要对由社会的经济结构、产业结构、职业结构和就业结构的变化所引起的社会流动具有一定的适应能力与应变能力。随着科学技术的发展以及应用于生产的周期的不断缩短和社会流动的不断加速,人才培养的规格也随之发生着相应的变化。

3. 生产力制约着教育的结构

所谓教育结构,即教育系统各个部分的比例关系及组合方式,包括教育纵向系统中的各级教育之间的比例关系和教育横向系统中的各类教育之间的比例关系。生

---

[1] [瑞士]皮亚杰.教育科学与儿童心理学[M].傅统先,译.北京:文化教育出版社,1981:138.

产力的发展不断引起产业结构、职业结构、就业结构、消费结构的变革，与此相应，社会对各级各类人才的需求结构也会发生变化，进而就会引起各级各类教育的比例关系以及专业设置的变化。比如，初等教育、中等教育、高等教育的比例关系，普通教育与职业教育的比例关系，正规教育与非正规教育的比例关系，一般教育与特殊教育的比例关系，以及中等职业教育、中等专业教育和高等教育中不同层次、不同专业之间的比例关系等，都是随生产力的变化而变化的，否则就会引起教育结构的失调。

4. 生产力制约着教育的内容和手段

生产力是伴随着科学技术以及社会科学、人文学科的发展而发展的。无论是生产力的发展还是各门学科的进步，都会促进人类知识总量的不断增长和人类认识能力的不断提高并对人的发展提出新的要求，由此就会促进学校课程体系和教育内容的不断变革。纵观教育发展史，无论是学校课程的体系与结构还是具体的教育内容，总体上讲都要受到生产力和各门学科的发展水平的制约。

教育的手段和技术都是生产工具和科学技术在教育领域中的应用，很大程度上反映了一定时期生产力和科学技术的发展水平。当今，以计算机技术为核心的多媒体教学、网络教学日益普及，教学手段正在发生革命性的变化。

（二）政治对教育的制约

何谓政治，并无公认的界说。有人总结出了较具代表性的六种说法：政治是经济的集中表现，政治是特定的集团或个人围绕权力而展开的活动，政治的核心是政权，政治就是阶级统治，政治是一种治人的活动，政治是对社会公共事务进行决策和管理的过程[①]。无论对政治作何理解，政治对教育强有力的影响和制约在任何社会都是显而易见的。古今中外，政治家无不关注、影响、控制和借助教育。

1. 政治制约着教育的领导权

教育的领导权是由政治制度所赋予的，哪一个阶级、阶层或利益集团在政治上居于统治或强势地位，也就掌控了教育的领导权并要求教育必须为相应的政治利益服务。教育的领导权又决定着教育目的的性质和价值方向，进而制约着教育的方方面面，表征着教育为谁培养人和培养什么样的人。就人才培养的性质来说，专制政治要求教育培养的是唯书唯上、逆来顺受、盲目顺从、因循守旧的奴才，这种教育势必压制人的个性和创造性。民主政治要求教育培养的是具有独立人格、怀疑精神和参与意识的主体，这种教育势必鼓励个性和创造性。教育的领导权如此之重要，以致它本身就是一个国家政权的组成部分。

政治制约教育领导权的主要途径有：通过政治体制对教育机构行使领导职能；通过任免教育机构的领导者控制教育；通过颁布教育方针、政策和法律、法规规范教育；通过教育资源的配置干预教育。

2. 政治制约着教育的权利和机会

有什么样的政治制度，就有什么样的教育权利观。在奴隶社会和封建社会，政

---

① 韩述之. 社会科学争鸣大系·政治学·法学卷［M］. 上海：上海人民出版社，1991：11—14.

治上的等级制直接决定了教育上的等级制。到了资本主义社会，民主政治倡导教育权利平等和教育机会均等。第二次世界大战后教育机会均等的内涵更为丰富，包括：（1）进入各级各类学校的机会均等。（2）受教育过程中的机会均等，包括教育者平等、公正地对待所有受教育者。（3）取得学业成功的机会均等。（4）在物质、经济、文化方面处于最低层者应尽可能通过教育系统本身得到补偿。（5）不只是在获得知识方面，更主要是在获得本领方面机会均等。（6）在终身教育方面的机会均等。（7）在国际范围内缩小富国与穷国在教育资源分布、教育设施发展、学业成功率和学业证书价值上的不平等。1984年12月联合国大会通过的《世界人权宣言》第26条规定："人人都有受教育的权利，教育应当免费，至少在初等和基本阶段应如此。"① 教育的历史和现实都表明，教育权利的平等和机会均等是随着社会政治的进步而不断改善的。

3. 政治制约着思想道德教育的内容

教育要培养具有什么样政治方向、社会价值和思想品德的人，以及与此相应的教育内容特别是思想道德教育方面的内容必然要受到政治的制约。

有人误以为，注重思想政治教育和道德教育只是社会主义国家教育的特点。其实，西方发达国家也不例外。以美国这一号称当今最民主的国家为例，它对国内的思想政治教育就一直予以相当的重视。美国的许多学者信奉这样一种观点，即"任何社会，为了能存在下去……必须紧密地围绕保持其制度完整这个中心，成功地把思想方式灌输进每个成员的脑子里"②。虽然美国不大使用"思想政治教育"这个概念，但在公民教育、道德教育、情感教育、价值教育、宗教教育等名义下，却进行着大量实质性的思想政治教育。美国的政治教育主要有四个方面的内容：（1）资本主义制度及优越性的教育。其目的是宣扬"美国的生活方式""自由企业""政治民主"等，宣扬美国的资本主义制度是"理想的制度"，是"社会发展的顶峰"③。（2）反共产主义教育。美国一向视共产主义为洪水猛兽，坚持致力于"从精神上反击国内外共产主义的不断威胁"。美国的一些中小学曾在"冷战"时期开设过以反共为中心内容的课程，如"共产主义、其方法及毁灭性后果"等，在其他课程以及课、校外活动中也渗透一些反共内容，如举办"西方反共产主义联盟"一类政治报告和辩论会等。甚至有人认为："我们正在同共产主义进行激烈的斗争。……我们反对共产主义，就应知道它的哲学，知道马克思、恩格斯、列宁、斯大林，要弄清楚它究竟是什么样的经济制度、宗教或病菌……有了这种知识便能毁灭共产主义必然胜利的神话。"④ （3）公民权利和义务的教育。在美国，守法、投票和纳税是"好公民"的必要条件，其政治教育的一贯目标是教育人们参加劳动、纳税、守法、投票。美国的公民教育是较有成效的，20世纪80年代初，国际民意测验会在一次多国青年动向的调查中发现，分别有70%和80%的美国青年赞同"国家利益

---

① 顾明远. 教育大辞典（增订合编本）[Z]. 上海：上海教育出版社，1998：753.
② 苏崇德. 比较思想政治教育学 [M]. 北京：高等教育出版社，1995：12.
③ 苏崇德. 比较思想政治教育学 [M]. 北京：高等教育出版社，1995：23.
④ 上海师范大学教育系. 外国教育发展史资料（近现代部分）[M]. 上海：上海人民出版社，1976：148.

重于个人利益"和"青年不为国家尽力就意味着背叛"的观点①，这在各国青年中是比较突出的。日本青少年研究所所长千石保曾指出："美国人作为国家公民的义务感是支撑美国的支柱。"②（4）国民精神的教育。美国是一个由多民族融合而成的新兴国家，它必须创立并向青少年一代传输新的政治神话和新的民族象征。美国善于利用各种活动，包括举办奥运会和发射航天飞机等活动，颂扬"美国精神"，以此来唤起人们"强烈的对国家的忠诚感"。美国儿童在小学的最初几年里，就在与自己祖国的关系中形成了一种"我们"的意识，并在与别国公民的关系中形成了一种"他们"的意识。绝大多数美国中小学生都倾向于认为"美国是世界上最好的国家"，"当一名美国人比当任何其他国家的国民更好"③。美国关于国民精神的教育甚至带有很强的优越感，例如，在中学的"社会研究"课中宣扬美国领导世界的责任，号召学生将来要为保持美国在世界上的强大地位和维护世界的和平与秩序而努力工作。

在美国，道德教育是"学校最重要的职责之一"。美国学校的道德教育并无统一的内容，但其目标归纳起来大致有六个方面：（1）尊重人的尊严。包括尊重所有人的价值和权利，避免欺骗，促进人与人之间的平等，尊重良心的自主权，能与不同观点的人共同工作，制止歧视行为等。（2）关心他人的幸福。包括承认人与人之间的相互依存，关心国家，寻求社会的公正，助人为乐，努力帮助他人在道德上成熟等。（3）将个人兴趣与社会职责联系起来。包括参加社会活动，完成社会赋予的合理工作，在日常生活中发扬自尊和尊重他人的美德，如自我控制、勤奋、公正、仁慈、诚实、礼貌、履行诺言，通过与他人接触建立自尊等。（4）为人正直。包括工作勤奋，捍卫道德原则，具有道德勇气，能为大局达成和解或作证，为个人的选择承担责任等。（5）认真考虑道德选择。包括正确认识某种环境中所存在的道德问题，运用道德原则（如待人规则等）作出道德判断并考虑到行为的后果，试图了解社会和世界上的重大道德问题等。（6）探索和平解决冲突的办法。包括力求顺利地解决个人与社会的冲突，避免对人身体上和语言上的侵犯，认真倾听别人的意见，鼓励他人敞开思想对话，为和平而工作等。总之，道德成熟的人"熟谙道德原则，并能付诸行动和为运用它们而承担责任"，这种人乃是美国"民主制度的基础"④。

（三）文化对教育的制约

以价值观为核心的社会和民族文化必然对人们的教育思想、教育态度、教育行为产生广泛而深刻的影响，制约着教育的目的、内容、方法，以及制度和管理等方方面面。下面仅以中国传统文化为例，阐述其价值观对中国教育的消极影响，以启迪文化自省。

1. 重功利轻发展的价值观对教育的影响

---

① 孙和庚. 青年动向大调查［J］. 青年一代，1986（2）.
② ［日］千石保. 中国工人的劳动伦理［N］. 青年参考，1988-4-29.
③ ［美］沃思伯恩. 作为一种政治社会化因素的公立学校［J］. 思想意识季刊（英文版），1986（2）.
④ 陈曦红. 美国学校中的道德教育［J］. 外国中小学教育，1988（5）.

在中国传统社会，教育价值观是狭隘和功利的，导致中国传统教育过分追求功利目的而忽视受教育者内在素质的真正发展。传统教育中"读书做官"和"学而优则仕"的深层动因就是"光宗耀祖"。由于中国传统社会崇尚"官本位"，读书人求取学问，旨在做官，只有做了官，才算是功成名就、光耀门楣。不仅如此，"书中自有黄金屋"也为读书人所津津乐道。"十年寒窗无人问，一举成名天下知。""万般皆下品，唯有读书高。"就是对中国传统的功利主义教育目的观的写照。在这种观念的驱使下，读书人往往死记硬背、不求甚解，追求的不是内在的真才实学，而是外在的功名利禄。为此，无论是教育者还是受教育者，都不会真正关注人的内在素质的发展。这种教育必然是浮躁的、肤浅的、重结果轻过程的。

2. 重共性轻个性的价值观对教育的影响

几千年的封建专制造成了中国大一统的社会构架，强制人们思想统一、行为同步。在人的发展上，要求教育尽可能使人形成统治阶级所认同的共性并消解人的个性，以支持大一统的集权社会。在中国传统社会中，个性是不受欢迎的，凡事喜欢大家都一样，只要大家都一样，就容易心安理得。盲目从众，可以说是传统中国人的一大特色。在封建统治者看来，个性有碍于专制，应尽可能抑制。压制学生个性的一个突出表现就是教育的模式化，模式化的学校、模式化的目标、模式化的内容、模式化的方法、模式化的过程，乃至模式化的教师，最后"制造"出模式化的学生。中国传统教育的一切几乎都被模式化了，千生一面，千师一面，千校一面。学校就像一座座工厂，教育过程就像一条条流水线，学生就像一个个标准化产品。

3. 重服从轻自主的价值观对教育的影响

中国传统文化倡导人云亦云、唯书唯上、逆来顺受，加之中国封建社会的宗法制度和森严的等级制度，使传统的中国人失去了做人的起码尊严和自主性，人们习惯于服从、忍让，以致麻木不仁。为了能够培养出听话和服从的人，传统教育规矩较多，要求较严，惩罚较重。在教育中，首先是要服从经典和师长，好学生的第一标准就是"听话"，相当强调学生服从品质的养成，不仅行为上要服从，思想上更要服从，致使所培养出来的人唯书崇上，习惯于跟风跑、随大流，盲目从众，如风吹墙头草，缺乏个人应有的尊严、责任感和独立性。

4. 重认同轻创造的价值观对教育的影响

被鲁迅誉为"19世纪末叶最敏感的人"的严复，对中西文化有颇为深入的研究。严复指出："中西事理，其最不同而断乎不可合者，莫大于中之好古而忽今，西之力今而胜古。"① 这一比较，甚得要领。中国传统文化的价值观念倾向于厚古薄今，时常感慨"今不如昔""一代不如一代"，倡导"法先王"，鼓吹"天不变，道亦不变"。唯古是法作为一种价值观念，代代相传。古代经典所提倡的思想理论和政治、道德、礼仪等规范，具有绝对的权威，后人只能遵循，不能叛忤，法古崇古的势力非常强大。在教育上，推崇的是引经据典，上施下效，"我注六经，六经注我"，要求把圣贤之言、四书五经烂熟于心，提倡的是所谓"熟读唐诗三百首，不

---

① 严复. 论世亟之变.

会作诗也会吟"的学风。古代的科举制度要求文人读同样的书，说同样的话，写同样的文章，把人们的思想牢牢束缚在了圣贤典籍上。从汉代"罢黜百家、独尊儒术"开始，中国传统文化就形成了一种以循旧性为特征的思维方式，眼睛习惯往后看，易于满足、因循守旧、抱残守缺、闭关自守、缺乏危机感、怕冒风险。过于强调调和与中庸之道的传统文化，使国民更喜欢求稳苟安、安分随时、知足常乐，缺乏艰苦创业的韧性和开拓未来的雄心。

文化对教育的制约往往是弥漫性和渗透式的，但又是深刻的和持久的。中国教育的发展和变革，一方面需借助文化中的优秀传统，另一方面又需特别注意抵制来自文化糟粕的负面影响。

教育尽管具有强烈的社会制约性，但也有其相对独立性。教育的相对独立性是指教育在受制于社会的同时也在一定程度上具有独立于社会的特性。这主要表现在以下几个方面：一是教育具有质的规定性，即教育所具有的"培养人"这一区别于其他社会活动的根本属性。二是教育具有能动性，即教育所具有的超越社会规定并主动作用于社会的特性。三是教育具有继承性，即教育所具有的自身传承接续的特性。四是教育与社会发展具有不平衡性，即教育所具有的与社会发展不完全同步的特性。维护教育的相对独立性在当今有着特别重要的意义，需着力于以下几点：坚持教育的质的规定性（即教育以育人为本），不一味从属于社会；坚持教育的社会批判性（即教育对社会弊端的批评），不一味屈从于社会；坚持教育的社会选择性（即教育有选择地适应社会），不一味盲从于社会；坚持教育的社会引导性（即教育对社会的导向），不一味跟从于社会。研究教育与社会的关系，不仅要坚持就社会论教育和就教育论教育，还要提倡就教育论社会，即站在教育的立场上，以教育的价值为尺度去衡量社会、评价社会、引导社会、改造社会。教育一方面必须与社会保持密切的联系，另一方面又必须与社会保持适当的距离，否则，既有损于教育，也不利于社会，这是众多历史经验证明了的。

二、教育的人的制约性

这里所说的人，特指教育中的受教育者。教育的人的制约性，即教育的实施和变革要以人的身心发展规律和特点为依据。

（一）人的发展的顺序性对教育的制约

人的发展的顺序性，是指人的身心发展所具有的由低级到高级、由量变到质变、按次序发展的特性。比如，人的身体大致是遵循从头部向下肢、从中心部位向全身边缘方向、从骨骼到肌肉的顺序发展的；心理的发展是由机械记忆到意义记忆，由具体思维到抽象思维，由喜怒哀乐等一般情感到理智感、道德感、美感等复杂情感。皮亚杰关于发生认识论的研究，比较科学地揭示了个体认知发展的一般顺序，即个体认知的发展是按照感知运算水平、前运算水平、具体运算水平、形式运算水平的顺序而推进的。美国心理学家科尔伯格（L.Kohlberg）的研究证明，皮亚杰的发生认识论在个体的道德认识过程中也具有普遍的推广意义，并认为人的道德认知大致遵循着从前习俗水平到习俗水平再到后习俗水平的发展顺序。

人的身心发展的顺序性要求教育活动的进程需大体适应人的发展的顺序性，不能"颠三倒四"，更不能倒行逆施。比如，教育应遵循由具体到抽象、由低级到高级、由简单到复杂的认识顺序，循序渐进地进行，不能"揠苗助长"，否则就难以收到应有的教育效果，甚至会损害学生的身心健康。

（二）人的发展的阶段性对教育的制约

人在不同年龄阶段有不同的身心发展特征，面临着不同的发展任务。前后相邻的阶段是有规律地更替的，在一段时期内，发展主要表现为量的变化，经过一段时间，发展由量变转为质变，从而使发展水平达到一个新的阶段。人的身心发展的年龄特征，就是指人在发展的不同年龄阶段中所呈现出来的一般的、典型的征象。人的发展的不同阶段相互关联，上一个阶段的发展必定影响着下一个阶段的发展，因此人的发展的每一阶段不仅具有本阶段的意义，而且具有人生全程性的意义。

人的发展的阶段性要求教育需从教育对象的实际出发，充分考虑学生在不同年龄阶段的不同发展特征，有区别、有重点地提出发展任务，采取不同的教育内容和教育方法。如果不顾年青一代发展的阶段性特征，非要用成人的心态去要求学生，必定会造成不良后果。许多成人的可悲之处，就在于忘记了他们曾经也是儿童。

（三）人的发展的不平衡性对教育的制约

人的发展的不平衡性是指人的身心发展在发展速度的快慢和发展时间的早迟上的不一致性。它主要表现在两个方面：一是身心发展的同一方面的发展速度在不同年龄阶段上的不平衡性，如青少年的身高、体重有两个生长高峰期，分别在出生后的第一年和青春期。期间，身高、体重的发展速度要比其他时期迅速得多；二是身心发展的不同方面在发展时间的早迟上的不平衡性，如在生理方面，神经系统、淋巴系统成熟在先，生殖系统成熟在后，在心理方面，感知成熟在先，思维成熟在后，情感成熟更后。

根据人的身心发展的不平衡性，心理学家提出了人的发展的关键期或最佳期的概念，即人的身体或心理的某一方面机能和能力最适宜于形成的时期。教育工作者要善于捕捉人的发展的关键期而不失时机地对学生实施教育，以获得事半功倍的效果。一旦错过发展的关键期，就会延误人的身心发展，甚至造成无法弥补的损失。

（四）人的发展的互补性对教育的制约

人的发展的互补性是指人的身心发展的不同方面所具有的相互补偿的特性。人的身心发展的互补性一是表现在机体的机能方面，即机体某一方面机能受损或缺失后可以通过其他方面的超常发展得到部分补偿，如失明者可以通过听觉、触觉、嗅觉等方面的超常发展得到一定补偿。二是表现在心理机能与生理机能之间，如良好的心态和坚强的意志可以在一定程度上弥补生理发展方面的不足。三是表现在心理发展的不同方面之间，如智力因素与非智力因素或智商与情商之间就存在着相当大的互补性，尤其是良好和超凡的非智力因素对智力因素的不足具有重要的补偿作用。

人的身心发展的互补性要求教育应根据学生个体发展的具体情况有针对性地"取长补短"和"扬长避短"，即通过发展某一方面的长处去弥补和补偿某一方面的短处。这样既可以提高教育效能，又可以促进学生个性与特长的发展。当然，也不一定要求学生越是什么方面不行就越是要在这方面迎难而上。

（五）人的发展的整体性对教育的制约

人的发展的整体性是指人的身心发展的各个方面所具有的相互牵连、相互制约的特性。个体身心发展的各个方面是一个整体和系统，它们是在相互牵连和相互制约中共同获得发展的，身心的任何一个方面严格地讲都不可能孤立地获得发展，即便有所发展，也是极其有限的。身体发展与心理发展、身体发展的各个方面和心理发展的各个方面，都是一个整体和系统，相互之间都存在着这样或那样的关联，互相影响、互相促进，难以割裂。如果这种内在关系受到破坏，人的发展就会片面、畸形而失去基本的平衡。

人的身心发展的整体性要求教育必须有基本的完整性、全面性与和谐性，必须坚持全面发展的教育和各方面教育的相互协调与配合，这样才能促进人的全面、和谐发展，也才能在此基础上发展个性、形成特长。

（六）人的发展的个别差异性对教育的制约

人的发展的个别差异性是指不同个体之间在身心特征上具有的相对稳定的不同之处。正常人的发展须经历共同的发展阶段，但不同个体在发展的速度、水平及发展的优势领域等方面则千差万别。表现形式主要有三：一是不同个体在同一方面发展的速度和水平各不相同，如两个同龄学生一个某一方面的才能表现较早，另一个则表现较晚。二是不同个体在不同方面的发展上各有所长，如有的学生抽象思维发展较好，数学能力较强，有的学生形象思维发展较好，绘画能力较强。三是不同个体具有不同的个性心理倾向，如同一年龄阶段的儿童往往具有不同的性格、气质和兴趣、爱好等。

人的发展的个别差异性要求教育者须坚持因材施教的原则，即根据一定的教育目标，根据受教育者的个别差异和具体特点，采取不同的教育措施，有的放矢地进行教育。但必须指出，因材施教意义上的"区别对待"，绝非对面向全体学生意义上的"一视同仁"的否定，更不是在学生中人为地制造分化。区别对待仍然是面向全体学生的，是对学生身心发展特点的尊重，是为了扬长避短，其目的是为了使所有学生获得符合自己特点的发展并形成自己的个性。在教育中，绝不能以因材施教为名违背教育公平原则，将区别对待作为歧视和抛弃弱势学生群体的借口。

关于人的发展的差异性还有一个需引起关注的问题，即性别差异问题。由于先天和后天的种种原因，男性与女性在成熟进程、性格特征、社会角色、自我期许、思维方式等诸多方面都存在着普遍性的差异，这些差异对教育和学生的发展会产生不可忽视的影响。如大量报道表明，由于种种原因，当下女生不仅在包括考试分数在内的学业成绩方面日益优于男生，而且在自信心、自控力、自主性、意志力、领导能力、心理健康水平等方面也有超越男生之势，在大城市，这种情况尤为明显，以致有专家发出了"拯救男孩"的惊呼[①]。这种现象有正常、合理、积极的一面，亦

---

① 孙云晓，等. 拯救男孩[M]. 北京：作家出版社，2010：1—54.

有反常、蹊跷和消极的一面。当人们在惊叹女生学业成绩优秀的同时，其发展后劲仍为一些人所疑虑。教育中应严格坚持男女平等，既要避免传统的重男轻女，也要警惕有意无意的重女轻男。当前更要注意教育中的性别差异问题，在坚持平等的前提下，适当"因性施教"，使男女生都获得健康的发展。

必须指出，教育要尊重和适应年青一代身心发展的特点和规律，并不意味着被动迁就和完全顺应学生身心发展的现有水平和已有特点。教育在积极主动地适应学生的同时，还应力求走在学生发展的前面，按照"最近发展区"的心理学原理，用适当超前于学生现有发展水平的策略，去拉动和引领学生的发展。从这个意义上讲，教育在与人的发展的关系中，也有其相对独立性。

三、人性与教育

我国以往的教育学教科书，在论及人与教育的关系时，大都局限于人的身心发展而言，决然不涉及人性，这是一个很大的空场。然而，作为人之为人的人性，怎么可能不与人的发展和人的教育相遇相关呢？缺少人性基础、人性依据、人性意蕴、人性价值的教育和教育学，是残缺的，极易偏离教育的本真和教育学的立场而误入歧途。思考教育中的人性问题，首先是为了唤起教育的人性意识以及教育人性化的自觉，认识人性、尊重人性，甚至敬畏人性，把人性作为教育的基本依据之一。

[拓展阅读]
肖绍明、扈中平：《教育人性化的实践哲学基础、范畴与意义》

（一）人性的概念

由于"人"所特有的复杂性和神秘性，"人性"是人文社会学科中最具歧义性的概念之一，古今中外，见仁见智，捉摸不定。

1. 人性的定义

在古汉语中，大多数解释是把"人性"二字分而论之的，并主要指向于"性"。《说文解字》讲："性，人之阳气，性善者也，从心，生声。""从心"就是遵从人的感知觉，"生声"指生而有之的欲望，故"性"即人与生俱来的欲望和能力。

"人性"的英文为"human nature"，或"flesh""humanity""humanism""humanness" "essence of human"等，分别强调人的自然性、肉身性、人道性、人文性、人的本质等。按照西方经验主义与唯理主义的哲学观来看，一方面，"人性"是一切人普遍地、共同地具有的属性，"人性是先天的"就是从这种意义上讲的，因而人性是不可言道德善恶的；另一方面，人性表示人区别于他物的特性，"人性是习得的"就是从这个意义上说的，因而人性是可言道德善恶的。

根据学界较为普遍的认识，可将人性大致界说为：人所具有的表征人之为人的那些自然属性、社会属性和精神属性的总和。

2. 人性概念的解析

关于人性概念，这里需作四点解析。

其一，人性虽然是指人的属性，但人的属性有很多，并非人的所有属性都可归于人性的范畴，而只是将那些能表征人之为人的本质属性视为人性。否则，人性概念的内涵就会过于庞杂而缺乏起码的确定性。

其二，人性虽然包括人的自然属性，但纯粹、单一的自然属性，如本能意义上的"食、色"和基因意义上的"自私"，这里并不将其视为人性，因为这是人与动物共有的属性。但食欲、色欲和自私一旦成为人普遍具有的社会属性和精神属性，那就具有了人性的特质。这里也不把纯粹、单一的社会属性如阶级性视为人性，因为它并不天然地存在于人的自然属性中，也非人的精神需求，在社会中也不具有普遍性和永恒性。因此，这里所界定的人性，兼具人的自然属性、社会属性和精神属性，是三者的相嵌相合；既能在人的自然性中找到根源，是人生而有之的欲求，也能在人的社会生活和精神世界中找到其表征，是人的社会欲望和精神向往。

其三，虽然古今中外不少思想家都持善恶两重人性说，但基于教育学的立场，却不宜把人的属性中那些丑恶的方面纳入人性范畴，而只把那些向往美善的方面视为人性。西方谚语说："人一半是天使，一半是魔鬼"。西汉杨雄说："人之性也善恶混。"① 两重人性说自有其合理性，但将人"魔鬼"和"恶"的属性归于人性不适于现代教育学的立场。因为，教育中的人主要是指以未成年人为主的学生，虽然他们也有"恶"的属性，但更主导、更本质的属性是"天使"和"善"的一面，因而在教育学中应秉持性善的教育观。如果把恶也归属于人性，教育人性化在逻辑上就难以成立，因为教育人性化的前提就是要尊重人性、顺应人性。虽然在教育中也要客观地看到未成年人也多少有一些人所共有的恶的属性，如自私、贪婪、嫉恨、欺骗、欺侮等，因而需有必要的预防、引导和规训，但却不宜将这些非本质的属性视为人性，否则在教育中就可能充满怀疑和防范，就可能压制自由和创造。

其四，人性通常是作为一个笼统和抽象的概念而存在的，但也是有具体内容的。人性实际上是由人的一系列需要为表现形式的，那些人普遍地、共同地具有的表征人之为人的需要，便构成了人性。《尚书·大禹谟》中所说的"人心"，即是指"人欲"。马斯洛（A.H.Maslow）认为人性在其本质上表现为一系列基本需要。马克思认为："在任何情况下，个人总是'从自己出发的'，……他们的需要即他们的本性。"② 一些人总是把人欲视为一种恶，视利己为万恶之源，这种认识是片面的。需要和需要的满足当然都是指向利己的，但趋利避害是人的天性，也为后天人生存和发展所必需，同时也是人类社会发展不竭的原动力。利己本身无所谓善恶，只有其手段才涉及道德问题。纵览人类文明史，人最具普遍性、共通性的需要，除了马斯洛所揭示的生理的需要、安全的需要、归宿与爱的需要③、尊重的需要以及自我实现的需要之外，还应包括求真的需要、向善的需要、爱美的需要、好奇的需要（即喜好新异和多样）以及自由的需要。这些需要既是人的天然本性，也是人的社会属性和精神属性。

（二）人性的构成

通常认为，人性是由人的自然属性、社会属性和精神属性所构成的。

---

① 杨雄. 法言·修身.
② 马克思恩格斯全集（第3卷）[M]. 北京：人民出版社，1960：514.
③ 爱的需要应包括自爱（即利己和自尊）的需要、他爱（即被爱）的需要和爱人（即利他）的需要。

1. 人的自然属性

人的自然属性是指人在对生物性需要的追求和满足中所表现出来的属人的特性。人是从动物进化而来的，人的生理、安全等方面最基本的需要，反映了人首先是一种自然性存在，必然具有一般生物的基本属性。如同恩格斯所指出的："人来源于动物界这一事实已经决定人永远不能完全摆脱兽性，所以问题永远只能在于摆脱得多些或少些，在于兽性或人性的程度上的差异。"① 人与动物尤其是高等动物之间并不存在绝对的鸿沟，没有必要通过贬低动物性来抬升人性。

2. 人的社会属性

人的社会属性是指人在对社会性需要的追求和满足中所表现出来的属人的特性。它是人在社会化进程中逐渐生发和完善的，主要包括人的实践性、社会关系性、相互依存性、规范性（如道德规范和法律规范）等方面的内容。人是社会中的人，其自然属性只有在属于人的社会实践中才能得以体现，并被赋予社会属性。

3. 人的精神属性

人的精神属性是指人在对精神性需要的追求和满足中所表现出来的属人的特性。如果说人的体力和智力的发展指向的是人的外部世界，那么人的精神发展则指向的是人的自我世界。假如人性只是局限于社会性，那人就不可能获得真正的自我。人的自然属性给定了人的存在的物质基础，社会属性反映了人的现实性本质，而精神属性则标识出人的特质，给定了人之所以成其为人的内在理由。人的精神需要可大致概括为：联系的需要、超越的需要、认同的需要、自尊的需要、审美的需要、自由的需要、创造的需要、自我实现的需要，等等，其中最具人性特质的是人对自由和创造的向往和追求。自由和创造是根植于人性深处的、原生的、内在的精神属性，正如杜威所言："把爱自由说成是人性的构成中所固有的，是我们传统的一个部分。"② 追求人生的意义和价值，过真正值得过的生活，这是人的精神属性的永恒本性。

（三）人性的特征

人性是稳定性与可变性、共通性与具体性、自在性与自为性的辩证统一体。

1. 人性的稳定性与可变性

自有人类社会以来，人性的基本构成就是稳定的，因为人的基本需要是不变的，都会有自然性、社会性和精神性的反映和表达，尽管不同时空条件下的人在人性的构成比例、具体内容、表现水平上会有差异。休谟（D.Hume）曾论述道："在各国各代的人类的行动中都有很大的一律性，而且，人性的原则和作用乃是没有变化的。……野心、贪心、自爱、虚荣、友谊、慷慨、为公的精神，这些情感从世界开辟以来，就是，而且现在仍是，我们所见到的人类一切行为和企图的源泉；这些情感混合的程度虽有不同，却都是遍布于社会中的。""人类在一切时间和地方都是十分相仿的，所以历史在这个特殊的方面并不能告诉我们以什么新奇的事情。历史

---

① 马克思恩格斯全集（第3卷）[M]. 北京：人民出版社，1995：442.
② [美] 杜威. 自由与文化 [M]. 傅统先，译. 北京：商务印书馆，1964：4.

的主要功能只在于给我们发现出人性中恒常的普遍的原则来。"[①]

人性又是动态的、可变的。与只有单一生命活动的动物不同，人不仅有生命活动，还有文化活动。人所构成的社会和其中的文化是不断变化的，因而人性的内容和形式也是随之演变的。无论是个体还是人类，无论是儿童还是成人，其人性在内容、水平以及构成的权重上都是历时地变动的，有差异的。

人性的稳定性说明，人在人性上生而平等。这一认识，为教育平等、为教育坚守人自身的永恒价值提供了人性方面的依据。人性的可变性说明，人性的改变和发展是可能的；这一认识，为人的可教性提供了人性方面的依据。

2. 人性的共通性与具体性

事实表明，无论处在什么历史时期和什么生活状态下的人，都具有生理的、相爱与相属的需要，都有着尊重的、自由的、自我实现的需要，只不过在具体内容和强弱程度上有所差异而已。人的这种共同的类本质及其需要决定了人性的共通性。正因为人性具有共通性，人类历史才是一部继承、延绵、发展的历史，不同文化、不同种族、不同地域、不同国度、不同阶层的人才能相互有所沟通和交流。

人性虽然具有抽象意义上的共通性，但人又总是现实的、具体的人，因而不同的人，无论是作为个体的还是类的存在，人性必然又是有差异的。人性的具体性不仅表现在不同历史时期的人之间和同一历史时期不同社会环境中的人之间的差异上——世界上没有在人性上完全相同的两个人；人性的具体性还表现在同一个体不同时空下的差异上——世界上没有在人性上完全相同的一个人。

人性的共通性说明，人性是有共同属性和相通性的。这一认识，为教育以人为本提供了人性方面的依据。人性的具体性说明，人性是历史的、现实的。这一认识，为教育中合理地区别对待不同学生提供了人性方面的依据。

3. 人性的自在性与自为性

人来到这个世界，首先所面对的是一个给定的、无可选择的先在前提，必然受制于自然法则和归属于一定社会，这决定了人的受动性和人性的自在性。

人尽管受制于"他者"，但又不会完全按照外部世界的法则生存和活动。除人以外的其他动物，有着"预定"的完全生存"指令"，而人只是完成了其中一部分"指令"就被"抛弃"，成为世界上唯一还得靠"自为"而存在和发展的动物。所以，人性不仅是与生俱来的，也不仅是由社会预定的，而更是在自为的社会生活中形成的。人性的自为性主要表现为"为自"（即人的一切活动都具有"为自己"性）"选择""自由"和"创造"。

人性的自在性说明，人性必然具有受动性。这一认识，为通过外部环境改变人提供了人性方面的依据。人性的自为性说明，人性最终是人自己生活与选择的产物。这一认识，为在教育中增进能动、自由、多样、创造等要素提供了人性方面的依据。

[①] ［英］休谟. 人类理解研究［M］. 关文运，译. 北京：商务印书馆，1957：75，76.

(四）人性与教育的关联

不管人们是否意识得到，人性与教育都会在现实中相遇，因为两者之间有着内在的必然联系。

1. 人性制约教育

人性是教育活动的基本依据之一，其对教育的影响和意义与人的身心发展规律对教育的影响和意义具有同等的重要性。《中庸》开篇即讲："天命之谓性，率性之谓道，修道之谓教"，意指教育就是"率性修道"，必须顺乎人性而为之。许多教育观和教育行为，之所以是这样的而不是那样的，其背后大多或显或隐地、或有意识或无意识地有着某种人性论的依据，内含着对人性的某种认识和预设。人性作为表征人的本质的属性，不可能不对人的教育产生影响和制约，不可能不成为教育的重要依据。人性可以被忽视、压制、扭曲、摧残，但却无法被根绝。人性的力量甚至是不可抗拒的，顺之则盛，逆之则衰。古今中外的教育史表明，尊重、顺乎人性是好教育的重要标志。

2. 教育培育人性

人性总是"未确定的""未定型的""未完成的"，需要通过教育来培育、完善和升华。教育和人性的相互作用是培育、完善和升华人性的重要力量。教育是人性发展的必要条件，正如康德所言："人只有通过教育才能成为人"，"除了教育从他身上所造就出的东西外，他什么也不是"。① 从这个意义上说，"教育即是人性，是人的自然（human nature）"②。人性具有可变性、生成性和可创造性，无论是狭义的教育还是广义的教育，都对人性具有决定性的影响。在杜威看来，"教育的意义本身就在于改变人性，以形成那些异于朴质的人性的思维、情感、欲望和信仰的新方式"③。教育不仅要让人成其为人，而且要使人更像人，更富有"人味"和人的意义。唤醒和提升人的自然属性中的美好天性、社会属性中的自为性以及精神属性中的创造性，是教育的应有之义。正是对超越的孜孜追求，才激起人内在的崇高感和丰富的想象力，并转化为自由意志与创造精神，使人性不断得以升华。

（五）教育人性化

所谓教育人性化，就是指教育应将人性作为教育活动的基本依据之一，正视人性、尊重人性、顺应人性、利用人性、引导人性，尽可能激活和满足人性并不断培育、完善和升华人性。

[微视频]
教育人性化的思考

1. 教育人性化的目的

教育之所以要人性化，其根本目的就是为了培养全面而自由发展的"总体人"。总体的人是走向自由并消除了异化的人，是自由集体中自由的个人，它在差别各异的各种可能的个性中充分发展个性，"在这种人道主义中，最高的权力机关不是社会，而是总体的人"，"人以一种全面的方式，就是说，作为一个总体的人，占有自

---

① [德] 康德. 论教育学 [M]. 赵鹏，何兆武，译. 上海：上海人民出版社，2005：5.
② 渠敬东. 现代社会中的人性及其教育 [M]. 上海：上海三联书店，2006：3.
③ [美] 杜威. 人的问题 [M]. 傅统先，邱椿，译. 南京：凤凰出版传媒集团有限公司，2006：184.

己的全面的本质"。① 人的全面本质，既包含了人的类本质，也包含了人的群体本质和个体本质。教育培养的"总体人"不仅具有本体的意义，而且蕴含着"人是目的，不仅仅是手段"的最高价值和人的尊严。

2. 教育人性化的应然与实然

教育人性化既是应然的使命，也是实然的践行，二者之间须保持必要的张力，如果失去平衡，就将导致人性的扭曲。如何综合与平衡实然的教育现实与应然的教育理想，这一直是教育理论和教育实践面临的两难困境，无论是"全面发展的教育""自由教育""全人教育""和谐教育"，还是"素质教育""愉快教育""幸福教育"，都必须在现实的人性和理想的人性之间寻找恰当的着力点和平衡点。

3. 教育人性化的内容

教育人性化不能只是一个口号和标签，必须有实际的内容和现实的行动。教育人性化首先是教育目的的人性化，它追求教育目标的多样性，以促进学生自由、丰富的发展。合人性的教育目的的实现还需有合人性的教育过程，具体体现为师生关系、教育内容、教育方法、教育评价、教育管理、教育制度等方方面面的人性化。教育人性化是全员的、全过程的、全时空的、全领域的，是彻头彻尾、彻里彻外的，是一种理念和精神，是一种意识和自觉。

本章小结

在人、社会和教育的关系中，教育既有其能动性，又有其受动性。教育的能动性，即教育具有促进人的发展和社会发展的功能，促进人的发展是教育的本体功能，学校教育在人的发展中起主导作用；教育通过培养符合一定社会需要的人对社会的经济、政治、文化以及整个社会的稳定、变革和发展发挥积极作用。教育的受动性，即教育有着来自社会和人的双重制约性，表现在生产力、政治、文化等对教育的制约和人的发展的顺序性、阶段性、不平衡性、互补性、整体性、个别差异性等对教育的制约。人性与教育有着必然的联系，人性制约教育，教育培育人性。

实践·反思·探究

1. 理解和把握人的发展与社会发展的关系对变革教育观念有什么意义？
2. 教育何以能成为连接人与社会的中介？
3. "从个体发展的各种可能变为现实这一意义上说，个体活动是个体发展的决定性因素。"这一观点对教育实践有何启示？
4. 学校教育对人的发展起主导作用的论断与教育万能论有何区别？
5. 除教育的政治功能、经济功能和文化功能外，你认为教育还有哪些社会

---

① 马克思恩格斯文集（第1卷）[M]. 北京：人民出版社，2009：189.

功能?

6. 理解教育社会功能的特点有什么现实意义?

7. 人的身心发展有哪些基本规律?对此教育应有哪些基本策略?

8. 为什么人性也应成为教育的基本依据之一?

9. 你认为教育人性化在我国当下教育实践中有必要、有可能吗?

推荐阅读

1. 王道俊,郭文安. 教育学[M]. 北京:人民教育出版社,2016.
2. 康永久. 教育学原理五讲[M]. 北京:人民教育出版社,2016.
3. 扈中平,蔡春,吴全华,文雪. 教育人学论纲[M]. 北京:高等教育出版社,2015.
4. 王道俊,扈中平. 教育学原理[M]. 福州:福建教育出版社,2013.
5. 冯建军. 教育基本理论研究20年(1990—2000)[M]. 福州:福建教育出版社,2012.
6. 王海明. 人性论[M]. 北京:商务印书馆,2006.
7. 肖绍明. 批判与实践:论教育人性化[M]. 北京:中国社会科学出版社,2016.
8. 联合国教科文组织国际教育发展委员会. 学会生存:教育世界的今天和明天[M]. 华东师范大学比较教育研究所,译. 北京:教育科学出版社,1996.

第三章 教育规律、教育原则和教育智慧

学习目标

- 理解教育规律的内涵以及教育规律所具有的客观性、或然性和价值性，熟悉教育结构规律、教育功能规律和教育发展规律的含义，了解在教育实践中遵循教育规律的基本思路。
- 理解教育原则的概念，熟悉人道性原则、个性原则、创造性原则、活动性原则、民主性原则等现代教育应遵循的基本原则的含义、依据和贯彻要求。
- 理解教育智慧的内涵，认识教师在专业成长的不同阶段所显现的教育智慧的内容表现。
- 联系教育、人、社会的复杂关系和教育的能动性与受动性，融会贯通地理解教育规律、教育原则、教育智慧之间的相互关系。

知识列表

教育规律、教育原则和教育智慧	教育规律	教育规律的概念
		教育规律是否存在
		教育规律的属性
		教育规律的分类
		教育规律的实现机制
	教育原则	教育原则的概念
		现代教育的一般原则
	教育智慧	教育智慧的概念
		教育智慧的理解
		教育智慧的内容表现

第三章 教育规律、教育原则和教育智慧

本章导入

目前，许多家长为了不让孩子输在起跑线上，不管孩子是否有兴趣，都给孩子报各种各样的辅导班，其中比较突出的是奥数班。一方面，家长想培养孩子的思维能力，多一些解题思路；另一方面，这些年奥数成绩一直是升学的重要参考，于是便催化了越来越多的家长给孩子报奥数班。有统计表明，95.4%的北京大学学生有过奥数学习经历。学习奥数对孩子有哪些好处？孩子到多大年龄时更适合学习奥数呢？是不是所有的孩子都适合学习奥数呢？

面对这种现象，有专家认为，奥数的出题范围超出了国家的义务教育水平，通过这样高水平的比赛，可以培养学生的思维能力，及早发现数学人才进行培养，使其脱颖而出。也有许多人士提出质疑，他们认为很多奥数竞赛教育存在超前教育的情况，小学学习初中课程，初中学习高中课程，以知识灌输来代替能力和兴趣的培养，让具体运算阶段的孩子做大量的逻辑抽象题目，扼杀了孩子的形象思维的发展，所以这些年中国有的是奥数冠军，却没有培养出数学家，这种做法是违背教育规律的。

那么到底什么是教育规律？如何按教育规律来办事？奥数是否违背了教育规律呢？

教育规律是客观存在的教育必然性，教育原则是根据教育规律所制定的教育工作的基本准则，教育智慧是遵循教育规律、贯彻教育原则的教育适切性。这三个问题及其相互关系在教育理论和教育实践中有着十分重要的意义。

第一节 教育规律

揭示教育规律，是教育学的根本任务。这在我国教育学界几乎是一个众口一词的公论。"要按教育规律办教育""不要违反教育规律"，这是我们常听到的呼吁和告诫。但教育规律是什么？教育规律有哪些呢？从现有的教育研究来看，直接以教育规律为研究对象的研究成果极少，造成这种情况的原因，除了学术界对教育规律研究的关注不够外，更主要的是教育规律问题本身的复杂性而使得研究者不敢轻易涉足。

[拓展阅读]
任正翔、柳海民：《教育规律研究三十年》

一、教育规律的概念

关于"教育规律"，不同研究者的阐释和表述各有不同，但大都认为，教育规律是教育系统自身的规律，揭示的是教育的运动和发展所必然受到的制约因素，或其所必然遵循的逻辑轨道；反映的是教育活动本身的关系、本质的关系和本质之间的关系。教育规律具有客观性、必然性、稳定性和普遍性等特点。《教育大辞典》对教育规律的界定是："教育规律是教育发展过程中的本质联系和必然趋势。"①

---

① 顾明远. 教育大辞典（增订合编本）[Z]. 上海：上海教育出版社，1998：750.

[微视频]
教育规律的
概念

所谓教育规律，就是指教育系统在其运动发展过程中内部诸要素之间、教育系统与其环境（物质的、精神的、社会的）之间的一种本质或必然的联系。教育系统内部各要素之间、教育系统与社会其他子系统之间都存在着各种各样的联系，教育规律就是教育系统内外部各种关系相互作用的产物。教育系统内外部各种关系的相互作用是认识教育规律的基础和出发点，认识教育规律实际上就是认识教育系统内外部的各种关系及其相互作用。

必须指出，教育系统内外部各种关系中本质的、必然的联系并不是简单的线性因果关系，不能把作为教育规律表征的本质关系肤浅地理解为一种线性的必然关系。自然规律是自在的，不为人而存在，它具有必然性而不具有应然性，但作为社会系统的一个特殊子系统的教育系统的规律，并不存在于人的活动之外。教育规律对于教育活动的主体来说，不仅具有必然性，而且具有应然性、自为性，即主体性。教育规律既是限制人的教育活动自由的规律，也是人的教育活动自由开展的规律。因此，切不可把人的教育活动规律与在人之外的客观自然规律混为一谈。

二、教育规律是否存在

规律作为本质的联系或必然的关系，体现了事物内在的根本性质，并贯穿事物整个发展过程。它是不以人的主观意志为转移的，不管人是否意识到、是否喜欢，它都客观存在。同时，这种联系具有可重复性，也就是规律在相同的事物过程、事物之间是重复出现的，效应也是重复发生的，亦即规律的重复有效性。而且，根据规律，人们可以作出准确的预测，也就是说，规律能够使人们准确地预测未来事件，把握事物运动、变化、发展的趋势。

不可否认，这种"规律"的认识是以自然科学"决定论""还原论"的方法论为取向的。一方面是因为自然科学一旦摆脱了神学的桎梏，就因其所取得的巨大成就和对人类生活的巨大影响而占据话语的中心地位；另一方面也是由于"规律"作为自然科学的最基本范畴得到了深入的和基础性的研究，得到了科学共同体的承认，具有形成共识的可通约性。

当代复杂性科学的兴起，使得"我们发现自己处在一个可逆性和决定论只适用于有限的简单情况，而不可逆性和随机性却占统治地位的世界之中"。[①] 仅仅依靠那些描述基本相互作用的决定论和可逆性的定律显然不可能展示自然界的全部内容，这也要求我们修正对自然过程简单性的传统假定，对于复杂性系统只能做复杂性研究。复杂系统的复杂性表现在系统的成分之间或子系统之间有着很强的耦合作用，系统组成要素间的相互作用表现为非线性，并具有不可逆性，系统性质不是要素个体性质的简单叠加，很难线性把握，表现出较强的不确定性，同时也可能表现为时间因素很强使系统具有较强的时变性。必须承认，现有的教育研究还往往是从复杂的现实世界中抽象出简单的事实或运用简单的方法与简单的思维来处理问题，从而

---

① ［比］普里戈金，［法］斯唐热. 从混沌到有序：人与自然的新对话［M］. 曾庆宏，沈小峰，译. 上海：上海译文出版社，1987：40.

使得遵从这种教育研究成果的教育实践经常从"良好"的愿望出发,却经常失效。因此对于复杂性系统来讲,对建立在"决定论""还原论"基础上的"规律"进行质疑是正当的,但这并不意味着就要否定复杂系统的规律性。

在研究教育规律的时候,如果仅仅以简单性思维或复杂性思维作为单一取向来看待教育的历史和具体过程,都会遇到不可克服的内在矛盾:"如果事情的进程完全是决定的,那么一切蕴含着非决定的观念、信念和说法都必然是以幻想为基础的。这个世界上就没有可供选择的道路、偶然和可能了……反之,如果事件的进程不是决定的,我们似乎就否定了能够认识和设计进程的唯一假设。""如果一切事物都是决定的,则一切就被巨大的非人的命运的浪潮无可奈何地卷带前进;如果任何事物都是非决定的,那么我们就把自己出卖给了一个能够到处打乱宇宙秩序、反复无常的魔鬼。"①

[拓展阅读]
文雪:《教育活动存在着规律吗》

所以,简单地承认教育规律是否存在都有可能失之片面。教育不仅是人类社会发展和个体人生旅程不可或缺的要素,是联结人和社会的重要纽带,而且,它还联结着人类文明的历史、现实与未来。教育可以说是人类社会所特有的复杂性系统。对于复杂的教育系统的规律的认识必须结合简单性研究方法论与复杂性研究方法论来进行探索和理解。既要研究必然性的教育规律,因为在教育系统内可能存在着要素的或结构的必然联系,只要满足一定的条件,马上就会有相应的现象出现;也要研究可能性的教育规律,因为在实践的教育活动中,教育规律及其作用也是从"可能性"发生的。这种可能性,体现了教育对人的意义,体现了人在教育活动中的价值选择和主体性。

三、教育规律的属性

教育系统的复杂性揭示,因为"人"的参与与"谋划",教育活动不仅存在着教育事实,而且存在着价值判断和价值取向。这样,就会遇到两个问题:一是教育事实与教育价值的关系问题,二是教育规律的客观必然性与教育实践中的主观选择性的关系问题。因此,要认识和理解教育规律,就应从简单性与复杂性研究方法论相结合的角度来揭示教育活动所表现出来的必然性联系。这也是阐明教育规律属性的方法论原则。

(一)教育规律的客观性

教育活动作为人类的实践活动,它并不是在真空中完全凭主观意志、价值追求进行的,而总是在直接碰到的、既定的条件下,在特定的历史前提下进行的。在具体的社会历史条件下的生产力、生产关系、文化背景、人们所能共同信任的经验和思考方式等基础上,教育活动才"成为它所成为的那样"。人们之所以能够在某种共同理解的程度上进行教育的沟通和交流,在不同的历史阶段对同样的问题可能有共同的期望和不同的解释,就是因为教育存在着人们能够共同认识和把握的客观的东西。

---

① [英]席勒.人本主义研究[M].麻乔志,译.上海:上海人民出版社,1986:81-82.

教育活动的客观性，说明教育活动存在着某种（某些）客观的、必然的联系，决定了人们有可能形成关于教育活动的某种规律性的认识，不管这种规律是否存在着疑问，但至少人们是在认识或努力追求对教育活动的某种（某些）本质的、必然的联系的把握。"教育规律"的客观性是能得以体现的。

首先，教育与人的发展之间、教育与社会发展之间都存在着普遍联系。教育的历史与现实表明，人们对教育的认识是沿着两个方面逐步深入的，一是教育与社会发展的关系，二是教育与人的发展的关系。教育与人的发展的关系和教育与社会发展的关系是教育活动的两个最本体的依据，是教育活动发生、发展和运行的基础和前提。这二者关系中的本质的必然的联系，就是教育规律，而且是教育的两个最基本的规律。

其次，教育活动中的各要素也总是处于普遍联系之中的。教育的构成要素，从不同的角度可有不同的划分。从共时的角度划分，教育活动可以划分为教育者、受教育者和教育措施三大构成要素。这三个基本构成要素之间不是彼此孤立的，而是存在于相辅相成、对立统一的关系之中的。这些要素间相互联系的本质方面，就是教育规律。从历时的角度划分，教育活动可以划分为教育目的、教育手段和教育结果三个构成要素。无论是从人类教育的系统发生角度看，还是从现实中每一个具体的教育活动来看，教育都是根据教育活动主体的目的（包括教育者的目的和受教育者的目的），通过一定的教育手段，获得一定的教育结果的活动。而一定的教育目的与一定的教育手段和教育结果之间也总是处在相辅相成、对立统一的关系之中的，它们之间相互联系的本质方面，就是教育规律。

最后，从教育活动的总体性来说，教育规律不以任何个人的特殊意志和价值追求为转移，是制约个人意志和行为的客观力量。如人们形成的"教育活动与生产力发展水平之间关系"的规律性认识。尽管在不同的社会历史阶段，教育发展的规模可能超前也有可能滞后于社会生产力的发展水平，但从社会历史发展的长河来看，教育发展的规模是与特定社会的生产力发展水平大体一致的，也就是说，教育发展的规模是受生产力发展水平所制约的。这是客观存在的，是不以具体的社会历史时期人的意志为转移的。

（二）教育规律的或然性

教育系统是一个复杂性系统，教育系统内部诸要素以及教育系统与其他系统之间的各种关系的非线性复杂性，以及相互作用的因果不等当性，使得教育活动及其过程具有多样性和不确定性。教育活动的变化发展表现为一定的或然性：并非全都如此、必定如此，而是大致如此、可能如此，其基本趋势是在大量同类现象的运动过程中以一定的概率形式表现出来。也就是说，教育规律并不完全是在"决定论"意义上表现的，也是在"可能性"意义上发生的。

一方面，复杂性科学的发展表明，事物内部诸要素以及事物之间的联系更多的是因果不等当性，由于对初始条件的敏感性依赖和"蝴蝶效应"，事物往往处于不断的变化之中，呈现出多样性和不确定性，并且不可逆。所以，建立在"决定论"和"还原论"意义上的科学规律其本身的特质也在不断地发生变化，规律的可重复性只是近似的。教育活动就其每一存在来说都是具有唯一性的，但在某种程度上，近似的教育活动是存在的。如教学过程，尽管每一地方、每一课堂、每一教师甚至同一教师（在不同的时间、场合）的具体的教学行为是不同的，也很难重复，但构成"教学过程"的存在关系却是共同的：教师—教学中介—学生。虽然我们现在还不能准确把握教学过程中各种存在关系的本质的、必然的联系，但这种联系的存在却是客观的，在所有的教学活动中都可能重复呈现。

另一方面，人类的任何社会实践活动都是发散性的，尽管人的实践活动的目的指向是集束的，但活动过程是不唯一的，是发散的。规律在决定系统的发展和描述发展的未来轨迹时，在划出不可能区域方面是明确无疑的，而在剩下的可能区域内，规律只是划出一定的基本框架。至于可能区域在经历一段时间后到底成为一种什么样的具体现实，还依赖于参与发展的各种因素发挥怎样的功能和作用。也就是说，规律只是提供了一种可能。就像我们经常听到的训诫"只要刻苦学习就会取得好成绩"，可事实上，刻苦学习的并没有必然取得好成绩，而不刻苦学习的也并非就不能取得好成绩。这就意味着教育规律在发生作用的可能限度内，也是发散性的。正因为教育规律的或然性，教育活动更具有生机、活力而变得丰富多彩。

（三）教育规律的价值性

人的活动是有目的的。教育活动中的各教育主体都是对教育和人的发展有某种需要和期望的现实的人，正是人的需要，才保证人及整个社会得以维持和得到合乎希望的改变和发展。人总会把自己这样或那样的需要通过价值取向赋予教育活动，以使教育活动按照他的愿望和目的去进行和展开。由此，教育世界具有两面性，既是事实世界，又是价值世界。在更广泛的意义上，教育活动更具有价值性。因而，教育规律的表现和作用就不可规避价值性。可以说，价值性是教育活动和教育规律的内在属性。

在教育实践活动中，任何教育思想、教育行为和教育制度的安排无不体现着人的意志。教育实践活动不仅体现着人的意志，实现人的内部意向欲求向外部客观现实的转化，也体现着人对教育活动本身的有意识的自我调节。教育实践活动始终受到人的意志的推动和指导，意志的活动就体现在实践活动的过程之中。可以说，人的意志是构成教育实践活动的一个内在要素，是人实现自身目的的动力。教育就在这样的不断追求自己目的的各教育主体的相互作用的实践过程中形成自己的历史并得以发展。

教育实践活动不同于物质生产活动，物质生产活动的目的在于对物质对象进行加工和改造，主要在于满足活动主体的物质需要。而教育活动主要属于精神生产活动，在整个教育过程中，教育者和受教育者进行的主要是精神沟通，以达到使受教育者身心发生变化的目的。因此教育活动具有精神价值意义，其活动主体，无论是教师还是学生均是价值负荷体，而且还交织于更大的社会文化历史的价值体系之中。因此，教育过程是一种价值体现的目的过程，而不是某种一成不变的形式或状态。

但也要注意的是，教育活动虽然是一种意志活动和目的过程，但对它的分析却不能不联系教育活动领域中的某些自然过程。因为目的过程和自然过程之间并不是截然分开的，自然过程是目的过程的前提，也是目的过程的客观依据。教育过程也必须以教育活动领域中的某些自然过程为前提和基础，这是教育活动得以展开和实现的客观依据。

可见，人们对教育规律的质疑，从根本上讲，与承不承认教育规律有其自身的特点有关。如果认为教育规律与自然规律完全一样，那就很难说有什么教育规律的存在；如果承认教育规律有其独特性，那就可以承认教育规律的存在。教育规律的存在及其作用，很大程度上是在总体意义上或终极意义上而言的。因此，绝不能把教育规律泛化和夸大，误以为教育活动的方方面面都存在着预先设定好了的强制性规定，都存在着"只能这样，不能那样"的没有任何选择余地的必然性。这种机械唯物主义的认识既不符合教育活动的本质和特性，也不利于教育活动的有效开展。

四、教育规律的分类

对教育规律的研究，最大的难题之一就是对教育规律的逻辑分类。尽可能恰当地将教育规律进行分类，揭示教育规律体系的内在结构，对建立教育学的理论体系，对指导人们按教育规律办事，都有着重要的意义。

任何分类都有一个方法论的问题，方法论不同，分类也就不同。我们尝试从系统论的角度，对教育规律的分类进行探讨。

系统论认为，任何事物都是一个系统，任何系统按其内容又可分为结构、功能和发展等相对独立又相互联系的三个方面。因此，我们可以把教育规律系统划分为教育结构规律、教育功能规律和教育发展规律三个子系统。

（一）关于教育的结构规律

教育的结构规律是教育系统总体的空间分布规律，表征各种教育要素之间的关系、组合方式和结构形式。它揭示教育系统内部各种要素、各个方面、各个层次的相对位置、空间分布、时间关系、联结方式及组织形式等，勾画出教育系统内部相互制约、相互影响的立体网状布局和构成。具体阐述如下。

1. 教育结构内部各要素之间只有相互协调、和谐，才能保持教育系统的稳态，促进教育系统的进化

教育结构是构成教育系统的单元、各要素的整体的组成状况，各个子系统的构成形式并不能代替整体的教育构成。教育结构的整体功能的大小，既取决于各要素或子系统的功能，更取决于整体结构组合的方式或合理程度。由于整体结构的合理程度的不同，其整体功能可以大于个体功能之和，可以等于个体功能之和，也可以小于个体功能之和。因此，这一规律也可以表述为：教育系统的结构越合理，其功能就越强大，其发展就越健康。

2. 教育结构只有保持相对稳定，才能保证教育系统的健康发展

这一规律包括两个方面。首先，教育系统结构必须具有相对稳定的基本构成。教育系统结构一般由体制、层次、种类、形式、区域、目标、教学、管理和教育思想等基本部分构成，而每个部分又由各自相应的要素组成。正是这些基本部分和要

素在排列组合上的差异和在吻合程度上的不同，使教育系统呈现出对社会大系统的联系和适应程度不一样，其结构所产生的功能亦千差万别。其次，一定的教育结构形成之后则具有相对稳定性。教育结构的动态变化是在相对稳定的原有结构上从量变到质变而逐步进行的。

3. 教育结构只有保持其开放性和动态性，才能促进教育系统的健康发展

教育的整体结构和子系统结构，都是以适应一定的社会经济或文化目标和组织过程而建立的，根据一定的适应目标而调整和改革的。因此，从根本上说，处于社会环境中的教育系统，总要与社会进行人才、能量和信息的交换，并在交换过程中实现从量变到质变的演化。因此，它在动态中与社会其他子系统进行密切交流，通过内部调节就有可能适应急剧变化的外部社会环境。

4. 教育系统的功能和质量取决于其表层结构与深层结构的协调程度

教育系统中的表层结构主要指体制、层次、种类、形式及区域等，它从宏观结构上反映着教育系统的特点；教育系统的深层结构包括目标、教学、管理以及教育思想等部分，它主要从微观上反映教育结构的特点。两者的关系是双向作用的关系：一方面，深层结构决定着表层结构，并渗透和融入表层结构之中；另一方面，社会又作用于表层结构，并通过表层结构影响深层结构。因此，这两部分结构的协调性和稳定性直接影响到教育结构的质量高低和功能大小。

（二）关于教育的功能规律

教育的功能规律表征教育系统结构中不同的组成部分、要素之间的相互作用，每一种要素、成分在教育系统结构中的功能，以及这种功能对其他因素的影响和制约；另外，它还表征教育系统与环境（政治、经济、文化等）之间相互作用及其本质联系。简要来说，就是教育与人的发展的关系和教育与社会发展的关系。可以把前一种规律叫作教育的内功能规律，把后一种规律叫作教育的外功能规律。前者可概括为：教育者通过教育活动对受教育者个体发挥着各方面的作用，受教育者个体的身心特点制约着教育活动的展开。后者可概括为：教育通过影响人的发展，对社会的发展全方位地发生作用。

（三）关于教育的发展规律

教育的发展规律，是揭示教育系统从一种状态到另一种状态的转变，或教育系统从一个系列的相互作用转化为另一个系列的相互作用的规律。它揭示了教育系统变革中连续性与间断性、继承性与革新性的内在统一性，揭示了教育系统进化中的规律性联系和进化动力、发展方向、运动趋势、结果实现以及它们之间的相互联系。

教育的发展规律具体表现为以下方面：（1）教育系统整体随经济的发展而发展。（2）上层建筑各部门对教育发展有重要影响。（3）教育的文化继承性与革新性均是教育发展所必需的。

教育发展的历史辩证法证明，无论是对继承还是对革新而言，它们与对方的关系都不是简单的否定关系，而是否定之否定的辩证关系。教育是在稳定机制和创新机制相互作用所形成的张力之间发展的。也就是说，继承并不意味着因循守旧、墨

守成规、机械模仿；革新也不是全部抛弃、一笔勾销、从零开始。否定之否定的结果是扬弃，既有克服，又有保留；既讲变革，又讲继承。革新以继承为基础，继承以革新为目的。教育只有在继承与革新的辩证统一中，才能获得健康发展。

教育发展的内在动因是指构成教育本身的各种要素之间的矛盾运动的内在动力。它集中地表现在教育目标与受教育者发展水平之间的复杂关系之中。因为，在教育过程的复杂矛盾运动中，教育者与受教育者之间的矛盾是居支配地位、起主导作用的，它的存在和发展规定并影响着其他矛盾的存在和发展，它的解决对全局具有决定性意义。而这一矛盾的实质，是教育目标或教育要求与受教育者身心发展水平之间的矛盾。①

五、教育规律的实现机制

教育规律的实现机制，就是把并不能直接指导教育实践的"抽象"的教育规律，在一定的客观条件下通过一系列中介环节，转化为具体指导人们的教育实践和改造教育实践的过程。

[微视频]
实现教育规律

一方面，教育规律是客观的，它制约着人的教育活动，教育主体必须遵循教育规律；另一方面，教育主体的教育活动又影响着教育规律，人们可以认识、驾驭和利用它，也可以改变规律存在和发挥作用的某些条件。因此，"按教育规律办事"是指要求教育主体在教育活动中充分发挥主观能动性，科学地认识和利用教育规律。

（一）认识教育规律

认识教育规律是"按教育规律办事"的前提。认识教育规律包括理解已知教育规律和探索未知教育规律两个方面。无论是对已知教育规律的理解，还是对未知教育规律的探索；一方面要揭示它的内容，另一方面要说明它的适用范围。

对已知教育规律的理解和对未知教育规律的探索是广大教育工作者的任务。要完成这项任务必须坚持以下四点要求：

1. 要学习教育科学理论

重视学习教育科学理论，是尊重科学、尊重教育规律的首要表现。学习教育科学理论，一要准确理解其精神实质，二要系统掌握其体系，三要不断学习新的教育理论。

2. 要向实践学习

教育规律以教育实践为载体，是教育实践活动的规律，没有一条教育规律能够脱离教育实践而存在和发挥作用。因此，只有勇于实践，才有可能对已揭示的教育规律有切身的认识和理解，才有可能从纷繁复杂的教育现象中发现新的教育规律。

3. 要向同行学习

教育实践工作者所要学习的教育科学理论和所要揭示的教育规律是异常复杂的，仅靠一个人的才智是不可能有多大作为的，因此同行之间必须相互学习，取长

---

① 南京师范大学教育系. 教育学[M]. 北京：人民教育出版社，1984：32.

补短，集思广益。

4. 要向教育对象学习

教育是师生互动的双边活动，学生作为教育的对象和学习的主体，有他们对教育现象、教育问题和教育规律的特殊感受和见解，而教师往往"不识庐山真面目，只缘身在此山中"。因此，教师要向学生学习，这有助于体验和认识教育规律。

（二）利用教育规律

利用教育规律是认识教育规律的目的，是主观能动性对于教育规律的能动作用的表现，也是"按教育规律办事"这一命题的真谛所在。利用教育规律主要表现在以下四个方面。

1. 人们可以创造条件，使一定的教育规律得以实现

教育规律实际上是教育活动发展过程中一定前提条件和一定结果之间的必然联系，因此教育主体在促进教育规律的实现之前面临着三个任务：首先是认识条件，其次是利用条件，最后是创造条件，从而使教育规律顺利实现。这是主体的自觉能动性的最高表现。例如，"教育效果要受学生身心发展水平和教学中学生身心状态的制约"这条教育规律，其实际含义是：教育效果只有在适应学生身心发展水平和具体学习过程中的身心状态的前提下才会较好。而要实现这一规律，首先是要认识学生身心发展水平和身心状态这一条件，其次是利用这一条件，如果有些条件不具备，并影响到教育目标的实现，那么教师就要创造必要的条件，比如对学生未掌握的知识技能进行补充，对注意力、信心、毅力等方面表现欠佳的学生加强非智力因素的培养等。只有这些必需的条件都具备了，才能实现提高教育效果的目标。

2. 人们可以使一种教育规律与其他教育规律协同发生作用，使多种规律协同作用的结果服务于一定的教育目标

使某一教育规律同其他教育规律协同作用，也可以说是改变该规律发生作用的客观条件。规律和条件的区分只具有相对的意义，这种区分的相对性在于：一方面，任何一种条件的存在和变化都包含着一定的规律性；另一方面，任何规律在一定的情况下也都是条件。在有许多规律共同起作用的过程中，对于其中的某一规律来说，其他规律都是它发生作用的条件。教育规律也是如此。例如，对于整个教育目标而言，德育规律、智育规律、体育规律、美育规律等等，都是人的全面发展规律实现（发生作用）的条件。只有德育、智育、体育、美育等多方面的规律协同作用，人的全面发展的目标才能实现。因此，"按教育规律办事"在某种意义上也就是要按教育规律体系办事。

3. 人们可以利用教育规律加速或延缓教育系统某一方面发生和发展的进程

教育系统整体有自身的发展规律，教育不能违背这个规律。但是，人们依靠主观能动性，能够创造出教育规律发生作用的条件，从而加速或延缓教育系统某一方面发生和发展的进程。例如，有一位家长出于某种虚荣心理，通过不正确的方式，对年仅10岁的女儿实施所谓"儿童成长策划"和"新闻策划"，使孩子的件件事都成新闻，并不间断地上电视、电台、报刊，结果导致孩子的儿童天性尽失。一家

出版社送给她一本《阿里巴巴与四十大盗》，这个 10 岁女孩说不喜欢。记者问她现在主要在看什么，她回答说看世界哲学史。老师评价道：小女孩平时在学校很少表达自己的观点，没有把握的话，她也不怎么说，写的作文也不像她这么大的孩子写的。[①] 这种做法在主观上是想促进儿童发展，而实际上会延缓儿童的健康成长，因为它违背了儿童发展的客观规律。但是，在不违背儿童天性和儿童发展规律的前提下，创造各种条件，启发诱导早慧儿童适当提前进入高一阶段的教育过程，对儿童发展进程是有益的，也有利于缩短成才周期，古今中外都有不少这方面的成功事例。

4. 人们可以将对教育规律的理性认识转化为教育实践活动的行动指南

这一过程包括以下五个环节。

第一，教育规律理论化。教育规律虽然有支配或制约教育活动变化的"力量"，但是它还只具有指导人们的教育活动的可能性，要使这种可能性转化为现实性，首先需要将人们对教育规律的理性认识转化为教育科学理论体系。

第二，教育理论目的化。即根据一定的教育科学理论提出教育活动的目的。人们对教育有两种掌握方式，一种是观念（理论）的掌握方式，一种是实际（实践）的掌握方式。揭示教育规律并在此基础上形成教育科学理论，只是认识教育是一种对教育的观念掌握形式。而认识教育的目的是为了改造教育，这是教育主体对教育的实践掌握方式。人们对教育的观念掌握最终归结为对教育的实践掌握。

第三，建立教育活动的观念模型。这种观念模型是在教育科学理论指导下，教育主体在头脑中构想的关于未来教育活动的目的和计划（对象、条件、步骤方法、途径等等）。

第四，教育理论技术化。所谓技术化，就是在各门科学的理论与它所涉及的实际领域及问题之间，建立起科学而便利的通道，确立把抽象理论转化为认识和解决实际具体问题的方法体系和步骤。这有两步工作要做，一是把基础性理论转化为应用性理论，二是进一步把应用性理论转化为操作方式。

第五，教育观念行动化。在教育观念这一范畴里，就已经内在地包含着引起教育活动行为的可能性。因此一旦人们提出了教育实践的目的和计划，建立了教育活动的观念，就有了进行教育活动的需要或冲动。行动化是目的化的内在要求或归宿。

第二节 教育原则

一、教育原则的概念

所谓教育原则，是人们在总结教育经验的基础上，根据一定的教育目的和对教育规律的认识而制定的指导整个教育的根本性准则。

这一定义包括四个层面的含义：首先，教育原则是在总结教育实践经验的基

[微视频]
教育原则的
概念

---

① 王伟群."燕子高飞"为哪般[N].文汇报，1998-8-13.

础上制定出来的。我们必须坚持教育实践第一的观点，把总结国内外教育实践的历史与现实经验摆在探索教育原则的首位；其次，教育原则的制定还受制于一定社会的教育目的；再次，教育原则的制定必须建立在对教育规律正确认识和理解的基础上；最后，教育原则是指导整个教育工作的根本性准则，是上位原则，对所有的下位原则都有指导性和规范性，但又不能替代下位原则。

[拓展阅读]
黄启兵：《教育原则的澄清与重构》

二、现代教育的一般原则

结合当今世界教育发展的趋向和我国教育改革的现实需要，现代教育应当遵循的一般性原则主要有：人道性原则、个性原则、创造性原则、活动性原则、民主性原则等。之所以提出这些原则，主要基于三个方面的依据：一是人性和现代人发展的需要，二是现代社会发展的需要，三是教育自身现代化的需要。也就是说，这些原则所蕴涵的价值目标，既吻合人性的自然欲求，也符合人的发展和社会发展的现代趋向，同时亦是教育自身现代化的需要。

（一）人道性原则

教育的人道性原则，主要是指在教育过程中教师应珍重学生的生命、学生的幸福，尊重学生的人格、尊严和权利，使教育过程和教育目的充满仁爱、人道精神和生命的意义。

人道性原则提出的依据主要有：第一，作为人的学生天然地有着人道性的需求；第二，人道性是现代社会的核心价值之一；第三，人道性是建立良好师生关系和养成学生人文精神的重要条件。

贯彻教育的人道性原则的基本要求如下。

1. 满足学生作为人的正常而合理的需要

要关怀学生的幸福，满足学生作为一个人的正常而合理的需要，尊重学生的人权即尊重学生作为一个人的基本权利，这是贯彻教育的人道性原则的重要前提。根据著名心理学家马斯洛的需要层次理论，一个学生在学校，不仅有接受教育的需要，也有生存、安全、友谊、尊重乃至自我实现等方面的需要。合理满足这些需要是尊重学生人权的具体体现，有助于学生获得幸福感，对教育和教育者产生亲近感，从而保证教育过程的正常进行和学生身心的健康发展。

2. 尊重学生的人格和尊严

现代教育必须把学生当作人、当作主体来看待，反对一切蔑视人、只把人当作某种手段的企图。人不仅有人权，也有人格尊严。在教育过程中，尊重学生的人格尊严主要是教师要在灵魂深处真正确立师生人格平等的观念，摒弃居高临下、盛气凌人的"教师爷"作风，禁止体罚、变相体罚和侮辱与蔑视学生的教育方式。

[拓展阅读]
教师该不该体罚学生

3. 营造旨在培育学生人性的留有余地的学校生活

目前，我国学校教育特别是基础教育中存在着"满堂灌""题海战术""时间加汗水"等学习负担过重现象，学生失掉了闲暇时间，失掉了萌发人性与人道精神的空间。联合国大会通过的《儿童权利公约》第 31 条规定："儿童有权享有休息和闲暇，从事与儿童年龄相宜的游戏和娱乐活动，以及自由参加文化生活和艺术生活。"

因此，学校教育要把学生培养成为具有丰富人性的人，人道性原则要求学校积极创造各种条件，教师必须转变观念，指导和帮助学生，还给学生应该享用的闲暇权，以拓展学生的创新学习时空。

4. 有意识地培育学生的人道精神

教师具有人道精神，并以人道情怀善待学生，是培育学生人道精神的前提。但仅此还不够，还需有意识地对学生进行人道主义教育，特别是要在各科教学中积极地、创造性地渗透诸如关爱生命、追求幸福、尊重人的尊严和权利、热爱和敬畏自然以及责任感等方面的教育。

5. 向学生提出严格而合理的要求

马卡连柯认为："当我们对一个人提出很多要求的时候，这种要求也就包含着我们对这个人的尊重。"① 尊重与严格要求相互统一，相辅相成。尊重学生是严格要求的前提，尊重学生并不意味着放任学生，只有真诚地关怀和尊重学生，相信他们的力量和能力，才能提出中肯的、合理的严格要求；也只有在尊重和信任的基础上提出的严格要求，才能促进学生克服困难，自觉地履行要求，逐渐形成坚强的意志和性格。

（二）个性原则

教育的个性原则，主要是指在教育过程中要尊重学生的独特性、独立性和自主性，并有意识地培育学生追求自由发展与形成个性特点的愿望以及敢于特立独行的勇气。

个性原则提出的依据主要有：第一，人从本性上都有追求和而不同与多样性、独特性发展的内在愿望；第二，学生之间存在着先天预设的和后天不断变化的身心差异；第三，现代社会是一个更强调自由、多元和差异的时代。

贯彻教育的个性原则，有以下几个基本要求。

1. 端正对个性的认识

长期以来人们对个性都持有一种严重的偏见，似乎个性就意味着无拘无束、随心所欲、混乱无序。其实，真正的或健康的个性，包括自由，总是与自律、责任和不损害社会与他人相关联的。所谓个性，从心理学角度讲，通常是指个人所具有的比较稳定的、有一定倾向性的特征的总和，包括能力、性格、动机、兴趣、意志、情绪等方面。从哲学角度上讲，个性就是人的个体性，就是人和他人的不同特征，包括生理、心理和社会特征的总和。人的个性主要表现在独立性、自主性和创造性等方面。在教育上，所谓尊重个性，一是要尊重学生的个体性、差异性和独特性；二是要尊重学生个体的独立性、自主性和创造性。

2. 培养学生的自主性

自主性并非想怎样就怎样，自主性包括独立思考、自主选择、承担责任三个方面。选择的自由和责任的担当是不能割裂的。一个人如果不能或不愿履行承担责任的义务，他就不应享有选择的权利；反过来，一旦做出选择，就要尽力承担选择后果的义务。学生的自主性表现为学生在教育活动中的独立性、主动性和创造性，它

---

① ［苏］马卡连柯. 马卡连柯教育文集（上卷）[M]. 吴式颖，等编. 北京：人民教育出版社，1985：103.

是学生个体自由地、独立地、创造性地支配自己言行的一种状态，有能力为自己的行为进行自由选择和责任承担。现在，选择意识差、责任意识差、独立思考能力差、自我教育能力差、自学能力差、人际关系能力差，几乎已成为一些学生的通病。因此，在教育中加强学生自主性的培养刻不容缓。

3. 处理好集体与个人的关系

引导学生处理好集体与个人的关系，可分为两个层次：第一个层次是正确认识个人与集体的关系。马克思曾告诫过，切不可把社会与个人、集体与个人对立起来。个人与集体密不可分，一个不尊重自我的人，往往也不会尊重他人和集体。我们每个人的一生都是在不同集体中度过的，个人的学习、生活、工作都离不开集体。第二个层次是个人与集体相互影响，相互促进。良好的集体有助于我们形成集体主义精神、义务感、责任感、主动精神，形成良好的组织纪律，培育奋发向上的情操。而个人行为又会影响集体形象，一个良好集体的形成，需要每个人的努力和无私奉献，需要每个人自觉维护集体的团结。

4. 培养学生的特长

个人特长是个性的一个重要表征。教育不仅应该促进个人的全面发展，同时也应该促进个人特长的发展。全面发展强调的是人的基本素质要素的各个方面都必须获得一定的发展，缺一不可，否则就是片面的、畸形的发展；特长发展强调的是以个人特点为基础的独创性的发展，否则教育所培养的就可能是缺乏个性的庸才，全面发展就会沦为全面平庸。为此，必须处理好全面发展与特长发展的辩证统一关系。首先，个人素质的全面发展是特长发展的基础，没有个人素质的基本统一、和谐发展，特长发展就会失去平衡，这样的特长发展实际上是片面的、畸形的。其次，个人特长的发展又有助于促进人的全面发展。全面发展不是平均发展，特长发展也不是畸形发展。

（三）创造性原则

教育的创造性原则，主要是指在教育过程中要精心呵护学生的好奇心，尊重和鼓励学生的独特性，在多元、宽容和具有选择性的教育氛围中培养学生的创新素质。

创造性原则提出的依据主要有：第一，求新、好奇是人的天然本性；第二，创新愈来愈成为现代社会的重要标志；第三，培养创新素质日益成为现代教育的核心价值。

贯彻教育的创造性原则基本要求如下。

1. 正确认识创新素质培养的可能性

在一些人看来，在中小学培养学生的创新素质是不大可能，甚至是高不可攀的事情。其实，这是把创新过于神秘化了。所谓创新，是指个人在掌握常规知识和常规思维方式的基础上，通过质疑和独立思考，以超常规或反常规的视角、方法去观察、思考问题，提出有个人见地或与众不同的解决问题的思路、方法和程序，或重新组合已有的知识、技术、经验，获取有认识价值的思维成果。教育中所说的创新素质的培养，主要是指创新的意识、勇气、欲望，即创新精神的培养。学生在教师的引导下，在自主的认识活动中去发现个体所不知晓的事物，而并非是去发现人类尚不知晓的事物。如果这样来理解创新素质，在中小学贯彻教育的创造性原则不仅是可能的，而且是大有可为的。

2. 呵护、培养学生的好奇心

[拓展阅读]
保护孩子的好奇心

好奇之心，人皆有之，所以创新在很大意义上是人的一种天性。好奇心是创新的开端，也往往是创新活动最原始、最有力、最持久的内驱力。如果好奇心泯灭了，创新也就没有了来自生命的冲动，创新就会异化为一种来自诸如功名利禄或政治强权等外力强制的不自由、不自觉、不幸福的活动，这种创新往往也不会走得太远。因此，在教育中小心翼翼地呵护学生稚嫩的好奇心，精心加以保护，并及时予以引导，就显得特别关键。同时，教师还要帮助学生自主学习、独立思考，培养学生的探索精神和创新思维，营造崇尚真知、追求真理的氛围，为学生潜能的充分发挥创造一种宽松的环境。

3. 重过程而淡化结果

有些人是重结果而轻过程，过分看重教育结果的达成而忽视达成目标的过程的丰富性和重要性。站在这一立场上，就会大大曲解创新素质培养的真意。从素质教育的立场上看，创新素质的培养主要追求的是对创新过程或研究过程的亲身经历和直接体验，并在这一过程中激活学生的思维，挖掘学生的潜质，提升学生的素质，养成学生创新的人格，而不在于对创新结果的获取，即不能过多指望和要求学生提出什么前所未有的观点和见解。

4. 营造宽松的创新氛围

创新是一种高度复杂的智能活动，创新素质从根本上讲不能通过示范与模仿获得，关键是通过教育的理念更新、制度改造和评价转向来营造一种适合创新素质生长的浓厚氛围，使学生愿意思考、乐于参与、积极动手。只有这样，其创新素质才能比较自然地得到发展。这需要营造宽松的创新氛围，关键是要使教育过程具有多元性。教育过程的多元性表征着教育的多样性和灵活性，以及现代教育所具有的民主、平等、自由、开放、选择和宽容的特质。

（四）活动性原则

教育的活动性原则是指通过丰富多彩的教育活动并在教育活动中实现师生、生生的相互影响和交往，从而使受教育者获得主动发展。

教育的活动性原则提出的依据主要有：第一，活动是人的生命存在的基本形式和人的发展的基本前提；第二，活动是教育过程的基础和基本表现方式；第三，活动是理论联系实际和教育关照日常生活的重要途径。

贯彻教育的活动性原则的基本要求如下：

1. 联系日常生活并通过实际活动实施教育

在可能和必要的情况下，教育过程应尽量关照学生的日常生活并通过学生的实际活动来展开，这既有利于激发学生的学习兴趣和调动学生的主观能动性，又容易取得较好的教学效果。

2. 开展丰富多彩、积极主动、深层内在的教育活动

人的活动与人的发展是大体一致的，人是他所从事的活动的产物，人从事什么

样的活动，他的发展也就大致是什么样的。并非所有的教育活动都能使学生获得有效的发展，因为活动的性质、内容、方式、范围直接影响到学生的发展状况和发展的有效性。只有在丰富多彩、积极主动和富有内蕴的教育活动中，学生的生命活力才能得以彰显，学生的内在潜能和综合素质才能得到有效的开发和提升。

3. 多让学生自主活动

学生的活动尽管总体上要有教师的引导，但适当的时候需要尽量放手让学生自主活动。学生的自主活动，不仅能培养学生的自主意识和自主能力，而且有助于培养学生的意志力和勇于探索的积极态度，形成主动探索的心理倾向，从而提高学生的活动意识和活动能力。

4. 加强师生之间和学生之间的互动与碰撞

传统教育活动主要是教师向学生传递信息的单向过程，缺乏师生之间和学生之间的双向交流与碰撞，没有形成思想、知识、情感、态度交流与碰撞的通道，教师和学生都很容易对教育活动产生倦怠。而活动教育则不仅注重以活动激发兴趣和动机，还以群体间思想和经验交流的方式让学生和教师在多元性的教育氛围中自由表现其个性和才能。同时，活动教育还有助于师生养成相互倾听、相互容纳的民主态度，亦有助于教师逐步习惯于来自学生的挑战。

（五）民主性原则

教育的民主性原则，一是指教育机会的民主，二是指教育自身的民主。前者主要指学校要为社会全体成员提供均等的教育机会，使其不受社会身份、经济状况、家庭地位，以及性别、信仰、地域差异等方面的限制，在法律上享有同等的入学机会；同时也指在学校教育过程中学生享受教育资源机会上的均等。后者主要指师生关系的民主、教育活动的民主、教育管理的民主、教育评价的民主，以及教育部门上下级关系的民主等。

教育的民主性原则提出的依据主要有：第一，受教育权是每一个公民法定的基本权利之一；第二，师生关系民主化是建立良好师生关系的前提；第三，教育民主化已成为世界性的潮流；第四，培养民主精神的需要。

贯彻教育的民主性原则的基本要求如下：

1. 不断增加教育机会

扩大教育规模，推进各级各类教育的普及程度，是增加教育机会，逐步实现教育机会均等的重要条件。增加教育机会不仅有助于逐步实现宏观意义上的教育机会均等，同时也有助于促进微观意义上的教育平等，有利于实现学校内部教育过程的民主化。当前，增加优质教育资源，推进基础教育均衡发展，保障弱势群体子女的受教育权，是我国教育民主化的重点指向。

2. 教育要面向全体学生

面向全体学生，是教育尤其是基础教育的宗旨之一，是教育过程民主化的要旨，也是保证教育过程中学生享受教育资源机会均等的重要前提。尽管社会是分层的，教育也具有社会筛选功能和选拔人才的职能，但至少在面向全体适龄儿童的义务教育阶段，不应人为而过分地把学校和学生分成三六九等，更不应对弱校和后进生采取歧视和遗弃的不公正态度。教育面向全体学生，力求教育资源配置的公平和公正，并非是要求教育者无差别地对待千差万别的学生，也不是要求政府部门平均分配教育资源，而是要求恰当地处理好面向全体学生与因材施教的关系和不同层次学校的关系。

3. 把教师的主导地位与学生的主体地位有机结合起来

师生关系民主化，既不是传统教育的"教师中心"，也不是所谓现代教育的"儿童中心"。尽管这两种观点都有其合理性和存在的必要性，但在现实中须尽可能将二者有机结合，提倡师生关系平等、尊师爱生，充分发挥师生双边的能动性。就我国教育的历史和现状看，推进师生关系民主化的当务之急还是如何提高和保证学生在教育过程中的主体地位与合法权益。

4. 提倡启发式教育

启发式教育是教育民主性原则在教育过程中的重要体现，也是激励教师的教育民主观念的重要途径。启发式教育的重要前提就是师生关系的平等和教育过程的民主，否则，学生可能也是启而不发。启发式教育不是一种具体的教育方法或教学方法，而是一种古已有之但又具有现代意义的教育思想和教育原则。一切教育方法，运用得好，都应该具有一定的启发性。启发性可以渗透在教育的各种方式中，关键在于激活学生的思维。具有启发性的"满堂言"同样是启发式教育，没有启发性的"满堂问"，仍然是灌输式教育。

以上所提出的五条教育原则，只是带有探索性和启发性的举例而已，并不能全面概述教育活动的基本准则。教育活动究竟应该具有哪些一般性和总体性的规范和准则，还有待于思考和探索。

第三节 教 育 智 慧

教育规律是实践教育活动的客观依据，教育原则是实践教育活动的基本规范，教育智慧则是教育活动遵循教育规律和教育原则的具体体现。

一、教育智慧的概念

[微视频]
教育智慧的概念

第一次提出教育智慧并加以研究的是加拿大现象学教育学家马克斯·范梅南（Max Van Manen），他最先使用了"教育的智慧性"这一概念，指出教育学是充满着智慧的一门学科。国内教育理论界较早提出教育智慧又影响较大的学者是田慧生，他指出："教育智慧在教育教学实践中主要表现为教师对于教育教学工作的规律性把握、创造性驾驭和深刻洞悉、敏锐反应以及灵活机智应对的综合能力。""从大的方面讲，教育智慧是良好教育的一种内在品质，表现为教育的一种自由、和谐、开放和创造的状态，表现为真正意义上尊重生命、关注个性、崇尚智慧、追求人生幸福的教育境界。"[①]

---

① 田慧生. 时代呼唤教育智慧及智慧型教师［J］. 教育研究，2005，301（2）：50-57.

叶澜认为："教师的教育智慧集中表现在教育、教学实践中，他具有敏锐感受、准确判断生成和变动过程中可能出现的新形势和新问题的能力，具有把握教育时机，转化教育矛盾和冲突的教育机智，具有根据对象实际和面临的情境及时做出决策和选择、调节教育行为的魄力，具有使学生积极投入学校生活，热爱学习和创造，愿意与他人进行心灵对话的魅力。教师的教育智慧使他的工作进入科学和艺术结合的境界，充分展现个性的独特风格，教育对于他而言，不仅是一种工作，也是一种享受。"①

关于教育智慧的界定，不同的研究视角会有不同的观点和看法，但都离不开对教育、教学、教师、学生等基本问题的认识，实际上是把教育本质、教育规律作为理解教育智慧的根本出发点和逻辑起点。

教育智慧关涉教育对人的培养，它与教育本质和教育规律内在地联系在一起，追索的是关于"人的发展""好的教育"的深刻理解。正是在这个意义上，我们说，教育智慧是教师在对教育本质和教育规律深刻认识与理解的基础上，在具体的教育实践活动中不断深化、完善自身的专业素养，实现学生健康成长与发展的"教育适切性"。教育智慧是教师专业成长和职业生涯努力追求与达成的一种专业状态或境界。

二、教育智慧的理解

（一）教育智慧不是教师各种知识的堆积

智慧与知识无法进行清晰的剥离，一个有智慧的人肯定是一个知识丰富的人，一个无知者不可能成为一个有智慧的人，没有知识的积累，就没有智慧的创生。但知识并不等于智慧，也并不必然导向智慧，"只有当知识转化成美德和善行时才是真正的智慧"。②

教师的各类知识提供了教师从事教育实践的知识基础，有助于其分析、处理各种教育情境和教育过程，但在具体的教育情境中，教师"必须先知道所处的这个世界的特性；审视作用于世界的各种作用力；并调查试图掌握主导权的对抗力量；还要判定有哪些力量来自遥远的过去，这个世界曾以其无穷的潜力经受住这番锤炼，又有哪些力量昭示着一个更好、更幸福的未来。"③这也在说明教师必须将各种知识进行"类化""内化""活化"和"现实化"，形成多样性、系统性、综合性和实践性的知识体系，化为主体自身的教育觉悟，显现为对学生及其成长的关爱和对教育的价值、意义的追求，在教育伦理的规范下选择适宜的教育行动，引导学生追求人生的价值和意义，实现人的解放，才可能导向教育智慧。

[拓展阅读] 文雪、林叶舒：《教育智慧的内涵理解》

（二）教育智慧不是教师的某种专业技能

教师实践"培养人"的教育目的是需要一定的技术原则的，教师需要学习和掌

---

① 叶澜. 新世纪教师专业素养初探［J］. 教育研究与实验，1998（1）：41-46.
② ［比］梅特林克. 智慧的力量［M］. 吴群芳，等译. 北京：中国档案出版社，2001：114，59，62.
③ ［美］亨德森，凯森. 课程智慧：民主社会中的教育决策［M］. 夏惠贤，等译. 北京：中国轻工业出版社，2010：18.

握特殊的指导技术（如何讲好故事、如何指导课堂讨论等），组织技巧（如何准备和进行课堂教学、如何组织见习实习等），诊断能力（如何评估儿童的认知能力和学习成绩等）等技术性、方法性的规范和模式，这是教师专业的基础条件。教师教育智慧的养成和显现离不开教师的技能技巧。

但要注意的是，教师在具体的教育活动情境中如何进行教育行动，这涉及人的经验、知识、价值观、规范和道德准则。具体的教育实践、教育情境、教育行为往往不可能通过简单的、模式化的技术程序来进行处理，它们要求复杂的专业判断，需要在更广泛的范围内思考：教育活动、教育情境、教育行为对学生意味着什么？学生在其中是否公平受益，尤其是过去被边缘化的学生？教育所展望的美好生活是怎样的？教育活动、教育情境、教育行为能否为学生的未来生活添加美好、和谐与幸福？能否促进学生增长宽容、善良、热情与爱？给社会带来什么影响，如何才能创建一个更美好的世界？等等。如果没有对这类教育原点问题的思考，所谓的教育智慧不过是一种技术性的狡黠或小聪明。

所以，教育智慧虽然在教育活动实践中表现为一定的教育、教学技能、技巧，但它是在教育伦理的规范和关照下，教师对学生健康发展的"关怀性干预"的所有品质的综合。教育智慧可以被看作教师在深刻理解教育本质和把握教育规律的基础上，因地制宜、因材施教地引导学生健康发展的一种"教育适切性"。教师即便学会了有关教育教学的所有技术仍然可能不适合做教师——教师还要具有对儿童的关爱和责任、对教育的理解和对社会的担当。

（三）教育智慧实现于学生的健康成长与发展

一个受过教育的人，应该是一个积极健康发展的人，是一个有活力的人，是一个具有自主性的人，能用自己全部的热情去追求他所选择的生活及生活意义的人，也必然是一个有智慧的人，亦即使人能以智慧的方式把握他的"生活"，不管是当下的生活，还是未来的生活。教育培养人，不仅在于为其个人的"美好生活"负责，也在于对他人（学生）和集体（民族、国家）的美好生活负责。

教师全部的教育智慧在于作为学生的引路人关心爱护学生，呵护创设有利于学生健康成长的教育情境，采取适当的教育行动来促进学生的发展。也就是说，教师的教育智慧是以学生的健康成长发展得以体现和反观的。正是在这个意义上，范梅南说："教育的智慧性是一种以儿童为指向的多方面的、复杂的关心品质。"[①] 所以说，教师的教育智慧是有关"培养学生健康成长与发展"之构想和建设的一种复杂的专业判断，与其说是教师的某些或某套知识体系、技能技艺，还不如说是对学生的"关心"。这种指向性的"关心"使教师不断反思自身的教育经历使其更具思想性，不断思考教育情境的教育性意义，采取适切性的教育行为呵护、关心、促进学生的健康成长与发展，并以此实现自身的教育智慧。

---

① ［加］马克斯·范梅南. 教学机智：教育智慧的意蕴［M］. 李树英，译. 北京：教育科学出版社，2001：12.

（四）教育智慧伴随教师的专业成长体悟生成

教育智慧的生成和完善伴随着教师职业生涯的始终，不是某一阶段或时期就能完成了的。在教师专业成长过程中和不同的专业成长阶段，由于教师的生活经历、教育经验、知识背景、思维方式、生活方式等不同，在面对培养学生发展的教育情境时，其敏感度、理解性、教育直觉等表现也会不一样，处理各种教育问题的方式方法与实际效果也会不同，对教育经历的反思在内涵、程度、收获等方面也会不一样，从而使得教师专业成长的内容和生成教育智慧的具体内容表现方面就具有层次的差异，表征出阶段性特征。具有教育智慧，是教师专业成长的核心内容，是教师毕生的专业生活和专业追求，也是实践教育本质、使教师生活有意义的根本所在。

三、教育智慧的内容表现

按照教师专业成长的成熟水平，会表征出不同的对教育本质的理解，体悟生成不同的"教育适切性"，呈现出不同内容表现的教育智慧。

（一）教育敏感性

教育敏感性是教师在沉淀一定的教育理论基础和专业知能，积累一定的实践经验的基础上，逐渐形成敏锐地感知教育情境或教育问题，迅捷作出专业判断，及时把握教育契机，采取适宜教育行动的一种专业反应。尽管这种反应可能不太全面或准确，但它是教师的一种专业向度，反映了教师的一种专业直觉和专业自觉，表征出教师一定的"关心品质"和"教育适切性"，是教师教育智慧的基本内容表现。

在现实的教育生活中，我们经常看到这样一些现象：学生在教室里因为逗闹损坏了桌椅或在走廊里由于嬉戏碰坏了花盆等，很多教师首先关心的是纪律、公物损坏、赔偿等，而没有关心学生在这个公物损坏的过程中是否受到伤害（身体的或心理的）。这样的教师是不是一个"好教师"我们不敢断定，但至少可以确认他缺失了教师专业内含的"关心品质"。人们经常通俗地说教师要"教书育人"，这非常形象地描述了教师不仅要"教书"——传授知识和引领学习，而且还要"育人"——促进学生身心健康发展。教师依靠专业知识和技能技巧可以实现"教书"，但"育人"还需要教师必须具有对学生的"关心品质"。

对学生的关心意味着教师需要时刻保持一颗教育敏感之心，尊重学生的存在，理解学生的生活，体验学生的情感，感受学生的思维，遵循教育规律和儿童的身心发展特点，实现对学生的关怀性干预。经验丰富的教师一般能通过洞察学生学习过程中的神情变化，敏捷地捕捉学生的体态语言所蕴含的教学反馈信息（如学生双眸发亮表示其学习投入；眉头紧锁表示其学习困惑等）来调整教学行为。教师对学生的敏感，意味着教师要养成"关心品质"，正确认识和理解学生，践行教育"培养人"的根本目的，这也是教育的第一要义。

其次，教师熟悉任教学科，了解学科的基本结构和发展脉络，在知识领域和资源开发方面，教师较之其他非本学科教师要具有更高的敏感性，更易敏感认知本学科知识教学的意义性和关怀性，建立起教育资源与现实环境和学生生活的联系，挖掘出其中的精髓内涵，展示一定的教学技巧和教育艺术，向学生再现知识和文化的精髓，引导学生理解教育资源的意义与价值，建构起属于学生自己的新的知识意义。

（二）教育机智

教育机智是教师在教育活动中敏锐地察觉学生的细微变化和心理需求，对意外情况快速地做出专业判断，及时反应，并适当采取灵活有效的教育措施的能力。教育机智是教师专业发展到一定成熟水平所表现出的教育智慧。它主要包括两个方面：一是能够根据学生的个体差异灵活有效地应对教育教学过程中发生的突发事件；二是在完满有效地处理突发事件的同时，能够遵循教育规律和教育本质，巧妙地引导和教育学生，真正实现以生为本的教育目的。教育机智表现在教师工作的方方面面。教师的教育智慧必然建立在教师高水平的抽象思维的能力、学会学习的能力、遵循教育基本规律组织教育教学活动的能力、解决教育实践中各种可能问题的能力等基础之上。

[拓展阅读]
举左手，举右手

很多教师经过了系统的专业训练，虽然掌握了相当多的有关教育、儿童发展方面的理论知识，也形成关于教育本质、教育目的、教育规律的一定认识和理解，但在具体的教育教学实践中往往陷入已有理论和预设概念的束缚，不能恰当地处理好具体的教育情境或不具备对具体教育情境的敏感性和果断性。这需要教师在丰富的教育教学实践经验积累的基础上，形成敏锐的观察力和机智的行动力，迅捷捕捉学生在情绪、言语和行为等方面的细微变化，把握学生的心理活动，果敢采取合乎教育性的行动，而不仅仅停留在教学流程的执行和预设目标的实现上。

学生的内心世界，都会通过一定的表情、动作、声调、语言等肢体语言和非肢体语言投射出来。一个机智的教师，能够迅速地捕捉学生发出的微妙信号，并据此做出不同的判断，随时调整自己的教育教学方法以适应学生的内心需要。

由于教育活动的复杂性，教育过程充满了不确定性，这是教师"备课"所不能预置或设定的，具有教育机智的教师可以在复杂而微妙的情境中迅速地、十分有把握地和恰当地进行教育行动。教育机智能使教师正视各种可能的意外，冷静面对教育过程中的不确定现象或问题，从学生现实的认知、需要和愿望出发，利用并充分调动学生的积极心理因素，灵活采取有效的教育行动，对学生进行有的放矢的引导和培养。这就要求教师必须尊重和关爱学生，对学生的发展负责，从学生的身心发展特点和学生的利益出发来选择、实施适宜的教育方式方法。教师的教育机智总是与其特定的教育情境相关，教师在具体的教育情境中面对纷繁复杂并潜藏着各种可能的教育问题必须迅速地、准确地、灵活地、恰当地采取适宜的教育行动。拥有教育机智的教师常常用一种我们大家都感到困乏且无法用价值判断的知识来调和他们的教育实践。

（三）教育自由

教师专业成长到比较高的成熟水平，会具有完备的知识体系和责任感，有着对教育、学生、教师的内涵和意义的深刻理解，拥有一定的专业自主性和创造性，专业行为流畅、灵活、娴熟自如，能直觉地从错综复杂的事件中发现事物的联系，对教育教学情境和教育教学过程做出自主地分析、判断、预测、控制和行动，展现出一种"教育自由"的教育智慧。

教育自由是教师在深刻理解教育本质、教育目的和教育规律的基础上，真正成为自己专业领域的主人，自主、自由地判断、选择、决定、控制教育情境和教育过程的状态或境界。这是一种基于专业责任和教育伦理的有限的、相对的自主和自由状态，亦即"随心所欲不逾矩"。

[拓展阅读]
聆听教育智慧，感受教育魅力

这种极具创造性和艺术性的教育教学活动需要教师拥有专业自主和教育自由，能够自由地创造、改进或超越教学内容、课程资源，自由地按照自己的专业分析确定教育教学材料的呈现方式，自由地实施教育教学的各个环节，按照自己的意图和计划行事……很难想象，一个没有专业自主与教育自由的教师如何能够培养出具有自主性和创造性的学生。只有创造性的教育活动才能把学生推向创造性的方向，才能涵育、培养学生的创造性。而学生创造性的养成也才彰显教师教育自由的教育智慧。

首先，教育自由意味着教师的教学活动处于一种自由状态，他对自己的教学情境熟悉、了解，对课堂教学情境和学生的反应有敏锐的直觉力，能够准确地控制课堂教学活动与预测学生的学习行为，支配、控制教育教学情境，注重情境教学，追寻教育的情境化意义。

其次，任何教育行为对学生的影响都是一种情境的遭遇，可能是学生与课程、学生与教师、学生与学生的遭遇，也可能是学生与学校、社区、家庭甚至自我的遭遇，谁也无法预测会发生什么。学生的发展一方面遵循着生物学和心理学的规律，另一方面超越规律的制约遭遇事件而成长，具有多种可能性和丰富性。教育作为有计划地培养人的活动，尽管无法避免这种不可事先计划的所遭遇的教育事件，但可以在尽可能大的范围内创设一种遭遇的"良好氛围"，以期使遭遇发生后朝一个好的方向发展。如民主和谐的师生关系、优美愉悦的学校环境、健康积极的人文氛围、适宜的课程资源……这些都是"良好的遭遇"的前提。所以，教育实践活动不仅要讲科学、循规律，也要凭借教育智慧。教育自由的教师就在于关注各种影响学生成长的遭遇事件，适时地结合学生的发展特点给予积极引导、启发，培养学生良好的能力和心向，使他们有足够的勇气、能力和智慧面对学习、生活中的各种遭遇。

教师的教育自由把教育活动提升到一个极高的境界，也朝向了教师和学生共同的美好生活，发现美、创造美、贡献美，教师和学生都在这种吸引人、感染人、愉悦人、征服人的自由的教育生活中，创造、实现教育的价值和意义。

本章小结

教育规律是教育系统在其运动发展过程中内部诸要素之间、教育系统与其环境（物质的、精神的、社会的）之间的一种本质或必然的联系。相比较自然规律，教育规律不仅具有自在性，也具有自为性、应然性，教育规律既是限制人的教育活动自由的规律，也是人的教育活动自由开展的规律。所以，我们要充分认识教育规律所具有的客观性、或然性和价值性，才能真正按教育规律办事，利用教育规律，遵循教育原则，展示教育智慧，实现教育目的。教育原则是人们在总结教育经验的基础上，根据一定的教育目的和对教育规律的认识而制定的指导整个教育的根本性准则。在教育实践活动中要充分依据并贯彻人道性原则、个性原则、创造性原则、活动性原则、民主性原则等基本准则。教育智慧是教师在对教育规律和教育原则深刻认识与理解的基础上，在具体的教育实践活动中不断深化、完善自身的专业素养，实现学生健康成长与发展的"教育适切性"。教师的教育智慧按照专业成熟水平呈现出教育敏感性、教育机智、教育自由等不同的表现。总之，教育规律是实践教育活动的客观依据，教育原则是实践教育活动的基本规范，教育智慧则是教育活动遵循教育规律和教育原则的具体体现。这三个问题及其相互关系在教育理论和教育实践中具有十分重要的意义。

实践·反思·探究

1. 如何理解教育规律的独特性？
2. 如何才能真正地按教育规律办事？
3. 如何看待教育规律、教育原则与教育智慧的关系？
4. 情境分析：学生大多都怕上数学课，虽然数学老师也经常讲科学家的故事来激励学生，教育大家要树立远大的理想，认真听课，多思考多练习，并亲自督促学生完成作业。但一上数学课，学生还是感到头疼，看见数学老师就躲起来。请你分析产生这种现象的原因，提出改变这种状况的意见。
5. 情境分析：在课堂上，教师让学生"列举砖头的用处"时，学生小方的回答是"造房子，造仓库，造学校，铺路"；学生小明的回答是"盖房子，盖花坛，打狗，敲钉"。你更欣赏哪种回答？为什么？

推荐阅读

1. 赵沁平. 让教育规律成为常识[M]. 北京：高等教育出版社，2015.
2. 文雪. 教师的教育智慧[M]. 武汉：武汉大学出版社，2014.
3. 熊向明. 教育智慧与智慧型教师[M]. 长春：吉林人民出版社，2010.
4. [加] 马克斯·范梅南. 教学机智：教育智慧的意蕴[M]. 李树英，译. 北京：教育科学出版社，2001.
5. [美] 艾伦·C. 奥恩斯坦，莱文·丹尼尔. 教育基础（第八版）[M]. 杨树兵，等译. 南京：江苏教育出版社，2003.
6. [美] 内尔·诺丁斯. 学会关心：教育的另一种模式（第2版）[M]. 于天龙，译. 北京：教育科学出版社，2011.

第四章 教育目的

学习目标

- 了解历史上各种人的全面发展理论,尤其是马克思关于人的全面发展学说、广义的教育目的与狭义的教育目的的冲突。
- 理解教育目的的复杂性与多样性、教育目的的理论基础、人的全面发展的基本内涵。
- 掌握全面发展教育的组成部分及各自的基本目标。
- 应用教育目的的理论分析当下我国教育实践中存在的主要问题及成因。

知识列表

教育目的	教育目的概述	教育目的的概念
		教育目的的复杂性
		教育目的与相关概念的区别与联系
	教育目的的理论基础	人的全面发展理论
		个人本位论和社会本位论
		人文主义与科学主义
	我国教育目的及其实践	中华人民共和国成立以来教育目的的演变
		全面发展的教育
		"核心素养"视域下的教育目的

本章导入

中华人民共和国成立以来,马克思关于人的全面发展学说一直是我国教育目的最重要的理论基础，培养全面发展的人始终是我国教育方针的核心精神。然而，长期以来却有不少人并不真正相信人能够"全面发展"，认为这既不可能，也没必要，而且还会阻碍人的个性和特长的发展，导致"全面平庸"。

2000年前后，"韩寒现象"及其许多评说就较为集中地折射出了一些人多年来对"人的全面发展"的误解。"韩寒现象"大致是这样的：韩寒是上海市松江二中高一年级的学生，在由《萌芽》杂志和7所高校联合举办的两届"新概念"作文大赛上，他的作文《杯中窥人》《穿着棉袄洗澡》获得一、二等奖，引起轰动，其长篇处女作《三重门》由作家出版社出版后，迅速成为全国畅销书。然而这个热衷写作的高中生，语文成绩却并不突出，学期总评得过60分；数、理、化更差，成绩均不及格，不得不重读高一。2000年寒假前的期末考试，他又有5门课不及格。韩寒的父母很着急，想找老师给他补习理科，希望他能考上大学。他们说："偏科只能害了自己，因为现在社会需要的是全面发展的人才。"韩寒也觉得如果认真读书的话，考上大学没问题，但他还是坚持不做自己不喜欢的事情。他认为，对今后不搞理科研究的人来说，数学只上到初二就够了，物理、化学只要学一两年就行。韩寒痛恨家长和老师的开导，发出了"全面发展必然导致全面平庸"的呐喊。他说："我就要片面发展！培养人才是培养筷子吗？自己选定的路就要走下去。"韩寒终于办理了休学手续，准备去体验生活。"韩寒现象"一石激起千层浪，涟漪由上海波及北京，直至全国。"韩寒现象"争论的一个焦点就是，"全面发展"是否会导致"全面平庸"？

"人的全面发展"究竟意味着什么？它的真正内涵究竟是什么？人的全面发展与个性发展及特长形成的关系究竟是怎样的？这些问题都是在理解和践行教育目的理论时需要思考的。

教育目的即培养人的总目标，是对要把受教育者培养成具备什么样基本素质的人的总体设想。教育目的是教育理论和教育实践中最具根本性的问题，是教育工作的出发点和归宿。教育目的是综合考虑人的发展需要和社会发展需要并依据教育的立场和价值取向来制定的，因社会的政治、经济、文化、人的发展状况和教育思想的不同而异。

第一节　教育目的概述

在我国，教育目的是指包括学校教育、家庭教育和社会教育在内的所有教育的总目的，也是对年青一代发展的基本规范，尤其是对各级各类学校教育培养人的总体要求。

一、教育目的的概念

我国教育理论界对教育目的的表述虽不尽相同，但总的来讲，大同小异。具有代表性的表述有：教育目的就是指"把受教育者培养成为一定社会需要的人的总要求"[1];"教育目的是把受教育者培养成为一定社会所需要的人的总要求,是学校教育所要培养的人的质量规格"[2];"所谓教育目的就是人们在进行教育活动之前,在头脑中预先观念地存在着的教育活动过程结束时所要取得的结果,它指明教育要达到的标准或要求,说明办教育为的是什么,培养人要达到什么样的规格"[3];教育目的是"培养人的总目标,关系到把受教育者培养成为什么样的社会角色和具有什么样素质的根本性质问题"[4],等等。

以上种种界定,从不同侧面揭示了教育目的内含的基本要素。首先,教育目的是对人的培养或人的发展预期的要求、设想或规定,是通过教育活动需要达成的价值追求;其次,它关注的是个体发展的总体规格,是对个人发展的基本素质要求;再次,它具有社会性,体现了社会发展对人的发展的基本规范;最后,在形式上,它表现为教育观念或教育思想,并通过观念影响和指引人们的教育实践。由此,所谓教育目的,就是依据一定社会需要和对人的发展的认识而形成的关于教育对象的总体发展规格的预期设想或规定,它以观念或思想的形式存在并发挥作用。在我国,教育目的是由国家来制定的,通常通过国家的教育方针和重大教育政策与法律来呈现。

二、教育目的的复杂性

教育目的看似简单而统一,实则复杂而多样,这种情况在我国表现得尤为明显。所谓简单,是说教育目的从形式上、表述上看似高度一致和统一,几乎没有异议。中华人民共和国成立以来,教育目的的官方表述尽管几经演变,其内涵也有所变化,但培养德、智、体全面发展的社会主义劳动者、建设者、接班人的目的在形式上始终是一贯的,在各种官方文件、正统的教育学著作及教科书、各级各类学校在各种公开场合所表达的办学宗旨和教育理念中,对教育目的的认识是高度一致的。而在现实生活中,由于人们的境遇各不相同,各有其不尽相同的利益需求和价值取向,因而通过教育想要达到什么样的目的自然是多种多样的。因此,教育目的不仅是官方的、理想的、应然的、统一的,也是民间的、现实的、实然的、多样的。社会和人都是复杂的,因而教育目的也是复杂的。广泛存在于教师、学生、家长、教育行政人员和相关社会人士观念中事实上的教育目的,不仅要受到官方教育目的的影响和制约,同时也要受到他们自身利益和价值观的影响和制约。在概念上,可以将国家规定的官方的、统一的教育目的称为"狭义的教育目的",将广泛存在于人们头脑中的对受教育者的期望和要求称为"广义的教育目的"[5]。广义的教育目的与狭义的教育目的的同时存在并共同对教育发生影响是一个不得不承认的事实。它们对教育的影响既有一致的一面,也有冲突的一面。由于广义的教育目的更

---

[1] 中国教育大百科全书·教育[Z]. 北京:中国大百科全书出版社,1985:172.
[2] 王道俊,郭文安. 教育学[M]. 北京:人民教育出版社,2009:83.
[3] 黄济,王策三. 现代教育论[M]. 北京:人民教育出版社,1996:211.
[4] 顾明远. 教育大辞典(增订合编本)[Z]. 上海:上海教育出版社,1997:765.
[5] 王道俊,郭文安. 教育学[M]. 2版. 北京:人民教育出版社,2016:80.

为个人化、更为现实、更为功利，因而对教育的作用往往更为广泛、更为直接、更为有力，但同时也更不稳定。之所以二者有一致的一面，是因为狭义的教育目的确有合理、美好之处，而且这种合理和美好中内含着诸多人类社会始终不渝所追求的普遍价值，比如人的全面发展、和谐发展等，而这些价值是所有人在理论上都不得不认同的。二者之所以有冲突的一面，是因为狭义的教育目的更关注的是社会的普遍价值，比较着眼于长远、理想和高尚的目标，而广义的教育目的往往比较局限于个人的功利价值，难免比较短视、狭隘甚至俗气。在中国民间，许多人通过受教育所要达到的目的都是非常功利的，"学而优则仕""读书做官""光宗耀祖"，是许多人"尊师重教"和信奉"唯有读书高"的主要原因。宋真宗赵恒的诗句"富家不用买良田，书中自有千钟粟。安房不用架高粱，书中自有黄金屋。娶妻莫恨无良媒，书中自有颜如玉。出门莫恨无随人，书中车马多如簇；男儿欲遂平生志，五经勤向窗前读。"鼓舞了一代又一代中国人"头悬梁""锥刺股""勤为径""苦作舟"。面对现实，也不能说这样的教育目的没有其合理性，但毕竟狭隘和短视了些。

教育目的的复杂性、多样性和冲突性在现实中虽然是难以避免的，但应努力缩小不同教育目的之间的距离和冲突，兼顾社会的教育目的与个人的教育目的、理想的教育目的与现实的教育目的、远期的教育目的与近期的教育目的。否则，过度混乱的教育目的会使教育生活变得怪异而冲突，会分散教育的合力，会扭曲受教育者的心态和发展。不过，作为学校教育，则始终不应放弃理想的、应然的教育目的的主导作用，而要以教育应有之立场和学校应有之目的去规范和引导各种各样的教育目的，因为学校教育本身就应具有一定的理想色彩和浪漫情怀，就应有比较远大的追求，就应对社会和人的发展发挥一定的教化和引导作用。

三、教育目的与相关概念的区别与联系

在我国，与教育目的相关的概念主要有教育方针、培养目标、教学目标等。它们与教育目的既有联系又有区别，把握这些联系与区别，有助于进一步理解教育目的的含义。

教育方针是教育工作的宏观指导思想，是国家或政党根据一定社会政治、经济和文化的要求，为实现一定时期的教育目的而规定的教育工作的总方向。它一般包括：教育的性质、指导思想和教育工作的基本方向；教育目的，即人才培养的质量和规格要求；实现教育目的的根本途径和基本原则。其中，教育目的是教育方针的核心和基本内容。可见，教育方针包含教育目的，教育目的是教育方针的一个组成部分。由于教育目的与教育方针的密切联系，所以在实际使用中二者有时并无严格区分。

教育目的与培养目标之间既有联系又有区别。教育目的是各级各类教育培养人的总的质量规格，具有抽象性和一般性，而培养目标则是不同层次、不同类型和不同专业教育人才培养的具体质量规格，它是教育目的在各级各类教育中的具体化和个别化。教育目的在总体规格上规定着具体的培养目标，教育目的只有具体化为各级各类教育的培养目标才能具体落实。

教学目标是教育目的和培养目标在教学活动中的进一步具体化和细化。教学是学校教育中最基本的活动类型，是实现教育目的最基本的途径，教育目的和培养目标只有具体化为各个科目的教与学的目标才能在实际的教育生活中得以体现。

这里有必要提及"教育目标分类学"（taxonomy of educational objectives）。教育目标在我国基本等同于教育目的。教育目标分类学是把各门学科的教育（教学）目标按照统一标准分类使之规范化、系统化的一种理论，旨在使教育目标具体化，以便为教育目标和教育评价的科学设计提供技术性指导。它由美国心理学家布卢姆（B.S.Bloom）等人提出。该理论把各类教育目标分为认知、情感和动作技能三个领域。在认知领域，又分为认识、理解、应用、分析、综合、评价六个方面；在情感领域，又分为接受、反应、形成价值观念、组织价值观念系统、价值体系个性化五个方面；在动作技能领域，又分为整个身体的运动、协同细致的动作、非语言交流的动作、言语行为四个方面。这种分类可增加教师对教育目标多样性的认识，并在确定某一目标时从中了解与其他目标的关系及其在目标系列中的地位。教育目标分类学对于将教育目的和培养目标分解为更为具体和明确的教与学的目标和行为具有一定的启发意义。

第二节　教育目的的理论基础

从实际来看，人的全面发展理论、社会本位论与个人本位论、科学主义与人文主义对我国教育目的的理论和实践产生了较为实质性的影响，大体构成了教育目的的理论基础。

[考纲链接]
《教育知识与能力》（中学）掌握有关教育目的的理论。

一、人的全面发展理论

人的全面发展理论，尤其是马克思关于人的全面发展学说一直是我国教育目的最直接、最重要的理论基础，尽管在何谓人的全面发展的问题上一直存在着种种纷争。

促进人的全面、和谐与自由发展，总的来说是人类教育的基本趋向，也是社会进步和文明在人的发展上体现出来的主流价值。人的全面发展，不仅是社会的不断发展和完善对人的素质的客观需求，也是一种符合人之本性的自然倾向。对于社会的发展和完善来讲，只有全面发展的人，只有具有多样性的人，才能构成五彩缤纷的社会文明；对于人的发展来讲，追求多样、避免单调，追求和谐、避免畸形，是人性规律。既然如此，教育就需在不同的条件下，在不同的意义和不同的层面上促进人的全面发展，并将此作为其始终不渝的目标。

（一）人的全面发展思想溯源

人的全面发展思想古已有之，源远流长。不同历史时代的人以及同一历史时代中不同的人，都对人的全面发展有各自意义和层面上的理解和追求。①

---

① 扈中平. 人的全面发展：历史、现实与未来[M]. 成都：四川教育出版社，1988：1-59.

1. 原始人对"完整"的人的朦胧向往

对"完整"的人的朦胧向往,在原始人那里便有了依稀可见的萌芽。原始人已混沌地意识到,人既是一个自然实体,又是一个社会实体。作为自然的人,他们必须与自然进行物质交换才能维持其生存;作为社会的人,他们只有在人与人之间的协作与交往中才能保证个体的生存和共同体的维系。正是基于这种意识和生存与繁衍的需要,在"物竞天择,适者生存"的自然法则的驱动下,人类祖先已经知道,为了保障最基本的生存条件,人必须掌握与自然进行物质变换的有关劳动经验、劳动技能以及人与人交往所需的社会性规范。也就是说,原始社会的人必须在自然性活动和社会性活动两个方面获得较为完整的发展,否则便难以生存。这一点,可以从原始人的社会生活和教育中得到大量印证。

2. 古希腊人对"和谐发展"的追求

古希腊人已有了对"和谐"与"完美"的人的热切追求以及相应的教育建构。在古希腊哲学中,人具有崇高的地位。普罗泰哥拉(Protagoras)有句流传至今的名言:"人是万物的尺度,是存在的事物存在的尺度,也是不存在的事物不存在的尺度。"① 那么,具有如此地位的人应该是什么样的呢?拿当时的话来说,所谓理想的人,就是真、善、美三位一体的"完美的人",就是"和谐发展的人"。美国当代哲学家瓦托夫斯基(M.Wartofsky)指出:古希腊人几乎在一切方面都追求和谐,"都寻求以某种有序的、统一的与和谐的方式把各种要素联系起来",寻求"各种要素的平衡、对称和正确结合";他们不仅力图把这种思想表现在艺术创作、日常生活乃至国家构想之中,而且更重要的是,刚刚诞生的古希腊人的理性主义已经把人自身的发展表现在了这样的见解之中:在古希腊人看来,人类事务中的正义就是和谐的现实和整体的各个部分的统一,相反,非正义就是由于违反了事物的天然的或固有的秩序所引起的冲突。②

古希腊的哲学家和教育家们认为,要造就和谐与完美的人,必须依靠教育。雅典教育是这方面的典范。雅典人提出了"和谐发展的人"的概念,初步形成了促进身心和谐发展的教育理想。所谓和谐发展的人,就是体、智、德、美均衡发展的人。与此相应,雅典教育也是多方面的,包括体育、德育和"缪斯"③教育。雅典教育最突出、最积极的一个特征,就是重视人在各个方面的发展和各个方面教育的相互配合与联系。在这种教育中,德育不仅有其独立地位,而且贯穿于其他各育之中,要求培养年青一代坚忍刚毅、勇于进取的精神和自制自尊、善于把握情绪的涵养;智育不仅要让年青一代掌握读、写、算的基本技能和文法、修辞、哲学的基本知识,还要从中培养他们的审美情趣和为民主政治服务的态度;体育不仅要使年青一代练就一副强健的体魄,同时还重视体格的健美、动作的柔美以及精神意志力的修炼;美育不仅要教给年青一代美学方面的知识和技能,还要对他们进行文学(如

---

① 宋原放. 简明社会科学词典 [Z]. 上海: 上海辞书出版社, 1984: 1040.
② [美] 瓦托夫斯基. 科学思想的概念基础: 科学哲学导论 [M]. 范岱年, 译. 北京: 求实出版社, 1982: 93-94.
③ 缪斯(Muse),希腊神话中专司科学和艺术的女神。"缪斯教育"包括智育和美育。

诗歌）、几何（如美的对称规律）等方面的训练以及道德方面的教育。

3. 文艺复兴的理想：塑造完善全面的人

在中世纪，希腊、罗马的古典文明在封建神学的肆虐下几乎荡然无存。在文艺复兴运动的荡涤下，人性得以复苏。人文主义者高举人的解放的伟大旗帜，倡导"抑神扬人"的原则，张扬人的价值和地位，讴歌人的能力与作用，鼓动个性的自由和解放。在人的发展问题上，人文主义者力图证明人的本性是完整的，精神与肉体是不可分的。这一时期哲学中的人既表现为完整的、独立的、有灵有肉的个体，又表现为与宇宙的有机统一。在崇奉人性完整的哲学基础上，人文主义者建立起了新的伦理学观念和关于人的全面发展学说，明确提出了"I'uomouniversal"（全才）这一崇高的人格典范。拉蒙特（C.Lamont）指出：对文艺复兴来说，理想的人已经不再是一个禁欲主义的僧侣，而是一个新型的人——完善全面的人——具有充分完备人格的人。新的世界观和新的生产力，加之科学、文学、艺术的辉煌发展，使文艺复兴时期涌现出了一批多才多艺的时代"巨人"。研究这段历史的权威著作指出："15世纪特别是一个多才多艺的人的世纪。"①恩格斯也曾热情地描写了文艺复兴时代人的丰富性："这是人类以往从来没有经历过的一次最伟大的、进步的变革，是一个需要巨人而且产生了巨人——在思维能力、激情和性格方面，在多才多艺和学识渊博方面的巨人的时代……那时，差不多没有一个著名人物不曾作过长途的旅行，不会说四五种语言，不在好几个专业上放射出光芒。"②

文艺复兴时期的教育也发生了深刻的变化。人文主义教育家辛辣地嘲讽了经院主义教育的荒谬，认为它只能把人变成毫无个性、十足愚蠢的呆钝忧郁的怪物。他们明确提出了以发展人格为核心的身心全面发展的教育目标。意大利教育家维多里诺（F.Vitorino）办学的指导思想就是：兼顾身心的发展，德育与智育并重，儿童个性、人格的发展与他们的政治、社会责任感的培养相结合。文艺复兴时代的教育，主张尊重儿童的人格，发展儿童的个性，激发儿童的进取精神，发挥儿童的自主性和创造性，培养能积极从事社会、政治、文化和工商业等各项活动的实际活动家，乃至努力开拓事业的冒险家。这与那种只教宗教教义，不许了解现实生活；只重死记硬背教条，禁止自由独立思考；只塑造宗教道德，不培养世俗道德；只能戕害身体以拯救灵魂，不能强健体魄而求自然发展的教会教育相比，显得焕然一新。

4. 近代资产阶级的信念：和谐、全面地发展人的一切天赋和能力

文艺复兴以后，人的和谐、全面发展逐渐成为贯通整个西方文明的崇高理想。资本主义的进一步发展带来了人性的更大解放和生产力的空前繁荣，逐步确立了以人的独立性为特征的社会关系，这些历史性的进步使人的发展获得了更大的空间和自由。进步思想家们继续高举人道主义的旗帜，运用理性的武器，对资本主义的弊端在人的发展上所造成的破坏进行了揭露和批判。席勒（J.Schiller）激烈抨击近代社会造成了"欣赏和劳动脱节，手段和目的脱节"，把人"永远束缚在整体中的

---

① ［瑞士］布克哈特. 意大利文艺复兴时期的文化［M］. 何新, 译. 北京：商务印书馆, 1983：131.
② 马克思恩格斯选集（第4卷）［M］. 北京：人民出版社, 1995：261-262.

一个孤零零的片断上",破坏了人的完整性。他在《美育书简》里明确提出了"美育"的概念,深刻阐述了审美教育对人的全面、和谐发展的重大作用,并浪漫地寄希望于通过审美活动使人摆脱各种限制,以培养"全面""自由""幸福和完美的人"。①康德向人们预示了人的发展的光辉前景:在种种冲突、牺牲、辛勤斗争和曲折复杂的漫长路途后,历史将指向一个充分发挥人的全部才智的美好社会。②黑格尔(G.W.F.Hegel)也表达了他对人的全面发展的向往:"社会和国家的目的在于使一切人类的潜能以及一切个人的能力在一切方面和一切方向都可以得到发展和表现。"③

在人的全面发展问题上,近代资产阶级进步思想家和教育家的一个共同点,就是把实现人的全面发展理想的途径主要寄托于一种和谐、全面与充满理性的教育之上。夸美纽斯认为,人的身心在天赋上就是和谐的,"人的本身,里外都只是一种和谐"④。因此,教育就需顺应自然,培养在身体、智慧、德行和信仰几方面和谐发展的人。他指出,"学校里面所给的教育应该是周全的","人都应该受到一处周全的教育"。⑤洛克首次把教育的三大组成部分即德育、智育、体育做了明确区分。裴斯泰洛齐明确宣称:教育的目的不是别的,就是"促进人的一切天赋能力或力量的和谐发展"⑥。他在《天鹅之歌》中写道:"我的初等教育思想,在于依照自然法则,发展儿童道德、智慧和身体各方面的能力,而这些能力的发展,又必须顾到它们的完全平衡,因此教育必须和谐地发展个人的各种能力。"⑦裴斯泰洛齐和谐发展的教育包括体育与劳动教育、德育和智育几个组成部分。赫尔巴特从儿童"多方面的兴趣"的角度论证了多方面教育的必要性,认为为了和谐发展学生各方面的兴趣和能力,必须实施一种和谐、全面发展的教育。

5. 空想社会主义的最高目标:"全面发展的人"

空想社会主义者作为无产者最初的理论代表,继承并发扬了人的全面发展这一光辉思想,明确地把它作为人类理想社会的最高目标。圣西门(C.Saint-Simon)把人的"真正的自由"理解为"尽量广泛地和毫无障碍地发展人们在世俗方面或精神方面有利于集体的才能"⑧。他的临终遗言是:"我终生的全部劳动的目的,就是为一切社会成员创造最广泛的可能来发展他们的才能。"⑨傅立叶(C.Fourier)所憧憬的理想,是社会全体成员都能从事多种多样的劳动,从而"实现(人的)体力和智力的全面发展"⑩。欧文(R.Owen)不仅在理论上主张人的"智、德、体、行"的充分

---

① [德]席勒.美育书简[M].徐恒醇,译.北京:中国文联出版公司,1984:51-55.
② 李泽厚.批判哲学的批判[M].北京:人民出版社,1979:324.
③ [德]黑格尔.美学(第1卷)[M].朱光潜,译.北京:商务印书馆,1979:59.
④ [捷克]夸美纽斯.大教学论[M].傅任敢,译.北京:人民教育出版社,1979:31.
⑤ [捷克]夸美纽斯.大教学论[M].傅任敢,译.北京:人民教育出版社,1979:50.
⑥ 罗炳之.外国教育史(上)[M].南京:江苏人民出版社,1981:200.
⑦ 张焕庭.西方资产阶级教育论著选[M].北京:人民教育出版社,1979:206-207.
⑧ 圣西门选集(第3卷)[M].王燕生,等译.北京:商务印书馆,1979:256.
⑨ 圣西门选集(第3卷)[M].王燕生,等译.北京:商务印书馆,1979:250.
⑩ 傅立叶选集(第3卷)[M].汪耀,等译.北京:商务印书馆,1964:217.

发展，而且把这种理论付诸了社会试验。

相对于历史上任何其他人的全面发展思想，空想社会主义者的理论更为深刻，这主要表现在两个方面：一是明确认识到旧分工是破坏人的全面发展的根源，并为此提出了消灭旧分工的主张，如，消灭旧的城乡分工、脑力劳动与体力劳动的分工以及旧的职业分工；二是提出了教育与生产劳动相结合是实现人的全面发展的根本途径的主张。

6. 马克思关于人的全面发展学说

马克思曾经在《资本论》中写道：共产主义是"以每个人的全面而自由的发展为基本原则的社会形式"①。由此可见，人的全面发展问题在马克思主义中占有何等重要的地位。马克思关于人的全面发展学说的基本观点可以概括如下。

（1）人的发展是与人的活动相一致的。人的发展状况与人的活动的性质、内容、范围、方式是大体一致的。简言之，人从事什么样的活动，人的发展大致就是什么样的。人是在各种活动中改变外部世界和改造人自身的。

（2）旧分工是造成人的片面发展的根源。所谓旧分工，就是强制性和凝固性地长期乃至终生把个人固定在一个孤立的活动范围内的一种分工。它指的是劳动者分工，而不是劳动本身的划分。分工是生产力发展的有力杠杆，但分工在个人身上的强制性和凝固化又造成人的片面畸形发展。尽管劳动分工是无法消灭的，但随着社会的发展，旧劳动者分工是可以逐步弱化乃至消除的。

（3）社会化大生产为人的全面发展提出了客观要求并提供了可能。大工业生产与技术基础几乎不变的工场手工业生产是根本不同的，它的技术基础是"革命的"。"大工业的本性决定了劳动的变换、职能的更动和工人的全面流动性"②，"从而承认工人尽可能多方面的发展是社会生产的普遍规律"③。技术基础的不断更新、社会流动的不断加速必然造成个人职业的变换和职能的更动，使个人被迫终生从事一种职业或一种操作的现象逐渐减少。现代生产必然要求："用那种把社会职能当作相互交替的活动方式的全面发展的个人，来代替只是承担一种社会局部职能的局部个人。"在机器大生产的条件下，如果劳动者不能成为"各种能力得到自由发展的个人"就不能适应现代生产的"交替变换职能"和"极其不同的劳动需要"。所以，马克思把人的全面发展看成关系到现代生产的"生死攸关"的事情。大工业生产也为人的全面发展提供了可能性。第一，现代生产是以科学技术为基础的，劳动者掌握了生产和工艺的一般原理，就能够比较顺利地从一个生产部门流动到另一个生产部门，而在手工技巧极其复杂且封闭和保密、直接经验是个人劳动能力的主体的手工业时代，劳动者的工作变换和职能更动是十分困难的事情。这样，"工人终生固定从事某种局部职能的技术基础被消除了"④。第二，以科学技术为基础的生产大大提高了劳动的智力含量，有助于缩小体力劳动和脑力劳动的差别。第三，现代生产

---

① 马克思恩格斯全集（第 23 卷）[M]．北京：人民出版社，1972：649.
② 马克思恩格斯全集（第 23 卷）[M]．北京：人民出版社，1972：534.
③ 马克思恩格斯全集（第 23 卷）[M]．北京：人民出版社，1972：534.
④ 马克思恩格斯全集（第 23 卷）[M]．北京：人民出版社，1972：407.

为社会提供了大量物质财富，而这是人追求全面发展的重要基础。

（4）自由时间是人的全面发展的重要条件。所谓自由时间，就是劳动时间之外的可供个人自由支配的时间。现代生产大大提高了劳动生产率，不断缩短劳动时间，增加了自由时间，从而为人的全面和自由发展提供了更加广阔的"空间"和"地盘"。要实现"必然王国"向"自由王国"的过渡，"工作日的缩短是根本条件"[1]。因为"无论是个人，无论是社会，其发展、需求和活动的全面性都是由节约时间来决定的"，只有拥有大量的自由时间，个人才能"获得应当具备的各方面的知识或者满足他的活动和各种要求"[2]。

（5）人的全面发展是一个社会历史的过程。人的全面发展是随社会历史的发展而不断推进的，是一个人类永远追求而又永远没有止境的目标，是人类社会的永恒主题。只要社会在发展，人就会不断追求自身的完善。资本主义制度的建立无论是在生产力发展水平方面还是在生产关系的变革方面，都为人的全面发展提供了日益成熟的条件，马克思对资本主义社会在这方面的历史功绩曾给予过高度评价。可以看到的是，在当今西方发达国家，个人的社会流动和工作的变换日趋频繁和普遍；体力劳动和脑力劳动的差别逐渐缩小；自由时间不断增加以及个人活动日益多样化；社会关系日渐丰富；经营和管理方式大为改善。这都为人的全面发展创造着条件。

（6）生产劳动与教育相结合是"造就全面发展的人的唯一方法"。马克思的这一思想并不是广义地说单靠生产劳动加教育就可以造就出全面发展的人来，而主要是就工厂制度下的童工而言的，即期求在童工劳动之余给他们以最低限度的教育，这是促进他们劳动能力全面发展的唯一途径。因此，马克思讲的是生产劳动与教育相结合，而不是教育与生产劳动相结合。就一般而论，并不能说教育与生产劳动相结合是实现人的全面发展的唯一途径，而只能说是重要途径。

（二）人的全面发展的基本内涵

人的全面发展理论是我国教育目的最重要的理论基础，然而，在不少人看来，人的全面发展既不可能，也无必要，还会阻碍人的个性和特长发展，造成人的"全面平庸"。导致这种认识的重要原因就在于对人的全面发展内涵理解上的偏差。

要把握"人的全面发展"内涵的实质，首先必须明确两个理论前提：其一，"人的全面发展"既是一种理想，又存在于现实中，是一个永远追求而又永远没有止境的目标，是人在发展上的一种价值取向；其二，"人的全面发展"只是一个相对的概念，而不是指一个人事事都懂、样样都会，其精神实质是指人在发展上的自由、自主、和谐、丰富和变化，而不是受强制、遭奴役、被凝固。

综合种种关于人的全面发展理论，可以把"人的全面发展"内涵概括为四个方面[3]。

---

[1] 马克思恩格斯全集（第25卷）[M]．北京：人民出版社，1974：927．
[2] 马克思、恩格斯、列宁、斯大林论共产主义[M]．北京：人民出版社，1958：67．
[3] 扈中平．"人的全面发展"内涵新析[J]．教育研究，2005（5）．

1. 完整发展

所谓完整发展，即人的最基本素质的整体发展。人的最基本的素质可以有发展上的差异，但缺一不可，否则就是片面发展。至于最基本的素质是指哪些方面，不必强求统一的界定，在马克思的本本里也找不到现成的答案。可以把它理解为"做人"与"做事"两个方面的完整发展；也可以理解为"身"与"心"两个方面的完整发展；还可以理解为通常所说的"德、智、体、美"诸方面的完整发展；亦可以理解为"真、善、美"的完整发展。在这些最基本素质的发展上，可以偏移但不可偏废。

2. 和谐发展

所谓和谐发展，即人的最基本素质的协调发展。在人的最基本素质的发展上，现实中某方面偏废的很少，但偏移却是普遍的。人的发展可以偏移但不可失调，否则就是畸形发展。畸形发展是指人某方面基本素质的过度短缺而造成的整体发展的失衡。在某些情况下，人的发展的整体状况甚至人生的命运可能就是由一个人基本素质中的"短板"所决定的。"和谐发展"强调的是人的各基本素质间关系的协调性，是人的发展上所体现出的一种美。

3. 多方面发展

所谓多方面发展，即人的各素质要素在主客观条件允许的范围内的多样化发展。人的各种基本素质的内部各自有着丰富的内涵，可以分解为诸多素质要素，如"德"，就可以分解为知、情、意、行等要素；"智"，按照不同理论又可以划分为若干方面，根据多元智力理论，智力至少包括言语—语言智力、音乐—节奏智力、逻辑—数理智力、视觉—空间智力、身体—动觉智力、自知—自省智力、交往—交流智力，等等。对此，个人应该在可能的条件下，根据个人发展的需要和社会生活的要求，尽可能地追求个人素质丰富多彩的发展，避免人的发展的单一与贫乏。

[微视频]
全面发展必然导致全面平庸吗？

4. 自由发展

所谓自由发展，即人的自主的、具有独特性和富有个性的发展。真正的全面发展一定是一种自由发展。全面发展强调的是人的发展的完整性、统一性与和谐性，自由发展强调的是人的发展的自主性、独特性和个别性。全面发展并不是指平均发展和人的发展的一律化，而是允许和鼓励个性的自由发展。

以上所说的人的全面发展的四个方面的内涵，都只能作相对的理解。所谓"完整""和谐""多方面""自由"，并无绝对和特定的标准。然而，无论不同历史时期的人还是同一历史时期的不同人对"全面发展"的理解和追求有多么不同，其实质都是相同的，即不断地追求自身的完善和丰富。

二、个人本位论和社会本位论

教育所面临的基本矛盾是人的发展与社会发展的矛盾，自然，在教育目的理论中就会形成对个人发展与社会发展的关系以及个人需要与社会需要孰重孰轻等一系列问题的不同看法。历史上，教育思想家们对此众说纷纭。一些人强调教育的个人目的，形成了教育目的的个人本位论；一些人强调教育的社会目的，形成了教育目的的社会本位论[①]。教育目的理论乃至整个教育理论中的诸多分歧，都直接或间接地与此有关。就我国的教育目的而言，其理论基础基本上是社会本位论的。

（一）教育目的的个人本位论

所谓教育目的的个人本位论，就是主张教育目的应以个人需要为根本或出发点，强调以个人自身完善和发展的需要为主来制定教育目的和建构教育活动的一种教育目的理论。这种理论的思想渊源可以上溯到古希腊的智者派。它否定一切社会制度的权威，反对社会对个人的束缚，强调个人自由权利的至高无上，主张人是万物的尺度，认为教育的主要目的不在于谋求国家利益、社会发展以及个人谋生的外在功利需要，而在于弘扬人性、发展人的理性和个性，使人成其为人，使人精神丰富、品德高尚。18世纪和19世纪上半叶是这一理论的全盛时期，其主要代表人物有卢梭、裴斯泰洛齐、福禄倍尔（F.Froebel）、爱伦·凯（E.Key）等人。他们认为：教育的目的应该首先根据个人自身完善和发展的天然需要来制定，因为个人的价值高于社会的价值；教育必须反对和拒斥现实社会对个人发展的干扰，因为有利于个人发展的教育就一定有利于社会发展，而有利于社会发展的教育却不一定有利于个人发展，甚至常常有害；人生来就有健全的本能，儿童是独立自主的个体，是真善美的原型，教育的目的就在于使这种本能不受社会影响地得到自然的发展。

教育目的的个人本位论至少又有三种类型。以卢梭为代表的个人本位论最为极端，具有明显的反社会倾向，但在当时是具有很大进步意义的，尤其对于揭露和抨击当时社会的腐朽面和促进人们的思想启蒙有着重要的意义。以爱伦·凯为代表的个人本位论主要热衷于颂扬儿童真善美的天性和自主个性，强调在教育过程中不能对儿童进行压制，而应促进他们自由自主地发展。还有一种是新人文主义性质的个人本位论，它并不拒绝教育的社会目的，也不把教育的个人目的与社会目的完全对立起来，而只是认为个人价值高于社会价值，社会价值要以个人价值来体现，社会的完善要通过个人的完善才能实现，因此教育应以培育理想的人性为首要目的。

（二）教育目的的社会本位论

所谓教育目的的社会本位论，就是主张教育目的应以社会需要为根本或出发点，强调以社会发展的需要为主来制定教育目的和建构教育活动的一种教育目的理论。这种理论的思想渊源可上溯到古希腊的柏拉图和中国春秋战国时期的荀况。柏拉图认为，国家是放大了的个人，因而教育应该按照国家的需要来造就个人；由于教育与国家政治有着密切关系，所以以培育未来统治者为目的的教育乃是实现理想的正义国家的工具。荀况认为，教育不应从人的本性而应从"礼"这一社会需要出发，因为"人之性恶"，须以"礼义"加以教化，如顺其人之本性的发展，必然产生社会暴乱。到19世纪下半叶，这一理论进入到一个鼎盛时期，其主要代表人物有孔德（A.Comte）、涂尔干（E.Durkheim）、凯兴斯泰纳（G.Kerschensteiner）、纳托尔普（Natorp）等人。他们认为：个人的发展依赖于社会，人的发展的各个方面都靠社会提供营养，人的一切都从社会得来；真正的个人是不存在的，只有人类才是

[①] 扈中平. 教育目的论（修订版）[M]. 武汉：湖北教育出版社，2004：48-68.

真正的存在，人之所以为人，只因他生活于人群中并参与社会生活；个人不过是教育的原料，不具有任何决定教育目的的价值；教育目的就是使个人社会化，使个人适应社会生活，成为对社会有用的公民；教育过程就是把社会价值观念施加于人，把不具有任何社会特征的人改造成为具有社会所需要的个人品质的"社会的新人"。在他们看来，社会才是真正的目的，个人不过是实现社会目的的工具，所以社会的价值高于个人的价值，教育的一切都应服从社会的意志。

教育目的的社会本位至少又有两种类型。以涂尔干为代表的"社会学派"并未把个人与社会完全对立起来，只是认为社会是目的，个人是手段，尽管他们也有一定的反个人倾向。以德国教育思想家凯兴斯泰纳为代表的社会本位论非常极端，与其说是社会本位论的教育目的，不如说是国家主义的教育目的。国家主义的实质是：国家利益在任何时候、任何情况下都无条件地高于一切。当个人利益与国家利益、本国利益与他国利益发生冲突时，均须无条件地以国家利益和本国利益为重，为此，可以不惜牺牲任何个人利益和他国利益。这里，没有公平和正义可言。国家主义教育具有明显的狭隘性和排他性，是一种具有危险性的教育。凯兴斯泰纳的社会本位论之所以具有国家主义的性质，与德国强烈而狭隘的民族主义传统和扩张主义有直接关系。他的国家主义教育思想后来受到了法西斯主义的赏识和利用。

（三）两种本位论对立的根源以及历史的具体的统一

个人本位论与社会本位论在教育目的中的对立，首先有其社会的现实根源。一般说来，当社会处于混乱无序的时期，一些人，尤其是那些具有人文主义倾向的思想家就会极力倡导个人本位论，并以个人来反对社会，进而期望改变社会；当社会处于上升和稳定的时期，一些人，尤其是那些具有唯物主义和功利主义倾向的思想家就会极力倡导社会本位论，并要求以社会来约束个人，以保持社会的繁荣与稳定。可见，任何时代的教育思想家，包括个人本位论者，都不是超社会的。他们的教育观点，都与他们所处的社会时代有关，所不同的是他们对所处时代的态度与价值选择各异。

二者的对立还有其理论根源。它们之所以在个人与社会的关系问题上各执一端，其重要原因就在于都未能从本质上真正理解个人和社会的内涵以及个人发展与社会发展的内在关系。教育目的的个人本位论强调个人的价值和能动性，看到了不合理的社会现实对人性和个性的戕害，这是有道理的。但是，它没有如实地把个人看作具体社会中的现实的人，忽视了人的社会制约性，而是一味地从人的抽象的先天本性去解释社会发展、人的发展以及人的教育，企图通过顺应和发展假设的美好人性去抵御和改变不合理的社会现实，这就片面夸大了人性的作用和教育在社会改造中的作用。教育目的的社会本位论者强调人对社会的依赖，强调社会的价值、社会的稳定，强调教育应规范个人认同社会，这也是有道理的。但是，它看不到社会还有待超越，忽视了人的能动性在社会发展和教育在社会改造中的巨大作用。其实，教育的任务就在于既立足社会又着眼于超越社会，既要维护社会已有的一般秩序，又要谋求社会的变革。只有这样，社会才能保持一种既有稳定又有发展，既有秩序又有活力的态势和张力。无论是谋求社会的稳定还是追求社会的发展，无论社会是处于上升期还是处于没落期，人的发展和人的教育都不可能完全排斥对社会的适应。当然，人和教育对社会的适应必须是一种有批判、有选择的适应而不是对社会的盲目追随与迎合。

必须指出，没有哪一个时代的教育是可以完全超脱社会而纯自然地存在的。按照卢梭的观点，一个人不可能既是一个"自然人"又是一个"公民"，从而把"自然人"与"公民"完全对立起来。在卢梭那个特定的时代，他的这种主张有其合理性，因为当时培养"公民"就意味着顺应和维护封建制度，培养"自然人"就意味着反抗封建制度。但是，如果把卢俊的这种主张不加区别地普遍化，以为可以适合于一切时代、一切社会，那就有失偏颇了。卢梭的主张并不是超历史的，其合理性需联系具体的历史条件作具体分析。何况，卢梭那种极具浪漫主义的理想，在很大程度上也只能存在于理论上和思想中，他那个时代的教育也不可能成为远离社会的自然教育。卢梭所设想的对儿童实施的自然教育，不过是一种自然社会的教育而已，其目的何尝不是促进个体的另一种意义的社会化。卢梭不过是用一种社会化反对另一种社会化而已，因为反对一种社会化就意味着追求另一种社会化，如同反对一个社会就意味着向往另一个社会一样。卢梭提出的自然主义教育，其主要意图并不在于革新教育本身，而在于抨击现实社会。自然人、人性等，不过是卢梭反对他所不满意的那个具体社会的武器罢了。

无论在什么样的一种社会背景下，个人价值与社会价值、个人发展与社会发展之间总会存在着这样那样的矛盾与冲突，个人本位论和社会本位论就是不同的教育思想家为解决人的发展与社会发展的矛盾以及个人价值与社会价值的冲突而给教育开出的不同"处方"。他们之间的争论，实际上是在特定的社会状态下两类"处方"孰优孰劣、孰更合适、孰更有效的争论。尽管个人价值与社会价值的冲突与选择困扰了无数教育思想家，但他们当中的大多数人还是力图通过某种选择把两种教育价值在不同的程度上、以不同的方式统一于教育目的中。一些思想家是以个人价值为基点来谋求两种教育价值的统一的，另一些思想家则是以社会价值为基点来谋求两种教育价值的统一的。然而，无论以何为基点来实现两种教育价值的统一，实际上都是历史的、具体的统一，都是各个教育思想家在特定历史条件下所做出的选择。这种选择是随社会历史条件的变化而有所改变的，这便形成了教育价值选择上的所谓"钟摆"现象。一劳永逸、不偏不倚、折中主义的或中庸式的价值选择只存在于理论中，而在现实中是不存在的。个人价值与社会价值并没有孰轻孰重、孰优孰劣的问题，个人本位论与社会本位论也没有孰对孰错的问题。在理论上，二者具有同等的合理性与同等的局限性，走到极端都是灾难性的。二者谁对谁错或谁更合理，必须将其置于特定的、具体的历史条件下去考察才能得出相对恰当的结论。正如杜威所说，从历史的回顾中可以得出的第一个结论就是："诸如个人的教育观和社会的教育观这类术语，一般来说，或者离开了上下文，就毫无意义"[①]。教育中个

---

① 华东师范大学教育系，杭州大学教育系. 现代西方资产阶级教育思想流派论著选[M]. 北京：人民教育出版社，1980：38.

人价值与社会价值的权衡与选择,要受具体社会历史条件的制约,是随社会历史条件的变化而变化并有所侧重的。

三、人文主义与科学主义

人文主义、科学主义以及二者融合而成的科学人文主义三大文化思潮对教育目的也产生了深刻的影响,并相应地形成了三种不同的教育目的观。[①] 大多数学者都承认,现代文明中一直存在着科学文化与人文文化的对立与融合。

(一)人文主义教育目的观

所谓人文主义教育目的观,即以人为中心和以人自身精神上的完善与发展为出发点与归宿的教育目的理论。在20世纪,持人文主义教育目的观的教育思想流派主要有永恒主义教育、新托马斯主义教育、存在主义教育等。

1. 人文主义教育目的观的哲学基础

人文主义教育目的观的哲学基础大致有三:(1)人性不变。在人文主义者看来,人性是美好的,并且是永恒不变的,教育的本质和根本目的就是培育人性,使美好的人性得以展示和发扬。因此,无论何时何地,人性依然如故,教育依然如故。(2)理性是人的最高价值。人文主义所崇尚的理性是价值理性,而非工具理性和科学理性。在人文主义者看来,人的本质特征就是人的理性,人类所生活的世界之所以是有序的,就在于人具有理性。人的理性超越于人的生物的和社会的本性,是人性中最宝贵的天然财富。教育的最高目的就是培养和发展人性中的理性,这不仅是使人类世界具有理性的前提,也是使人获得理想生活的根本保证。理性是人性中的灵魂,是人性的向导,是人的最高价值,人失去了理性,也就失去了人性中天赋的真善美原则。虽然真善美原则天然地存在于人性之中,但这些天赋原则可能会被人生活于其中的现实生活所污染,人性能否获得完美的发展,还取决于理性的自我约束和相应的能力锻炼。(3)个人价值高于社会价值。人文主义者认为,个人价值高于社会价值,社会只有有助于个人的幸福时才显得有价值。社会是由个人组成的,只有个人有了价值,社会才有价值可言。所以,人类的任何一项活动,衡量其价值的最高标准,就在于它是否有利于增进个人的价值。不仅如此,就个人价值而言,其最高层次又在于个人精神上的自我完善和自我实现,在于形成完美的人性和获得美好精神生活这一内在价值,而不是获得个人谋生的手段和求得物质生活的满足这一外在价值。可见,人文主义教育目的观在价值上不仅重个人轻社会,而且重精神轻物质。

2. 人文主义教育目的观的基本特征

人文主义教育目的观的基本特征有三:

(1)追求永恒化的教育目的。既然人性是永恒不变的,教育的根本目的也是永恒不变的,即培养人性,弘扬理性。赫钦斯(R.M.Hutchins)指出:"一个公民或一个国民的职能……在不同社会之间可能各不相同……但是人之作为人的职能,在

[①] 扈中平,刘朝晖. 挑战与应答:20世纪的教育目的观 [M]. 济南:山东教育出版社,1995.

每一个时代和每一个社会都是一样的,因为它来自他作为人的本性。教育制度的目的,在这种制度能够存在的每一个时代和每一个社会中都是一样的,这个目的就是提高作为人的人。"① 他认为,教育的目的不在于制造基督徒、民主党员、工人、农民、商人,而在于培养人类的理智,升华人性,完善人格。为此,人文主义教育明显地重人文轻科学,因为重要和永恒的生活真理是体现在人文传统中而不是实验科学中的。科学只能帮助人们决定事实,只有人文精神才能决定如何处理这些事实。阿德勒(M.J.Adler)认为,科学给人以力量,但这种力量仅仅有助于人们去掌握方法和手段,而目的则必须由哲学、宗教及其他人文学科来决定。人文主义教育在总体上反对教育对当前社会的适应,认为教育的第一位目的或"终极的目的"只能是培养学生适应真理的能力,第二位的目的才是去适应变化中的现实世界。

(2)追求理想化的教育目的。人文主义教育坚持精神高于物质的哲学观,认为人生最有价值的追求是精神而不是物质,一心追求现实物质生活的人太世俗、太平庸,教育目的应尽量离现实生活远一些,离理想生活近一些。为个人日后谋生和承担各种社会责任做准备的功利性教育尽管需要,但毕竟只是一种"人力的教育",属于第二位的教育目的,不能因此而损害作为首要价值的"人的教育"。

(3)追求人性化的教育目的。存在主义哲学认为,在物质文明不断繁荣和科学技术不断进步的同时,西方世界一直面临着日益加深的人的危机,作为万物之灵的人日益感受到工业技术社会所带来的压迫感。在大众化、划一化、物化、机器化的机械文明中,人愈来愈非人化,愈来愈沉沦为"非本质的人"。存在主义严厉批评学校教育简单化、划一化和工具化的倾向,指责这种教育把学生当做商品原料一样加工,忽视了学生作为人的地位和价值,因而是一种非人化的教育。存在主义认为,应当把教育当作自我发展和自我实现的手段,而不应看作为学生日后谋求职业出路做准备的工具,因而应着重开展人文学科教育、生活教育、情感教育、死亡教育②、个性教育和自由与责任的教育。过分专门化的教育降低了人的重要性,正如尼采(F.Nietzsche)所指出的:"一个搞科学的专家只是像一个工人,一辈子拧一个特殊的螺丝钉或者操纵某一种仪器或机器。"所以,"专门化的学科必须跟人文学科同时学习,而专门化必须尽可能地人性化"③。由此,"课程的全部重点必须从事物世界转移到人格世界"④。人性化的教育目的集中体现在对人的主体性的尊重和培育上。

---

① 陈友松. 当代西方教育哲学 [M]. 北京:教育科学出版社,1982:64-65.
② 海德格尔等人所说的死亡是指"死亡意识",指生之此岸的死。与动物不同,人能够意识到自己生命的有限性和死亡来临的不可避免性。人作为"趋于死亡的存在",在接近死亡的人生旅途中不断受到死神的威胁,这种死亡意识在生活中表现为"不安"。但恰恰也是这种不安使人醒悟到自我生命的紧要性,醒悟到一步步创造自己人生的重要性,因此死亡是"生的最高可能性"。从这个意义上说,死亡对人生并不是消极的而是积极的。由于死亡意识对儿童青少年设计自己的未来、选择自己的行为有很大关系,教育对他们应如何对待死亡和不安有所帮助,让他们知道人生的有限性,以激励他们积极地生活,理解人生的真正价值。
③ 陈友松. 当代西方教育哲学 [M]. 北京:教育科学出版社,1982:114-115.
④ 华东师范大学教育系,杭州大学教育系. 现代西方资产阶级教育思想流派论著选 [M]. 北京:人民教育出版社,1980:298.

萨特（J.Sartre）宣称，人的主体性是存在主义哲学的出发点。在人的发展问题上，存在主义主张个人的自我生成论。它既不赞成"工艺论模式"的教育观，即反对人是教育者按照自己所设想的目的对其进行"制作"的产品，也不赞成"有机体论模式"的教育观，即反对人是教育者通过消除有机体生长的障碍和创造生长的有利条件而促使其按照自然本性成长的结果。因为，这两种教育模式都过分强调了外在力量在人的形成中的作用，忽视了个人主体性在自身发展和自我创造中的作用。个人的自我生成论把人看成由自己造成的产物，并将此视为存在主义教育的第一原理。萨特主张的"自我创造"、海德格尔（M.Heidegger）主张的"自我设计"、雅斯贝尔斯主张的"自我超越"，都表征了存在主义的"自我生成论模式"的教育观。

（二）科学主义教育目的观

所谓科学主义教育目的观，即以社会性需要为出发点和归宿、以科学为中心的教育目的理论。科学主义是伴随着科学的发展以及科学功能的日益显现而兴起的一种社会文化思潮。在 20 世纪，科学的迅速发展不仅创造出了巨大的物质财富，也造成了人类的生活方式、价值观念乃至道德规范的革命性变化。面对科学的巨大力量及其成果，人们日益崇拜科学甚至迷信科学。科学地位的提高给教育提出了全新的要求，由此，科学主义教育目的观应运而生。在 20 世纪，持科学主义教育目的观的教育哲学流派主要有实用主义教育和学科结构主义教育。

1. 科学主义教育目的观的哲学基础

科学主义教育目的观的哲学基础大致有二：（1）实在是变化的而不是永恒的。实用主义哲学认为，变化是实在的本质，世界上没有任何东西永久不变的；世界既不是永恒的，也不是独立于人之外的；人性是社会的和生物的，是高度易变和可塑的。因此，教育必然要随社会的变化而变化，世界上从来没有永恒不变的教育目的。实用主义还把进化论和自然主义扩展到道德领域，认为价值观是相对的、变化的，没有绝对的和永恒的价值原则，因为价值是创造出来的，而不是以事物的本性为根据的。由于没有一种绝对不变的价值准则，所以也没有一种在任何情况下人人都必须遵循的价值准则，例如《圣经》十诫中的第五诫（即"勿杀人"）就不是一种绝对的道德戒律，而要看当时所处的情况。（2）事物应该具有有用性。实用主义哲学主张工具主义的真理论，认为科学即真理，真理的唯一标准即有用，因此科学的最大价值就在于它的有用性。实用主义要求"学校教育更实际些，也就是说，使教育更能够处理普通人日常所关心的事情"，由此，"学校增加了更多的活动，设置了较多的职业课程和技术课程，也更加注意培养青年人适应社会、个人和职业的能力"。于是，"教育就变成了世俗的、科学的、实际的和技术的了"①。

2. 科学主义教育目的观的基本特征

科学主义教育目的观的基本特征大致有三个方面。

（1）重视教育目的的社会适应性。教育应尽可能适应社会的变化，为社会的改造和发展做出贡献。杜威指出："教育方法和课程正在发生的变化如同工商业方式

---

① ［美］梅逊. 西方当代教育理论［M］. 陆有铨，译. 北京：文化教育出版社，1984：62.

的变化一样,乃是社会情况改变的产物,是适应正在形成中的新社会的需要的一种努力。"① 在他看来,只有把教育同社会的一般进程和变化联系起来,才能消除旧教育与社会的隔离,因此,"教育工作者们必须随时根据新的知识和环境的变化来修改教育方法和政策","必须经常准备去改变我们做事的方法。教育的目的和手段必须是灵活的,而不是一成不变的;教育的目的和手段应当根据所有有关的事实和价值观用科学的方法来决定,而不仅仅根据理性用思辨的方法来决定"②。实用主义教育所强调的"行动""实践""生活""学校即社会""教育即生活",等等,都是重视教育目的社会适应性的表现。

（2）重视教育目的的社会功利性。科学主义教育目的观并非不重视人,但所重视的是现实社会中此时此地的人,而不是抽象的和超现实的人。因此,它反对抽象地谈论教育目的就是一个人全部能力的和谐发展,反对抽象地谈论人的自我实现,认为离开了社会来给教育目的下定义,就无法说明教育目的的真正意义。杜威反对卢梭式的浪漫主义教育情调,强调教育必须对个人的社会生活和社会的繁荣进步有用,认为"学校最终的社会理想是通过全新的有社会思想的个人来达到社会的改造"③。实用主义教育对个人现实的谋生之道给予了足够的重视,并对一些反对意见予以了驳斥。杜威指出:"当我们用这样广泛而富有意义的方式来设想学校中的作业活动时,还经常听到各种反对论调,认为这种作业在学校中不应该占有地位,因为它们是唯物主义的、功利主义的,或者它们的倾向是卑贱的。这真使我惶惑不解。有时在我看来,持这种反对论调的人,简直是生活在另一世界!我们大部分人生活于其中的世界是这样的一个世界,其中每一个人都有一个任务和职业,都有一些事情要做。""……尽管我们的教育界领袖们谈论着教育目的在于文化的陶冶,在于人格的发展,等等,可是大多数学校里的受教育者,却把它当作获得足够面包和牛油,以勉强维持一定生活的一种狭隘的手段。"④

（3）重视科学教育。在20世纪前50年,科学教育在与人文教育的较量中就占据了强势地位。之后,科学教育受到更大重视。五六十年代的学科结构运动,就充分反映了以美国为首的西方各国对科学教育的极大关注。在美国,教育从进步主义教育的儿童中心主义转到了要素主义的科学中心主义,数学和自然科学成了课程的核心,科学人才的培养成了教育关注的焦点。"一个刚入学的聪明儿童,越来越不被看作是一个未来的诗人、画家、音乐家、文学家、评论家、宗教领袖、哲学家、小说家,或者是政治家。人们首先想到的是把他培养成一个物理学家、技师、工程师——一个工艺技术王国的预言家和牧师。"⑤ 学科结构运动极力主张科学教育的改

---

① 华东师范大学教育系,杭州大学教育系. 现代西方资产阶级教育思想流派论著选 [M]. 北京:人民教育出版社,1980:16.
② 陈友松. 当代西方教育哲学 [M]. 北京:教育科学出版社,1982:56.
③ [澳] 康纳尔. 20世纪世界教育史 [M]. 孟湘砥,胡若愚,译. 长沙:湖南教育出版社,1991:126.
④ 华东师范大学教育系,杭州大学教育系. 现代西方资产阶级教育思想流派论著选 [M]. 北京:人民教育出版社,1980:25,27.
⑤ [美] 梅逊. 西方当代教育理论 [M]. 陆有铨,译. 北京:文化教育出版社,1984:13-14.

革。从目标上看，它反对一般地强调基础知识的掌握，更反对去掌握繁琐的事实材料，而是更加重视让学生掌握比较抽象的基础理论和科学原理。美国海军中将、教育评论家里科弗（H.Rickover）认为："学习事实远比学习原理便当，但如果没有原理的运用，这些事实几乎没有什么用处。相反，一个原理一旦被我们掌握，它就成为个人的一部分，并不会忘记。而强调学习实际知识忽视吸收基本原理，正如它强调行为的条件作用而忽视形成独立思考的能力一样。我们大多数学校忽视了这样的事实，即一个受过良好训练的头脑能够处理许多无法预料的问题。相反，它们企图预测年轻人将来可能面临的所有难题，然后给他们开设解决这些难题的具体课程。这种努力是毫无希望的，因为，在一个迅速变化的世界上，任何人都无法预见将来所遇到的问题。"① 之所以强调基础理论和科学原理的掌握，除了以此提高学生广泛的适应能力外，在教育目标上的另一个重要之点，就是为了发展学生的智力，以帮助国家在"一场脑力战役"中保持"世界的领导权"。

（三）科学人文主义教育目的观

所谓科学人文主义教育目的观，即以科学精神为理性基础，以人文精神为价值指向的教育目的观。它是科学主义与人文主义融合的产物，既信奉科学，又崇尚人道，以科学为基础和手段，以人文为方向和目的，力求在科学与人文的互融、互补中促进人和社会在物质与精神两方面的协调发展，从而不断实现人的解放。

1. 科学人文主义教育目的观的基本精神

科学人文主义教育目的观的基本精神大致有二：

（1）科学精神是教育目的的基础。从物质活动是人类最基本的活动的意义上说，科学活动也是人类最基本的活动，人类对物质的追求是无止境的，因而人类对科学的追求也是无限的。不仅物质的进步越来越有赖于科学的进步，社会其他诸多方面的进步也与科学的进步以及由此带来的物质繁荣有着程度不同的关系。因此，教育必须以科学精神和科学训练为基础，这一点，只会加强，不会削弱。

（2）人文精神是教育目的的价值方向。近现代发展史一再表明，尽管科学的功能日益巨大，但它并不能自动解决一切问题，尤其是难以直接解决价值和道德问题。科学万能的信仰、技术决定一切的理念，是工业社会的产物，是人的物欲恶性膨胀的结果。多年来，狭隘的物欲观念不断加深着对人的统治，以致在现代社会中人类所创造的巨大变化几乎都是以直接获得物质利益为中心的。科学万能论者还企望科学能够克服人类社会的一切危机，解决人类社会的任何难题，并自动使人类走向光明。然而，科技和物质给人类带来的并非都是福音，而是喜忧参半。在科技给人类带来巨大利益的同时，由于科技的非人道化使用，也给人类造成了巨大的灾难和威胁。20世纪70年代初联合国教科文组织发表的《学会生存——教育世界的今天和明天》就不禁发出了这样的疑问："只要想一想过去25年的情况，我们就可以认识到：在这段时间人类在物质进步方面所取得的新因素如此惊人，以致产生了这样一个问题：人类不断增长的力量和它所生产的大量丰富多彩的产品是否使

---

① 瞿葆奎，马骥雄. 教育学文集·美国教育改革［M］. 北京：人民教育出版社，1990：176-177.

他更加幸福一些了?""科学与技术既可以用来造福人类,也能危害人类,这是一个常识。"① 随着人类理性的不断觉醒,需求的不断完善以及科学的局限性的逐渐暴露,科学万能的信仰正在坍塌,以科学为基础,以人文为价值方向的社会发展观和人的发展观正在深入人心。伴随着人文主义的复兴,科学教育与人文教育也表现出了明显的融合趋势,以科学精神为基础,以人文精神为价值方向的教育目的观正在逐渐形成。人们日益认识到,无论从社会发展和人的发展的角度看,还是从教育自身发展的角度看,科学教育都需要人文教育的价值导向。《学会生存》宣称:"为了预防工业技术方面不合理的发展引起长期不利的影响,教育应该宣布一个人道主义性质的最终目的,从而采取步骤,防止生存逐渐失去人性的危险。"② 拉塞克(S.Rassekh)和维迪努(G.Vaideanu)在应联合国教科文组织之邀而撰写的《从现在到2000年教育内容发展的全球展望》一书中严肃地指出,人类社会和教育都面临着这样一个根本性的重大抉择:"要一个协调发展的人道世界,还是要一个由科技成就盲目支配的世界?"③ 20世纪的教育史一再向人类警示,必须改变长期以来严重偏于科学、忽视人文的畸形教育。

2. 科学教育与人文教育必将融合

科学主义与人文主义长期以来尖锐对抗,相互攻讦。站在科学主义的立场上看,人文主义的价值观从根本上讲是不切合实际的,人文学科也是不可证明、不可测量的领域,无助于实际问题的解决。站在人文主义的立场上看,现代科学的发展及其过度运用对人性是一种摧残,对文明是一种毁灭,从根本上破坏了人类良好、朴实的道德情感。这样看来,似乎要保存人类的传统文明,就不能发展现代科学技术;要发展现代科学技术,就不得不以牺牲人类传统文明为代价。由此,西方一些学者提出了所谓科学与道德的"两难推理":人类的幸福前景有赖于科学的发展及其运用,而科学的发展及其运用又可能造成人类道德的堕落。

科学与道德的对立在历史和现实中的确是存在的,但科学与道德并非天然地对立的。科学的发展和物质的进步既不会自动带来道德的进步,也不会必然造成道德的堕落。如果说历史上和现实中一定程度上的确存在着科学与道德、物质与精神的背离现象,其原因也不能归咎于科学和物质本身。如果不是这样认为,那就无疑是说,人类在科学方面越愚昧、物质方面越贫穷,道德水平就越高。科学和物质本身并不天然地包含着罪恶,罪恶恰恰在于人对科学的非道德运用和人的物欲的恶性膨胀,在于人成了科学和物质的奴隶。其实,在世界所面临的所有危机中,人自身的危机才是最根本、最危险、最可怕的。正如格雷格所指出的:"世界生了癌,这癌

---

① 联合国教科文组织国际教育发展委员会. 学会生存:教育世界的今天和明天[M]. 华东师范大学比较教育研究所,译. 北京:教育科学出版社,1996:121.
② 联合国教科文组织国际教育发展委员会. 学会生存:教育世界的今天和明天[M]. 华东师范大学比较教育研究所,译. 北京:教育科学出版社,1996:123.
③ [伊朗]拉塞克,[罗马尼亚]维迪努. 从现在到2000年教育内容发展的全球展望[M]. 马胜利,等译. 北京:教育科学出版社,1996:224.

就是人。"①

人类需要一种完整的生活，个人向往一种和谐的发展，社会需要保持物质和精神两方面基本的平衡，这是科学主义与人文主义融合的必然性所在。科学与道德、物质与精神的内在一致性，是科学主义与人文主义融合的可能性所在。

人与社会的发展越来越强烈地要求，必须坚持一个完整的教育目的，只有完整的教育才能促进人和社会的全面、和谐发展。科学教育和人文教育都是构成完整教育所不可或缺的，它们各有其不可替代的价值，又各有其固有的局限性，夸大或贬抑任何一部分，都将导致教育的畸形，从而导致人和社会发展上的失衡。怀特海（A.Whitehead）早就说过："没有纯粹的技术教育，也没有纯粹的人文教育，二者缺一不可。"②日本教育家井深大在批评教育时指出，偏重科学的教育"忘记了方向"，"丢掉了教育的另一半"。爱因斯坦认为："只教给人一种专门知识、技术是不够的，专门知识和技术虽然使人成为有用的机器，但不能给他一个和谐的人格。最重要的是人要借着教育得到对事物及人生价值的了解和感觉，人必须对从属于道德性质的美和善有亲切的感觉，对于人类的各种动机、各种期望、各种痛苦有了解，才能和别的个人和社会有合适的关系。"③赫斯柏（T.Hesburgh）指出，完整的教育应同时包括"学习做事"（learning to do）和"学习做人"（learning to be）两大部分，"学习做事"需接受科学教育，"学习做人"需接受人文教育。

总之，科学教育和人文教育都只是教育的"一半"，相互不可替代。面对人、社会和教育的现状，21世纪的教育除了继续加强科学教育外，还需把长期受到忽视、贬斥的人文教育提高到它应有的地位上。令人可喜的是，人文主义教育的复兴已成趋势。20世纪70年代以来，"学校的人化"和教育的"人性化""人道化""个性化"，已成为世界教育改革普遍关注的问题。当代人文主义教育目的观又有所发展，它重点倡导如下伦理价值：理解与和平、人的尊严、自由与责任、敬重自然等。

还需指出，科学人文主义教育绝不是科学教育和人文教育的简单相加或机械拼凑，而是二者的有机融合。

第三节 我国的教育目的及其实践

中华人民共和国成立以来，在教育目的及其实践上我们经历过一系列演变与曲折，有成功的经验，亦有失误的教训。从今天来看，教育实践与教育目的的疏离乃至背离的现象仍然较为严重。因此，在教育目的的理论与实践上，还面临着诸多严峻的挑战。

---

① ［美］梅萨罗维克. 人类处于转折点［M］. 梅艳，译. 北京：三联书店，1987：1.
② 国家教育发展与政策研究中心. 发达国家教育改革的动向和趋势（2）［M］. 北京：人民教育出版社，1987：105.
③ 刁培萼. 教育文化学［M］. 南京：江苏教育出版社，1992：75-76.

一、中华人民共和国成立以来教育目的的演变

中华人民共和国成立以来,我国的教育目的经历了一个演变的过程。1957年2月,毛泽东在最高国务会议上提出:"我们的教育方针,应该使受教育者在德育、智育、体育几方面都得到发展,成为有社会主义觉悟的有文化的劳动者"。这是新中国成立后党和国家最高领导人对教育目的第一次作概括性表述,成为以后很长一段时间内我国教育目的最具权威性的表述。1958年,中共中央、国务院在《关于教育工作的指示》中提出:"党的教育方针是教育必须为无产阶级政治服务,教育必须同生产劳动相结合",并肯定了"培养有社会主义觉悟的有文化的劳动者"这一教育目的。

"文化大革命"期间,教育目的被严重歪曲。"文革"结束后,我国教育重新步入正轨。1981年,中共中央在《关于建国以来党的若干历史问题的决议》中提出:"坚持德智体全面发展、又红又专、知识分子与工人农民相互结合、脑力劳动与体力劳动相结合的教育方针"。同年11月,第五届全国人民代表大会的《政府工作报告》又提出:"使受教育者在德育、智育、体育几方面都得到发展,成为有社会主义觉悟的有文化的劳动者和又红又专的人才,坚持脑力劳动和体力劳动相结合,知识分子与工人农民相结合"。1982年,新宪法规定:"国家培养青年、少年、儿童在品德、智力、体质等方面全面发展"。这些表述与毛泽东1957年关于教育方针的表述其精神实质是一致的。

1985年,《中共中央关于教育体制改革的决定》指出,教育所培养的人才,"都应该有理想、有道德、有文化、有纪律,热爱社会主义祖国和社会主义事业,具有为国家富强和人民富裕而艰苦奋斗的献身精神,都应该不断追求新知,具有实事求是、独立思考、勇于创造的科学精神"。这是国家在新的历史时期对教育目的的一次较为全面的概括。

1986年,《中华人民共和国义务教育法》规定:"义务教育必须贯彻国家的教育方针,努力提高教育质量,使儿童、少年在品德、智力、体质等方面全面发展,为提高全民族的素质,培养有理想、有道德、有文化、有纪律的社会主义建设人才奠定基础。"这里首次将提高民族素质纳入教育目的的范畴。

1993年,中共中央、国务院印发《中国教育改革和发展纲要》,要求各级各类学校认真贯彻"教育必须为社会主义现代化建设服务,必须与生产劳动相结合,培养德、智、体全面发展的建设者和接班人"的方针。

1996年颁布的《中华人民共和国教育法》规定:"教育必须为社会主义现代化建设服务,必须与生产劳动相结合,培养德、智、体等方面全面发展的社会主义事业的建设者和接班人。"

1999年,《中共中央国务院关于深化教育改革全面推进素质教育的决定》指出:"实施素质教育,就是全面贯彻党的教育方针,以提高国民素质为根本宗旨,以培养学生的创新精神和实践能力为重点,造就'有理想、有道德、有文化、有纪

[考纲链接]
《教育知识与能力》(中学)了解新中国成立后颁布的教育方针,熟悉国家当前的教育方针、教育目的及实现教育目的的要求。

律'的、德智体美等全面发展的社会主义事业建设者和接班人。"

2002年，党的十六大报告指出："全面贯彻党的教育方针，坚持教育为社会主义现代化建设服务，为人民服务，与生产劳动和社会实践相结合，培养德智体美全面发展的社会主义建设者和接班人。"

2006年，第十届全国人民代表大会常务委员会修订通过了《中华人民共和国义务教育法》，其中第三条明确规定："义务教育必须贯彻国家的教育方针，实施素质教育，提高教育质量，使适龄儿童、少年在品德、智力、体质等方面全面发展，为培养有理想、有道德、有文化、有纪律的社会主义建设者和接班人奠定基础。"

2007年，党的十七大报告指出："要全面贯彻党的教育方针，坚持育人为本、德育为先，实施素质教育，提高教育现代化水平，培养德智体美全面发展的社会主义建设者和接班人，办好人民满意的教育"。

2010年，《国家中长期教育改革和发展规划纲要（2010—2020年）》重申了"坚持教育为社会主义现代化建设服务，为人民服务，与生产劳动和社会实践相结合，培养德智体美全面发展的社会主义建设者和接班人"的教育方针。

2012年，党的十八大报告指出："全面贯彻党的教育方针，坚持教育为社会主义现代化建设服务、为人民服务，把立德树人作为教育的根本任务，培养德智体美全面发展的社会主义建设者和接班人。全面实施素质教育，深化教育领域综合改革，着力提高教育质量，培养学生社会责任感、创新精神、实践能力。"

2015年，第十二届全国人民代表大会常务委员会修订通过了《中华人民共和国教育法》，其中第五条规定："教育必须为社会主义建设服务、为人民服务，必须与生产劳动和社会实践相结合，培养德、智、体、美等方面全面发展的社会主义建设者和接班人"。

2017年，党的十九大报告指出："要全面贯彻党的教育方针，落实立德树人根本任务，发展素质教育，推进教育公平，培养德智体美全面发展的社会主义建设者和接班人。"

2018年，习近平在全国教育大会上做了重要讲话，指出要坚持中国特色社会主义教育发展道路，培养德智体美劳全面发展的社会主义建设者和接班人。

综观中华人民共和国成立以来我国教育目的的演变，不难看出，在我国社会主义建设的不同时期，存在着对人才培养的不同要求，不同时期的教育目的又存在一定的连续性和稳定性，体现着我国社会对人才培养一以贯之的基本精神。这些基本精神主要体现为：一是坚持社会主义方向，二是坚持培养劳动者，三是坚持培养全面发展的人。

二、全面发展的教育

我国教育目的在人才培养的基本规格上就是德、智、体、美、劳诸方面素质的全面发展，为此，教育的组成部分通常包括"五育"，亦称"全面发展的教育"，即德育、智育、体育、美育和劳动技术教育。

[考纲链接]《教育知识与能力》（中学）了解全面发展教育的组成部分（德育、智育、体育、美育、劳动教育）及其相互关系。

（一）全面发展教育的组成部分

1. 德育

我国德育体现了教育的社会主义性质，对受教育者的全面发展起着定向的作用。

1994年《中共中央关于进一步加强和改进学校德育工作的若干意见》规定，我国新时期学校德育的总目标是："努力培养有理想、有道德、有文化、有纪律的献身有中国特色社会主义事业的建设者和接班人。"1993年和1995年原国家教委正式颁发的《小学德育纲要》和《中学德育大纲》分别对小学阶段、初中阶段、高中阶段的德育目标作了总体规定。小学阶段：培养学生具有爱祖国、爱人民、爱劳动、爱科学、爱社会主义的思想感情和良好品德，遵守社会公德的意识和文明行为习惯；良好的意志、品格和活泼开朗的性格；自己管理自己，帮助别人，为集体服务和辨别是非的能力，为使他们成为德、智、体全面发展的社会主义事业的建设者和接班人打下初步的良好思想品德基础。初中阶段：热爱祖国，具有民族自尊心、自信心、自豪感，立志为祖国的社会主义现代化而努力学习；初步树立公民的国家观念、道德观念、法制观念；具有良好的道德品质、劳动习惯和文明行为习惯；遵纪守法，懂得用法律保护自己；讲科学，不迷信；具有自尊自爱、诚实正直、积极进取、不怕困难等心理品质和一定的分辨是非、抵制不良影响的能力。高中阶段：热爱祖国，具有报效祖国的精神，拥护党在社会主义初级阶段的基本路线；初步树立为建设有中国特色的社会主义现代化事业奋斗的理想志向和正确的人生观；具有公民的社会责任感；自觉遵守社会公德和宪法、法律；养成良好的劳动习惯、健康文明的生活方式和科学的思想方法，具有自尊、自爱、自立、自强、开拓进取、坚毅勇敢等心理品质和一定的道德评价能力和自我教育能力。

2. 智育

智育是传授系统科学文化知识，形成科学世界观，培养基本的技能技巧和发展智力的教育。智育的任务主要是以系统的科学文化知识充实学生，给予基本技能、技巧的训练，使他们具有运用知识于实际的能力，同时发展他们的智力。智育在帮助学生认识自然、社会和人自身，培养提出、分析和解决问题的能力，掌握从事工作的实际能力以及人的全面发展中起着基础性的作用。

我国现行普通教育的课程计划规定了各阶段智育的总体目标。小学阶段：使学生具有阅读、书写、表达、计算的基本知识和基本技能，了解一些生活、自然和社会常识，初步具有基本的观察、思维、动手操作和自学的能力，养成良好的学习习惯。初中阶段：掌握必要的文化科学技术知识和基本技能，具有一定的自学能力、动手操作能力，以及运用所学知识分析和解决问题的能力，初步具有实事求是的科学态度，掌握一些简单的科学方法。高中阶段：培养学生掌握现代社会所需要的普通文化科学基础知识和基本技能，具有自觉的学习态度和自学的能力，掌握基本的学习方法，具有创新的精神和分析、解决问题的基本能力。

3. 体育

体育是全面发展体力，增强体质，传授和学习健身知识和体育运动技能的教育。体育的任务主要是指导学生锻炼身体素质，教授学生逐步掌握体育运动的基本知识、技能以及卫生保健知识。体力和体质的发展是人的全面发展的生理基础。

我国现行普通教育课程计划规定了各阶段体育的总体目标。小学阶段：使学生掌握体育、卫生、保健的基础知识，简单的体育运动技能。使学生养成锻炼身体、讲究卫生的习惯，增强体质，加强纪律观念，培养学生团结友爱、朝气蓬勃和勇敢顽强的精神。初中阶段：使学生掌握体育基础知识和体育卫生保健知识，初步掌握基本运动技能。使学生养成自觉锻炼身体的习惯，促进身体的正常发育，增强体质，进一步加强纪律观念，培养学生团结合作的精神、竞争的意识和勇敢顽强的意志品质。高中阶段：培养学生自觉锻炼身体的习惯，使他们具有健康的体魄和身心保健的能力；具有良好的意志品质和一定的应变能力。

4. 美育

美育是培养学生正确的审美观，发展鉴赏美和创造美的能力，培养高尚情操和文明素质的教育。美育的任务是培养学生对自然、社会和艺术的健康的审美观点和感知、鉴赏美的能力，培养创造和追求美的能力，发展从事艺术活动的兴趣和爱好。美育能够陶冶情操、纯正品格、净化心灵，升华精神，同时能培养学生的观察力、想象力和创造力。

现阶段我国中小学美育的总体目标是：通过音乐、美术、文学教育和其他各种审美活动，充实学生的生活，丰富学生的情感，培养学生评价美、欣赏美的能力，引导学生初步掌握一种艺术活动能力，如绘画、唱歌、舞蹈、演奏乐器等，使他们具有健康的审美情趣和高尚的情操，形成朝气蓬勃、乐观向上的精神面貌。

5. 劳动教育

劳动教育是发挥劳动的育人功能，对学生进行热爱劳动、热爱劳动人民的教育活动。当前实施劳动教育的重点是在系统的文化知识学习之外，有目的、有计划地组织学生参加日常生活劳动、生产劳动和服务性劳动，让学生动手实践、出力流汗，接受锻炼、磨炼意志，培养学生正确劳动价值观和良好劳动品质。

[拓展阅读]
《大中小学劳动教育指导纲要（试行）》

我国当前劳动教育的总体目标是：准确把握社会主义建设者和接班人的劳动精神面貌、劳动价值取向和劳动技能水平的培养要求，全面提高学生劳动素养，使学生：（1）树立正确的劳动观念。正确理解劳动是人类发展和社会进步的根本力量，认识劳动创造人、劳动创造价值、创造财富、创造美好生活的道理，尊重劳动，尊重普通劳动者，牢固树立劳动最光荣、劳动最崇高、劳动最伟大、劳动最美丽的思想观念。（2）具有必备的劳动能力。掌握基本的劳动知识和技能，正确使用常见劳动工具，增强体力、智力和创造力，具备完成一定劳动任务所需要的设计、操作能力及团队合作能力。（3）培育积极的劳动精神。领会"幸福是奋斗出来的"内涵与意义，继承中华民族勤俭节约、敬业奉献的优良传统，弘扬开拓创新、砥砺奋进的时代精神。（4）养成良好的劳动习惯和品质。能够自觉自愿、认真负责、安全规范、坚持不懈地参与劳动，形成诚实守信、吃苦耐劳的品质。珍惜劳动成果，养成良好的消费习惯，杜绝浪费。①

（二）"五育"之间的关系

作为全面发展教育的组成部分，"五育"是一个有机整体，各育具有相互不可替代的独特价值，又相辅相成、相互促进。

1. "五育"各有其相对独立性

德、智、体、美、劳作为人的发展的不同方面，各有其特殊的发展规律，相应地讲，"五育"也各有其相对独立的地位和价值，对人的发展各有其不可替代的作用。其中，德育主要关注的是价值观和行为方式，智育主要关注的是提高人认识和改造世界的一般素养，体育以改善身体素质为基本要旨，美育以提升人的精神境界为旨趣，劳动技术教育则指向劳动态度的改善和职业生活的准备。这五个方面的教育，谁也不能取代谁的功能。因此，在教育实践中，应坚持"五育"并举，防止教育的片面失衡。

2. "五育"之间具有内在联系

"五育"虽然各自相对独立，但并非互不相关。作为共同指向人的全面发展的教育的组成部分，它们是相互依存、相互渗透、相互促进的。在教育实践中，"五育"往往也不是各自孤立实施的，而是在其他各育的配合下统一展开的。此外，"五育"虽有其不同的任务，但各育对人的全面发展都具有综合性的作用。因此，应树立整体观念，发挥教育的整体功能。

3. "五育"在全面发展教育中的地位存在不平衡性

全面发展的教育提倡"五育"并举，但这并非意味着各育在地位上是完全均衡的。在全面发展的教育中，智育和德育的地位和作用更具基础性和全面性。智育为其他方面的教育提供科学文化知识与智力基础。没有科学文化知识和理性力量的支持，人在品行、美感和劳动技术方面的教育就难以有效进行。可以说，智育是其他各育取得成效的必要前提。德育着眼的是人发展的社会价值方向，对人的发展来讲具有根本性的意义。从生理前提的意义上讲虽然人的身体发展对全面发展具有更为基础性的意义，但身体的发展毕竟并不主要依靠教育。当然，强调智育与德育的基础性地位只是相对而言的，并不意味着可以忽视其他各育的作用。

坚持全面发展的教育是我国的教育方针，既符合人类社会教育的一贯趋向，也符合人性和社会发展的需要。然而，现实中还有不少人对人的全面发展和全面发展的教育持一种怀疑和排斥的态度，认为全面发展会扼杀人的个性和特长，必然导致"全面平庸"，甚至声称现在要的就是片面发展。时下，一些人总爱举出一些陈旧史例来为人的片面发展辩护，有人说鲁迅先生某几门功课也曾不及格的，有人说少年郭沫若"不开窍"、数理成绩位居下游的，有人说爱因斯坦小时候如何愚钝的，有人说钱锺书数学考过零分的，并以此来证明片面发展能成才，全面发展会平庸。以往对全面发展"门门功课得五分"式的庸俗理解的确造成过部分学生的"全面平庸"，现存教育也的确存在着压抑学生个性与特长的严重弊端，但上述仅具个别性

---

① 转引自《大中小学劳动教育指导纲要（试行）》。

的举证却是不适当的、过时的。某门功课零分与成才之间并不存在因果关系。钱锺书之所以成为钱锺书,并不是因为他数学考了零分,而是有其复杂原因的。比如,他在文史、艺术等方面有着他人望尘莫及的天赋,博闻又能过目不忘;他家境富裕能得以漂洋过海求学从而为他日后学贯中西奠定坚实的基础;等等。我们学习钱锺书的风范,但不必人人都去模仿钱锺书。数学考零分在钱锺书这么一位特定人物的身上也许虽是弱点却也可爱,如若推而广之,大家都觉得某一科考零分无伤大雅,那简直就是灾难了。我们怎么不说说既能数学考满分,又能在文学方面具有相当造诣的数学家苏步青这类大师级人物呢? 怎么不说说物理学大师爱因斯坦还有高超的小提琴演奏能力呢?谁能说清楚文学与数学、音乐与物理之间有没有什么微妙的关系呢?即便没有关系,苏步青喜欢文学和爱因斯坦拉小提琴是不是就纯属多此一举呢?人学什么、不学什么,难道只能以是否与工作有关来选择吗?人活着难道只是为了工作吗?

　　实际上,人的素质在全面发展的同时,也是人的素质个性化的过程,二者的发展是一个基本一致的过程。所谓全面发展,即个性的全面发展;所谓个性发展,即全面发展的个性。因此,全面发展的个人,同时也应该是有个性的人。由于种种原因,每一个人都有自己的遗传素质、兴趣爱好,不同的社会生活条件和不同的人生追求与选择,都要求人从事不同的社会活动和扮演不同的社会角色,因而每个人都不可能也没有必要在所有方面都获得发展。如果无视人的个别差异,强求一律化和平均化的发展,造就的就只能是碌碌无为、毫无个性特点和创造性的庸才。人的精力是有限的,要想在某一方面有较突出的发展,就不能平均使用力量,就必须使自己的发展有适当的偏移。《孙子·虚实篇》中讲:"故备前则后寡,备后则前寡,备左则右寡,备右则左寡,无所不备则无所不寡。"这尽管讲的是军事上的排兵布阵,但其中的哲理对理解人的发展问题也颇有启发。由此而引申,在人的发展上也是有所得必有所失,处处用力则处处无力,事事欲成则事事无成,要想有所为就要有所不为,要想有所重就得有所轻。在人的发展上,不同侧重的发展目标对素质有不同的偏重和不同的组合,也必然会产生相应的素质偏移,甚至产生素质上的盲点和盲区。所谓"通才",既不是指那种什么都懂又什么都不通的人,也不是指那种平均发展、无棱无角的人,而是指那种既有较全面素质和较广博基础又在某一方面具有较高造诣的人。但从现代社会发展的趋势来看,越来越要求个人具有更为宽厚的基础和更为综合的素质。

三、"核心素养"视域下的教育目的

　　21世纪以来,一些国际组织和国家都在高度关注新的时代背景下教育到底要培养什么人的问题。对这一问题的探讨主要集中在人的"核心素养"这一主题上,为此,各主要国家都纷纷建构起符合本国或本地区实际情况的人的核心素养体系。在我国,学生发展核心素养问题也受到了国家层面的高度关注。2016年9月13日,

---

① 顾勇华. 慎说"数学考零分"[N]. 人民日报(华东版), 1999-11-29(4).

《中国学生发展核心素养》研究成果正式发布。深入研究学生发展核心素养,有助于深入思考在新时期教育应该培养什么样的人和怎样培养人的问题。

(一)核心素养的概念

"核心素养"是适应当今信息时代对人的生存和发展之挑战而提出的新概念,主要指向于信息时代公民的生活、工作和个人自我实现的目标。

1. 核心素养的定义

联合国教科文组织(UNESCO)认为,核心素养指向终身学习,包括"学会求知、学会做事、学会共处、学会发展、学会改变"等五大支柱。

经济合作与发展组织(OECD)认为,核心素养使个人拥有良好的、成功的生活。这种成功的生活表现为与他人具有亲密的关系,理解自我和自身所处的世界,与自身的生理和社会环境自主互动,拥有成就感和愉悦感。核心素养对多样的社会和个人均具有包容性,它回答的问题是普通人要想在社会中安身立命同时又能够应对日新月异的技术发展所需要哪些素养。

在欧洲联盟(EU),核心素养被定义为一个人在知识社会中自我实现、社会融入以及就业方面所需要的素养,主要包括知识、技能与态度。

在美国,核心素养主要指所有学生或工作者都必须具备的能力,其发展目标在于成为具有21世纪工作技能及核心竞争能力的人,确保学生从学校所学的技能能够充分满足后续大学深造或社会就业的需求,成为21世纪称职的社会公民、员工及领导者。①

在我国,对核心素养的理解也不尽一致,其中最具权威性的定义是:"学生发展核心素养指学生应具备的,能够适应终身发展和社会发展需要的必备品格和关键能力。是关于学生知识、技能、情感、态度、价值观等多方面要求的综合表现。"②

2. 核心素养的概念分析

"核心素养"这一概念在国内外有多种表述。联合国教科文组织、经济合作与发展组织、欧洲联盟称为"key competencies",美国称为"21st century skills",英、法、德等国称为"key skills"或"core skills",澳大利亚称为"general capabilities";中国香港称为"generic skills",中国台湾称为"core competencies"。

在中国大陆,"核心素养"的英文表述通常是"key-competencies"。在中文里,"核心"是指"事物最要紧的部分;对情况起决定作用的因素"③。国内学者对"核心素养"中"核心"的理解不尽相同。有学者强调"核心"不同于"全面"和"基础",认为核心素养是"关键素养",不是"全面素养",是各种素养中的"优先选项",它是"高级素养",不是"低级素养",甚至也不是"基础素养"。因此,如身体素质、"读写算"等,因其"太基础"而不宜纳入核心素养的框架中。④ 也有学者认为,"所谓'核心',指向事物本质,对事物全局起支撑性、引领性和持续促进发展的作用。

---

① 辛涛,姜宇,林崇德. 论学生发展核心素养的内涵特征及框架定位[J]. 中国教育学刊,2016(6).
② 核心素养研究课题组. 中国学生发展核心素养[J]. 中国教育学刊,2016(10).
③ 王元书,等. 现代汉语辞海[Z]. 北京:中国物资出版社,2003:500.
④ 褚宏启. 核心素养的概念与本质[J]. 华东师范大学学报(教育科学版),2016(1).

从这一角度来理解……核心素养之'核心'应当是基础，是起着奠基作用的品格和能力。是'核心'的基础性决定着核心素养的内涵、重点和发生作用的方式。因此，完全可以说，核心素养就是基础性素养。基础性是核心素养的最根本特性。"①

"素养"的英文为"competence"或"competency"。从词源学上看，它是指各种能力或力量的聚合，以使人恰当地应对情境，故"素养"最初是指人恰当应对情境之需要的综合能力。我国之所以使用"competencies"，原因是复数形式"才能更好地表达这一概念的多维度与多层面"。②

综合上述各种定义及词义分析，核心素养的内涵当有以下要义。

其一，在目标上，核心素养是对教育培养什么人的较为具体的规定，是教育目的与学习结果的重要中介。各种关于核心素养的界说，都是力图从不同角度、以不同方式规定受过教育的人应该是什么样的。

其二，在性质上，核心素养具有关键性和不可或缺性。这主要表现在以下四个方面：一是根基性，即核心素养是对人的发展具有奠基作用的必备品格和关键能力；二是支撑性，即核心素养的各要素之间是相互促进和相互支撑的；三是生成性，即核心素养具有生成出其他一些素养的活性；四是可持续性，即核心素养关乎人的发展的后劲和高度。③五是普遍性，即核心素养是所有人应具备的普遍素养。

其三，在内容上，核心素养包含知识、技能、态度或情感、价值观，但并不是它们的简单叠加，而是对它们的融合与统整。"素养不是知识，知识的积累不必然带来素养的发展。但素养离不开知识，没有知识，素养就是无源之水、无本之木。素养也不是传统的基本技能，但并不排斥基本技能。需要改变的是不再把简单技能的熟练视为为工作和生活准备的终结目标，而是将这些常规技能用作掌握未来职场所珍视的复杂心智操作的基底。"④

（二）核心素养的结构及要素

国际社会一些组织和主要国家关于核心素养的研究，由于社会经济、政治及文化等方面的不同，因而所勾勒的核心素养结构与要素均有所不同，其层级关系和表述方式亦有一定的差异，但对批判性思维和创新能力等高阶认知方面的素养的重视都是一致的，这与核心素养依托的时代是分不开的。21世纪是以信息化、全球化为特征的时代，它改变了传统的经济模式、职业模式和生活方式。各国间的竞争已更多地表现为对知识和技术的占有，进而表现为对创新人才的争夺。面对新时代的挑战，许多国家都在重新思考教育应该培养什么样的人和应该怎样培养人这一永恒的问题。

1. 各不相同的核心素养构建⑤

经济合作与发展组织构建的核心素养结构及要素。为提高国家竞争力和帮

---

① 成尚荣. 基础性：学生核心素养之"核心"[J]. 人民教育，2015（7）.
② 林崇德. 21世纪学生发展核心素养研究[M]. 北京：北京师范大学出版社，2016：25.
③ 成尚荣. 核心素养：开启素质教育新阶段[N]. 中国教育报，2016-5-18（9）.
④ 张华. 论核心素养的内涵[J]. 全球教育展望，2016（4）.
⑤ 林崇德. 21世纪学生发展核心素养研究[M]. 北京：北京师范大学出版社，2016：60-61，64-68，76-80，102-103.

助个体应对信息化、全球化的复杂挑战，经济合作与发展组织于1997年启动了"素养的界定与遴选：理论与概念基础"（Definition and Selection of Competencies: Theoretical and Conceptual Foundations，简称：DeSeCo）项目，并于2003年发布了研究报告。该组织将核心素养划分为三个基本类别，每个类别各包含若干要素。第一，互动地使用工具的能力，具体包括：互动地使用语言、符号与文本的能力；互动地使用知识与信息的能力；互动地使用技术的能力。第二，在异质社群中互动的能力，具体包括：与他人建立良好关系的能力；团队合作能力；管理并解决冲突的能力。第三，自律地自主行动的能力，具体包括：在复杂的大环境中行动的能力；形成并执行个人计划或生活规划的能力；保护及维护权利、利益、限制与需求的能力。三类核心素养既是一种整合的、彼此相互关联的关系，同时，在不同的情境下，三类核心素养又各自发挥着不同的作用。

欧洲联盟构建的核心素养结构及要素。欧洲联盟在2005年正式发布了《终身学习核心素养：欧洲参考框架》（Key Competences for Lifelong Learning A European Reference Framework），提出8项核心素养，即母语交流、外语交流、数学和科技素养、数字化（信息）素养、学会学习、社会与公民素养、主动与创新意识、文化意识与表达，并且从知识、技能与态度三个维度对每项核心素养作了界定和描述。同时指出，这8项素养同等重要，因为每一项都有助于人在知识社会中的成功生活，而且，许多素养之间相互重叠、彼此交织。

美国构建的核心素养结构及要素。为了培养出能够应对时代挑战的公民，美国近二十年来一直在致力于"21世纪学习体系研究项目"。该体系由学生学习结果（核心素养指标成分）、学习内容（核心科目与21世纪主题）及支持系统三部分构成，它们之间是相辅相成、不可分割的整体。其中核心素养包括相互联系的三方面，每方面又包含若干指标：一是学习与创新技能，包含创造力与创新、批判性思维与问题解决、交流沟通与合作三种技能；二是信息、媒介和技术素养，包含信息素养、媒介素养和通信技术素养三种技能；三是生活与生涯技能，包含灵活性与适应性、主动性与自我导向、社会与跨文化素养、创造与责任、领导力与责任心五种技能。这三个方面主要描述的是学生在未来工作和生活中所必须掌握的技能、知识和专业智能，是内容知识、具体技能、专业智能与素养的融合。"21世纪主题"包括：全球意识，金融、经济、商业和创业素养，公民素养，健康素养，环境素养，旨在帮助学生解决复杂的个人、社会、经济、职业和全球问题。

日本构建的核心素养结构及要素。2013年，日本向社会公布了《培养适应社会变化的素质与能力的教育课程编制的基本原理》的研究报告，提出了面向国际、立足本国的核心素养框架——"21世纪型能力"。该框架由基础能力、思维能力和实践能力三部分构成：一是居于核心地位的"思维能力"，即"每个人自主学习、自主判断、形成自己的想法，与他人沟通，比较并整合自己的想法，形成更好的见解，创造新的知识，进而发现下一个问题的能力"，它由发现问题、解决问题的能力，创造力、逻辑思维能力、批判性思维能力，元认知、适应力等构成。二是支撑"思维能力"的"基础能力"，即"通过熟练使用语言、数学、信息通信技术等来实现目标的技能",它由语言技能、数量关系技能和信息技能三方面构成。三是居于最外层的引导"思维力"的"实践能力",即"在日常生活、社会和环境中发现问题,并运用自己掌握的知识,寻求出对自己、社会共同体和社会有价值的解决办法,并将解决办法告诉社会,与他人共同协商讨论这种解决方法,通过这种方式认识到他人和社会的重要性的能力"。它包含自律、建立人际关系、社会参与力及可持续发展的责任等能力。

中国构建的核心素养结构及要素。《中国学生发展核心素养》中指明,学生发展核心素养以科学性、时代性和民族性为基本原则,以培养"全面发展的人"为核心,分为文化基础、自主发展、社会参与三个维度,每个维度又包含两方面的素养:文化基础包括人文底蕴、科学精神;自主发展包括学会学习、健康生活;社会参与包括责任担当、实践创新。每方面的素养又具体化为三个基本点:人文底蕴即为人文积淀、人文情怀、审美情趣;科学精神即为理性思维、批判质疑、勇于探究;学会学习即为乐学善学、勤于反思、信息意识;健康生活即为珍爱生命、健全人格、自我管理;责任担当即为社会责任、国家认同、国际理解;实践创新即为劳动意识、问题解决、技术运用。①

2. 关于核心素养的共同指向

尽管对核心素养的不同构建在功能定位、结构、维度、具体指标及其命名等方面存在一定差异,但同时也呈现出如下一些共同指向。

其一,力图在价值取向上保持个人价值与社会价值的统一和张力。普遍注重人与自身、人与工具、人与社会、人与他人的互动方面的素养。

其二,力图体现出鲜明的时代性。普遍注重全球意识、国际理解、信息和数字素养、创新能力、沟通交往、团队协作等素养。

其三,力图在强调适应社会的同时关照学生个性的发展。普遍注重以个性为前提的反思能力、批判性思维、设计人生规划等方面的素养。

其四,力图在关注各素养的情境针对性的同时凸显它们之间的内在关联。普遍注重各素养的相互依存性、整体互动性、跨学科性和统整融合性。

其五,力图在获得性上肯定核心素养的可教性与可学性。普遍注重核心素养在教育中有意识地培养、学习和养成。

总之,核心素养的结构和要素都指向了当今信息时代的挑战和人为了生存发展所需的那些关键能力。世界范围内的核心素养研究热潮表明,新一轮教育竞争已经来临。

(三)对实施核心素养培养目标的思考

如何将核心素养从顶层设计转化为教育目标体系,并最终落实到教育实践中去,是我国教育改革面临的关键性问题,对此提出如下几点思考。

1. 切实落实"培养全面发展的人"的核心素养目标

培养全面发展的人是我国学生核心素养体系的核心旨归,也是教育的一贯方

---

① 核心素养研究课题组.中国学生发展核心素养[J].中国教育学刊,2016(10).

针。马克思主义经典理论指明，人的全面而自由的发展是社会发展的最高理想，是衡量社会事业和社会文明的最高标准。

我国研制学生核心素养背后的主要动因之一是促进经济的发展和全球竞争力的提升。由此，以核心素养为指导的教育改革需要格外当心，如果不能真正坚持以培养全面发展的人为目标，很可能会导致人们把教育实践的注意力集中在那些功用性的"胜任力"、外在的"适应性"等工具性素养之上，而人之为人的、内在性的人性素养则有可能被忽视。以核心素养为导向的教育改革，固然需要注重学生适应新时代要求的工具性素养的培育，以使其能促进经济社会的发展，提升本国、本地区的竞争力，但不能因"人力"的教育而排挤了"人"的教育，不能忽视了教育的本体功能。那种试图把学生打造成提高生产率的工具、把学校当成职业训练场所的想法和做法都是与培养全面发展的人的教育目的相左的。

2. 恰当处理核心素养与学科之间的关系

核心素养体系是宏观教育目的与微观课程目标之间的中介，只有将其分解到各学段、各学科中去，才能最终落到实处。普通高中阶段课程标准的修订率先开启了以核心素养为指导的教育改革之路，各学科纷纷提出了本学科涉及的核心素养。这种思路自然有其合理之处，但也要防止分解主义思维模式背后的逻辑，即核心素养是个体所具备的可分化的各种素养的罗列，各门"学科核心素养"叠加起来就等于总的学生发展核心素养，它与各学科之间的关系是一一对应的，各学科核心素养目标实现了，学生发展核心素养就能自然而然地达成了。

从核心素养的根本特征来看，这种思维方式是有局限的，需谨慎研究核心素养与各学科之间的关系，否则将有可能把教育实践引入歧途，比如有可能导致分科主义的抬头。综合性、融合性是核心素养的根本特征，这已是普遍共识。核心素养不是各种知识、技能、情感及态度的简单叠加，而是它们的综合与融合。核心素养是以整体性来发挥作用的，其习得与养成也具有系统性、融合性。因此，核心素养与各学科素养之间并不存在简单的对应关系。每一学科都能促发不同的素养，每一素养都需通过不同学科的教育来培养。正如有学者指出："倘若允许各门学科自立门户，张扬各自所谓的'学科核心素养'，那就无异于允许这两个自相矛盾的说辞同时成立。其后果可能造成'多核心'；而'多核心'无异于'无核心'。因此，各门学科之间的边界不应当是刚性的、僵化的，而是软性的、互通的。"[①] 以学生发展核心素养为导向的教育改革，应该为一线教师整体地把握学校课程、打破分科主义和消解碎片化的以知识点为中心的灌输提供条件和机会；要明确如何通过不同的课程共同培养出学生的核心素养，同时又要看到不同课程在培养学生核心素养方面的侧重和优势。

3. 建构多元的教育评价体系

学生发展核心素养要达成目标，建构科学性与人文性相结合的教育评价尺度显得尤为关键。其中，正确认识学生的"素养"与"表现"之间的关系，是构建基于

---

① 钟启泉. 基于核心素养的课程发展：挑战与课题［J］. 全球教育展望，2016（1）.

核心素养的多元评价体系的重要前提。

纸笔测试作为教育评价方式的局限性已有目共睹。为此，一些学者开始推崇真实情境下的表现性评价，这是一种有益的探索，但基于对素养与表现的关系的认识，表现性评价对基于核心素养的教育来说仍然有其局限性。素养与表现之间固然具有内在关联，素养是表现的基础和源泉，素养总会以某种方式获得表现，而表现则反映一定的素养。当表现被恰当理解和使用时，它可以成为判断素养发展水平的标志之一。同时，恰当的表现对素养具有开掘源泉的作用并促进素养的进一步发展。倘若漠视素养的表现之维，便会走向神秘主义的素养观，从而导致素养教育的空泛与虚妄。

还需看到，素养与表现有着重要区别且关系复杂。素养是一种知识与技能、认知与情感、创造性与德性相嵌相合、融为一体的复杂心理结构，具有一定的内隐性，而表现则是在特定情境和条件下的外部行为呈现。素养与表现之间往往不是径直的、线性的、一一对应的。一种素养可能有多种表现，一种表现可能体现了多种素养，同样的表现可能体现了不同的素养。布鲁纳（J.S.Bruner）曾说："从表现直接推断出素养，即使并非不可能，那也是极为困难的。"诺丁斯（N.Noddings）指出："对素养而言，表现是既非必要又非充分的标准。"不能因为表现能够反映素养就把二者等同起来，完全根据外部表现来评价素养。否则，就容易导致对素养的误解和误判，把教育教学活动导向机械化与训练化，从而使核心素养的发展受到阻碍。①

因此，表现性评价只能作为评价方式之一。核心素养评价，还"应该进入内部参与核心素养的情境构造和策略供给，在核心素养形成过程中发挥对话、协同、反思、调控的作用，成为核心素养的内在品质和机能。"素养是一种有着多维度、多层面且内涵丰富的人的精神状态，任何单一的评价体系都无法全面、准确地把握它。要想避免坠入"'不可测＝不存在'的死逻辑，从而以独断的方式毁弃核心素养"，② 建构核心素养的多元评价体系，势在必行。

本章小结

教育目的是教育理论和教育实践中最具根本性的问题，是教育工作的出发点和归宿。教育目的是依据一定社会需要和对人的发展的认识而形成的关于教育对象的总体发展规格的预期设想或规定，它以观念或思想的形式存在并发挥作用。人的全面发展理论、社会本位论与个人本位论、科学主义与人文主义对我国教育目的的理论和实践产生了较为实质性的影响，大体构成了教育目的的理论基础。中华人民共和国成立以来，我国在教育目的及其实践上经历过一系列演变与曲折，还面临着诸多挑战。

---

① 张华. 论核心素养的内涵[J]. 全球教育展望，2016（4）.
② 杨九诠. 三对关系中把握核心素养[N]. 中国教育报，2016-7-13（9）.

实践·反思·探究

1. 教育目的与教育方针及培养目标有什么区别和联系？
2. 应然的教育目的与实然的教育目的为什么会发生冲突？这种冲突在我国当下有什么具体表现？
3. 学校教育应如何平衡不同教育目的之间的关系？
4. 从人的全面发展思想的历史回顾中你能领悟到什么哲理？
5. 马克思关于人的全面发展学说具有哪些教育和教育学意义？
6. 应怎样把握社会的教育目的与个人的教育目的之间的内在关系？
7. 中华人民共和国成立以来我国教育目的坚持了哪些基本精神？

推荐阅读

1. 扈中平. 教育目的论（修订版）[M]. 武汉：湖北教育出版社，2004.
2. 扈中平，刘朝晖. 挑战与应答：20世纪的教育目的观[M]. 济南：山东教育出版社，1995.
3. [英] 怀特海. 教育的目的[M]. 庄莲平，王立中，译. 上海：文汇出版社，2012.
4. [瑞士] 布克哈特. 意大利文艺复兴时期的文化[M]. 何新，译. 北京：商务印书馆，1983.
5. 华东师范大学教育系，杭州大学教育系. 现代西方资产阶级教育思想流派论著选[M]. 北京：人民教育出版社，1980.

第五章　现代教育制度

学习目标

- 掌握教育制度、学制、现代学校制度的概念。
- 理解义务教育的特点。
- 了解发达国家学制改革发展的主要趋势。
- 了解我国现代学制的沿革,熟悉我国当前的学制。
- 理解现代学校制度建设的理念和价值追求。

知识列表

现代教育制度	教育制度	教育制度的概念
		教育制度改革的价值取向
	学制	学制概述
		发达国家学制改革发展的主要趋势
		我姑学制的演进历史
		我国当前学制改革的主要内容
		我国的义务教育
	现代学校制度	现代学校制度的内涵
		现代学校制度的理念与价值取向
		建立现代学校制度亟待解决的问题

本章导入

学制改革是当前热议的问题,屡见于报端。

报道1：在人们习惯了小学六年、初中三年的"六三"制后，一种小学五年、初中四年的"五四"制近年来也在部分学校里推行或试点。北京市丰台区公布"十二五"时期教育事业发展规划时明确提出，该区将尝试"小学五年、初中四年"的学制改革。一石激起千层浪，关于义务教育学制改革的问题成为人们关注的热点。这一改革是利是弊？

如何让学生更全面、更健康地发展，学制改革无疑是其中重要的一项内容。"六三"制是我国的主导学制，部分学校实行"五四"制。多年来，学术界对义务教育阶段学制改革展开了多种讨论。综合全国各地的反映，大致分为三种态度：一是实行两种学制并存的自由选择，以北京为代表；二是对"五四"制暂不推行，以广州为代表；三是由"五四"制向"六三"制过渡，以湖北为代表。（摘自董洪亮，董雅婷. 哪种学制更有利于孩子成长［N］. 人民日报，2011-8-12（018）.）

报道2：2016年全国两会期间，有政协委员建议缩短中小学学制，由现在的12年缩短至9年或10年，采取"5+5"（小学五年、中学五年）学制，实施普及到高中的十年义务教育制度。赞同这一观点的人普遍认为：现行学制浪费了青少年更多学习、工作和生活的时间，限制了适龄劳动人口早日踏入社会，而缩短学制可以让年轻人早点走进社会，增加有效劳动时间，应对人口老龄化、缓解即将到来的青壮劳动力短缺。当然，随着基础教育学制缩短，大学学制和研究生学制也应相应不断缩短。（摘自吴颖惠. 学制改革要有助于"人的成长"［N］. 光明日报，2016-5-17.）

第一节 教育制度

教育制度是教育现代化变革的关键性因素。在社会转型发展时期，教育必须创新。教育创新需要教育思想、教育模式和教育制度等多种因素的变革，而教育制度创新则是教育观念和模式创新的必要保障。

一、教育制度的概念

（一）教育制度的含义

在论述教育制度的含义之前，必须对什么是制度有所了解。汉语中，对"制度"的解释有两种：一是要求成员共同遵守的、按一定规程办事的规则，如工作制度、学习制度等；二是在一定的条件下形成的政治、经济、文化等体系，如资本主义制度、社会主义制度等。英语中，表示"制度"的词有两个：一是system，另一个是institution。system有"系统""体系""制度""体制"等含义；institution有"建立""制订""设立""制度""惯例""风俗"以及"公共机构"等含义。概括而言，制度，是一种规范体系，它以规则的形式限定着特定社会群体的基本关系，使之有序化和组织化，从而形成一定的组织结构和体系。

教育制度是一个国家或地区各级各类教育机构与组织体系有机构成的总体及其正常运行所需的种种规范、规则或规定的总和。它包含相互联系的两个方面：首先，教育制度是各级各类教育机构与组织体系，包括学前教育机构、学校教育机构、业余教育机构、社会教育机构及其任务、组织管理等以及各机构间的组织关系。其次，教育制度是指教育机构与组织体系赖以存在和运行的一整套规则，如各种各样的教育法律、规则和条例，等等。教育制度的设立主体是国家，是国家教育方针制度化的体现。

教育制度是历史地发展的。在原始社会，没有学校，也没有教育制度；奴隶社会初期，简单的学校系统产生，并逐渐产生古代教育制度；现代学校的出现和发展使教育制度逐渐系统和完善；当代教育制度则成为一个庞大的体系，其发展方向是终身教育。

教育制度可以分为宏观层面的国家教育制度、中观层面的学校管理制度、微观层面的教学制度。根据《中华人民共和国教育法》，我国的教育基本制度包括学校教育制度、九年制义务教育制度、职业教育与成人教育制度、国家教育考试制度、学业证书制度与学位制度、教育督导制度与评估制度等。

（二）教育制度与相关概念的关系

1. 教育制度与教育体制

教育制度与教育体制存在一定的相关性，这两个概念是隶属与包含的关系。教育体制是教育机构与教育规范的结合体或统一体，是由教育的机构体系与教育的规范体系组成的。教育的机构体系包括教育实施机构和教育管理机构，教育的规范体系是建立并保证教育机构正常运转的规章制度，它规定着教育机构的职责权限和机构内人员的岗位职责。从教育体制的内在构成看，我们可以把其中的教育规范体系看作教育制度。因此，教育体制包含教育制度，而教育制度隶属于教育体制。教育体制的改革，其中就包含教育制度的改革，但是教育制度的改革有其自身更深刻的内涵，教育制度的创新必须以深化教育体制改革为条件。

2. 教育制度与教育政策

教育政策是一个政党和国家为实现一定历史时期的教育发展目标和任务，依据政党和国家在一定历史时期的基本方针而制定的关于教育的行动准则。教育制度与教育政策的不同之处在于，首先，教育制度的主体比教育政策的主体宽泛。除了政党、教育行政机构之外，教育自身的组织机构也可以是制定教育制度的参与者。其次，教育制度具有内生性，教育政策则具有外生性。教育政策更倾向于导向的作用，而教育制度很多时候则更为具体和更具针对性。

3. 教育制度与教育法规

教育法规是有关教育方面的法律、法令、条例、规则、规章等规范性文件的总称，也是对人们的教育行为具有法律约束力的行为规则的总和。它对人们接受教育的权利和义务起着保护和规范的作用。教育制度与教育法规的差异是，教育法规的主体是国家机关，而教育制度的主体是教育组织机构自身或制定教育制度的参与者；教育法规具有强制性，而教育制度具有规约性；教育法规的执行依靠国家强制力，而教育制度发挥作用则依靠组织中人们的认同。

［微视频］
教育制度的概念及价值取向

二、教育制度改革的价值取向

教育制度改革,包括教育行政制度改革,公共教育财政制度的建立,基础教育管理体制改革,现代学校制度的建立,考试、评价和用人制度改革,等等。其中最重要、最核心的是教育行政制度改革。教育行政制度改革需要汲取有关政府、依法行政等行政体制改革的原则,改革高度集中、大一统的教育管理体制,使教育主管部门的行政职能从管理型、计划型向指导型、服务型转变,以落实学校的办学自主权,恢复教育的活力、创造力和多元化。我国教育制度改革的基本价值至少应当包括以下方面。

(一)普及性

现代教育的历史,就是不断普及和扩大教育的历史,通过更大限度地实现"教育机会均等",从而提高民族素质,满足经济增长和社会发展对教育的需求,增进和扩大社会民主。面对激烈的国际竞争和旺盛的教育需求,要进一步开放教育,解放教育生产力。同时,需要在终身教育的视野中,构建学习型社会的教育制度。

(二)公平性

现代教育不仅是经济建设的"发动机"、科技发展的"加速器",也是社会的"稳定器"和"平衡器"。在建设和谐社会的进程中,促进社会公平和教育公平不仅是一种理想,也是一个现实的发展目标。当前要重视导致教育不公平的制度性原因,需要通过有效的公共政策,促进义务教育均衡发展,努力缩小各种教育差距。

[拓展阅读]
张宝贵:《教育公平:现代学校制度建设的唯一标准》

(三)民主性

要通过制度创新,分散和下放管理权力,促进办学体制的灵活化和多样化,使教育成为全社会共同参与的生机盎然的事业。与此同时,需要确立学术自由、学术自治、师生平等、社会参与等价值;确立知识分子的学术权利和在教育、科研中的中心地位;建立科学化、民主化的教育决策体制和机制;建立学校与家长、与社区紧密联系的参与机制。

(四)人文性

现代教育具有人力资源开发和人的发展相辅相成的两翼,必须在教育的功利和非功利两种价值之间保持恰当的平衡,重视立德树人、文化传递、社会整合等非功利价值,防止经济主义、科学主义、能力主义、急功近利的短期行为对教育的戕害,防止教育异化。确立以人为本的教育价值,围绕青少年生长的需要而进行民主的教育、活的教育,以培养具有良好素质的现代社会的合格公民;同时,使各级学校成为社会和社区的文化中心,使教育成为社会文明和道德的灯塔,成为文化传承和繁荣的源泉。

(五)实用性

长期以来,在我国的学校教育中,理论与实践、学校与社会、学生与社会生活相脱离,因而造就一种实用性、适用性的教育仍然是必要和重要的追求。教育应能适应社会发展和经济生活的需要,满足青少年成长的实际需要,能够切实地改善人的生存处境并提高生活质量。

第二节　学　　制

学制是"一国教育的主体",在教育制度体系中具有重要的地位与作用。我们必须理解学制的概念及建立学制的依据,了解发达国家学制改革发展的主要趋势及我国现代学制的沿革,熟悉我国当前的学制并理解义务教育的特点。

一、学制概述

学制是学校教育制度的简称,是国家通过立法做出规定而建立起来的,为的是保证一个国家教育的统一性、稳定性和完整性,它是一个国家教育制度的主体部分。

(一)学制概念

学制是指一个国家各级各类学校的系统,它规定各级各类学校的性质、任务、培养目标、入学条件、学习年限、管理体制以及它们之间的关系等。"各级"指学前教育、初等教育、中等教育、高等教育等不同阶段,"各类"指除普通学校外还有各种专业学校和职业技术学校、业余学校等不同类型,它们构成纵横交错的学校教育系统。学制是一个国家教育制度体系中最严密、最有效的基本制度,是国家实现教育目的基本制度保证,对社会的政治、经济、文化等产生重要的影响。

学制具有历史性与时代性,任何一个时代的学制总是和一定历史时期的政治、经济、文化的发展相伴随的。我们对学制的认识必须树立动态的观点。中外教育史上,学制有单轨制、双轨制和中间型三种基本类型。

单轨制:指由小学、中学到大学自下而上的连续阶梯式、上下衔接的直线式的学制。这种学制的特点是注意各级各类教育在结构上相互衔接、上下沟通,保证各阶级、各阶层的子女都可以进入同一类学校,接受相同的教育。单轨制学制最早产生于美国,后被世界许多国家采纳。

双轨制:指两种不同的学校系统平行分头进行,以完成各自的教育任务的学制。世界上早期的封建君主制国家走上资本主义道路后,实行的基本上都是双轨制学制。其中一轨是为地主和资产阶级贵族子弟设立的,主要培养统治者,另一轨是为劳动人民的子弟设立的,主要培养知识型的劳动力。两轨互不沟通,具有明显的等级性,社会各阶层接受教育的机会不均等。英、法、德等国家在早期资本主义阶段都实行过这种学制。

中间型:指介于单轨制和双轨制之间的一种学制。其特点是,两种学制在基础教育阶段是统一的,儿童在接受了共同的基础教育后再分流:一部分继续接受普通教育,一部分接受职业教育后就业。

当前世界各国为适应本国的发展需求,倡导教育机会均等,减少社会矛盾,纷纷改革学制。政治因素对学制的影响逐步减少,经济、科技对学制的影响则越来越大。各国的学制在许多方面越来越接近,可以相互借鉴的东西越来越多。

(二)建立学制的依据

学制的制定有一定的客观依据,主要表现在以下几个方面。

首先，制定学制要依据社会经济和科学技术的发展水平。这是因为社会经济和科学技术的发展水平制约着教育所培养的人才的数量和质量，社会经济结构、科学技术结构制约着教育的结构。

其次，制定学制要依据社会的政治经济制度。学制是为达成教育目的而设计的学校系统，反映一个国家的教育方针政策的要求。

再次，制定学制要依据儿童的身心发展规律。儿童的身心发展具有一定的规律，他们的成长过程中经历着不同的年龄阶段，这些阶段互相衔接，各有其年龄特征。各级各类学校的分段、修业年限都要考虑儿童的身心发展特点，要适合他们的智力和体力的发展水平。

最后，制定学制还要考虑本国学制的历史发展并吸收国外学制的经验。每个国家的学制都有它形成和发展的过程，制定新学制时，不能脱离本国学制的发展历史，要吸收原有学制中有用的部分，适合自己的民族传统和文化传统，同时也要参照国外学制改革有益的经验。

总之，建立学制的依据是多方面的、复杂的。我们在研究学制时，只有全面认识学制发展的特征和规律，才有可能建立比较合理和完善的学校教育制度。

二、发达国家学制改革发展的主要趋势

第二次世界大战后，为适应社会生产力的提高及科学技术的巨大进步，发达国家都纷纷进行学制改革，呈现出共同的趋势。

（一）义务教育的范围逐渐扩展，年限不断延长

各国的义务教育年限长短不一，大多在9年左右，包括小学和初中两个阶段。随着知识社会的到来，为了提高人才素质，大多数国家义务教育的范围有进一步扩大的趋势。这主要表现在义务教育的一端在逐渐向学前教育方向发展，另一端则向初中后教育阶段延伸。

（二）普通教育与职业教育朝着相互渗透的方向发展

普通教育是指以升学为目标，以基础科学知识为主要教学内容的学校教育；职业教育是指以就业为目标，为使受教育者获得某种职业技能或职业知识，形成良好的职业道德，从而满足从事一定社会生产劳动的需要而开展的学校教育。第二次世界大战前，世界各国普遍推行双轨制教育制度，普通教育与职业教育之间是不相通的。第二次世界大战后，综合中学的比例逐渐增加，出现了普通教育职业化、职业中学普通化的趋势。

（三）高等教育大众化、普及化

在当前各国的学制改革中，高等教育大众化、普及化的趋势也非常明显。根据相关研究，一个国家的高校入学率，即在校大学生人数占同龄人比例在15%以下为精英教育，15%~50%为大众化教育，当超过50%时，高等教育开始快速迈向普及。目前，西方发达国家的高等教育已达到大众化，正在向普及化发展，有的国家如美国甚至已经进入了高等教育普及化阶段。我国高校于1999年开始大幅度扩招，高等教育在读人数迅速增长，毛入学率已经由1998年的9.8%增长

[拓展阅读]
孙晋露：《日本中小学新学制改革探究——以"初小一贯制"教育的制度化为中心》

[微视频]
学制概述及发达国家学制改革的主要趋势

[考纲链接]
《教育知识与能力》（中学）了解发达国家学制改革发展的主要趋势。

到 2015 年的 40%，跨入高等教育大众化阶段，并规划到 2020 年毛入学率要提高到 50%。

（四）终身教育体系的建构

终身教育强调人的一生必须不间断地接受教育和学习，以不断地更新知识，保持应变能力。知识经济社会的到来，以及人们就业所需的受教育程度不断提高，教育和劳动格局开始被打破。于是，人们对接受教育年限有了更高的要求，尤其是专业技术人员，更需要通过不断学习来更新、补充、发展自己的知识与技能结构，以不断适应日益变化的工作。于是，终身教育应运而生，构建终身教育体系成为发展教育的必需。

三、我国学制的演进历史

我国现代学制始于清末。从近代第一个以法令形式公布并在全国推行的学制算起，我国现代学制的发展经历了一个多世纪。以新中国成立前后学制改革情况为对象，考察我国学制的演进，从而辨识教育发展的轨迹，以及不同时期的社会文化、思想潮流在教育制度中的折射，可为理解当代学制及其改革提供线索和借鉴。

[考纲链接]《教育知识与能力》（中学）了解我国现代学制的沿革。

（一）中华人民共和国成立前的学制改革

1. 壬寅学制

1902 年，我国正式颁布第一个现代学制——"壬寅学制"。该学制以日本学制为蓝本，只颁布但未施行。1902 年为壬寅年，故称"壬寅学制"。

2. 癸卯学制

1904 年颁布的"癸卯学制"，是我国第一个施行的现代学制。该学制明文规定教育的目的是"忠君、尊孔、尚公、尚武、尚实"。"癸卯学制"见于清末第二次颁行的学校系统文件《奏定学堂章程》中，其以"中体西用"为指导思想，规定了各级各类学堂的修业年限、入学条件、课程设置及相互衔接关系，把学校分为三段七级，整个学制长达 29 年或 30 年。"癸卯学制"是中国近代第一个施行的学制，它标志着封建传统学校的结束和"中国教育近代化"的开始。

3. 壬子癸丑学制

1912 年颁布的"壬子癸丑学制"则在一定程度上标志着中国教育开始向现代化迈进。该学制将整个教育期限规定为 17 年或 18 年，共分为三段四级。初等教育两级，初等小学 4 年，为义务教育，毕业后进入高等小学或实业学校；高等小学 3 年，毕业后入中学或师范学校或实业学校；中学教育 4 年，毕业后入大学或专门学校或高等师范学校；大学 6~7 年，即预科 3 年，本科 3~4 年。该学制对各级各类学校的教育宗旨、入学资格、年龄、课程及修业年限等，都做了明确规定和具体要求。该学制第一次规定了男女同校、废除读经、充实自然科学的内容，将学堂改为学校。

4. 壬戌学制

1922 年颁布的"壬戌学制"又称新学制或六三三学制。"新学制"规定初级小学 4 年（儿童 6 岁入学），为义务教育，高级小学 2 年，初级中学 3 年，高级中学

3年。与中学平行的有师范学校和职业学校。大学4~6年。这个学制缩短了小学修业年限，设置了三年制综合高中，大学取消了预科；职业教育自成系统，代替了实业教育；课程无男女校的区别。"新学制"一反清末民初仿照日本学制的模式，而是采用美国的"六三三四"的单轨形式，故又称"六三三学制"。与壬子癸丑学制相比，"六三三学制"与中国传统的教育制度相去更远，在我国教育制度化的进程中，占据着重要位置。可以说，自"六三三学制"始，我国教育才从封建社会的"母腹"中摆脱出来，走上了现代化的发展轨道。

（二）中华人民共和国成立后的学制沿革

1. 1951年颁布中华人民共和国新学制

中华人民共和国成立后，1951年8月颁布了《关于改革学制的决定》，这是我国学制改革的一个新阶段。《关于改革学制的决定》规定新中国的学制分为：

① 幼儿教育：幼儿园。

② 初等教育：包括实行五年一贯制的小学和工农速成初等学校、业余初等学校等。

③ 中等教育：包括实行三三分段制的中学（中学为六年，分初高两级，各为三年）和工农速成中学、业余中学和中等专业学校等。

④ 高等教育：包括大学、专门学院和专科学校等。

⑤ 各种政治学校和政治训练班。

⑥ 各级各类补习学校、函授学校以及聋、哑、盲等特殊学校。

新学制的主要特点有：体现民族平等、男女平等的原则；体现学校面向工农的原则；体现了教育为生产建设服务的原则；体现了重视在职干部再教育的原则；体现了方针、任务的统一性与方法方式的灵活性相结合的原则。

2. 1958年的学制改革

1958年9月，我国颁布了《关于教育工作的指示》，提出学制改革"两条腿走路"的办学方针和"三个结合""六个并举"的具体办学原则。"三个结合"是：统一性和多样性相结合；普及和提高相结合；全面规划与地方分权相结合。"六个并举"是：国家办学与厂矿企业、农业合作社办学并举；普及教育与职业（技术）教育并举；成人教育与儿童教育并举；全日制学校与半工半读、业余学校并举；学校教育与自学（包括函授学校、广播学校）并举；免费教育与收费教育并举。

3. "文化大革命"时期的学制改革

"文化大革命"时期提出"学制要缩短，教育要革命"的口号，对我国学制的破坏是空前的。第一，把中学学制毫无根据地大大缩短，把初高中都缩短为两年；第二，对中专和技校大加砍杀，盲目发展普通高中，使普通教育与职业教育的比例严重失调；第三，把高等教育缩短为三年和一个层次，把许多院校、科系、专业取消，使人才培养比例失调；第四，把成人教育、业余教育完全取消，扼杀了职工提高科学文化水平和知识更新的机会等，这是一种倒退行为。

4. 1985年颁布《关于教育体制改革的决定》

1985年5月，中共中央发布了《关于教育体制改革的决定》，其中与学制相关的内容有：实行九年制义务教育；调整中等教育结构，大力发展职业技术教育；改革高等教育招生与分配制度，扩大高等学校办学自主权；基础教育权属于地方，学校逐步实行校长负责制。

1986年颁布《义务教育法》是我国学制改革的重大事件。九年制义务教育的指导原则是：分区规划、分类指导、依次推进。

5.《中国教育改革与发展纲要》中关于教育制度的内容

1993年，中共中央、国务院印发了《中国教育改革和发展纲要》，其中有关教育制度的内容有：

（1）到20世纪末教育发展的总目标是：基本普及九年义务教育，基本扫除青壮年文盲；要全面贯彻党的教育方针，要全面提高教育质量；要建设好一批重点学校和一批重点学科。简称为"两基""两全""两重"。

（2）教育的结构：《中国教育改革和发展纲要》确定了基础教育、职业教育、成人教育、高等教育四种类型，并且明确了各类教育的地位和作用。另外，还指出要重视和扶持少数民族教育事业，重视和支持残疾人教育事业，积极发展广播电视教育。

（3）在办学体制上，改变政府包揽办学的传统格局，逐步建立以政府办学为主体、社会各界共同办学的体制。

（4）改革高校的招生和毕业生就业制度。

（5）改革和完善投资体制。

此后，1995年《中华人民共和国教育法》以法律的形式规定了我国的教育基本制度；1999年《中共中央、国务院关于深化教育改革，全面推进素质教育的决定》、2001年《国务院关于基础教育改革与发展的决定》都对教育制度有规定，并坚持把普及九年义务教育和扫除青壮年文盲作为"重中之重"；教育部《2003—2007年教育振兴行动计划》则提出努力提高普及九年义务教育的水平和质量；《国家中长期教育改革和发展规划纲要（2010—2020年）》提出建设现代学校制度。

总之，我国现代学制经过了一百多年的发展，已经形成了纵向上由学前教育、初等教育、中等教育、高等教育四个层次构成，横向上由基础教育体系、职业教育体系、高等教育体系和成人教育体系构成的学制系统。

四、我国当前学制改革的主要内容

2010年6月，中共中央政治局审议并通过了《国家中长期教育改革和发展规划纲要（2010—2020年）》（以下简称《纲要》)，这是21世纪以来我国第一个教育规划纲要，是指导当前教育改革和发展的纲领性文件。《纲要》指出：坚持把教育摆在优先发展的战略地位，把育人作为教育工作的根本要求，把改革创新作为教育发展的强大动力，把促进公平作为国家基本教育政策，把提高质量作为教育改革发展的核心任务。到2020年，我国教育事业改革发展的战略目标是"两基本、一进入"，即基本实现教育现代化，基本形成学习型社会，进入人力资源强国行列。具体来看，我国的学制改革需要做好以下几方面的内容。

[考纲链接]
《教育知识与能力》（中学）熟悉我国当前的学制。

(一)加强基础教育,落实义务教育

第一,完善农村义务教育管理体制,使各级政府承担起发展义务教育的责任,尽快确立和实行在国务院领导下,由地方政府负责、分级管理、以县为主的管理体制。第二,建立义务教育经费保障机制,保证农村义务教育投入。第三,因地制宜地调整中小学布局,促进教育资源的优化配置。第四,加大教育对口支援力度,促进贫困地区和少数民族地区义务教育的发展。第五,提高义务教育质量,建立国家义务教育质量基本标准和监测制度。

(二)调整中等教育结构,发展职业教育

对于普通中学,尤其是普通高中,按照四种模式进行规划:有基础有条件的学校可以办成以升学预备教育为主的学校,大部分普通高中通过分流办成兼有升学预备教育和就业预备教育的学校,少部分办成以就业预备教育为主的学校,还可以开办少量特色学校。大力发展职业教育,以推动经济发展、促进就业、改善民生、解决"三农"问题;职业教育要面向人人、面向社会,着力培养学生的职业道德、职业技能和就业创业能力;调动行业企业的积极性,建立健全政府主导、行业指导、企业参与的办学机制;制定优惠政策,鼓励企业接收学生实习实训和教师实践,鼓励企业加大对职业教育的投入。加快发展面向农村的职业教育,促进农科教结合。增强职业教育吸引力,完善职业教育支持政策。

(三)稳步发展高等教育,走内涵发展为主的道路

在今后一段时间内,高等教育改革着力点在于:全面提高高等教育质量,提高人才培养质量,提升科学研究水平,增强社会服务能力,优化结构,办出特色。到2020年,高等教育结构更加合理,特色更加鲜明,人才培养、科学研究和社会服务整体水平全面提升,建成一批国际知名、有特色、高水平的高等学校,若干所大学达到或接近世界一流大学水平,高等教育国际竞争力显著增强。

(四)重视成人教育,发展终身教育

第一,加快发展继续教育。大力发展非学历继续教育,稳步发展学历继续教育,重视老年教育,加快各类学习型组织建设,基本形成全民学习、终身学习的学习型社会。第二,建立健全继续教育体制机制。健全继续教育激励机制,推进继续教育与工作考核、岗位聘任(聘用)、职务(职称)评聘、职业注册等人事管理制度的衔接;鼓励个人多种形式接受继续教育。第三,构建灵活开放的终身教育体系。加强城乡社区教育机构和网络建设,开发社区教育资源;大力发展现代远程教育,建设以卫星、电视和互联网等为载体的远程开放继续教育及公共服务平台,为学习者提供方便、灵活、个性化的学习条件。第四,搭建终身学习"立交桥"。促进各级各类教育纵向衔接、横向沟通,提供多次选择机会,满足个人多样化的学习和发展需要。

[微视频]
我国学制演进的历史、现状及义务教育

[考纲链接]
《教育知识与能力》(中学)理解义务教育的特点。

五、我国的义务教育

(一)义务教育及其特点

义务教育(compulsory education)是根据国家法律规定,适龄儿童和青少年都

必须接受的，国家、社会、家庭必须予以保证的国民教育。义务教育有如下特点。

1. 义务教育的国家强制性

义务教育的国家强制性，是义务教育最本质的特征。它指义务教育依照法律的规定，由国家强制力保证推行和实施。义务教育不仅是受教育者的权利，而且是国家应尽的义务。国家依法保障适龄儿童接受义务教育的权利，这是国家意志的体现。为了保证义务教育的实施，必须伴之以系统、完善的立法、执法和监督体系，依靠国家法律的强制力予以保证。义务教育的国家强制性还表现在任何违反义务教育法律规定，阻碍或破坏义务教育实施的行为，都应依法承担法律责任，受到强制性处罚或制裁。

2. 义务教育的公共性（普及性）

义务教育是一种社会公共事业，属于国民教育的范畴。它是面向本地区、本民族全体国民的教育，不应成为某一阶级、政党或宗教派别的工具而被垄断。这就是义务教育的公共性。这种公共性表现在四个方面：一是教育与宗教分离，使学校教育成为世俗性的公共事业；二是义务教育由国家设立或批准的学校来实施，体现了国民的意志；三是实施义务教育的学校和教师具有公共和公务性质；四是国家对实施义务教育进行有效的监督和管理，而不是放任自流。

3. 义务教育的免费性

义务教育的免费性是指国家对接受义务教育的学生免除全部或者大部分的就学费用。这是世界各国实施义务教育的一个共同特点。当然，义务教育从免除部分费用到免除全部费用，要从各个国家和地区的实际情况出发，有一个逐步发展的过程。

4. 义务教育的基础性

义务教育的基础性意味着，根据法律规定，所有适龄儿童、少年都必须完成规定年限的教育，并接受基础知识、基本技能、基本方法和基本态度等方面的教育。这不仅是社会生产力发展的客观要求，而且是现代社会对每一个公民素质的最基本要求。义务教育的基础性表现在义务教育是一种全民性的教育，而不是英才教育；是素质教育，而不是应试教育。2006年修订的《中华人民共和国义务教育法》第三条规定："义务教育必须贯彻国家的教育方针，实施素质教育，提高教育质量，使适龄儿童、少年在品德、智力、体质等方面全面发展，为培养有理想、有道德、有文化、有纪律的社会主义建设者和接班人奠定基础。"

（二）我国义务教育的概况

我国的义务教育制度肇始于清末。作为国家富强、民族复兴的基石，义务教育一直为历代政府所推崇。其中，清末将适龄儿童、少年接受义务教育视为父母对国家的义务；民国时期的义务教育突出公民的受教育义务；中华人民共和国成立后的义务教育，则更为强调作为公民的受教育者的权利。

1986年《中华人民共和国义务教育法》颁布，规定国家实行九年制义务教育，标志着我国正式建立并开始实施九年制义务教育制度。该法对于全面推进我国义务教育进程起到重要作用。但是，随着义务教育的深入发展，也遇到了新的问题和挑战。为有效解决这些问题，进一步推进义务教育发展，2006年6月，第十届全国人民代表大会常委会通过了新修订的《中华人民共和国义务教育法》(以下简称《义务教育法》),并于当年9月1日起正式实施。

新《义务教育法》与1986年颁布的《义务教育法》相比,内容上有较大的突破,至少有三大亮点:一是以法律的形式提出实施素质教育的要求;二是明确提出保障教育的公平与均衡发展,解决义务教育发展以来出现的择校现象、教育不公平等问题;三是针对校园安全保障做出了一系列规定。

在普及义务教育的年限方面,目前我国实行多种方式,有"六三制""五四制""九年一贯制",有"幼儿园、小学、初中一贯制"等形式。各地可根据实际情况,灵活采取各种不同的学制形式。

[拓展阅读]
廖其发:《当代中国学制改革的发展历程与经验教训》

第三节 现代学校制度

现代学校制度在我国教育理论界和教育实践界还是一个尚属探索起步阶段的新课题,其研究缘起于教育制度创新和现代学校制度建立,是深化学校教育改革尤其是学校内部体制改革的重要前提的认识。在政府的政策引导与相关研究机构的推动下,近年来现代学校制度的研究进入到一个活跃期,其重要性日益为人们所认识。本节对已有的探索成果作一简要阐述,以拓展视野,启发思维,从制度层面进一步了解我国学校教育的现状和改革趋势。

一、现代学校制度的内涵

目前教育学界对现代学校制度概念的理解还比较模糊,主要原因在于界定概念内涵所依据的立场各不相同,其探索还处于起始阶段。

(一)关于现代学校制度定义有代表性的表述

关于现代学校制度的定义表述,目前主要有如下几种:

1. 基于现代企业制度所理解的现代学校制度

有学者借鉴现代企业制度的基本理论,认为现代学校制度是指一种适应社会化大教育和社会主义经济体制、政治体制、科技体制改革的内在要求,以学校法人制度为主体,以有限责任制度为核心,以教育管理专家经营为表征,以学校组织制度和管理制度以及新型的政校关系为主要内容的现代学校体制。此外还认为,以国有民营学校为主要形式的现代学校制度具有产权关系清晰、政校职能分开、法人制度健全、组织管理科学、奋斗目标明确的基本特征。中国教育学会浙江省台州市椒江教育改革试验区在"教育股份制"办学基础上提出的"现代学校制度"及其实践,也借鉴现代企业制度的分析框架,把现代学校制度界定为:以学校法人制度和法人治理结构为基础,以学校依法自主经营为核心,市场机制在教育资源配置中发挥基础作用,政府专注于制度建设和公平保障的现代学校教育体系[①]。

---

① 吴华,宁冬华. 从现代企业制度到现代学校制度:对椒江"现代学校制度实践的理性思考"[J]. 浙江大学学报(人文社会科学版),2004(1).

2. 基于对传统学校制度反思所理解的现代学校制度

有学者基于对传统学校制度的反思，认为随着社会的不断发展，传统学校制度逐渐暴露出种种弊端，因而现代学校制度是相对于传统学校制度而言的，是学校制度自身发展的新阶段。① 现代学校制度是指符合现代教育理念与指向，能适应学校教育现代化和社会主义市场经济体制、政治体制改革的内在要求，以具有法人主体地位的学校为基点，以有效调节政府、学校、社会三者关系为核心，以促进学生发展及校长、教师专业发展为目标，以新型的政校关系和学校自主发展机制为主要内容，保证素质教育目标实现的学校制度系统。②

3. 基于转型时期对学校制度价值的重新认识所理解的现代学校制度

有学者基于对学校制度价值的重新认识，认为现代学校制度是指在新的社会背景下，能够适应市场经济发展和建设学习型社会的基本要求，以学校法人制度和新型的政校关系为基础，举办者产权与学校日常管理权基本分离，学校依法自主管理，由教育管理行家负责学校日常管理，教职工依法民主参与，学校与社区中的各种组织及家长密切合作，指导和约束学校可持续发展的一套完整的制度体系。③

类似的表述还有：现代学校制度是指在知识社会初见端倪和全面建设小康社会的大背景下，能够适应市场经济和建设学习型社会的基本要求，以完善的学校法人制度和新型的政校关系为基础，以现代教育理念为指导，学校依法自主、民主管理，能够促进学生、教职工、学校、学校所在社区的协调和可持续发展的一套完整的制度体系。④

4. 基于综合角度所理解的现代学校制度

有学者认为，现代学校制度是指符合现代教育基本理念，坚守教育本真，构建学校法人制度以确立学校的主体地位，以学校组织制度、管理制度和新型政校关系为主要内容的教育制度。其中，以人为本、以学生发展为中心的教育理念是前提，确立学校的法人地位是关键。⑤ 还有学者认为，现代学校制度可以从两个不同侧面或宏观与微观两个层面进行理解：一是"现代的"学校制度，即从宏观入手来强调学校制度的时代性和创新性，围绕"现代的"要求对学校制度进行改革和推进；二是"现代学校"的制度，侧重于微观即学校内部的制度体系，关注的是如何促进教师有效地教和学生更好地学。⑥ 宏观的现代学校制度是指一个国家或地区的学校教育系统，包括学校的管理体制、投资体制和办学体制等；微观的学校制度是指一所学校内部的组织机构和运行机制，包括组织结构的分层、内部权力体系的构成等。⑦

---

① 兰军．关于现代学校制度构建的探讨［J］．江汉大学学报（人文科学版），2003（5）．
② 朱怡华．把学校还给学校：谈"现代学校制度"建设［N］．中国教育报，2004-2-10（6）．
③ 李继星．现代学校制度初论［J］．教育研究，2003（12）．
④ 陈如平．现代学校制度的基本特征［J］．人民教育，2004（21）．
⑤ 黄彬．现代学校制度：内涵、政校关系构建规则及探索空间［J］．现代中小学教育，2007（1）．
⑥ 熊斯曼，杜学元．现代学校制度的若干理论思考及其构建策略［J］．广西青年干部学院学报，2008（2）．
⑦ 兰军．关于现代学校制度构建的探讨［J］．江汉大学学报（人文科学版），2003（5）．

（二）现代学校制度的内涵界定

1. 现代学校制度已有定义的分析

从上面列举的几种定义看，关于现代学校制度内涵界定尽管有相异之处，但也显示出一些共同特征：一是仿造、移植现代企业制度概念的痕迹明显。许多关于现代学校制度的分析是根据现代企业制度的"产权清晰、权责明确、政企分开、管理科学"四个要素展开的。但学校明显具有不同于企业的特征，如企业可以完全市场化，但教育却不能。因而，这种现代学校制度定义的缺陷显而易见。二是基于现代背景探讨现代学校制度，如知识社会的背景、学习型社会的背景、市场经济的背景、教育现代化的背景等。三是大都认为现代学校制度的价值取向或目标是"发展"，如学生的发展、教师与校长的发展、学校的发展、社区的发展等。这个思路是合理的，符合学校教育的性质，即学校是专门培养人的机构。四是讨论现代学校制度的内涵时大都是基于教育市场化的背景与民办教育的背景提出的，对公办教育与民办教育缺乏区分。而就学校整体而言，公办教育是主体，因而这样探讨现代学校制度有其片面性和模糊性。

2. 本书对现代学校制度的界定

要较全面地理解现代学校制度，需明确如下几点：一是现代学校制度中的"现代"是指时间还是指价值？如果是时间概念，那么现代学校制度就是现代社会的产物。如果是价值概念，那么现代学校制度要体现哪些价值理念？"现代"，应既指时间，也指价值。二是要从学校教育的性质与功能去探讨现代学校制度。从当前对学校的批评和学校功能发挥不足看，无疑有学校制度方面的原因。所以，要突出现代学校制度的"教育"性质与学校教育功能的发挥。三是现代学校制度的上位概念是学校制度还是教育制度？根据相关研究成果和学校的实际，现代学校制度的上位概念应是教育制度。现代学校制度的基本功能是促进人的发展。现代学校制度是一种教育制度，而不是经济制度。四是现代学校制度的主体是"学校"，涉及学校对外部与内部关系的处理。

根据以上分析，现代学校制度是指在现代社会背景下，具有与现代社会相适应的价值理念，以促进人（包括受教育者和教育者）的发展为根本取向的学校制度体系。与现代社会相适应的价值理念，主要包括法治理念、民主理念、公平理念、效率理念、人本理念、终身发展理念等。现代学校制度既包括学校内部的制度体系，如教职工绩效与激励制度、内部分配制度、课程制度、考试与评价制度、教师发展制度、学生管理制度等，也包括处理学校与外部关系的制度体系，如学校与政府、学校与社会（社区）、学校与家庭的关系等，具体如教育资源分配制度、择校制度、招生制度、家访制度、安全事故责任制度等。

此外，在理解现代学校制度时，还要弄清它与学制、现代教育制度的区别和联系。

二、现代学校制度的理念与价值取向

一个"好"的制度比这个制度下有道德的人更重要。一个好的现代学校制度，

［微视频］
现代学校制度的内涵、理念与价值追求

必须蕴含一些基本理念与价值取向。

（一）现代学校制度的基本理念

现代学校制度的总体理念是促进人的健全发展，包括学生的发展和教师的发展。这是确立现代学校制度，凸显学校制度教育性的重要体现。现代学校制度应平等地面向、关怀每个学生，而不是以牺牲多数人的发展来追求少数人的发展。要允许学生有差异地发展，承认学生在不同的方面有不同的潜能，尊重人发展的多元性和差异性，有针对性地组织教育，有区别地对学生进行评价，使学生在潜能较大的那些方面获得充分发展。没有教师的发展，也很难有学生的发展，因此，现代学校制度也必须把促进教师的专业发展作为根本理念。要实现师生的共同发展，建立现代学校制度必须考虑以下几个方面。

1. 法治理念

"法治"是社会发展到一定阶段，随民主意识的增进而出现的。法治为现代社会的重要内核，也是建立现代学校制度的重要基石。实行和坚持依法治校，就是广大教育工作者依照宪法和法律，特别是教育法律法规来管理学校各项事务，保证学校内外部关系及内部各要素之间关系的和谐健康发展，从而以较低的成本获得较高的管理效率。

依法治校中的"法"，既包括全社会共同遵守的一般法律，也包括专门规范教育事项的特别法律，还包括学校根据自身实际情况在法律授权范围内制定的内部规章制度。学校内部规章制度的内容和制定程序是否合法，是实行依法治校的重要标志。如，学校对学生实施开除处分时须告知学生有陈述、申辩、听证的权利，如果学校没有履行告知义务，则开除处分因程序违法而无效。实行依法治校，还要严格遵守教育法律法规，不得侵犯学生、教师的合法权益。

2. 民主理念

广泛体现民主精神是保障制度有效性的有力武器。制度是利益的表达，一项制度的构建，只有体现了大多数成员的共同利益和意愿，才能被广泛认可和实施。杜威认为，现代生活意味着民主，民主意味着思想自由，即个体精神上的解放。但也正如他在 20 世纪初就指出的那样，学校生活落后于当代社会发展，民主价值观仍不受重视，这影响师生的精神生活，造成师生缺少行动和自我负责的力量。[①]在我国的学校生活中，基本也是如此。所以，民主理念必须在现代学校制度建设中得到传播和推广。

3. 公正平等理念

学校制度直接影响到学校的运行，影响到学生、教师和学校的持续发展。公正是现代学校制度的灵魂，公正性是现代学校制度的根本属性。[②]制度是各个利益主体均衡导向的博弈规则，学校制度要处理学校中教职工、学生之间的各种利益关

---

① John Dewey, Democracy in Education, The Elementary School Teacher, Vol.4,No.4（Dec.1903）, PP, 193-194. http://www.jstor.org/stable/992653,08/07/2009 05:28.
② 冯建军. 论现代学校制度的公正性［J］. 教育科学研究，2008（11）.

系。在利益博弈的过程中，学校制度要维护个人利益的正当性和合法性，强调个人权利和权益的不容侵犯和相互平等，强调制度面前人人平等。学校制度要保证各个利益主体在学校利益分享上的均衡性，使学生、教师、管理者各得其所，促进他们最大限度地发展。

现代学校制度要体现公正理念，这是现代社会对学校教育的起码要求，也是现代学校制度维持社会秩序和促进社会稳定的内在规定性。一个公正的学校制度，无疑会鼓励学校成员彼此协作、互助互利、抑恶扬善、以正压邪，有利于学校的和谐发展和人的健全发展。

"权利平等"是一个需要重视的领域。平等权是所有人的天然权利，不因民族、种族、性别、出身、文化程度、财富多寡、职务高低而有所区别，包括人的身体和人格尊严不受侵犯、人的发展权利和机会平等、对他人权利的充分尊重和对自身权利的自我保护等。

4. 人本理念

现代学校制度应渗透以人为本的理念。以人为本不是空洞的口号，而是要落实到每个具体的人身上。以人为本的学校制度，不仅关注每个人的发展，而且把人当作"人"，当作具有同样权利和自由的人看待。制度不是限制人的自由，恰是维护人的自由不受外在不合理因素的强制和干预。学校制度不能像生产管理一样管理学校，不能像对待机械产品一样对待那些有生命活力、有情感、有个性的学生和教师。学校制度要尊重人的差异性，反映人的多元需求和丰富个性，反对以标准人的形象把所有人都齐一化。

5. 拒绝市场化理念

一段时间以来，教育市场化的呼声不断。如有人将现代企业制度生硬移植到教育领域；有人把公立学校"转制"视为中国式的"现代学校制度"，认为转制是为了探索"公立学校实现形式多样化"和现代学校制度的建立；有人将教育产业化、教育市场化视为我国教育制度的改革方向；甚至还有人主张将所有的国有教育资源全部卖掉（私有化）。这些观点极不利于实现教育公平与教育均衡发展。

学校与企业不一样，学校应该体现其公共性或公益性。公益性的事业不能用市场化的方式去运作。教育中的主体，特别是义务教育和公办教育，绝不能市场化。市场不是中立的，在市场面前，不是人人平等，希望通过市场机制带来教育上的平等，实际上带来的将是更大的不平等。经济市场化并不必然要求教育也要市场化，经济与教育隶属于不同的社会板块，有着不同的理念与价值追求。

（二）现代学校制度的价值追求

可以从理论与实践两个方面来理解现代学校制度的价值追求。从理论上看，现代学校制度概念的提出和建设可以看作"教育后制度化"的范畴。就教育实践而言，所谓教育的后制度化，就是基于市场经济、民主政治的以个人自由和权利平等为核心的后制度化教育的产生过程；就教育制度而言，所谓教育的后制度化，就是强制性教育制度解体和自主性教育制度的生成过程。强制性教育制度的根本基石是人与人之间的不平等，既包括基于人与人之间理性地位的不平等，也包括基于人与人之间身份地位的不平等。自主性教育制度就是以个人自由以及人与人之间的权利平等为基础，以确保教育中的个人自由和权利平等以方便个人有效谋取自己的教育利益为特色的教育制度。后教育制度化以"自由"的平等为价值取向，主要是因为它们蕴藏着丰富的效率因素。这里的效率不但是获取教育中的物质利益的高效率，更是获取教育中的非物质利益，如教育公平、个性发展、个人自主的高效率。① 从实践上看，现代学校制度的价值追求体现在对现实的改良和对教育理想的期望上。根据这两种思路，现代学校制度的价值追求主要包括优化教育秩序、促进教育公平、推进教育均衡发展以及保证师生人格尊严等。

1. 优化教育秩序

我国目前的教育秩序至多是基本正常，远未达到"优"的程度，在某些方面甚至还存在着混乱。例如，一些地区和学校的择校与乱收费问题，"名校转民校"与"名校办民校"问题，一些地区和学校随意削减升学考试科目以外的课程等。在有些学校内部，权力高度集中，有关的民主制衡机构和民意机构形同虚设，基本的民主决策程序缺失。为此，要通过现代学校制度的建设，逐步优化教育秩序，提高教育的社会效益，凸显教育的公益性。

2. 推进教育公平

通过制度调整来促进教育公平，是世界近现代教育民主化进程中一个普遍的法则。目前人们比较认可的教育公平包括入学机会均等、教育过程均等和教育结果均等，其中包含了在教育过程中所提供的各种资源的基本均等。当前我国事实存在的教育不公平问题，已引起广大公众的强烈不满。尽力缩小中小学校之间的差距，是建设现代学校制度重要的价值追求与指导思想。否则，现代学校制度的公正平等理念就无从体现。

3. 促进教育均衡发展

"教育均衡"是指在教育公平思想和教育平等原则的指导下，教育机构、受教育者在教育活动中获得平等待遇的一种教育理念，其最基本的要求是在教育机构和受教育群体之间平等地分配教育资源，达到教育需求与教育供给的相对均衡。当前人们关注的基础教育均衡发展，主要是指我国不同地区之间、城乡之间、同一地区不同学校之间、同一学校不同群体之间的教育均衡发展，主要涉及的是受教育者的受教育权利保障以及教育的民主与公平如何实现的问题。在我国，过去相当长时间内，由于多种原因，如教育经费不足、教育资源短缺、师资不足等，造成学校之间差距过大。在学校办学中，由于受应试教育、片面追求升学率的影响，办重点班、注重优生教育、注重毕业班的优质资源配置、注重主学科、注重分数评价等违背教育均衡发展要求的现象比比皆是。义务教育均衡发展关乎千家万户的切身利益，是我国现今教育改革的当务之急。要通过建立现代学校制度，从制度层面上保证教育资源配置的相对公平，大力扶持薄弱学校，促进学校均衡发展，从而促进教育均衡

[拓展阅读]
田慧生，等：《现代学校制度建设的价值取向》

---

① 康永久. 教育制度的生成与变革［M］. 北京：教育科学出版社，2003：390-402.

发展。2006年修订的《中华人民共和国义务教育法》的一个重要内容就是推进义务教育均衡发展，促进教育公平。

4. 保证师生人格尊严

在学校管理中，因缺乏科学与伦理的制度约束，导致了许多有损学生和教师人格尊严的事件发生。从人性与教育的角度看，对尊严的理解，可以有四个层次：一是把人当人看，二是权益受到保护，三是人与人平等，四是人的个性解放和独立自由。让师生有尊严地工作、生活、学习，亦是现代学校制度的价值追求。

三、建立现代学校制度亟待解决的问题

2012年6月，教育部颁布的《国家教育事业发展第十二个五年规划》中，专门设立了"建立现代学校制度"的内容，标志着党和国家对现代学校制度建设的高度重视。建立现代学校制度是为了解决学校教育现实中的问题。当前我国学校发展与运行中存在的哪些问题是可以通过制度的改革与完善来解决或缓解的，这是现代学校制度设计的基本立足点。目前学校发展与运行中存在的问题很多，有些来自学校外部，有些来自学校内部，有些存在于学校的内外关系之中。从学校及其利益主体看，主要有以下几方面互为因果、相互交织的问题亟待解决。

（一）学校办学自主权不足的问题

学校办学自主权不足，即政府对学校简政放权的问题。传统学校制度在政府与学校的角色关系上存在着不同程度的混淆，政府对公办中小学校作为办学主体应具有的职能大包大揽，致使学校失去应有的办学自主权，几乎成了政府的附属机构。学校不具有真正的独立法人资格，上级主管部门直接管辖学校的人、财、物，使学校缺乏主动适应社会发展的机制和应有的活力，机制僵化，运作刻板，效能低下。学校办学自主权不足，也束缚了校长的手脚，阻碍了校长的发展，导致有思想的校长很难脱颖而出。

作为公共教育举办者和管理者的政府，在现代学校制度下，需要主动调整与学校的关系，逐步推进政校关系的疏离和政府自身职能的转变，进一步扩大学校办学自主权。政府与学校的关系要由过去单纯的隶属关系，转变为自主权和行政权相互协调、相互制约的新型关系。政府职能转变的核心是权力下放，重心下移，突出责任和服务功能。

（二）学校教育功能偏离的问题

学校是专门培养人的机构，但在市场化现实中，许多学校却不得不做一些与教书育人无关的事情，甚至在做着一些有损人的发展的事情。这便是学校教育功能的偏离，即偏离于促进学生健全发展的职能。

20世纪60年代中期美国出现了"贬抑学校教育"的思潮，其代表人物伊里奇（I.Illich）在1971年出版的《非学校化社会》一书中提出，学校中存在的"隐蔽课程"（又译"隐形课程"）阻碍了学校教育功能的发挥，也妨碍了真正的学习和教育。他提出必须废除现行的学校制度，代之以能够自主学习的"学习网络"，并建

立一种人人平等、自律自助和愉快交往的贬抑学校社会。①"非学校化"思潮认为，学校已无力提供一种真正自由的教育而异化成一种机构。在我国，日趋市场化的环境和由社会方方面面制造的片面追求升学率的巨大压力，使学校行为有疏离于学校职能之势。许多学校不得不热衷于眼前功利，违背办学宗旨，践踏人的发展规律，教育的精神、教育的神圣离学校渐远。对于许多学校来讲，学校的中心工作几乎就是考试和升学，学生和教师都成了应试机器。与此相反，一些物质条件、师资水平、学生来源等办学条件极差的薄弱学校由于提高升学率无望，也就既无压力，亦无动力，得过且过，致使学生没有得到应有的发展。造成这种状况的原因很复杂，但与政府职能的失误和错位有很大关系。比如，政府在教育资源配置上严重厚此薄彼，率先破坏了教育的均衡发展，致使一部分学校升学压力过大，贻害学生发展，一部分学校得过且过，同样贻害学生发展；再比如，教育主管部门很少有不或明或暗地给学校下达升学指标的，而这种行政命令是下属学校难以抗拒的。

学校教育功能的偏离直接损害学生的发展。学校本应面向全体学生，着眼于学生充分、全面和终身的发展，并允许有差异、有个性地发展。但由于升学竞争压力，评价学校绩效的尺度被严重扭曲，升学率事实上成了评价学校的唯一指标。有学者在质问"为什么学校会对学生的发展不负责"时指出，作为教育机构的学校理应对学生的发展负责，而导致"不负责"的症结，并不在于学校对其基本职能把握上的偏颇，也不宜简单归结为校长和教师的职业道德问题，而是在于校长和教师对其切身利益的谋求。面对学校教育功能偏离问题，有必要通过学校制度的改革与创新，在校长和教师切身利益的获取与促进学生健全发展的实绩之间建立起一套合理的制度规范。②

（三）教师发展不足的问题

随着新课程改革的展开，教师发展不足的问题逐渐引起重视。影响教师发展的因素主要有：从教师角色规范来看，往往将教师置于道德超人境地，容易使教师形成不宽容的处事心态和挫折体验，影响其职业幸福感；从学校管理来看，其中存在的烦琐性和管理主义倾向，造成了对教师角色规范和理性化制度本身的扭曲，从而对教师产生消极影响；应试教育背景下，教师教学的复制性和灌输性强化了教师角色的异化，使教师的自主性受到很大限制。许多教师不得不屈从于升学率压力和利益需要，丢弃自我。有学者指出，在教育管理的金字塔形科层组织中，教师处于最底层，教师只是政策的实施者、秩序的服从者、课程的操作者，教师是学校管理的"客体"，没有参与决策和管理的权利。由此，"教师很容易矮化成一个仅仅从事非创造性劳动的雇工，僵化成一个只是灌输既定的意识形态的传声筒，愚化成一个贬抑自身魂灵的思想附庸，堕化成一个维护错误观念的文化保安"。③这就是在教育行政制度权力挤压下教师专业退化的反映。

---

① [美]伊里奇. 我们为什么必须废除学校. 张人杰. 国外教育社会学基本文选[C]. 上海：华东师范大学出版社，1989：462-469（编者按）.
② 吴康宁. 为什么学校会对学生的发展不负责[J]. 教育研究，2007（12）.
③ 吴康宁. 教师是社会的代表者吗[J]. 教育研究与实验，2002（2）.

另外，长期以来，师资管理和培训制度的封闭性也阻碍着教师的发展。改革开放30余年，学校还是最宁静的"一潭水"，绝大多数教师几十年工作在同一个单位或某个狭窄的地域，很难有流动的愿望和流动的可能。即便在人才流动成为大趋势和倡导终身学习的今天，学校及教育行政机构阻碍教师流动与进修的事情仍时有发生，教师在人事上基本还是单位所有制和部门所有制。这些都是对教师作为人的异化。

解决教师发展不足的问题，有待于建立教师发展制度，有待于将教师发展纳入制度化的框架下。建立教师发展制度，实际上是要做好教师人力资源的开发和运用。现代学校制度强调学校质量的提高应着眼于开发最具活力的人力资源，以调动人的积极性，打破学校中实际存在的"大锅饭"与沉闷现象。建立教师发展制度的一个重要方面，就是要完善教师培训制度，通过制度化的培训不断提升教师的专业化水平，这是学校开发智力资本的重要途径。

教师培训是教师的普遍需求，学校应设计更符合教师需求的教师培训制度。除校本培训外，可以设立教师异地培训制度。异地培训的优势在于：一是能拓展课程实施空间，开阔教师视野。目前教师在接受继续教育时，大多只能"足不出户"，培训效果大打折扣。长期在封闭的环境中工作和学习，容易导致教师视野狭窄，心灵压抑，自我封闭，使其自我超越的本性被消解。二是能满足教师作为人的基本渴望。"近处无风景"，从人类学和心理学的视角看，人具有追求新异刺激、丰富多彩、变化流动的本性，具有走出狭窄空间的种种冲动。① 异地培训制度，可以满足教师人性的某些渴望，使大脑处于兴奋活跃的状态，拓展教师生活和学习的空间，有助于提高培训质量。

没有教师精神的解放，就很难有学生精神的解放。诚如杜威所说，"为了创造一个民主社会，我们需要一种教育制度。在这个制度中，道德、智力发展的过程，在实践上和理论上乃是自由的、独立的人从事探究的合作的相互作用的过程。这些人把过去的思想和继承的东西，无论从数量上和质量上，都作为进一步丰富生活的手段和方法，他们运用已获得的良好成就来发现和制造更美好的东西。"② 为了教师的发展，我们也需要一种新的学校制度。在这种制度里，教师能够自由、自主地工作、学习和把握自己的命运。

（四）学校活力匮乏的问题

由于评价制度、人事分配制度等种种不合理制度的限制和压抑，学校长期以来处于消极、被动和疲于应付的境地，缺乏自我发展、自我约束、自我激励、自我超越、追求特色的主体精神和改革动力，极大地限制了学校的健康发展。

现代学校制度是借鉴现代企业制度提出的一个概念，二者尽管不可同日而语，但亦有相通之处，建立现代企业制度过程中积累的经验可资借鉴。不同性质的企业如国有企业、合资企业、私营企业等，在建立现代企业制度的过程中面临的问题

---

① ［德］博尔诺夫. 教育人类学［M］. 李其龙，等译. 上海：华东师范大学出版社，1999：86-87.
② 杜威教育论著选［C］. 赵祥麟，王承绪，编译. 上海：华东师范大学出版社，1981：435.

不同因而思路与对策也不同。国有企业建立现代企业制度的探索，更适合公立学校建立现代学校制度时借用。从某种意义上说，公办学校系统其实是最大的"国有企业"。学校目前的起点与存在的诸多问题与制度改革前的国有企业具有相似性。增强学校的活力，提高学校的效率，借用企业精神改造公办学校内部的管理体制，也是现代学校制度设计的一个思路。① 现代企业这一社会组织通常能够获得比政府机关、学校以及其他社会事业机构更高的"投入—产出"效率和资源配置效率，源泉正在于企业在竞争压力下持续的制度创新和技术创新。通过建立现代企业制度，许多国有企业已成为真正自主经营、自负盈亏、自我发展、自我约束的商品经营者和独立的市场竞争主体，其活力和竞争力明显增强②。因此，也需要在学校之间形成类似于企业间的良性竞争压力，使增强活力和提高质量与效益成为学校的自觉追求。

制度改革也是利益的再调整。利益问题是建立现代企业制度的一个难题，也是破解难题的突破口。当年，如何更好地实现出资者、经营者、劳动者各方利益，是推进现代企业制度建设的关键。国有企业解决这三部分人的收入分配问题，就是要在企业内建立起真正能够按照劳动优劣、技能高低、贡献大小拉开差距的利益激励机制，打破"大锅饭"。③ 对此，企业以内部三项制度改革来推进现代企业制度，即企业内部的人事制度、劳动制度和分配制度改革。改革三项制度最直接的目标是，建立管理人员竞聘上岗、能上能下的人事制度；建立职工择优录用、能进能出的用工制度；建立收入能增能减、有效激励的分配制度。企业在这方面探索出了很多成功的做法。公立学校建立现代学校制度，也将面临同样的问题。国有企业在解决这些问题时采取的思路，值得借鉴。

正如企业一样，学校的活力主要也不是外部赋予的，而是内部生成的。学校可以借鉴国有企业的内部三项制度改革，建立适合学校和教师的激励制度，突破利益瓶颈，调动教职员工的积极性。学校工作的一项根本性任务就是运用各种激励手段，使教师的各种合理需要得到满足，从而促进教职工积极、主动、创造性地工作，为学校发展与学生发展做出更大的贡献。当然，学校与企业毕竟不同，精神性劳动与物质性劳动毕竟不同，总的来说，建立现代学校制度更为复杂、更为艰巨，不可照搬企业的做法。

（五）《学校法》缺失的问题

建立现代学校制度需制订《学校法》，以便理顺政府与学校的关系，重塑政府角色，规范政府对学校的管理，解决学校是政府附庸的问题；同时明确学校职能，使学校在贯彻国家教育方针和依法办学的前提下，形成自主管理、自主发展、自我约束的机制，增强学校办学活力。

参照国际上一些经验，结合我国实际，制订《学校法》时需思考以下几方面的

---

① 吴华，宁冬华. 从现代企业制度到现代学校制度——对椒江"现代学校制度实践的理性思考"[J]. 浙江大学学报（人文社会科学版），2004（1）.
② 周叔莲. 国有企业改革三十年的回顾与思考[C]. 中外企业家，2009（1下）.
③ 郭元晞，阳洪兴. 有益的探索——四川22户国有企业探索建立现代企业制度的实践与理论思考[J]. 经济体制改革，1994（11）.

问题：第一，《学校法》不仅要对学校办学自主权作出规定，而且要对政府的管理权限作出规定，只有政府真正转变职能，承担起公共服务的角色，学校才可能真正自主发展。第二，《学校法》要具体规定不同类型学校发展的自主权，体现各级各类学校的差异和办学主体的利益。第三，《学校法》对学校办学自主权的规定，既应包括学校与政府的权利与义务，明确规定学校的教书育人职能，还应对学校与校长、学校与家长、学校与教师、学校与学生之间等方面的权利与义务关系作出规定，使教师、学生、家长能依法参与学校决策。第四，《学校法》要对学校设置、课程制度、教学制度、评价制度等作出规定。第五，《学校法》要建立校长问责制，明确规定校长的权力和责任范围，以及对校长权力进行监督和评价校长业绩的具体办法。《学校法》的制订，有助于促进学校自我约束、自主管理和自主发展，同时不偏离学校的教育职能。

本章小结

教育制度是一个国家或地区各级各类教育机构与组织体系有机构成的总体及其正常运行所需的种种规范、规则或规定的总和。学制是学校教育制度的简称，是指一个国家各级各类学校的系统，它规定各级各类学校的性质、任务、培养目标、入学条件、学习年限、管理体制以及它们之间的关系等。学制是一个国家教育制度的主体部分。我国当前实施九年制义务教育，义务教育具有国家强制性、公共性、免费性与基础性。现代学校制度是指在现代社会背景下，具有与现代社会相适应的价值理念，以促进人的发展为根本取向的学校制度体系。现代学校制度既包括学校内部的制度体系，也包括处理学校与外部关系的制度体系，如学校与政府、学校与社会（社区）、学校与家庭的关系等，它的基本理念包括法治理念、民主理念、公平理念、人本理念、拒绝市场化理念等，其价值追求主要有优化教育秩序、促进教育公平及保证师生人格尊严等。

实践·反思·探究

1. 如何理解教育制度、学制、现代学校制度三个概念的区别与联系？
2. 发达国家学制改革发展有哪些主要趋势？
3. 如何理解我国当前实施的义务教育？义务教育有什么特点？
4. 建立现代学校制度应坚持哪些基本理念与价值取向？
5. 材料分析：阅读《中小学学制改还是不改？》材料，结合材料分析应如何科学推进学制改革？

中小学学制改还是不改？

2016年两会期间，全国政协委员、诺贝尔文学奖获得者莫言和全国人大代表、宿州市农科院研究员杨杰不约而同地建言学制改革，并引起广泛热议。莫言认为："633学制割裂了少年儿童成长发展的过程，增加了学段衔接的成本。学生培养年限的延长也影响到成才后对社会作贡献的年限，以及个人的生活幸福指数。"他建议将中国12年的学制变为10年，通过减少两年时间提高对社会贡献的年限，取消小升初考试，通过"一贯制"的模式让孩子们减少升学的压力，从而达到快乐学习的目的。而在各地，旨在实现学段贯通、更有效地培养学生的学制改革，也正在成为研究和实践的热点。

推荐阅读

1. 田正平，李江源．教育制度变迁与中国教育现代化进程［J］．华东师范大学学报（教育科学版），2002（1）．
2. 廖其发．当代中国学制改革的发展历程与经验教训［J］．南京晓庄学院学报，2004（2）．
3. 史伟麟，包义彭．关于莫言中小学学制改革提案的思考与启示［J］．文教资料，2016（15）．
4. 孙绵涛，王刚．我国现代学校制度建设的成就、问题与对策［J］．教育研究，2013（11）．
5. 康永久．教育制度的生成与变革［M］．北京：教育科学出版社，2003．
6. 张新平，李金杰．现代学校制度的认识偏差与重新定位［J］．教育研究与实验，2006（2）．
7. 许杰．现代学校制度建设的实践逻辑［J］．教育研究，2016（9）．

第六章　教师与学生

学习目标

- 了解教师职业和教师专业的基本内涵，掌握教师权利和义务的基本内容，理解我国教师专业化建设与发展的现状。
- 理解学生既是教育活动的客体又是学习活动的主体的基本属性，掌握学生所享有的法定权利，了解优等生、中等生和边缘生各自的特点及教育策略。
- 掌握师生的教学关系、伦理关系和情感关系的内涵以及它们之间的内在联系，了解权威型师生关系、自由型师生关系和民主型师生关系各自的特点，联系新课程的实施，理解新型师生关系的构建。

知识列表

教师与学生	教师	教师职业的历史沿革
		教师的地位、权利与义务
		我国教师专业化建设的进展
	学生	学生的属性
		学生的地位
		学生的不同类型
	师生关系	师生关系的基本内容
		师生关系的主要类型
		当代师生关系的建构

本章导入

我们讲"现代教师",并非要割断历史的联系,相反,我们要强调,现代教师首先应当是教师,要有教师的本职观念。说起来,这几乎是常识,但这些年许多时髦的观念恰恰模糊以至遮蔽了教师的本职,我们教学工作中的许多问题其实都可以归结为失职。因此,谈教师的素质,首先就是要回到常识,要像个教师的样子,做一个尽职敬业的教师。教师的本职是什么?就是教书育人,而教书就是教学生学,这就意味着教师这个职业,其出发点与归宿,都应该是学生的健康、健全成长。因此,教师的职业道德,最基本的就是把学生放在自己心中,教师职业的价值与乐趣,也就体现在教师也生活在学生心中,于是就有了教师与学生的生命在相互的关爱中的共同成长,所谓"教学相长"就是一个最理想的教育状态与境界。有了这样的自觉追求,达到或接近这样的境界,就会把教师这个职业当作天职,即成为内在生命的需要,不管外在条件多么恶劣,不管遇到什么挫折,都认定自己天生是当教师的料,坚守在教师的岗位上,做教育的守望人。这就是我们说的教育的理想主义,教师本质上是一个带有浓重的理想主义色彩的职业。

——摘自钱理群教授《做教师真难,真好》

学校各项活动的发生、展开和变革都取决于教育活动中的人。其中教师和学生是教育活动中两个最活跃的要素,师生关系是学校场域中最基本的一对关系。要全面把握教育活动的内涵,就需要了解教师和学生的特性,理解师生之间的相互关系。

第一节 教 师

教师是"学校中传递人类科学文化知识和技能,进行思想品德教育,把受教育者培养成一定社会需要的人才的专业人员"[①]。随着社会和学校教育的不断发展,教师的社会功能、素质要求、职业劳动特点和内容均有所变化。

一、教师职业的历史沿革

教师职业是人类社会分工、社会职业发展的产物,它直接产生于社会的教育需要,是社会生产力发展的必然结果。

在原始社会,教育总是渗透在部族的日常生活、生产以及宗教活动中,并没有成为独立的社会活动,因而没有专门的教师。部族中的长者、能人或者巫师往往在不自觉中承担了文化传递和道德培养的任务,担当着"教师"的角色。

随着社会生产力的发展,脑力劳动与体力劳动开始分化,教育活动逐步从生产生活中分化出来并形成了专供传授和学习文化知识与技能的场所——学校,也随之

---

① 顾明远. 教育大辞典(增订合编本)[Z]. 上海:上海教育出版社,1998:700.

出现了传授知识与技能较为专门的人员——教师。我国西周时期,"学在官府"是学校教育的主要特征之一,学校教师主要是由有学识的政府官吏担任,以吏为师、师吏合一相当普遍。这种政教合一、官师一体的体制在奴隶社会得以形成,并在长期的封建制度下基本得以保留。在封建社会,与官学并存的是私学。我国最早的私学出现在春秋时期,到了西汉,已经开始出现程度较低的蒙学和程度较高的经学两个层次的私学。经学的教师主要由退职官吏、名儒大师等担任,而蒙学的教师则往往是由科举考试中落榜的文人担任。无论是官学还是私学的教师,总体上并不具备从教的专业能力。

在欧洲,教师一词由"教仆"一词演化而来。古希腊时期出现了"智者",他们以教授"辩论术"为业并获取相应报酬。到了古罗马时期,教师变为由国家选派。及至中世纪,"学在教会"成为这一时期学校教育的主要特征之一。僧院学校、大教堂学校、教区学校广为建立,均以僧侣、神父、牧师为师。以僧为师、僧师一体的教师职业体制基本确立,并在很长时期占主导地位。

总体而言,在漫长的古代社会里,尽管已经有了教师这个职业,但还没有成为一种专门化的职业。教师不需要专门的资格和专门的培养,长者为师、能者为师、学者为师、以吏为师、以僧为师,教师职业尚处在靠知识、才能、经验来"传道、授业、解惑"的非专业化阶段。

进入近现代社会后,工业革命的兴起和资本主义的发展对劳动力受教育程度的新需要以及逐步实施的普及义务教育对师资的大量需求,共同推动了教师职业的发展。师范教育的推行揭开了教师职业发展的新篇章,标志着教师专业化阶段的起始。但在 20 世纪 60 年代以前,教师职业专业化趋向总体上是在不自觉的、被动的、隐性的状态下缓慢进行的。1966 年,联合国教科文组织和国际劳工组织提出《关于教师地位问题的建议》,首次以官方文件形式对教师专业化作出了明确说明,指出"应把教育工作视为专门的职业,这种职业要求教师经过严格的、持续的学习,获得并保持专门的知识和特别的技术。"[①] 自此,教师专业化开始成为教师职业发展的自觉追求、主动选择和显性目标。

专业是在社会分工和职业分化的过程中形成的一类特殊职业。专业包含三方面的内容:第一,专业应该是正式的全日制职业;第二,专业应该拥有深奥的知识和技能,而这些知识和技能可以通过教育和训练而获得;第三,专业应该向它的客户和公众提供高质量的无私的服务。[②] 最早被认为是专业的职业有医生、律师和牧师。后来,又有一些职业如工程师、会计师、建筑师等被冠以专业的称谓。

与其他职业相比,专业群体在知识基础、知识获得途径、从业要求、从业目标等方面都有明显的差异。这种差异使得专业群体分配到更多的经济资源以及享有更高的社会声望(表 6-1),因此越来越多的职业都努力效仿专业所具备的特质并以

---

① 刘薇. 教师专业化:世界教师教育发展的潮流 [N]. 中国教育报,2002-1-3(4).
② 赵康. 专业、专业属性及判断成熟专业的六条标准:一个社会学角度的分析 [J]. 社会学研究,2008(5).

此作为从业群体上升流动的主要途径。① 职业向专业转化的过程可称为专业化，它是指一个普通职业群体逐渐符合专业标准、成为专门职业并获得相应的专业地位的过程。② 专业化进程不是一蹴而就的，它往往是在专业化目标引领下逐渐从专业化程度较低的层次向专业化程度较高的层次递进的过程。

表 6-1 职业和专业的区别

	职业	专业
知识基础	行业的规则	高深的学理
知识获得	个人工作经验积累	长时间的专业训练
准入要求	没有准入的门槛，无内、外行之分	严格的准入要求，区分内行与外行
从业目标	谋生手段	利他主义的服务理想和奉献精神
职业声望	较低	较高
社会地位	较低	较高

教师专业化是指加强教师专业性的过程，包含两个方面的内涵，即教师职业专业化和教师专业发展。前者主要表现为教师地位的提升，是教师专业化的社会承认形式，制约着教师专业发展的进程和水平；后者主要体现为教师专业素养的提升，是教师专业化的基础和源泉，为教师专业化的根本方面。为了提升教师专业化程度，人们一方面通过法律、法规及政策的制订与实施来提升教师的地位，谋求社会对教师专业性的认可与承认，另一方面通过教师教育、教师的积极反思以及专业社群的建立等途径来提升教师的专业素养。教师专业化由近代发展到当代，已走过了一个多世纪的历程。从世界范围来看，目前教师职业发展已具备了一定的专业水准，但仍是一个部分的而非完全的专业，正在努力朝着完全专业化的方向接近，是"形成中的专业"。

二、教师的地位、权利与义务

教师是人类文化的传播者，对于人类文明的发展具有重要的承前启后的作用。然而，在传统社会中教师的地位从未得到充分的重视。传统社会所呈现的相对稳定的政治社会结构和相对单一的思想文化体系决定了教师主要承担的是社会教化职能，使得教师对国家权力体系具有强烈的依附性，缺乏相对独立的职业身份，进而导致了教师地位的低下。现代社会特别是第二次世界大战以后，教师的地位问题受到普遍关注。联合国教科文组织和国际劳工组织通过的《关于教师地位问题的建议》是关于确保教师社会地位的国际性条约，它向各国政府提供了确保教师社会地位的共同准则和基本措施，对许多国家确立教师的社会地位产生了深远影响。

---

① 曾荣光. 教学专业与教师专业化：一个社会学的阐释 [J]. 香港中文大学学报，1984（1）.
② 刘捷. 专业化：挑战 21 世纪的教师 [M]. 北京：教育科学出版社，2002：80.

(一)教师地位

《关于教师地位问题的建议》指出:教师"地位"(status)一词,意指其受重视程度,系经由对教师所发挥之功能、所表现之能力以及工作态度的重要性予以评估所引证的结果①。广义上,教师地位涵盖了教师的政治地位、经济地位和职业声望等方面的内容;狭义上,教师地位指教师作为专业人员的法定条件和权利。

概括起来,教师地位具有两个方面的基本内涵:(1)教师地位的基础是法律保障,教师的政治地位、经济地位以及职业声望都是由法律地位所派生的;(2)教师地位的核心是专业身份的确立,教师的专业身份决定了教师权利和义务的内涵。

(二)我国教师地位的确立

从某种意义上讲,我国确有一些尊师的传统。儒家常常把师与君相提并论,如孟轲在与齐宣王对话时就引用《尚书》中"天降下民,作之君,作之师"②的说法,将君、师并列。荀子也讲:"天地者,生之本也;先祖者,类之本也;君师者,治之本也。"③后来读书人家便把"天、地、君、亲、师"并刻在牌位上,供奉于厅堂中。在读书人眼里,事师如事父,弟子平日见师,肃然敬立如见大宾。然而,人们所供奉的"师"并不是一种特定职业,而是一种意识形态的体现、道德伦理的化身和理想人格的代名词,主要是一种政治工具和控制社会的手段。在读书人心目中,真正受尊敬的教师,主要是指那些饱学多识、才气纵横的大儒,即所谓天子之师和一代宗师。即便在比较肯定教师作用的《师说》中,韩愈所指的教师也只是成人之师,而非童子之师。在他看来,童子之师不过是识文断句的教书匠,没多大才学,算不上真正能够"传道、授业、解惑"的人。在民间,私塾中教书先生虽然也能受到一些尊重,但这其中亦包含有更为贫穷且大字不识的愚民对多少有些文化的人的仰慕。实际上,在学而优则仕的文化环境下,教师并不是人们的理想职业,而往往是仕途受阻后无奈的选择。尤其是承担儿童启蒙教育的"蒙师",主要来自科举落选的秀才、童生等,教书仅仅是他们聊以谋生的手段。蒙师往往没有固定的收入,只是收取少量束脩以勉强糊口,几乎成了仕途无望的落魄文人的象征。"不穷不教书""家有三斗粮,不当孩子王"的怨言,便是这种状况的真实写照。

新中国成立后,特别是改革开放以来,教师的地位在很多方面得到了明显提高。但一些人依然把中小学教师看作靠教书谋生的匠人,这种社会定位反过来又降低了教师自身的职业要求。所以,提供良好的外部制度环境,促进教师地位的提升被普遍看作推动教师自身专业成长的重要举措。

1993年我国颁布了《中华人民共和国教师法》,为维护教师的社会地位提供了基本的法律保障。《中华人民共和国教师法》明确规定:"教师是履行教育教学职责的专业人员。承担教书育人,培养社会主义事业接班人,提高民族素质的使命。""各级人民政府应当采取措施,加强教师的思想政治教育和业务培训,改善教师的工作条件和生活条件,保障教师的合法权益,提高教师的社会地位。"该法第

---

① 黄崴,孟卫青. 英、美、法、德、日中小学校教师法律地位的比较[J]. 比较教育研究,2002(6).
② 孟子·梁惠王下.
③ 荀子·礼论.

一次全面地对教师的权利和义务、资格和任用、待遇和奖励等方面做出了法律上的规定，要求"全社会都应尊重教师"。近年来，随着法制建设的不断深化，各层次的立法都有了关于教师的规定，形成了较为完整的教师法律保障体系。教育法律中有《中华人民共和国义务教育法》《中华人民共和国教师法》《中华人民共和国教育法》《高等教育法》；教育行政法规类有《教师资格条例》《国务院关于贯彻实施〈中华人民共和国教师法〉若干问题的规定》《〈中华人民共和国义务教育法〉实施细则》；教育部门规章中有《〈教师资格条例〉实施办法》《中小学教师继续教育规定》《特级教师评选规定》等。其中，1995年国务院颁发的《教师资格条例》，标志着我国开始建立教师资格证书制度。所谓教师资格是指公民从事教师职业的基本条件，反映了国家对从事教育教学工作人员的基本要求，公民只有符合这些条件并经过国家教育行政部门的认定才能获得具有法律效力的教师资格。2000年教育部又颁布了《教师资格条例实施办法》，教师资格制度开始全面实施。实施教师资格制度体现了教师专业特点，有利于全社会充分认识教育事业和教师职业的重要性，使教师地位、教师队伍素质和教育质量之间形成良性循环。

（三）我国教师的权利和义务

教师地位是通过法律确定的权利和义务来体现的，正是这些权利和义务的性质和规定揭示了教师特定专业法律地位的内涵。

1. 教师权利

教师的权利是指教师依法应当享有的各种权益。教师作为教育法律关系中的主体，既具有普通公民的一般法律地位，也具有教师专业所规定的特定法律地位。因此，教师权利既包括一般的公民权利，也包括由职业特点和专业特点决定的特殊教育权利。教师除了享有国家宪法所规定的公民的一般权利外，还享有《中华人民共和国教师法》规定的以下权利：（1）进行教育教学活动、开展教育教学改革和实验；（2）从事科学研究、学术交流，参加专业的学术团体，在学术活动中充分发表意见；（3）指导学生的学习和发展，评定学生的品行和学业成绩；（4）按时获取工资报酬，享受国家规定的福利待遇以及寒暑期间的带薪休假；（5）对学校教育教学、管理工作和教育行政部门的工作提出意见和建议，通过教职工代表大会或者其他形式，参与学校的民主管理；（6）参加进修或其他方式的培训。

[拓展阅读]
《中华人民共和国教师法》

2. 教师义务

教师的义务是指教师依法应当承担的各种职责。教师除了必须承担国家宪法规定的公民的一般义务外，还应当履行《中华人民共和国教师法》规定的以下义务：（1）遵守宪法、法律和职业道德，为人师表；（2）贯彻国家的教育方针，遵守规章制度，执行学校的教学计划，履行教师聘约，完成教育教学工作任务；（3）对学生进行宪法所确定的基本原则的教育和爱国主义、民族团结的教育，法制教育以及思想品德、文化、科学技术教育，组织、带领学生开展有益的社会活动；（4）关心、爱护全体学生，尊重学生人格，促进学生在品德、智力、体质等方面全面发展；（5）制止有害于学生的行为或者其他侵犯学生合法权益的行为，批评和抵制有害于学生健康成长的现象；（6）不断提高思想政治觉悟和教育教学业务水平。

三、我国教师专业化建设的进展

[微视频]
我国教师专业化建设的进展

随着20世纪60年代以来教育专业化运动的兴起，教师专业化建设成为世界性潮流，主要表现在师资人才高学历化、教师资格制度化及教师培养培训一体化。在世界教师专业化运动的潮流中，我国教师专业化建设不断推进，不仅在法律、政策层面肯定了教师作为专门职业的地位，还在教师培养与培训、教师专业标准化等领域进行改革并取得显著进展。

（一）教师培养体制改革：从"师范教育"走向"教师教育"

师范教育的发展始于推动义务教育初期，发达国家从推行义务教育中认识到，实施义务教育需要两个最基本条件：一是要有经费作保障，二是要有师资作前提。于是在大量设置义务教育学校的同时，开始设置师范学校培训师资。中国师范教育制度创建于清末，既吸纳了世界师范教育的先进经验，又总结了国内进步师范教育思想和实践。中国师范教育产生之初效仿日本，后又学习苏联。中华人民共和国成立后的近五十年，中国师范教育的模式即是以苏联的定向培养师资的体系为原型而建设的单一、独立的中小学师资培养体系和模式。

社会发展对教师的要求不断提高，传统的单一、定向、封闭式师范教育模式越来越不适应社会的发展，向开放、多元、非定向的教师教育体系转变成为当前教师教育发展的新特征，也是顺应国际教师教育发展趋势的新选择。这种转变包括以下方面。

1. 培养主体的变化

由传统的师范院校培养教师转变为由师范院校与综合大学共同培养教师。中华人民共和国成立以来一直实施的是师范院校独立承担培养中小学教师、师范院校三级培养教师的单一化、封闭化模式。随着20世纪90年代以来中国高等教育体制的变革，师范院校布局全面调整，综合性院校开始参与教师的培养，培养主体逐步开放。调整的方向是师范院校合并或升格为高一级师范学校或综合性大学；鼓励综合性高等学校和非师范类高等学校参与培养、培训中小学教师的工作，探索在有条件的综合性高等学校中试办师范学院。

2. 培养模式的变化

打破传统的封闭定向性培养模式，实行行业准入制度。在师范教育背景下，由于我国教师仅由师范院校独立培养，并没有独立的教师准入制度。随着教师培养由封闭走向开放，教师资格制度从20世纪90年代开始逐步完善。1995年国务院颁布了《教师资格条例》，1996年，原国家教委颁发了《教师资格认定的过渡办法》，解决了在职教师的教师资格问题，2001年教育部颁布《〈教师资格条例〉实施办法》，它与此前颁布的《中华人民共和国教师法》中确立的"国家实施教师资格制度"的原则规定、《教师资格条例》确立的教师资格制度的实施规划共同构成了我国教师资格制度法规的完整体系。教师资格证书成为评价师范生能否进入教师行业的标准，改变了师范生定向就业的模式。

3. 培养质量与水平的转变

从学历水平看来，传统的师范院校以中师—师专—本科的三级师范体系培养教师。学历相对偏低，对学术水平要求不高；从教师成长的角度看，职前培养与职后培训相脱离，一朝受教、终生受用。随着以师资培养为主要任务的师范院校从单一型院校向综合性大学发展，综合性大学也参与到培养教师的竞争之中，教师培养的学历水平向专科—本科—研究生新三级体系转变；教师的可持续发展被视为提高教育质量的关键，因此，教师的学习一直延伸到教师专业生涯发展的最后阶段，教师的职前培养、入职教育、在职培训走向一体化。同时，随着教师素质的不断提高，对教师提出了成为研究者、成为专家的高要求。

2004 年 3 月 3 日，国务院批转教育部印发了《2003—2007 年教育振兴行动计划》，该计划明确提出了"全面推动教师教育"，即：改革教师教育模式，将教师教育逐步纳入高等教育体系，构建以师范大学和其他高水平大学为先导，专科、本科、研究生三个层次协调发展，职前职后教育相互沟通，学历与非学历教育并举，促进教师专业发展和终身学习的现代教师教育体系。①

该计划比较完整地描述了我国教师教育体系，反映了我国教师教育政策发展的基本走向，即开放化、终身化、一体化。

（二）促进教师专业发展，加强教师终身学习

1. 厘清教师专业内涵，制定教师专业标准

随着我国开放、多元的教师教育体系的建立，建立完善的教师质量保障体系就越发重要。制定专业标准作为教师教育质量保证体系的核心，既是提升教师专业发展水平的需要，也是引领和促进教师个体发展的需求。

2011 年教育部颁布《幼儿园教师专业标准（试行）》《小学教师专业标准（试行）》《中学教师专业标准（试行）》，标志着我国在专业化、高素质教师队伍建设上取得新的进展。此后，教育部于 2013 年颁布了《中等职业学校教师专业标准（试行）》《义务教育学校校长专业标准（试行）》，于 2015 年颁布了《特殊教育教师专业标准（试行）》，教师专业标准体系建设进一步完善。本节以《幼儿园教师专业标准（试行）》《小学教师专业标准（试行）》《中学教师专业标准（试行）》（以下简称《标准》）为例进行分析。

（1）《标准》的定位

首先，《标准》是"合格"的标准，规定的是幼儿园和中小学教师必须具备的基本专业素养和教师开展教育教学活动所应遵循的基本规范。其次，《标准》是"专业"的标准，基于教师职业是专门性职业、教师是专业人员的基本理念而制定的"专业"标准。再次，《标准》是"通用"的标准。教师专业标准可以分为适用于所有教师的"通用标准"和适用于特定教师群体的"特殊标准"或"具体标准"。一般来说，"通用标准"规定了教师专业素质和专业活动的基本要求，相对更宏观、更综合一些，它是制定"分类标准"或"具体标准"的依据和基础；而"分类标准"或"具体标准"则是"通用标准"的深入和细化，它更具体，更有针对性。

［拓展阅读］
《幼儿园教师专业标准（试行）》

［拓展阅读］
《小学教师专业标准（试行）》

［拓展阅读］
《中学教师专业标准（试行）》

---

① 中华人民共和国国务院. 2003—2007 年教育振兴行动计划.

[微视频] 教师专业标准解读

(2)《标准》的理念

第一，师德为先。这是教师专业化的诉求：专业化的核心特征之一是专业精神，即把服务对象和公共利益放在首位。第二，学生为本。这是新课程改革的核心理念，表明教师的专业发展本质上是为了学生的发展。第三，能力为重。教师不仅需要具有扎实的学科专业知识，更需要有将学科专业知识传授给学生的能力；不仅需要有教育理论知识，更需要有将理论知识运用于实践之中并在实践中形成个人实践理论的能力。第四，终身学习。教师职业是复杂的专业性职业，从事这一职业，需要终身不断地学习。

(3)《标准》的内容

《标准》的基本内容由三级指标体系构成。第一级指标体系分为三个维度，即专业理念与师德、专业知识、专业能力。第二级指标为领域，第三级指标为基本要求，幼儿园、小学、中学在二级、三级指标中各有不同。

(4)《标准》的作用

综观世界主要发达国家教师专业化发展的趋势，制定教师专业标准已成为通行的做法。我国教师专业标准的颁布，将对促进我国教师专业发展发挥重要的作用。第一，是教师队伍建设的依据，各级教育行政部门将充分发挥《标准》制定的教师聘任（聘用）、考核、退出等管理制度，保障教师合法权益；第二，是教师教育培养的依据，根据《标准》的要求，加强教师教育学科和专业建设；第三，是教师队伍管理的依据，完善教师岗位职责和考核评价制度，促进教师专业发展；第四，是教师自身发展的依据，增强专业发展自觉性，积极规划生涯发展，提升专业发展水平。

2. 完善教师资格制度，提升教师专业水平

教师资格制度也称"教师资格证书制度"或"教师许可证制度"。作为职业资格制度的一种，它指管理部门（政府的管理机构或教师专业组织）依照教师所需具备的知识与技能，对教师实行的一套法定的职业许可和规范体系，它规定了教师资格的分类与适用、教师资格的认定（其中包括认定机构、资格条件和资格考试等）和教师资格的管理（包括考核与更新）。从功能上看，教师资格制度作为国家对专门从事教育教学人员的最基本的要求，是国家对教师实行的法定的职业许可制度，是作为公民获得教师岗位的法定前提，是吸纳优秀人才进入教师行业的保障，也是提高教师质量的第一步。因此，教师资格制度是世界上许多国家推行的一项针对教师行业的职业准入制度，对于规范教师任用标准、促进教师专业化发展，进而提高教育质量都具有重要意义。

自2010年起，我国教育部在全国范围内试点实施教师资格考试改革和定期注册制度。

(1)教师资格考试实行全国统一考试

从2012年起，教育部在河北、浙江等省份进行首批试点中小学教师资格考试改革的基础上，于2016年春季正式在全国实施中小学教师资格考试。教育部于2013年下发了《中小学教师资格考试暂行办法》（以下简称《办法》），《办法》明确规定："参加教师资格考试合格是教师职业准入的前提条件。申请幼儿园、小学、

初级中学、普通高级中学、中等职业学校教师和中等职业学校实习指导教师资格的人员须分别参加相应类别的教师资格考试。"这就意味着，我国高等学校招收的师范类学生毕业的同时获得教师资格证的制度被取消，他们将和非师范生一样，统一参加教师资格证书的全国考试。

教师资格证书的全国统一考试分为笔试和面试两部分进行。笔试一般在每年3月和11月各举行一次，笔试主要考查申请人从事教师职业所应具备的教育理念、职业道德、法律法规知识、科学文化素养、阅读理解、语言表达、逻辑推理和信息处理等基本能力；教育教学、学生指导和班级管理的基本知识；拟任教学科领域的基本知识，教学设计实施评价的知识和方法，运用所学知识分析和解决教育教学实际问题的能力。面试一般在每年5月和12月各举行一次。面试主要考查申请人的职业认知、心理素质、仪表仪态、言语表达、思维品质等教师基本素养和教学设计、教学实施、教学评价等教学基本技能。

国家教师资格考试制度的建立，对严把教师职业准入关、保障教师队伍质量发挥了积极的作用。

（2）实施教师资格证书的定期注册

教师资格定期注册是对教师入职后从教资格的定期核查，是完善教师资格制度，建设高素质专业化教师队伍的制度保障。所谓教师资格证书的定期注册，就是说，即使通过考试获得了教师资格，也不是终身有效的，而要通过对师德表现、业务水平、工作情况等的定期审核，方可继续从事教育教学工作。根据教育部2013年颁布的《中小学教师资格定期注册暂行办法》的规定，中小学教师资格定期注册的对象为公办普通中小学、中等职业学校和幼儿园在编在岗教师，每5年注册一次。被撤销教师资格的，5年内不得报名参加考试。

3. 加强教师培训，促进专业发展

从师范教育向教师教育转变，不仅要重视教师的职前培养，更要重视教师的职后培训，通过教师教育一体化促进教师学习的终身化。自我国教师教育模式转型以来，国家非常重视教师职后培训，主要体现在以下几方面。

（1）通过政策支持完善教师专业成长机制

2012年国务院出台了《国务院关于加强教师队伍建设的意见》，明确提出要通过不断完善教师培训体系、建立教师学习培训制度等方式，大力提升教师专业化水平，打造高素质、专业化的教师队伍。通过师范院校设立教师中心、完善现有教师培训机构等方式建立教师培训体系；同时，为教师提供不同层次、不同类型、满足不同需求的培训课程，促进教师专业学习。

（2）加大教师培训经费投入

国家层面上以教育部、财政部从2010年起实施的"中小学教师国家级培训计划"为例，2010年至2012年间，中央财政累计投入已达26亿元人民币，实施幼儿园和中小学教师国家级培训计划，2013年，中央财政又投入16.5亿元扩大实施

"国培计划"。[1] 各省市、自治区也根据不同区域的特点制定了"强师工程"等教师培训计划，加大投入，全面提升教师队伍质量。

（3）主攻教师队伍的薄弱点

针对我国长期以来教师队伍建设的薄弱点在农村的实际情况，2015年，国务院印发了《乡村教师支持计划（2015—2020年）》，采取切实措施加强老少边穷岛等边远贫困地区乡村教师队伍建设，力争到2020年，努力造就一支素质优良、甘于奉献、扎根乡村的教师队伍。提升农村教师的能力素质，要按照乡村教师的实际需求改进培训方式，采取顶岗置换、网络研修、送教下乡、专家指导、校本研修等多种形式，提升教师培训的针对性和实效性。力争到2020年前，对全体乡村教师、校长进行360学时的培训，使乡村教师能真正想学有机会、去学有所获、学后有改变。

第二节 学 生

学生是在各级各类学校或其他教育机构中学习的人。按教育阶段分，有小学生、中学生、大学生、研究生等。普通教育学中的学生，通常指接受普通教育的中小学生。

一、学生的属性

教育的全部工作都是面向学生的，因此教师始终要面对一个怎样对待学生的问题，而这就涉及一个根本性问题，即怎样理解学生的属性。

（一）学生是自然人和社会人的结合体

[微视频]
学生的属性

长期以来，人们在使用"学生"这一称谓并认为它是"成人"前的准备阶段时，往往忽视了学生本身就是"人"这一根本性前提。作为自然人，学生处在快速发展期，与身心基本定型的成年人相比，具有更强的可塑性。可塑性强意味着学生具有巨大的发展潜能与上升空间，同时也意味着未来有更大的不确定性。这要求教育工作者一方面要信任学生，相信他们的天赋和资质，提供条件激活他们的潜能，但也必须对他们可能出现的行为与思想偏差保持必要的警觉与预防，并给予适当的指导与匡正。作为社会人，学生只是他所承负的主要角色，他还同时有着多重身份与角色。学生来到学校时并不是白纸一张，来到学校后也不是只受到学校教育的影响，他们的社会背景、人生阅历、生活经验、交往关系等与学校教育交织在一起，共同影响着他们的学习和发展。当用社会人的眼光来审视时，就会发现一个学生的学习和发展表现不佳除去自身的天赋、努力以及学校的教育水平以外，也同时与他的家庭背景和生活环境有着复杂的关联。这样的认识会帮助教师更客观、审慎地看待教育的功能和教师的作用，从而拓展分析和解决学生发展问题的途径。

（二）学生是教育活动的客体也是学习活动的主体

教育是一种包括教师教和学生学在内的统一的活动过程。在学校里，学生的学

---

[1] 金晶. 奠基教育强国梦：我国扎实推进教师队伍建设［N］. 经济日报，2013-09-10（6）.

习是在教师的主导作用下，按一定目的性、计划性和组织性展开的。因此，就教师的教育活动而言，作为教育对象的学生，始终处于一种毋庸置疑的客体地位。① 在传统社会中，人们获得信息的途径有限，教师掌握着文化资源，自然而然地成为知识施授者，在教育活动中的主导地位也很少被质疑。而在现代社会特别是网络时代，学生获得信息的来源丰富多彩，在某些特定的领域学生甚至能达到或超越成年人的认识水平，加之现代社会更加强调人的主体性，教师在教育活动中的主导地位由此受到质疑。然而信息的获得和主体性的发挥并不意味着发展的实现，相反还可能误入歧途。就整体的人类知识和生活经验而言，作为成年人并具备一定专业水平的教师相对于作为未成年人的学生，依然具有较大的文化优势和选择能力。现代社会对教育提出的挑战只是改变了教师引领与主导的内涵与方式，但并不能颠覆教师在教育过程中的主导地位。

教育活动归根结底是为了引发学生的积极改变，但不是所有的教育活动都会有这样的正效应。"教"并不必然导致"学"，"教"有时可能只是教师行为的发生，而并不导致学生的"学"和积极改变。真正的"学"和"学会"，必然蕴涵着学生自觉认识对象、积极加工信息、努力改造经验以及不断进行知识选择的主动意识和主体精神。这就意味着在教育过程中，教师的思想并不能原原本本地复制到学生大脑里，学生往往会将自己的经验和思想带进教育过程，使得他们的理解与教师的意图相左。认识到这一点，就需要把教育活动的重心由教师的单向传授转到师生的双向互动和思想碰撞上来，帮助学生改正可能的错误或澄清不完整的认识，从而建构他们自己作为主体对知识的理解。只有这样，学生才可能获得更有意义的发展。

二、学生的地位

在专制教育中，学生被看作没有独立性、主体性的消极存在，处于从属和依附的地位，他们常常被告知要尽义务，却很少享有相应的权利。现代学生观承认学生是独立的人，尊重儿童的人格与权利，这种思想集中体现在1989年联合国通过的《儿童权利公约》中。该公约认为："儿童应受到特别保护，并应通过法律和其他方法而获得各种机会与便利，使其能在健康而正常的状态和自由与尊严的条件下，得到身体、心智、道德、精神和社会等方面的发展。在为此目的而制订法律时，应以儿童的最大利益为首要考虑。"② 《儿童权利公约》确立了青少年儿童作为社会权利主体的地位，成为各国制订相关法律的重要依据，也成为现代教育思想的根本理念之一。

（一）学生的法定权利

自20世纪90年代初加入联合国《儿童权利公约》以来，我国对儿童权利的保护日益增强，确立了儿童优先原则，基本形成了以宪法为基础，以《未成年人保护法》为主体，包括婚姻法、继承法、义务教育法、母婴保健法以及有关的行政法

---

① 胡德海. 教育学原理[M]. 兰州：甘肃教育出版社，1998：427.
② 王雪梅. 儿童权利保护的"最大利益原则"研究[J]. 环球法律评论，2003（春季号）.

规、地方法规在内的一整套保护未成年人的法律法规体系。我国宪法与相关法律规定儿童享有的权利有：

1. 生存的权利

《宪法》规定："父母有抚养未成年子女的义务。"《未成年人保护法》规定："父母或其他监护人应当依法履行对未成年人的监护职责和抚养义务，不得虐待、遗弃未成年人或者有残疾的未成年人，禁止溺婴、弃婴。"

2. 受教育的权利

《宪法》规定："国家培养青年、少年、儿童在品德、智力、体质等方面全面发展。"《义务教育法》规定："国家、社会、学校、家庭依法保障适龄儿童、少年接受义务教育的权利。"

3. 受尊重的权利

《未成年人保护法》规定："学校、幼儿园的教职工应当尊重未成年人的人格尊严，不得对未成年学生和儿童实施体罚、变相体罚或其他侮辱人格尊严的行为。"

4. 安全的权利

《未成年人保护法》规定："学校不得使未成年学生在危及人身安全和健康的校舍或其他教育教学活动设施中活动。""严禁任何组织和个人向未成年人出售、出租或者以其他方式传播淫秽、暴力、凶杀、恐怖等毒害未成年人的图书、报刊、影像制品。""任何人不得在中小学、幼儿园、托儿所的教室、寝室、活动室或其他未成年人集体活动的室内吸烟。"

上述规定为全社会保护儿童权利、促进儿童发展提供了基本的法律依据。然而这些权利规定基本上属于保障性权利，即成人对儿童基本权利的保障，较少考虑到儿童的权利主体地位。近年来，一种全新的学生权利观，即学生从被保护的客体转变为权利的主体，正在受到人们的重视。西方教育理论与实践领域开始出现一种新走向：在教育中尊重儿童的权利就要使儿童"有权在自己的发展过程中做一名自主行动者"，这被称之为"学生话语"运动。

（二）学生的话语权利

学生话语运动作为一种权利范式的转换，坚持在教育研究和教育改革中赋权于学生，将主要以成人视角看待教育问题转向主要从学生、儿童视角看待问题，形成了倾听学生话语（主要对学生的意见、想法进行分析）、学生作为研究合作者（学生与研究者共同设计研究计划、收集并分析数据）以及学生参与管理（重点在于改进学校）三种模式。①

1. 倾听学生话语

教育改革和教育政策的推行总是自上而下的，一般很少关注学生对改革和政策的意见与看法，导致大多数改革收效甚微。近年来，人们开始注重了解学生对学校变化的实际感受，倾听他们的声音，以此找寻学校变革过程中的特点和相应的策略。有研究者通过对小学高年级学生的观察和访谈证明青少年学生能够对教育过程

---

① 阚维．谁的声音？为何而说：学生话语研究概说［J］．教育学报，2009（5）．

提出自己的想法，他们的许多观点与教育变革的理念是契合的。① 了解学生对教育变革的看法以及让学生参与到教育改革中来，可以有效地避免成年人在设计课程时针对性不强的问题，以促进有意义变革的发生。

2. 学生作为研究合作者

传统教学研究中仅仅将学生作为信息来源，学生是教学活动的被动接受者。学生作为研究合作者的模式则将学生从研究对象转化为研究参与者，使其作为教师和研究者的伙伴出现在课程实施过程中。在这种形式中，学生不仅为学校变革提出意见、积极行动，而且在一定程度上扮演了研究者的角色，与教师一起进行着有关变革的行动研究。近年来，在英国、美国、澳大利亚和荷兰一些学校都开展了学生参与课堂学习的行动研究项目。这些研究项目包括：一堂好课的标准是什么？如何提高学生的口头表达能力？好教师是怎样的？等等。在这些项目中，学生与教师一起设计访谈提纲、收集和分析数据、参与研究报告的撰写。这类研究为学生和教师一起寻找教学的突破点创造了条件，对教师文化和学校管理产生了积极影响，特别是改变了部分教师和管理人员对学生观点的轻视。②

3. 学生参与管理

学生话语的终极目标不仅在于理论方面的探索，而且是要为教学水平的提高、学校的民主化和促进学生发展服务。虽然学生是学校教育的利益相关者，但事实上他们处于由各个利益相关者群体组成的权力金字塔的最底层。学生参与学校管理要求学校一改以往把青少年作为提防和控制对象的做法，与青少年一起协商、行动，共同改进学校文化。例如在高德曼（G. Goldman）与纽曼（B. Newman）领衔的"优质学生领导计划"中，研究者和学校人员通过给中学生赋权、改革学校组织结构等手段，使中学生自己组织、管理和评定学校的变革活动，从而使学生在学校改善中发挥了领导作用。③

三、学生的不同类型

教育实践中，人们往往根据学业成绩和行为表现，将学生分为优等生、中等生和边缘生（亦称"后进生"）。根据不同类型学生的特点，应采取不同的教育教学策略，充分照顾到学生的个别差异，促使每个学生都获得应有的发展。

（一）优等生

优等生一般是指学业成绩优秀、在校行为表现良好的学生。这类学生普遍智力水平较高，观察力敏锐，注意力稳定而集中，勤于动脑，思维敏捷，在学习中处于积极的状态。优等生有较强的学习动机，有理想、有抱负，渴求知识；优等生还有较强的元认知能力，能及时对学习中出现的问题进行反思、总结与归纳；优等生还能自觉遵守学校的规章制度，有较强的组织性、纪律性和自制能力。然而优等生身

---

① Mayall B. Towards a Sociology for Childhood: Thinking from Childrens Lives [M]. Buckingham: Open University Press, 2002: 89.
② 阚维. 谁的声音？为何而说：学生话语研究概说［J］. 教育学报，2009（5）.
③ 尹弘飚，李子建. 课程变革：理论与实践［M］. 台北：高等教育出版社，2008：71.

上也可能潜藏着一些不易被发现的问题：优等生往往优越感强，自我评价高，抗挫折能力较弱，一旦出现重大挫败，可能引起严重的心理危机；优等生往往是"一俊遮百丑"，只要学习成绩好，教师对其他方面的问题经常视而不见，久而久之容易造成片面发展，甚至"聪明反被聪明误"。作为教师要善于发现潜伏在他们思想中的不利因素，进行正确引导。一方面，创设学习环境鼓励优等生追求卓越；另一方面，应把他们视为普通学生，与其他学生一视同仁，不搞特殊化，甚至要求应更加严格，以帮助他们对自己形成清醒的认识。

（二）中等生

中等生通常是指学业成绩处在平均水平，在校行为表现合格的学生。这部分学生占一个班级的大多数，但也是易被教师忽视的群体。中等生智商不低，基础不弱，但成绩往往徘徊不前，造成了他们微妙的心态。他们没有优等生的优越感，也没有边缘生的自卑感；有上进的愿望，但又自信心不足；有获得成功的自我肯定，也有失败后的自我否定。他们总是在彷徨中行进，在肯定与否定中裹足。针对这种情况，教师应学会欣赏和信任学生，挖掘他们亟待开发的各种潜能，给予热切的鼓励和期待。中等生的情况大致可分为两种：一种是学习态度良好，但学习方法不得当，想上进又不能如愿，久而久之就失去了进取心；另一种是缺少抱负，得过且过，甘居中游，与世无争。针对前一种学生，要及时给予学习方法上的指导，同时多创造机会让他们发现和了解自己的优势和潜力，使他们体验成功。针对后一种学生，要设法打破他们甘居中游的惰性心理，培养他们的责任感和事业心，有意给他们加任务，形成适度的压力，激发他们的进取愿望，锤炼他们的意志。

（三）边缘生

边缘生通常是指脱离主流学生群体，学习跟不上甚至完全放弃，并且易被教师忽视或蔑视的学生。这部分学生一般学习困难，有明显的厌学情绪，被有意无意地排除在正式的班级文化之外。边缘生大致可分为两类：一类是退却型学生，这类学生学业成绩不良，充满自卑，胆小怕事，沉默观望，既不积极地参与合作，也无外显的反抗。他们既不抛头露面也不滋事捣乱，也很少引起教师的关注，容易被教师无意中边缘化。另一类是反抗型学生，这类学生虽学业成绩不良但自我意识水平却较高，往往故意和教师唱反调，时常违反学校和课堂纪律。一些教师对这类学生经常进行斥责或惩戒，主动予以边缘化，如划分特定座位区域，上课视线游离于该区域的学生，对他们不做任何学习上的要求，只要求这些学生管住自己。久而久之，他们逐渐表现出麻木和冷漠，以彻底消极的情绪与行为对抗教师。在实践中不难发现，消极体验的积累和积极体验的缺失是造成部分学生边缘化的重要内部因素，而一些教师容易对这类学生在行为方式和言语形式上表现出疏离化倾向，进而加重边缘化的趋势。要改变这种局面，教师首先需要改变单一以分数为取向的教育评价观，不能以功利性目的去诠释学生的成长过程。同时，要创设愉悦、平等的教育环境，设立多元、弹性的评价标准，让边缘生也能公平地、受尊重地参与教育过程，从中体味到人格的尊严和成功的愉悦。

第三节 师生关系

师生关系是指在教育过程和学校生活中教师与学生之间形成的特殊的人际关系。这是一种由教学关系、伦理关系以及情感关系等构成的多维的、动态的人际关系。师生关系是教育活动中一对最基本、最重要的关系，直接、间接地影响着学校文化和教育质量。

一、师生关系的基本内容

（一）教学关系

师生关系最基本的表现形式是师生之间正式的、有组织的教学关系，教与学是师生交往的基础。教师和学生之间为完成一定的教学任务而形成的师生工作关系，就是师生的教学关系。良好的教学关系的建立，首先取决于教师的教育理念、专业知识、教育能力和人格魅力等；同时，由于教师和学生居于不同角色，履行不同职责，各有其不可替代的作用，因而又需要吸引、调动学生的积极参与和促进双方的不断协调。

[微视频]
师生关系

（二）伦理关系

在教学活动中，教师和学生组成了一个特殊的道德共同体，各自要遵守一定的伦理原则，承担一定的伦理责任，也享有一定的道义权利。教师和学生之间构成的道德责任和道德权利关系，就是师生之间的伦理关系。伦理关系既是教育文明与否的重要标志，又是顺利开展教育活动的必要保障。教育中的师生伦理关系既是社会伦理关系的投射，又体现着教育的伦理特征。师生在教育活动中首先要遵守社会的一般性伦理原则，同时也要遵循教育活动的特定伦理要求。这些要求有的是通过制度化的形式提出来的，如学生守则、师德规范、班级规章等；有的则是支配师生行为并得到师生共同承认的一种缄默力量，如民主与平等、尊重与信任、多元与宽容等。师生双方只有遵循这些教育的伦理要求，教育活动才能顺利、有效地进行。

（三）情感关系

情感是教育中不可或缺的要素，情感关系是师生互动与交往的自然结果，是师生作为生命个体而存在的重要表征。教师和学生之间因情感交流与互动而形成的心理关系，就是师生之间的情感关系。这种关系表明了师生之间的心理距离，反映了师生关系的亲密度和融洽性。它能把师生双方联结在一定的情感氛围和体验中，实现情感信息的传递和交流。因此可以说，心理关系是师生教学关系和伦理关系的"调节器"。这种非正式色彩的个人关系具有更充分的情感特征，它大量地表现在教育场域之外的"私人空间"中。良好的情感关系可以使师生自然无拘，以诚相待，袒露真情，相互理解，也能增强学生在教育活动中的勇气和心理安全感。师生之间一旦建立了诚挚、深厚的情感关系，一些不必要的冲突就可以避免，一些矛盾在情感的润滑下也较易化解。因此，师生情感关系既可以满足师生交往的心理需要，又可以补充其他关系层面的不足。

师生关系的三个方面分别代表着教师和学生作为工作人、社会人、自然人的存在方式。它们相互依存、相互渗透、相互作用,构成师生关系的有机整体,其中任何一个方面出现障碍,都会对良好师生关系的建立产生负面影响。

二、师生关系的主要类型

李比特(R. Lippit)和怀特(K. R. White)曾对师生关系进行了专门研究。他们根据教师的领导方式把师生关系分为权威型、自由型和民主型,并深入地研究了这三种领导方式对教学计划、学习方式、努力情况、教室秩序和课堂气氛的不同影响[①],对思考师生关系有一定启示。

在权威型师生关系中,课堂里的一切由教师决定,学生没有自由,只是听从教师的命令,教师完全控制学生的行为。权威型师生关系在发展学生的自主性、创造性和责任心方面效果较差,但是当班集体涣散、课堂秩序混乱、人际关系疏离时,教师的权威式领导往往能较有效地控制局面,使课堂活动逐步地走上正常运行的轨道。

在自由型师生关系中,教师在课堂中既不严格管理,也不给予有力支持,而是采取一种不介入的、被动的姿态,没有明确的目标,没有建议或批评,教师仅给学生提供各种材料,给学生充分的自由,使学生处于放任状态,允许学生在没有指导和忠告的情况下随便做什么。这种师生关系容易导致课堂秩序的松散,降低学习效率。但在学生学习基础较好、自觉性和责任心较强的班级,自由型师生关系可能产生积极意义。

在民主型师生关系中,教师在课堂中以民主的方式教学,重视学生集体的作用,教学计划和决策是全体成员讨论和共同分享的,教师力图使自己成为一个帮助者和促进者,鼓励个人和集体的责任心和参与精神,对学生的表现给予客观的表扬和批评。在民主型师生关系下,学生较能发挥创造性和责任心,形成良好的人格特征。不过学生在学业成绩方面并不比权威型领导方式下学习者的成绩更好。

从李比特和怀特的研究来看,权威型师生关系强调了教师的权威性,有利于学生学业成绩的提升,但过分集中的权威容易导致学生主体性的丧失;自由型师生关系给学生提供了充分的自由空间,但教师的不作为容易导致教育活动失范;民主型师生关系既承认了教师在教学活动中的主导地位,又关注了师生之间平等关系的建立,总体上更符合学生成长的需求。在教学实践中,师生关系往往是非常复杂的,很难用几种类型来概括,教师应根据不同场景、不同对象灵活和组合地运用多种领导风格,但建立民主型师生关系却是努力的方向。

三、当代师生关系的构建

长期以来,在我国中小学教育中,知识被视作既定的、一元的内容体系,教师依据刚性的、指令性的教学大纲,使用规定的教材,采用以注入为主的教学方

---

① 陈琦,刘儒德. 当代教育心理学[M]. 北京:北京师范大学出版社,1997:316.

式进行教学活动。由此，教师往往是师生交往过程的控制者、整个教育教学过程的主宰者，他们总是在尽心训导、竭力传授，呈现出权威无边、积极有为的态势，而学生则成了配角和附庸，成了被"牵着"和"抱着"的顺从者，或是被强制的逆反者。新课程改革在理念上转变了传统的知识观，强调知识是由学生主动建构的，主张变教学大纲为间接的、指导性的、弹性的课程标准，推行课程资源和校本课程开发的教学理念，强调合作学习、自主学习和探究学习等新型学习方式，在实践中初步改变了教学活动形态。与之相适应，师生关系也必须有相应的调整，以改变传统的单一强调教师权威、忽视学生主动性的师生关系模式，建构新型的师生关系。

（一）建构主义知识观下的师生关系

建构主义是 20 世纪 80 年代兴起的一种哲学、心理学思潮，它对当今各种学习与教学理念产生了深刻而广泛的影响，也成了我国新课程改革的重要理论基石。建构主义认为，人们是以自己的经验为基础来建构现实的。由于每个人的经验以及对经验的信念不同，导致人们对外部世界的理解也就不同。因此，建构主义十分关注以原有的经验、心理结构和信念为基础来建构知识，强调学习的主动性、社会性和情境性。建构主义认为学生的学习活动不应被看成是对教师所授知识的被动接受，而是一个以学生已有知识和经验为基础的、社会的建构过程。学生"理解"或"消化"知识并不是被动地吸收知识和弄清教师的本意，而是学生利用已有的知识和经验对教师所授内容重新加以解释，重新建构其意义。获得知识的多少取决于学生根据自身经验去建构有关知识的意义的能力，而不取决于学生记忆和背诵教师讲授内容的能力。在这种学习观下，教学观也发生了根本性的转向。建构主义认为教学不是通过教师向学生单向传递知识就可以完成的，知识也不是通过教师传授而得到的，而是在一定的情境即社会文化背景下，借助于其他人（包括教师和教学伙伴）的帮助，利用必要的教学资源，通过意义建构的方式而获得的。教师不再是一个灌输者，而是一个帮助学生建构自己对知识理解的导师。这就意味着教师和学生的教学关系不再是教师强制灌输与学生被动接纳的关系，而是教师多元启发与学生积极反思的关系；教师和学生的伦理关系不再是学生对教师单向的敬畏与服从，而是彼此间信任关系的建立；同时教师也必须为学生营造出轻松的学习环境与安全的心理氛围，才能促使学生不惧错误、自由思考，从而转变僵化的思维模式，生成对知识的新的理解。

（二）新课程标准下的师生关系

传统的教学大纲是由中央教育行政部门统一颁布，并在全国统一实行的重要教学文件，对教学活动有非常强的约束性，不仅是编写教科书的依据，也是教师对学生进行教学的依据，还是学校考核学生成绩的依据和上级有关行政部门评估教师教学效果的依据。广大教师习惯于把教学大纲的这四个依据称为"以纲为纲"。在这样强力的制度规约下，教师只能严格地依据教学大纲规定的教学目标、教学内容、教学顺序及各部分内容所占的课时数来进行教学活动。教师使用教学大纲时，主要关心的是知识点、课时数的变化以及在规定的时间内能否完成教学任务和达到教学目标。为此，教学过程的主动权既不在教师，更不在学生，不仅学生没有选择的空间，教师对教学内容也没有选择权，只能被动、忠实地执行教学大纲。新课程改革背景下的课程标准重视对某一学段学生所应达到的基本标准，同时对实施过程提出了建设性的意见，而对实现目标的手段与过程，特别是知识的前后顺序，不做硬性规定。① 这就意味着教师和学生之间的教学关系不再是规定好时间和知识点的单向传递关系，而是师生在互动中拓展知识理解的生成关系；教师和学生之间的伦理关系不再是"操纵-依附"式的等级关系，而是"对话-协商"式的平等关系。教师和学生在新课程标准下获得了更为宽松的心理环境和更充分的情感交流，更易形成积极进取的人生态度。

（三）新教材使用中的师生关系

在以往的教学活动中，教材是真实课堂中的课程，教师不敢也不能超越教材。新课程改革将教材的作用定位为为学习者提供的一种学习和建构的资源，为师生对话和共同创造生成性知识搭建的平台，目的是让学生积极主动地参与教学活动。教材不再是"法典"，不再是唯一的教学资源，不再是游离于学生经验之外的纯书本知识的载体，也不能够代替具体的人而独自承担起教学的设计者和组织者的角色。但从另一方面看，教材仍是一种有效的媒介，仍是引导学生认知发展、人格建构的一种范例，而且这种范例本身也是在不断发展完善的，提供着一种供不断解释、质疑的开放性的文本。不同的教材观生成了不同的教学关系，优秀的教师能够剔除掉教材的绝对权威，适当发挥一些个性的演绎，面对复杂多变的教育情景及时增删、延展一些观念，创造出一种师生对话的愉悦氛围，使教学活动更加鲜活生动。

（四）新学习方式与师生关系

针对我国基础教育过于强调接受学习、死记硬背、机械训练的历史，新课程要求确立自主学习、探究学习和合作学习等新兴学习方式。新学习方式把学生视为学习的主体而赋予其学习自主性和主动性，为的是促进学生和谐、均衡和个性化地发展。自主学习要求教师成为引导者，能激发学生强烈的学习需要与兴趣，并提供给学生足够的自主活动时空；探究学习要求教师成为启发者，设立恰当的问题情境，并启迪学生独立思考与创新的意识；合作学习要求教师成为学生之间和小组之间的组织者，协调冲突和争议、促进表达与交流。多样化的学习方式在教学活动中并不是彼此分割的，相反，往往是融合在一起或者彼此承接的，这就促使教师和学生的角色在教学活动中呈现出多重性或者在短时间内迅速发生转换，也使得师生之间不再是一成不变的单边线性关系，而是具有多维度、多层次的非线性关系。教师在整个教学过程中应是一个组织者、引导者、帮助者和促进者，师生之间需要进行充分交流、对话和沟通，这样才能不断发挥学生的主观能动性，从而拓展学生学习知识的渠道，拓展学生发展的空间。

---

① 朱宁波. 新课程倡导师生"新"关系 重建师生关系［N］. 中国教育报，2002-9-4（4）.

本章小结

教师职业的发展与社会生产力发展是紧密相关的。随着社会生产力的发展，教师职业经历了从非专业化向专业化发展的历程。在当代社会，教师职业获得了社会高度重视，我国也通过法律、政策层面确立了教师职业作为专门职业的地位，并对教师权利和义务作了明确规定。在促进我国教师专业化的建设中，我国主要从两个方面进行改革，一是改革教师培养体制；二是完善教师准入机制，加强教师专业标准建设和教师职业培训。力求实现打造高素质、专业化的教师队伍的建设目标。

作为社会化进程中还未成熟的个体，学生兼具自然人和社会人的特点，其可塑性强，受家庭、学校和社会等环境条件共同影响。在教育活动中，学生既是教育活动的对象和客体，也是学习活动中的主体。因此，教育活动要充分认识到学生的双重身份，树立正确的学生观，尊重学生作为独立的个体的权利，激发学生学习的主动性，实现教学相长。

根据学生的学业成绩和行为表现的差异，可将学生分为优等生、中等生和边缘生。要充分认识到不同学生的类型和特点，采取差异的教育策略，因材施教，促进每个学生获得全面发展。

师生关系是教育活动中一对最基本、最重要的关系。它以教学关系为基础，衍生出伦理关系和情感关系。根据教师的领导方式不同，形成权威型、自由型和民主型等不同的师生关系类型。在现代教育思想及教育改革实践的引领下，师生关系也在进行相应的调整，力求构建新型师生关系。

实践·反思·探究

1. 从教师职业发展的历程中你能领悟些什么？
2. 从教师职业与教师专业的区别中你能领悟些什么？
3. 结合我国的教育实际，谈谈你对提高教师社会地位的理解。
4. 结合我国教育实际，谈谈你对我国教师培养体制改革的理解。
5. 结合我国颁布的《教师专业标准》内容，谈谈你对教师专业素养的认识。
6. 结合我国教育发展的需要，谈谈你对教师资格考试实行全国统一考试的认识和看法。
7. 如何理解教师培训对促进教师专业发展的作用？
8. 如何理解学生既是教育活动的客体也是学习活动的主体？你认为学生的这两种身份相互矛盾吗？
9. 如何理解学生话语运动的三种模式？
10. 你认为学生还可以分为哪些不同的类型？其依据是什么？
11. 你认为师生关系还可以分为哪些不同的类型？其依据是什么？
12. 结合我国教育实际，谈谈你对建构理想师生关系的认识。

推荐阅读

1. 顾明远，曲恒昌. 转型与提升：教师教育的改革与发展[M]. 济南：山东教育出版社，2015.
2. [日]佐藤学. 教师的挑战：宁静的课堂革命[M]. 钟启泉，译. 上海：华东师范大学出版社，2012.
3. [加]许美德，等. 比较与国际教育导论：教师面临的问题[M]. 徐辉，王正青，主译. 北京：教育科学出版社，2009.
4. [美]哈蒙. 有力的教师教育[M]. 鞠玉翠，等译. 上海：华东师范大学出版社，2009.
5. 钱理群. 做教师真难，真好[M]. 上海：华东师范大学出版社，2009.
6. 教育部教师工作司.《教师教育课程标准（试行）》解读[M]. 北京：北京师范大学出版社，2013.

第七章 课程

学习目标

- 掌握课程的概念和课程的类型,了解课程与教材、学科在概念上的区别与联系。
- 联系基础教育新课程改革的实际,理解新课程改革的必要性、基本理念、具体目标、主要举措、所获成就及现实遭遇。
- 掌握各种课程资源的含义及特点,理解课程资源开发与利用的理念和策略。

知识列表

课程	课程概述	课程概念
		课程类型
		课程开发
	课程改革	课程改革的背景
		课程改革的理论
		课程改革的目标
		课程改革的实施
	课程资源	课程资源的类型
		课程资源开发与利用的基本理念
		课程资源开发与利用的主要策略

本章导入

阿莫纳什维利曾热情地称颂"课程"。他用诗意的句子写道:你浇灌着人类的未来，使人类满怀希望，鼓舞着他们去建立功勋……你肩负着我们的未来，因此，你是我们最奇异的朋友……课，你真像彩虹一样：你来到我们班上，用你自己绚丽多姿的色彩使我们惊叹，你跟我们玩一会儿，很快就告别而去，给我们留下诗歌、故事、童话、方程式、俄语词语和歌曲。还有，最重要的，就是你给我们留下了友谊。①

课程在教育活动中的重要性，已经不言而喻。从我国的孔子、孟子、荀子和朱熹等，到西方的柏拉图、亚里士多德、夸美纽斯和赫尔巴特等，都关注过教育中的课程问题。然而，把课程作为一个专门领域进行系统研究，则是20世纪以来的事情。一般认为，美国学者博比特（F. Bobbitt）1918年出版的《课程》（*The Curriculum*）一书，是教育史上第一本课程理论专著，标志着课程作为专门研究领域的诞生。

第一节 课程概述

探讨"课程"，首先需要对课程的基本概念有一定的理解，在此基础上把握课程的多种类型，进而分析课程开发的主要阶段及影响因素。

一、课程概念

对课程概念的理解，可谓纷繁复杂。在一定意义上，"课程"之所以成为非常活跃的一个教育研究领域，就在于它意蕴的无限丰富和界定的灵活多样。但无论如何，课程在词源上还是比较清晰的，课程的定义也具有几种主要的表现形态。

[微视频]
课程概念

（一）课程的词源

"课""程"及"课程"，在我国早被使用，有较为确定的含义。许慎《说文解字》言："课，试也"。"试"，乃检验、考核、考试。《管子·七法》称："成器不课不用，不试不藏"，即对于人才，不经过考核不加以任用，不经过试用不作为人才储备。白居易《与元九书》云："苦节读书，二十已来，昼课赋，夜课书，间又课诗，不遑寝息矣"。这里的"课"指读书、学习。可见，"课"的基本含义为，按规定的内容和分量学习并加以考核试用。"程"的本义是长度计量单位，十根毛发并在一起为一程，《说文解字》有："程，品也，十发为程，十程为分，十分为寸"，后被引申为事物发展的经过或步骤。

学界一般认为，在我国，"课程"一词最早出现于唐代。《诗经·小雅·巧言》曰："奕奕寝庙，君子作之。"直译为："大的宗庙，君子造它"。唐孔颖达疏："以教护课程，必君子监之，乃得依法制也。"意思是，修造宗庙有法度，有工作规程，一定要由懂得这些法度和规程的君子来监督修造工作。此处的"课程"指有规定数量和内容的工作规程。而"课程"指学习或课业及其进程，则始于南宋的朱熹。

---

① ［苏］阿莫纳什维利，等. 孩子们，祝你们一路平安![M]. 朱佩荣，译. 北京：教育科学出版社，2002：105-106.

《朱子语类·卷十·学四》提:"宽著期限,紧著课程。"即完成特定学习任务的总时间应该尽可能地多给一些,而在规定时间内应该完成的每一部分学习任务必须按时完成。《朱子语类·卷十九·论语一》论读书之法:"尝作课程,看《论语》日不得过一段。"《论语》是学习内容,"日不得过一段"就是学习的进程。

后有学者考证,"课程"一词最早出现在南北朝时期翻译的佛经中,而非唐代。北魏凉州沙门慧觉翻译的《贤愚经·阿难总持品第三十八》中说:"尔时有一比丘,畜一沙弥,恒以严敕,教令诵经,日日课程。其经足者,便以欢喜。"大意为,大和尚教小和尚读经,总是严格要求,每天要背诵多少多少,小和尚完成了规定的功课,大和尚便高兴。[①]

从词源来看,在中文语境中,"课程"的基本含义是人们学习规定内容的进程,伴随着严格的检验和考核。

在英语语境中,"课程"(curriculum)一词最早出现于英国教育家斯宾塞(H. Spencer)1859年发表的《什么知识最有价值》一文中。"课程"的拉丁词根是"curricle",指"通常由两匹马拉的两轮轻便马车",英文词典较一致地将"课程"解释为"教育机构提供的一段进程"[②]。

(二)课程的定义

课程的定义林林总总,若将各种定义择要归类,大致有以下几种。

(1)"教育内容"说。课程指为实现学校教育目标而选择的教育内容的总和。

(2)"学科"说。课程是学科的同义词,如语文课程,数学课程等。

(3)"进程"说。课程指课业的进程。

(4)"预期结果"说。课程是一种预期学习结果的结构化系列,或一种预期教育结果的重新结构化序列。

(5)"计划"说。课程是一种学习计划,或学生在学校指导下经历的所有经验的一种计划,抑或指导学生获得全部教育性经验(含种族经验和个体经验)的计划。

(6)"经验"说。课程是儿童在教师指导下获得的所有经验,或受教育者在走向社会之前的过程中所经历的全部经验。

长期以来,课程概念的解读基本变成了课程定义的论争。就此,有学者指出:"课程定义因研究者或实践者在其课程思考和工作中对概念的使用而有所不同,因此,没有超出特定的研究、论文、看法或值得讨论的政策文件等背景之外的特殊地给课程下定义的方式。"[③]还有学者建议:"课程的任何定义必然会根据要实现的目的而变化……在实现某种情境的目的时最有用的课程定义,在于它对于那种情境是

---

① 姜国钧. "课程"与"教学"词源小考:兼与章小谦先生讨论[J]. 华东师范大学学报(教育科学版),2006(4).
② Husén T & Postlethwaite T N (eds.). The International Encyclopedia of Education (vol. 3, 2nd ed.) [Z]. Oxford: Pergamon, 1994: 1263.
③ [瑞典]胡森,[德]波斯特尔斯威特. 简明国际教育百科全书·课程[Z]. 江山野,编译. 北京:教育科学出版社,1991:165.

最'正确的'。"①意思是，人们可以根据具体情境选用课程定义。的确，课程本身具有模糊性、不精确性和不确定性，而且，"课程"定义确实随着课程领域的不断扩张而逐渐扩展。②但是，课程概念正在不断论争中自我生成、自我发展和自我肯定。只有通过课程定义的多样性和复杂性，才能认识其整体。

课程定义为什么模糊多变，为什么具有多重面貌？这要从课程的本性说起。从根本上看，课程源于人的学习需要。"自然只完成了人的一半，另一半留给人自己去完成"③。人不是已经预成的存在，而是持续生成的存在，他需要不断学习以求得生存和发展。"人者，爪牙不足以供守卫，肌肤不足以自捍御，趋走不足以从利逃害，无毛羽以御寒暑"④，但是人类文化恰好可以弥补人的生物性之不足。从历史形成的种植和畜牧文化到当下的各种新型文化，都是人类得以生存的强大的工具体系。就此，兰德曼（M. Landmann）总结道："不仅个体文化成就的可能性，而且被继承下来的客观文化的潮流，都会弥补人与动物相比较而似乎具有的'缺陷'。"⑤同时，人之为人，"我们都需要领略辉煌，使我们的心灵升华，感受超越自我的伟大以及人生的无限可能"⑥，需要生活得更有意义与价值。而文化正是人得以发展的丰富的意义支撑。文化所蕴涵的真、善、美的特质，能够引导人摆脱原初的愚钝和粗陋，克服人性中的野蛮和残缺，超越世俗的浅薄和功利，使人的学识得以增进、德性得以锤炼、境界得以提升，使人不断从已有、已知、已达到的层面，向未有、未知、未达到的层面跃迁。在一定意义上，所谓"人生"，乃是一个不断"文化成人"的动态过程。但是，文化浩瀚无边，人却身心有限。如何从浩瀚无边的文化世界中"选择"出适合学习者学习的文化，并想方设法将这些人类共同经验"转化"为学习者的个体经验？这成就了课程的"历史使命"。课程需要实现"文化选择"和"经验转化"的双重职责，从而解决"文化的无限性"与"人的有限性"之间的矛盾。"文化选择"和"经验转化"，赋予了课程以文化本性。

从文化的角度来看待课程，以上六种定义分别揭示了它的不同侧面。"预期结果"说，视课程为学习的"目标"；"教育内容"说和"学科"说，视课程为等待学习的"内容"；"进程"说，视课程为一段学习"过程"；"计划"说，视课程为对学习的"预先设计"；"经验"说，视课程为学习的"结果"，包括预期的和非预期的。课程的文化本性决定着课程必须实现"文化选择"和"经验转化"，这就必然内蕴着预先设计、目标、内容、过程和结果等多重要素，同时外显为这些要素之间的动态融合和平衡共生。基于这样的立场，课程主要指人们学习一定内容从而获得知识、提升能力和形成经验的过程。这是广义的课程。狭义的课程主要专指学校中的

---

① 瞿葆奎. 教育学文集·课程与教材（上册）[M]. 北京：人民教育出版社，1988：259.
② [美] 派纳，等. 理解课程：历史与当代课程话语研究导论 [M]. 张华，等译. 北京：教育科学出版社，2003.25.
③ [德] 兰德曼. 哲学人类学（第2版）[M]. 阎嘉，译. 贵阳：贵州人民出版社，2006：7.
④ 王力波. 列子译注 [M]. 哈尔滨：黑龙江人民出版社，2003：188.
⑤ [德] 兰德曼. 哲学人类学（第2版）[M]. 阎嘉，译. 贵阳：贵州人民出版社，2006：206-207.
⑥ [英] 汉迪. 饥饿的灵魂 [M]. 刘海明，张建新，译. 上海：上海三联书店，1999：89.

课程，是在教师指导下学生有目的、有计划地学习一定内容从而获得知识、提升能力和形成经验的过程。人们通常所说的"课程"，主要是指狭义的课程。

具体而言，课程具有六个特征：其一，学习性。课程需要完成一定人类经验向个体经验的转化，这是一个"学习"的过程。这种"学习"不是个体简单机械地将人类经验复制到自己的头脑之中，而是个体调动自己的已有经验、理解能力、情绪情感等对人类经验进行内化和再创造的过程。其二，过程性。课程不再仅仅是静态预设的内容文本，更体现为动态生成的学习过程。其三，选择性。学习"一定"的内容，意味着人们需要从浩瀚无边的文化中有效"选择"出一些学习内容。其四，目的性。课程这一学习过程的展开，其目的是使人经由"向文而化"而不断"成人"。其五，计划性。为了实现不断"成人"的目的，需要精心设计与组织学习的过程及其所关涉的各种要素。其六，结果性。课程最终要在个体身上产生各种学习结果，以预期或非预期的知识获得、能力提升和经验形成等表现出来。就学校中的课程而言，以上六方面是在教师指导下完成的。

值得一提的是，人们通常会从自己的立场出发，去理解课程的概念进而表达课程的定义，这往往意味着自身课程意识的成熟。但是，对课程的定义，在结构层面从仅重预先设计、目标、内容、过程和结果等单一要素的"单向度认识"走向关注多种要素的"整体把握"，在过程层面从对课程的"静态预设"走向"动态生成"，在价值层面从追求"教授为本"走向"学习为本"，是较为普遍的趋势。

（三）相关概念辨析

在教育领域，经常会遇到一些容易和课程相混淆的概念。把课程与这些概念区别开来，是深入理解课程概念的重要途径。

1. 教材

教材，是"教师和学生据以进行教学活动的材料，教学的主要媒体。通常按照课程标准（或教学大纲）的规定，分学科门类和年级顺序编辑"[①]。教材具有丰富多样的形式，既有文本教材，也有视听教材，还有基于现代网络技术的网络教材。

教材和课程容易混淆，有时人们误认为课程就是教材。比如有人说：课程是教学内容，而教材也正是教师要教学的内容。细加分析，这种看法仅仅将课程视为静态的内容，忽视了课程是一种动态的过程；进一步探讨，这种看法还将教学内容窄化为教材，忽视了教师对教学内容的选择和创造。一般来说，教材是课程的一种文本表现形式，是课程在规划阶段的一种产品。但是，课程的文本表现形式不只是教材，还有课程计划和课程标准等；同时，课程的表现形式也不只是文本，还有将规划好的课程加以实施和评价等各种实践形式。

2. 学科

学科主要有两层意思。一是"学术的分类。指一定科学领域或一门科学的分支"，如数学、物理学、化学、生物学和社会学等；二是"教学的科目。依据一定的教学理论组织起来的知识和技能的体系"，"学科的体系既要反映科学的体系，也

---

① 顾明远. 教育大辞典（增订合编本）（上卷）[Z]. 上海：上海教育出版社，1998：695.

要顺应学习者的认识规律，适合于教学"。①第一层面的"学科"是制约学校课程的一个重要因素，是课程发展的一个主要资源；第二层面的"学科"仅仅对应于课程领域的"学科课程"，比如数学课程和语文课程等。除"学科课程"之外，课程还具有"整合课程"和"活动课程"等多种类型。

二、课程类型

基于不同的标准，可以对课程的类型作不同的划分。其中，较为常见的课程类型有以下方面。

（一）国家课程、地方课程和校本课程

[微视频] 课程类型

以课程决策层次为标准，可将课程划分为国家课程、地方课程和校本课程三种类型。

国家课程，是由国家教育主管部门制定、颁布和组织实施的课程，其主导价值在于满足公民基本素质发展的一般要求，体现国家的教育意志。我国中小学课程以国家课程为主。

地方课程，是由地方教育行政部门制定、颁布和组织实施的课程，其主导价值在于满足地方社会发展及学生发展的特殊需要。

[拓展阅读] 曾文婕、李凤：《"数学魔法学院"校本课程开发初探》

校本课程，是由学校自行确定和组织实施的课程，其主导价值在于满足学生个性发展的需要和展示学校的办学宗旨与特色。我国新一轮基础教育课程改革，实行国家、地方和学校三级课程管理体制，校本课程开发逐渐繁荣。校本课程开发包括"校本课程的开发"和"校本的课程开发"。前者指在国家和地方课程计划预留的课程空间内学校完全自主的课程开发，比如上海一所中学的"知识论"校本课程。后者指学校对国家和地方课程的校本化实施，比如就科学、数学和语文等国家课程，学校在实施层面上对国家颁布的课程标准和审定的教材进行校本化处理。

（二）理想课程、官方课程、校方课程、所教课程、所学课程和所得课程

以课程运行层次为标准，可将课程划分为理想课程、官方课程、校方课程、所教课程、所学课程和所得课程。②

理想课程，通常是指课程学者按照一定的哲学或理论，以一定的价值观为核心建构的理论形态的课程。理想课程具有理想性和理论性特点，实质上是一种与远大的课程发展目标相联系的特殊想象，表现为一种有特色的课程理论。理想课程是否具有影响，具有什么样的影响，主要由其合理性及普及程度所决定。

官方课程，主要是由中央和地方教育行政部门制定、颁布和实施的课程。官方课程，又称正式课程或文件课程，一般包括课程政策、课程计划（教学或教育计划）、课程标准（教学或教育大纲）和教学材料等，主要规定主流课程理念、教育目的和培养目标、教育内容和主要教学材料。官方课程具有法律权威或行政权威，表现出统一性和强制性。

[考纲链接]《教育知识与能力》（中学）掌握基本的课程类型及其特征。

---

① 顾明远. 教育大辞典（增订合编本）（下卷）[Z]. 上海：上海教育出版社，1998：1800.
② 黄甫全. 现代课程与教学论学程（上册）[M]. 北京：人民教育出版社，2006：91-93.

校方课程，是学校制定、颁布和实施的课程，在理论观念上受理想课程的影响，在目的目标和内容材料上主要为官方课程所决定。由于学校间课程研制水平参差不齐，校方课程可能出现两种倾向：一是适应性创新，即适应文化、社会和社区的特殊需要，创新出有特色的课程，满足教育水平及质量提高的需要；二是沦落为低水平，给学校教育水平及质量提高带来严重的负效应。

所教课程，是由学校教师决定并组织学生学习的课程，包括知觉课程、教案课程和实施课程。知觉课程是存在于教师心目中的课程，是教师对校方课程乃至对官方课程和理想课程的觉察认识与自己的课程理想相互作用的结果。教案课程是教师精心准备、设计并书写出来，用来组织实施课程的教学计划。实施课程是教师在实际的教育和教学活动过程中组织学生学习的课程。

所学课程，是在有组织的教育和教学活动中，学生按照学校和教师的组织和要求而实际学习的课程。它可能与所教课程是重叠的，也许超出了所教课程，也许仅仅是所教课程的一部分。事实上，在学校实际教育和教学活动中，所教课程制约着所学课程，不过两者之间并不一定呈正相关。

所得课程，是学生在教育和教学活动中，经过专门学习后内化为自身发展结果的课程。从以学生发展为本的现代教育价值观看来，在课程的层次结构中，所得课程是整个教育和教学活动的落脚点，是课程现实性的集中体现。忽视甚至悬置所得课程，将使整个课程甚至整个教育和教学活动流于空想和空谈。过去，人们比较重视的是理想课程、官方课程或校方课程，思考问题的出发点和逻辑是，从理想课程出发，循序而经官方课程、校方课程，再到所教课程，而所学课程和所得课程往往被忽略了。现在，需要转换思维逻辑，从学生所得课程出发，突出并大力建构学生所学课程和教师所教课程，据以改进校方课程和官方课程、完善理想课程，促进理想课程、官方课程、校方课程、所教课程、所学课程和所得课程的有机整合。

（三）学科课程、活动课程和整合课程

以课程组织形式为标准，可将课程划分为学科课程、活动课程和整合课程。

学科课程（subject curriculum），又叫分科课程（branched curriculum），是从各门学科领域选择部分内容、分门别类地组织起来的课程形态，如语文、数学和外语等。

活动课程（activity curriculum），又叫经验课程（experience curriculum）或学生中心课程（student-centered curriculum），是指以学生的发展需要和兴趣爱好为中心、以活动为组织形式的课程形态。

整合课程（integrated curriculum），又叫综合课程，是采用各种有机整合的形式，使在学校教学系统中分化了的各要素及其各成分之间形成有机联系的课程形态。首先，整合课程超越了学科课程。它克服了学科课程分科过细的缺点，打破原有学科间的界限，将过去条块分割的知识融为一体。其次，整合课程超越了学生中心课程。它克服了学生中心课程主张一切从学生出发的偏激立场，明确强调课程的社会价值与本体价值的整合。

具体而言，整合课程作为一种课程形态，主要表现出五个层面的整合。第一个

[拓展阅读]
黄迪、许楚欢：《MST整合校本课程开发初探——以探究PM2.5为例》

层面是相邻知识系列的整合。比如代数、几何和三角等知识系列的整合。第二个层面是性质相近学科的整合。比如历史、地理和道德等整合形成"社会科"。第三个层面是人文、自然和社会学科的整合。比如,为了理顺和帮助人类正确理解人、社会、科学和技术之间的价值与非价值、正功能与负功能、意义的确定性与不确定性共存的复杂关系,人们便整合出"STS"(Science,Technology & Society)课程。第四个层面是文化的整合。整合课程着力构建课程的开放与选择相统一的机制,从而保证新知识能及时进入课程与已有知识形成有机整体,实现教育内容变化与文化发展之间的整合。第五个层面是学生与文化的整合。整合课程追求的最高理想,就是实现学生与文化的整合,让教育内容成为学生自由和谐发展的优化的环境、土壤和养料。① 在这五个层面中,第一、二个层面的理念已在实施之中,第三、四个层面的理念也已在试验推广之中,而第五个层面的理念则还处于理想的状态,有待于人们进一步研究。

(四)直线型课程和螺旋型课程

以课程内容排列方式为标准,可将课程划分为直线型课程和螺旋型课程。

直线型课程,就是对课程内容以环环紧扣、直线推进、不予重复的方式加以安排。如"环境保护"校本课程的内容,按水资源的利用与保护、矿产资源和土地资源的利用与保护、大气的污染与治理、噪声的环境污染等主题顺序展开,就基本属于直线型排列。

螺旋型课程,又称圆周型课程,就是在不同阶段上安排主题相同的课程内容,但逐渐扩大范围和加深程度。如小学数学课程中的四则运算按"整数四则运算→小数四则运算→分数四则运算"安排,就基本属于螺旋型排列。

(五)必修课程和选修课程

以学生选择的自由度为标准,课程可划分为必修课程和选修课程。

必修课程,即要求学生必须学习的课程。必修课程具有强制性,是国家和社会权威在课程中的体现。同时,它也是课程大众化、民主化的表现,是所有受教育者享有平等受教育权利的保证。

选修课程,即学生可以按照一定规则来选择学习的课程。选修课程,一般分为限定选修课程与任意选修课程两类。限定选修课程,是指在规定范围内学生按一定规则选择学习的课程,比如学生必须在若干组课程中选修一定组数的课程,或在若干门指定的课程中选修一定门数的课程。任意选修课程,则是不加限制,让学生自由选择学习的课程。选修课程体现了对学生学习兴趣和需要的尊重,为学生个性的自由发展提供了空间。

(六)显性课程、隐性课程和悬空课程

以课程影响形式为标准,课程可划分为显性课程、隐性课程和悬空课程。

显性课程(manifest curriculum),指在学校情境中以直接的、明显的方式呈现

[微视频]
显性课程、隐性课程和悬空课程

---

① 黄甫全. 整合课程与课程整合论[J]. 课程·教材·教法,1996(10).

的课程。① 比如，为实现一定的教育目标而在学校课程计划中明确规定的学科以及有目的、有计划、有组织的课外活动，都属于显性课程。

隐性课程（hidden curriculum），又称"潜在课程""潜课程"和"隐蔽课程"等，指在学校情境中以间接的、内隐的方式呈现的课程。② 其表现方式诸如教材隐含的文化偏见，师生关系和校园文化等。隐性课程与显性课程是相伴相随的关系，隐性课程这一概念的意义在于彰显课程影响的复杂性。也就是说，在学校教育领域，总有一些暗自涌动的力量在发挥着无形的却举足轻重的影响。隐性课程的影响，既可能是积极的，也可能是消极的。如何尽可能发挥隐性课程的积极影响作用，是课程开发者应该重视的问题。

悬空课程（null curriculum），又称"空白课程"和"空无课程"等，指学校课程中所缺乏的、"应有"而"实无"的、"应教"而"未教"的课程。这一现象和概念是美国教育家艾斯纳（E. W. Eisner）首先提出来的。艾斯纳说："阐述并不存在的课程，是一件包含着自相矛盾的事情。然而当我们涉及学校计划的排列的时候，我就意识到要建议大家，不仅应该考虑学校里显性和隐性的课程，而且也应该考虑学校没有教什么。我的意思是，学校没有教的与已经教的一样重要。"③ 无论是显性课程还是隐性课程，都是学校内实实在在的存在，都是在学校中实际上发生或经验到的内容或活动等，都是"实有课程"，与其相对的，便是"悬空课程"。比如学校中科学和社会两科，其内容主要突出和谐面，较为忽视冲突面等，后者即是"悬空课程"。"悬空课程"这一概念的意义在于启发人们从正向和反向两方面来思考课程问题，不仅需要考虑课程"有了什么"及其影响，而且需要考虑课程"缺少什么"以及这种缺少产生了什么影响。

三、课程开发

课程的不断发展，迫切需要对怎样规划课程、怎样实施课程和怎样评价课程这三个根本问题作出具体回答。这三个问题实际上构成了课程论领域中的课程开发（curriculum development）这一既具有抽象理论价值又具有实际操作意义的范畴。从20世纪50年代以来，欧美用"curriculum development"一词逐步替代了以前常用的"curriculum making"一词。我国在20世纪20年代到40年代常用"课程编制"或"课程编订"。70年代末以来，在译介外国文献中，对"curriculum development"一词的译名有四种：一是沿用对"curriculum making"一词的旧译，译为"课程编制"或"课程编订"；二是照字面通常含义，直译为"课程发展"；三是参照日本人的译名，转译为"课程开发"；四是按照它的深刻含义，意译为"课程研制"。目前在我国常用的是"课程编制""课程开发"或"课程研制"。课程开发是精心组织的规划、实施和评价课程的动态过程。课程规划、实施和评价三个阶段依次演进并相

[微视频]
课程开发

---

① 施良方. 课程理论：课程的基础、原理与问题［M］. 北京：教育科学出版社，1996：272-273.
② 施良方. 课程理论：课程的基础、原理与问题［M］. 北京：教育科学出版社，1996：272.
③ Eisner E W. Educational Imagination: On the Design and Evaluation of School Programs［M］. New York: Macmillian Publishing Company, 1984: 97.

互作用构成的课程开发过程的循环往复、不断发展，实现着课程变迁、课程改革和课程创新。学生、社会以及学科是影响课程开发的主要因素。

（一）课程开发的主要阶段

1. 课程规划

课程规划，就是课程工作者（包括教师在内）做出决定并制订教师和学生将要执行的计划的过程。具体来说，课程规划需要确定课程目标、选择课程内容、进行课程组织，从而制订出课程计划或方案，研制出课程标准（或教学大纲）和编制出教材等。在这个阶段，人们常常使用三个术语，即课程规划、课程设计和课程决策。它们的区别和联系在于，课程规划是一个综合的课程决策过程；而课程设计则是产品和独立存在的实体，是课程决策过程的产物。①

2. 课程实施

课程实施，就是把规划好的计划、方案和标准等付诸实施的过程。实质上就是把计划落实为教与学的行动，从而把课程领域转变为教学领域，教师的角色便从课程工作者转变为教学组织者。

[拓展阅读] 曾文婕、陈鲜鲜：《追求有意义的闲暇生活——美国青少年问题行为预防课程"时间智慧"述论》

对课程实施本质的不同认识以及支配这种认识的相应课程价值观，形成了"课程实施取向"。迄今为止，人们普遍认同辛德（J. Snyder）提出的"忠实取向""相互调适取向"和"创生取向"三种课程实施取向。② 忠实取向，指课程实施是按部就班地执行预定课程方案的过程。相互调适取向，指课程实施是预定课程方案与学校情境之间相互适应的过程。创生取向，指课程实施是师生在具体情境中，联合缔造新的教育经验的过程。

以上这三种取向构成了一个连续体，囊括了课程实施中一切可能与不可能的情况。事实上，任何政策、方案或计划的实施都可以拿这个框架去分析，因此，在理论上它具有广泛的解释力。但是，回到课程实施的现实情况，一方面，忠实取向的课程实施是不可能存在的，因为课程实施中的两个主体——教师和学生都是活生生的人，教学离不开他们的情感、动机与价值观，何况学校与课堂的具体情境存在很大的差异，教师势必要灵活处理这种差异；另一方面，三种取向的划分较为缺乏现实的执行力，拿"相互调适"来说，如何调适，调适的依据与标准是什么，又如"课程创生"，创生什么，创生的依据与标准又是什么，这些核心问题都是没有答案的，因此，它缺乏一定程度的实际指导意义。鉴于此，"基于教师经验的课程实施"、"基于教科书的课程实施"和"基于课程标准的课程实施"三种课程实施取向，应运而生③。第一，基于教师经验的课程实施，就是教师凭借自身所具备的知识和所信奉的理念开展教学。教师所具有的经验成为课程的内容，教师所具有的教育理念左右着课程实施的格局，教师的素养决定着教学的质量。这种课程实施取向主要存在于普及教育和教科书（正式的学生课本）出现以前。第二，基于教科书

---

① Lewy A (ed.). The International Encyclopedia of Curriculum [M]. Oxford: Pergamon, 1991: 294.
② Snyder J, et al. Curriculum Implementation. Jackson, P. W. Handbook of Research on Curriculum [C]. New York: Macmillan Publishing Company, 1992: 404-418.
③ 崔允漷. 课程实施的新取向：基于课程标准的教学 [J]. 教育研究，2009（1）.

的课程实施，就是教科书成为课程实施的主要依据，对"教什么"和"怎么教"起着决定作用。简言之，即是通常所说的"教教材"。第三，基于课程标准的课程实施，就是教师根据课程标准中规定的学生学习结果来确定教学目标、设计评价、组织教学内容、实施教学、评价学生学习和改进教学等。基于课程标准的教学，给了教师一种方向感，它既为教学确立了一定的质量底线，又为教学预留了灵活实施的空间，它要求教师"像专家一样"整体地思考标准、教材、教学与评价的一致性，并在自己的专业权力范围内做出正确的课程决定。当前，我国尽管有了国家课程标准，倡导教师应该基于课程标准开展教学，但事实上绝大部分教师还是依据教科书来实施课程。如何实现基于课程标准的课程实施，还需要人们不断探索和努力。

3. 课程评价

课程评价就是对课程实施的结果进行评估，以确定预期课程目标是否实现，学习和计划是否获得成功。广义的课程评价包括了教学评价、教师评价、学生学习成就评价和课程产品评价，狭义的课程评价仅仅指对课程产品的评价。

课程评价既是课程开发的一个阶段，更是渗透于开发全过程的一个要素，其目的是为新一轮的课程开发提供修正和完善的依据。所以，课程规划和实施总是包含着评价。课程规划阶段的评价，就是对课程原理、课程目标、课程内容及其组织结构的选择和决策，对所涉及的有关教师、学生和课程资源的应用，进行合理性评估，并提供即时的反馈调节，以尽可能地完善课程规划和课程设计。课程实施阶段的评价，侧重于对课程实施的具体计划、教师的教学组织表现、学生的学习活动过程及其结果、课程资源的应用及其效果，进行即时评估和反馈调节，以尽可能地完善课程实施过程。另外，课程评价阶段也包含着对自身的评估，包括对评价技术和方法选择、评价实施各个细节以及评价结果展开即时评估和反馈调节。

（二）课程开发的影响因素

学生、社会以及学科是影响课程开发的主要因素。首先，学生的年龄特征、知识、能力基础及其可接受性对课程开发有重要影响。学生的学习发展需要制约着课程开发的方向，课程的门类、深度和广度、编排形式等设计和开发，要考虑受教育者身心发展程度和水平，受人的身心发展规律的制约。其次，社会生产力发展水平和社会文化传统及意识形态对课程开发也影响重大。科学技术的进步、学科知识的进步直接影响着课程的内容、种类和结构，文化中的价值观、思维方式影响着课程的内容及其表达方式等。可以说，社会发展的状态和需要，决定着课程的方方面面，包括课程制度、课程性质、课程目标、课程内容、课程编制、课程实施和课程评价。当下，技术更是日益成为推动课程变革的重要力量。最后，学科特征影响课程的开发。学科的特征和性质决定着学科知识的选择和组织，课程开发要体现学科的性质。课程开发应考虑学科体系的完整性、知识结构的内在逻辑性。此外，建立在不同教育哲学理论基础上的课程理论及课程传统，对课程产生重要的结构性影响。

[考纲链接]
《教育知识与能力》（中学）理解课程开发的主要影响因素。

第二节 课程改革

课程改革，就是将课程中陈旧的不合理的部分加以改变，使之适应社会、文化和学生发展的过程。我国自中华人民共和国成立后进行了多次基础教育课程改革，当下正在推进大规模的基础教育新课程改革。

[考纲链接]《教育知识与能力》（中学）了解我国当前基础教育课程改革的理念、改革目标及基本的实施状况。

一、改革背景

在 21 世纪这种全球化、信息化和多元化的时代背景下，迎着国际课程改革的浪潮，我国植根于已有的改革经验和当下的现实状况启动了新一轮基础教育课程改革。

（一）历史背景

中华人民共和国成立后我国基础教育课程改革，经历了一段艰难曲折的路程，大致可以分为五个阶段：改造阶段、"苏化"阶段、革命阶段、恢复阶段和发展阶段。① 第一，改造阶段。这一阶段从 1949 年年底持续到 1952 年，是新中国对旧中国形成的课程理论和课程设置进行改造，制定实施新课程的阶段，既有一定继承又有一定革新。第二，"苏化"阶段。这一阶段从 1953 年至 1956 年，在政治、经济和社会全面学习苏联的背景下，课程也全面学习苏联，照搬苏联"课程"模式的阶段。第三，革命阶段。这一阶段从 1957 年至 1976 年，持续了整整 20 年。中小学课程改革为政治运动所左右，形成了与之相对应的"劳动化""本土化"和"大革命"三个亚阶段。第四，恢复阶段。这一阶段从 1977 年到 1984 年。1976 年年底"文化大革命"结束，1977 年年底普通高等学校招生考试恢复，学校教育秩序逐步走向正常，课程进入全面恢复时期。第五，发展阶段。这一阶段从 1985 年到 1998 年，是在经济、政治以及文化等转型的大背景下，课程被牵动而开始的适应社会发展需要的改革阶段，在基础教育培养目标、德育、课程结构、课程设置、课程管理以及考试制度等方面的改革都取得了突破性成果。

回顾以上历程可见，我国基础教育课程改革发展走过了一条几经周折又颇具特色之路。从课程文化建设的角度看，改革历程呈现了"移植与重建—冲突与阵痛—反思与总结—理性建设"的文化特点；从课程内容内在价值关怀的角度看，改革历程呈现了"政治、经济关怀并重—政治关怀—经济关怀—个性关怀"的发展路向。②

（二）国际背景

为了迎接 21 世纪的挑战，世界各国纷纷进行课程改革，以抢占教育发展和人才培养的先机，赢取经济和科技发展的优先权。尽管各国政治、经济、社会等方面的发展具有很大差异，但课程改革还是表现出以下一些共同趋势。③ 第一，政府参

---

① 黄甫全. 新中国课程研究的回顾与展望［J］. 教育研究，1999（12）.
② 吴长法，王琪，李本友. 新中国基础教育课程改革的历程与趋势［J］. 课程·教材·教法，2016（5）.
③ 朱慕菊. 走进新课程与课程实施者对话［M］. 北京：北京师范大学出版社，2002：10；耿红卫. 近年来国外基础教育课程改革的趋势研究［J］. 河北师范大学学报（教育科学版），2009（10）.

与并领导课程改革。除了大量增加拨款之外，政府还支持并组织有关专家、教师、教育管理工作者、家长等参与各种研究、制定改革方案等。第二，课程改革焦点是协调国家发展需要和学生发展需要之间的关系。尽管国家发展的需要依然是课程改革的首选目标，但严峻的事实已经表明，学生的发展、人类整体利益和长远发展需要以及人文精神的发展也迫在眉睫。第三，人的全面发展是课程改革的共同追求。主要包括：谋求学生智力与人格的协调发展、培养学生的可持续发展能力以及实现个人与自然和社会的和谐发展。第四，重视全球化视野下国际意识和民族精神的培养。很多国家将国际视野、国际意识、国际观念、尊重文化多样性、可持续发展与环境保护意识等作为本国基础教育课程改革的目标，并注重在合作与交流中继承和发扬民族文化和民族精神。第五，关注学生的生活世界和科学世界的整合。主要举措有增加生活化课程内容、凸显课程实施和组织方式的多样化以及倡导课程体系的综合化。第六，注意改进和完善课程管理与评价制度。从根本上说，国际课程改革，走向"学习为本"的趋势越来越凸显①。

［拓展阅读］
曾文婕、黄甫全：《课程改革与研究的新动向：彰显学习为本》

各国的课程改革也彰显出本国特色，主要体现为：第一，科学主义引领的美国课程改革。20世纪中叶，美国以"科学主义"为改革的核心理念和内在驱动力开展了"课程现代化"运动，科学文化是美国发展出科学主义的关键，也是美国坚持用科学主义指导课程改革路线的主因。在"2061计划"中，美国所确立的信念也无不彰显出渗透在教育中的科学主义取向。在科学主义内核的驱动下，美国政府采取多种干预措施，努力提高科学教育的质量。尤其是，崇尚科学技术的高等教育，依然引领着中小学课程按照科学主义路线持续地进行改革。②第二，致力于培养生存能力的日本课程改革。无论是《21世纪教育新生行动计划》，还是《面向21世纪我国教育的发展方向》咨询报告，或是新修订的《学习指导要领》，都凸显出日本的课程改革立志在"宽松"中注重对学生基本素质和能力——"生存能力"的培养。其主导思想为：鼓励学生参与社会和提高国际意识，培养学生具有在国际社会中生存的日本人的自觉意识；提高学生独立思考和学习的能力；为学生掌握知识和个性发展创造宜人的教育环境；创办特色学校，开展特色教学。③第三，注重人本主义精神的德国课程改革。在2000年出台的"十二条教改建议"中，德国将基础教育课程改革的理念表述为：普遍主义的"促进"代替精英主义的"筛选"；以充满现代气息的"开放"取代过时落伍的"封闭"；以人本化的"调控"取代官僚行政的"管束"。④在德国的传统中小学教育体制饱受争议的同时，一些替代型、创新型的中小学应运而生。这些新型中小学以学生为中心、将相信学生学习能力的人本

---

① 曾文婕，黄甫全. 课程改革与研究的新动向：彰显学习为本［J］. 课程·教材·教法，2013（7）.
② 邓友平. 科学主义与美国基础教育课程改革："科学主义"作为美国课改驱动力的原因分析［J］. 外国教育研究，2014（6）.
③ 陈谟开. 21世纪日本基础教育改革的若干动向［J］. 外国教育研究，2002（5）.
④ 周丽华. 德国基础教育的改革理念与行动策略：解读德国教育论坛"十二条教改建议"［J］. 比较教育研究，2003（12）.

主义精神理念有机渗透在课程设置、教学方法以及评价之中。① 第四，追求公平与卓越的澳大利亚课程改革。2007年发表的《墨尔本宣言》指出："要让所有的澳洲青少年都成为成功的学习者、自信和有创造力的个体、积极和明智的公民。"② 为了促进教育公平，落实追求卓越的课程改革理念，澳大利亚政府颁布了一系列文件，确立了国家课程，开发了富有特色的校本课程，实行灵活丰富、人性化的课程设置，不断完善考试评价体系，建设了统一要求、统一标准的师资保证制度，并实行分权型、民主化的课程管理体制。

（三）现实背景

我国过去的一些基础教育课程改革，对促进经济与文化等发展做出了贡献。但是，基础教育现状同时代发展的要求和肩负的历史重任之间仍存在反差，这使得新千年之际我国基础教育课程到了必须改革的阶段。第一，固有的知识本位、学科本位问题没有得到根本的转变。③ 传统的知识本位课程观使教育、课程远离学生的实际生活，这导致学校教育必然发生书本中心、教师中心、死记硬背的现象，这是不符合时代需要的。为此，必须拆除阻隔学校与社会、课程与生活之间融会贯通的藩篱。第二，传统的应试教育势力强大，素质教育不能真正得到落实。"从总体上看，素质教育的成效还不够明显，尚未取得突破性的进展。一些地方开展素质教育还是号召多而落实的措施少，一些学校对素质教育的理解和实施存在简单化、片面化的倾向，个别地方应试教育愈演愈烈。"④

1996年7月，教育部基础教育司组织专家对1993年秋实施的九年义务教育课程现状进行调研发现，现行课程方案确实存在一些有悖于素质教育要求与教育规律的问题：教育观念滞后，人才培养目标不能完全适应时代发展的需求；思想品德教育的针对性、实效性不强；课程内容存在"繁、难、偏、旧"的状况；课程结构单一，学科体系相对封闭，难以反映现代科技、社会发展的新内容，脱离学生经验和社会实际；学生苦于死记硬背，教师乐于题海训练的状况普遍存在；课程评价过于强调学业成绩和甄别、选拔的功能；课程管理强调统一，致使课程难以适应当地经济、社会和学生多样发展的需求。⑤ 由此，基础教育课程改革的紧迫性与必要性进一步凸显。

二、改革理论

基础教育新课程改革（以下简称"新课改"）初期，建构主义理论、多元智能理论以及后现代主义理论是人们较为认同的理论基础。改革的逐步深入，也引发了人们对理论基础的进一步讨论。

---

① 王苏雅. 德国基础教育改革：替代传统型中小学［J］. 课程·教材·教法，2016（1）.
② 和学新，刘瑞婷. 新世纪以来澳大利亚基础教育课程改革及其启示［J］. 当代教育与文化，2016（1）.
③ 朱慕菊. 走进新课程与课程实施者对话［M］. 北京：北京师范大学出版社，2002：7-8.
④ 朱慕菊. 走进新课程与课程实施者对话［M］. 北京：北京师范大学出版社，2002：8.
⑤ 崔允漷. 新课程"新"在何处？——解读《基础教育课程改革纲要（试行）》［J］. 教育发展研究，2001（9）.

（一）主要理论基础

人们较为认同的新课改理论基础主要有以下几种：第一，建构主义理论。建构主义作为主要的指导性理论，体现在课程改革的方方面面。[①] 第二，多元智能理论。该理论之所以被诸多专家学者列为课改的理论基础，一方面是因为它关注学生实践能力和创造能力、注重学生全面发展及关注差异化、个性化等理念与本次课改精神相一致，[②] 另一方面是由于它对我国课改具有启发意义，即搭建了学校通往"三个面向"的"桥梁"，找到了实施素质教育的"切入点"，提供了课程创新的策略，抓住了课程改革的"牛鼻子"——评价，构建了多元切入的教学策略与教学模式。[③] 第三，后现代主义理论。该理论主要以多尔（W. E. Doll, Jr.）的《后现代课程观》为代表，其基本主张为：在课程目标上贬抑预设性；在课程内容上强调非确定性；在教学过程中张扬实践导向性；在课程评价中主张开放性，推崇生成性思维等。其中，多尔的"4R"原理彰显了后现代主义思潮的生成性、建构性、多元性等诸多特点，对我国课程改革的影响较大。[④]

（二）相关讨论焦点

随着新课改实施过程中各种问题的不断产生，人们开始反思新课程的理论基础，引发了一些讨论甚至争议，主要集中在以下四个方面：[⑤]

第一，新课改有无理论基础。主要观点有：（1）无论是在新课改的政策文件和行政推进文本中，还是在新课改方案主要研制者的权威解读文本中，都没有人对"新课程改革的理论基础到底是什么"做出明确回答。（2）尽管相关政策文件及其解读文本中没有明确阐释，但从权威学者的一系列文章中还是可以"模糊"看出一些理论依据，它们涉及建构主义、多元智能和成功智能、后现代课程观、脑科学的新成果以及杜威的活动课程理论在中国的多种变异形式。（3）新课改的理论基础是明确而具体的，只要我们回到"顶层设计"的文本并仔细阅读、全面领会，就不难理解，邓小平"三个面向"和江泽民"三个代表"的重要思想不仅是新课改的指导思想，也可以说是最根本、最重要的理论基础。而且，从新课改的具体操作来看，其理论基础还包含了现代课程论（结构课程论、掌握学习理论等）、现代教育论（素质教育思想、人本主义教育思想等）以及一些后现代课程思想等。

第二，新课改的理论基础应该是什么。主要观点有：（1）新课改的理论基础涉及以建构主义、后现代主义、多元智能、实用主义为代表的多种西方教育理论。（2）在课程改革中，必须坚定不移地以马克思主义作为指导思想和理论基础。（3）试图合理解决马克思主义与其他理论之间的关系问题。一方面将马克思主义认识论作为直接的理论基础，从学理上来说似乎背离了课程理论研究的范围，存在生搬硬套的缺陷，应该在课程哲学上多做些具体和深入的探讨；另一方面又提出，新

---

① 刘淑霞. 建构主义视野中的基础教育课程改革［J］. 当代教育科学，2004（2）.
② 丛立新，陈荟. 当前我国基础教育课程改革理论问题研究［M］. 重庆：重庆大学出版社，2013：1-26.
③ 梅汝莉. 多元智能与课程改革［J］. 北京教育（普教版），2003（10）.
④ 丛立新，陈荟. 当前我国基础教育课程改革理论问题研究［M］. 重庆：重庆大学出版社，2013：1-26.
⑤ 乔建中，冯媛媛. 关于新课改理论基础的争议［J］. 江苏教育研究，2012（12）.

课改既应当坚持马克思主义学说，又应当广泛消化吸收当今世界先进的教育理论研究成果，进而创造出适合中国国情的教育理论。

第三，西方教育理论在新课改中的效力。在肯定西方教育理论对新课改的某些积极作用的同时，着力揭示其种种缺陷与痼疾。例如，后现代课程观是批判传统理性主义课程开发范式基础上产生的，从历史角度看有其必然性，其全新的观念对我国新课程改革具有丰富的启示意义，并在一定程度上影响了课程改革纲要和新课标的制定，但后现代课程观具有内在的不可克服的局限性。再如，有学者认为，建构主义理论中那些反常规科学观念的哲学观点（如科学知识是相对真理，不是绝对真理；科学理论是科学家头脑中建构的东西，不反映客观存在等），很容易导致忽视知识基础的倾向并导致教学的偏激与放任倾向。

第四，如何移植、借鉴、改造、创新西方教育理论。（1）如何在立足自身改革实践、博采众长的基础上，建构适合我国课程改革的理论基础，成为人们广泛关注的话题。（2）在众人的注意力集中在改造西方教育理论之时，有学者独辟蹊径，呼吁必须注重同时改造我国的现实土壤，理论固然要改，但土壤不改，理论改造将会失去其本身的意义。

游戏学习：新课改理论基础擂台赛

每位同学在认真思考的基础上，选择自己赞同的一种理论基础，分小组举行"新课改理论基础擂台赛"。

首先由一人担当擂主，陈述自己赞同的某种理论基础的基本观点和主要优势等，由其他成员发起质疑和挑战。如挑战者获胜，则获胜的挑战者成为新的擂主，再陈述自己赞同的某种理论基础。直到所有的挑战者参赛完后，最后守住擂台者获胜。

◇ 擂台赛过程中允许现场通过网络查阅文献资料。
◇ 要注意拍照和录像，并将相应过程和结果整理成文字稿，分享到班级或群体的学习交流区。

三、课程改革目标

我国基础教育新课程改革在"为了中华民族的复兴，为了每位学生的发展"精神引领下，确立了具体的改革目标。

（一）基本理念

[微视频]
课程改革目标

新课改旨在构建具有中国特色的、现代化的基础教育课程体系。课程目标、课程内容、学习方式以及学校文化重建等，折射出新课改的基本理念。[①] 第一，走出知识传授的目标取向，关注学生作为"整体的人"的发展。第二，破除书本知识的桎梏，构筑具有生活意义的课程内容，让学生的生活世界与科学世界回归内在的、历史的统一。第三，摆脱被知识奴役的处境，恢复个体在知识生成中的合法身份，

---

① 钟启泉，崔允漷. 新课程的理念与创新（师范生读本）（第 2 版）[M]. 北京：高等教育出版社，2008：2-17.

寻求学生主体对知识的建构。第四，改变学校个性缺失的现实，创建富有个性的学校文化。

（二）具体目标

新课改调整了基础教育的课程体系、结构和内容等，包含以下六大具体目标：①

第一，实现课程功能的转变。改变课程过于注重知识传授的倾向，强调形成积极主动的学习态度，使获得基础知识与基本技能的过程同时成为学会学习和形成正确价值观的过程。

第二，体现课程结构的均衡性、综合性和选择性。改变课程结构过于强调学科本位、科目过多和缺乏整合的现状，整体设置九年一贯的课程门类和课时比例，并设置综合课程，适应不同地区及学生发展的需求，体现课程结构的均衡性、综合性和选择性。

[拓展阅读]
各阶段课程设置表

第三，密切课程内容与生活和时代的联系。改变课程内容"难、繁、偏、旧"和过于注重书本知识的现状，加强课程内容与学生生活以及现代社会和科技发展的联系，关注学生的学习兴趣和经验，精选终身学习必备的基础知识和技能。

第四，改善学生的学习方式。改变课程实施过于强调接受学习、死记硬背、机械训练的现状，倡导学生主动参与、乐于探究、勤于动手，培养学生搜集和处理信息的能力、获取新知识的能力、分析和解决问题的能力以及交流与合作的能力。具体来说，自主学习、合作学习和探究学习，是新课程改革所倡导的新的学习方式。②

第五，建立与素质教育理念相一致的评价与考试制度。改变课程评价过分强调甄别与选拔的功能，发挥评价促进学生发展、教师提高和改进教学实践的功能。这就要求建立发展性的评价体系，包括建立促进学生全面发展的评价体系、促进教师不断提高的评价体系，③并将评价看作一个系统。评价目标多元、评价方法多样，重视学生发展和教师成长记录，是今后一段时间内评价与考试改革的主要方向。

[拓展阅读]
曾文婕、黄甫全、余璐：《评估促进学习何以可能》

第六，实行三级课程管理制度。改变课程管理过于集中的状况，实行国家、地方、学校三级课程管理，增强课程对地方、学校及学生的适应性。

四、课程改革实施

当下，新课改的实施和推进已经进入"深水区"，在了解改革基本举措的基础上，梳理改革实施所取得的成就及遇到的实际问题，并关注改革的发展走向，对进一步推进改革的发展尤为重要。

[拓展阅读]
曾文婕、黄甫全：《学本评估：缘起、观点与应用》

（一）基本举措

新课改包括以下九大基本举措：④（1）确定课程改革指导思想、培养目标以及改

---

① 教育部．关于印发《基础教育课程改革纲要（试行）》的通知［Z］．教基［2001］17号，2001-6-8．
② 钟启泉，等．为了中华民族的复兴，为了每位学生的发展：《基础教育课程改革纲要（试行）》解读［M］．上海：华东师范大学出版社，2001：259．
③ 教育部基础教育司．走进新课程：与课程实施者对话［M］．北京：北京师范大学出版社，2002：15．
④ 崔允漷．新课程"新"在何处？——解读《基础教育课程改革纲要（试行）》［J］．教育发展研究，2001（9）．

革的具体目标；（2）根据基础教育课程的均衡性、综合性与选择性原则，重建新的课程结构；（3）制定新的课程标准；（4）改善课程实施（教学）的过程；（5）规范教材的开发与管理；（6）建立发展性课程评价体系；（7）实行三级课程管理政策；（8）加强教师的培养与培训；（9）按照确立的课程改革组织与实施方案逐步推进改革。为了推进课改，一些具体的深化策略不断涌现。比如：进一步强化"顶层设计"和整体运作，在维护国家根本利益的前提下，既要凝聚课改共识，又要充分考虑方方面面的利益问题；从理论层面和方法论层面上讲，具有大智慧，确立多元视角、广阔视野和"融通"意识，整合各种理论，择优以形成合力，服务新课改；正确把握新课改的实践以及正确认识新课改中的问题，这是今后进一步深化新课改的实践逻辑的起点。①

（二）实施成就

在价值变革的引领下，我国十余年的新课改在课程典范、课程理念、课程体制、课程文化等领域都有所创新和发展。② 具体表现为：重构了"以学生发展为本"的课程典范，构建了新的学校观、课程观、教材观、教学观、教师观以及学生观，实现了在课程管理、课程体系、教材发展机制、评价制度等课程体制上的发展，营建了一种生活、对话、探究与合作的课程文化模式，实现了课程文化的再生。在课程实施探索、课堂教学创新、考试评价制度变革等领域也取得了斐然的成绩。③ 其一，修订课程标准，让课程更直接服务于育人。其二，调整教科书，以"核心内容"滋养学生的核心素养。其三，完善课程体系，特色课程渐成新亮点。特色课程包含地方课程与校本课程，但多指具有独特性的校本课程。其四，凸显学科特色，打造优质课堂教学。形成了特色教学模式，明确了课堂教学改革的方向。其五，教师为先，互助合作的教师培训体系逐步形成。除了"国培计划"这种教师培训新机制外，各地还探索出多种教师专业发展新模式，如"研训一体化"的教师培训体系，在此框架下又产生了"校本研修""校际协作""区域联动"及"U-S合作模式（大学和中小学合作）"等一系列有特色的教师专业发展模式。其六，评价破冰，培育学生综合素质成为导向。改革"一考定终身"的考试制度，逐渐形成新的考试招生制度。

（三）现实遭遇

新课改的实施和推进，对教师、课堂、学生和学校等产生了多方面的影响，带来了一系列的变化。

作为主要的课程实施者，一线教师面对新课改提出的新要求表现出以下特征：首先，教师在观念上较为认同课程改革。受教育部委托，课程专家评估小组先后多次对新课改实施状况进行评估，几次评估结果基本一致，都表明教师对课程改革具有较高和较稳定的认同感④。其次，教师在情绪上由"不安"逐渐走向"从容"。在

---

① 吴永军．试论深化新课改的社会学方略［J］．教育研究与实验，2012（4）．
② 靳玉乐，张丽．我国基础教育新课程改革的回顾与反思［J］．课程·教材·教法，2004（10）．
③ 薛继红，黄琼．近五年中国基础教育课程改革新进展述评［J］．上海教育科研，2016（5）．
④ 马云鹏．基础教育课程改革：实施进程、特征分析与推进策略［J］．课程·教材·教法，2009（4）．

课程改革实施之初，教师普遍表现出"不安"的情绪。一是源自打破惯习而带来的迷失感，二是源自能力不足而带来的压力感。然而，随着课程改革经验的不断积累，校本培训和研修的有序开展，教师对课程改革日益熟悉，能力得到持续提升，情绪也开始由"不安"逐渐走向"从容"。最后，教师对课程目标的执行程度较高，专业自觉意识得以提高。新近的调查显示：课程改革以后，实施程度最好的改革目标依次是课程功能、教学方式和学生评价。教师认为自己已经将课程改革理念付诸课堂教学实践，已经实质性地落实了课程目标。而且，新课改理念的落实要求教师加强自身素质，多种形式的教师培训为教师的专业发展提供了平台和保障。新课程实施中提出的"教师即课程"口号，更是促使教师从传统的"教书匠"角色转变成为教育研究的主体。①

课堂是课程实施的主要场域，在新课改过程中，课堂逐渐经历了一个由表层变化到深层变化、由形式变化到实质变化的过程。比如，新课程倡导让学生动起来，让课堂活起来。然而，有的课从表面上看学生是动起来了，课堂气氛也很活跃，但仔细观察便会发现，这些课只停留在形式上的热热闹闹，没有真正激发学生深层次的思维。课堂上，学生一会儿忙这，一会儿忙那，教室里乱糟糟、闹哄哄，为活动而活动；教师不善于捕捉学生发言中有价值的信息，从而引导学生深入讨论，只满足于课堂此起彼伏的热烈场面。然而，应该看到的是，随着改革的深入，这些偏差和误区正陆续得到纠正。

[拓展阅读]
李建平：《课堂越活越好吗？——课堂教学改革难题及对策之一》

从学生的个体差异来看，新课改给不同资质的学生带来了不一样的际遇。在新课程背景下，学生的学习方式发生了转变，多了民主性、少了强制性，多了自主性、少了被动性。在实验区的课堂上，智力较好、反应较快和性格外向的学生较为适应，表现出色。但是，也确有一部分学生不适应，学生参与学习的程度差异明显。另外，教师指导教学的思路发生了变化，关注的是学生的探究和创新，由此便需要关注课堂的发展和变化，以随时面对来自学生的挑战，于是就无暇给个别学生适当的辅导和帮助，这就可能导致部分学生向差的一极分化。②这样，如何选择和运用课堂教学策略，在重视学生共同发展的同时，关注学生的个体差异，尽量避免两极分化，是一个迫切需要探索的问题。

对新课程改革的多次评估结果表明，相对于城市学校课程改革的推进，乡镇和农村学校的课程改革存在很大难度③。在课程功能、课程管理、教学方式的转变以及课程评价等改革目标的实施上，农村教师显著低于城市教师和县城教师。④ 新课程要求教师的教学方式、学生的学习方式和管理者的管理方式发生转变，而这些转变顺利实现的一个前提就是需要有现代化教学设备做支撑。但是，许多农村学校受硬件设施水平的局限无法实现管理手段的现代化。同时，师资水平也是制约农村学校

---

① 史丽晶，马云鹏. 基于基础教育课程改革目标的课程实施程度调查［J］. 课程·教材·教法，2016（5）2.
② 李建平. 学生真的"两极分化"了吗？——课堂教学改革难题及对策分析之九［N］. 中国教育报，2003-11-8（2）.
③ 马云鹏. 基础教育课程改革：实施进程、特征分析与推进策略［J］. 课程·教材·教法，2009（4）.
④ 史丽晶，马云鹏. 基于基础教育课程改革目标的课程实施程度调查［J］. 课程·教材·教法，2016（5）.

课程改革的关键因素。农村教师的待遇低、学校办学经费紧张、缺少校本培训的条件等，很大程度上影响了教师对新课程的把握，学校很难形成实施新课程的骨干教师队伍。

在课程改革过程中，不可回避教育的均衡发展与公平问题。要科学推进新课改，必须关注课程实施过程中突出存在的城乡差异问题。

（四）发展走向

教育改革是一项"旅程"，而不是一张"蓝图"[①]。因为是一项旅程，因为"在路上"，所以，遇到困难和矛盾在所难免。但是，不能用逃避上路的方式，来免除障碍与挫折。可以说，前景越辉煌，过程中的不确定性就越多，复杂程度就越高，然而，人追求这一前景的激情就越强烈。择要而言，课程改革发展的走向已渐趋清晰。比如，新课程标准的修订是课程改革深化的重大举措。[②]2011年版课程标准已经颁布实施，"德育为先、全面发展、能力为重、以人为本以及与时俱进"是此次课标修订的基本原则。当前，培养学生"核心素养"的理念，正在逐渐渗透到新课程标准的修订过程之中。[③] 如何更好地在学科课程及其他方面渗透和培养核心素养，值得人们进一步探究。同时，教育思想和理论的借鉴与创新是课程改革的重要基础，关注教师专业自觉的教师教育是课程改革的关键环节，关注个性和创造力的考试体制建设是课程改革的重要保障，这些方面都是课程改革不断深化需要重视的领域和方向。[④]

[拓展阅读]
李建平：《小组学习≠合作学习——课堂教学改革难题及对策之六》

[拓展阅读]
吴再柱：《古诗词与核心素养：最美的遇见》

第三节　课　程　资　源

课程资源（curriculum resources），是指有利于实现课程目标的一切因素。它是在现代资源及其开发观指引下，基于教材研究的发展，逐步形成的课程研究的新兴主题。没有课程资源的有力支持，再美好的课程改革设想也很难变成中小学的实际教育成果。一般来说，课程实施的范围和水平，一方面取决于课程资源的丰富程度，另一方面更取决于课程资源的开发与利用水平，也就是课程资源的适切程度。

一、课程资源的类型

课程资源十分庞杂，为了便于分析与研究，人们总要对其进行归类。但由于角度的不同，课程资源类型的划分也不相同。而每类课程资源，都有自身的价值。

（一）校内课程资源和校外课程资源

根据空间分布不同，课程资源可以分为校内课程资源和校外课程资源。前者指学校范围之内的课程资源，主要包括校内教职工、学生、图书馆（室）、实验室、

[微视频]
课程资源

---

① Fullan, M. Change Forces: Probing the Depths of Educational Reform [M]. London: The Falmer, 1993：24.
② 田慧生．新课程标准修订的基本精神与主要特点［J］．中国教育学刊，2014（11）．
③ 吴长法，王琪，李本友．新中国基础教育课程改革的历程与趋势［J］．课程·教材·教法，2016（5）．
④ 蔡宝来，晋银峰．我国基础教育改革的现实境遇与未来抉择［J］．上海师范大学学报（哲学社会科学版），2010（1）．

专用教室、教学设备、音像资料和教材教辅等。后者指超出学校范围以外的课程资源，主要包括家长、社区专家、公共图书馆、博物馆、展览馆、科技馆、科研院所和自然环境等。

校内外课程资源对于课程实施都非常重要，但它们在性质上有所区别。就开发与利用的经常性和便捷性而言，校内课程资源应该占据主要地位，校外课程资源则更多地起辅助和补充作用。然而，由于校外课程资源的开发与利用通常被忽视，所以应该对其予以足够的重视。

当前，随着网络技术的发展，校内外课程资源的界限正逐渐被打破，二者间的相互转化和交流共享已成为可能。在这样的背景下，一方面学校要善于发掘和运用社区及兄弟学校的课程资源，另一方面行政部门应建立健全校内外课程资源的相互转换机制，强化各种公共资源间的共建与共享。

（二）文字性课程资源和非文字性课程资源

根据载体形式不同，课程资源可以分为文字性课程资源和非文字性课程资源。文字性课程资源以文字为载体。教科书上的文字，就是常见的文字性课程资源。各种图书、期刊和报纸上的文字，也可以成为文字性课程资源。非文字性课程资源以图片、实物、音频、视频和活动等为载体，又可分为实物资源、活动资源和信息化资源。实物资源形式多样，有自然物质、人类生产生活过程中创造出来的物质以及为教育教学活动专门制作的物品。活动资源包括教师的言语活动和体态语言、班级集体和学生社团的活动、各种集会和文艺演出、社会调查和实践活动以及师生和学生之间的交往等。信息化资源以计算机网络技术为基础，是一种数字化资源，具有信息容量大、智能化、虚拟化、网络化和多媒体等特点。"人与技术"的关系，也因此重新界定。随着教育现代化的推进，信息化资源将是富有前景的资源类型。

[拓展阅读]
尹睿：《基于专题的网络协作学习活动设计的行动研究》

长期以来，人们较为看重文字性课程资源，甚至在一定程度上视教材为唯一的课程资源。因此，确立一种更为广泛的课程资源观，积极开发并合理利用各种非文字性课程资源，就显得尤为重要。

（三）条件性课程资源和素材性课程资源

根据功能特点不同，课程资源可以分为条件性课程资源和素材性课程资源①。条件性课程资源，不是形成课程本身的直接来源，只是为课程运作提供保障。比如，基本安全而又必需的教学场地、物资和设备等因素，就属于条件性课程资源。它是课程实施的前提条件，没有这样的条件保证，就谈不上课程实施。素材性课程资源是作用于课程并且能够成为课程的素材或来源。比如，知识、技能、经验、活动方式与方法、情感和价值观等方面的因素，就属于素材性课程资源。

课程目标的实现，既有赖于课程条件的建设，也有赖于课程素材的开发。一味追求条件性课程资源更新速度的做法是不明智的。特别是当条件性课程资源的建设已经达到一定标准后，则要量力而行，不可盲目拔高要求。比较切实可行的做法是，通过广大教师创造性地开发和利用多样化的素材性课程资源，来促进整个课程

---

① 吴刚平. 课程资源的理论构想［J］. 教育研究，2001（9）.

与教学的优化发展。那些为追求一时的政绩和表面效应，而过分热衷于学校条件性课程资源建设，忽略长远的素材性课程资源建设的做法，尤其需要警惕。

（四）教授化课程资源和学习化课程资源

根据价值取向不同，课程资源可以分为教授化课程资源和学习化课程资源[①]。教授化课程资源对应于教授化课程。在教授化课程中，教与学的基本模式是授受式教与学。"知识的传播"成为基本隐喻，人们相信知识是可以由一个人传递给另一个人的客体。学习就是复制所传递知识的内部心理过程，教学的效率根据作为个体的学习者头脑中知识的多少来确定。基于此，教授化课程资源的根本价值诉求，是服务于教师的"教"，是提高教师传递知识的清晰度，进而实现知识传递的高效率与高效益。站在教授化课程资源的立场，教材就是精选的现有知识体系的精华并最有利于学生发展。寻找和建立有利于证实、解释和扩展教科书的各种显性资源，就是教授化课程资源开发与利用的方向。学习化课程资源对应于学习化课程。学习化课程采用的是合作活动学习。"知识的建构"是基本隐喻。学习不仅仅局限于客观知识的接受与记忆，而更多地表现为在学习境遇中通过对话与协商主动建构知识和获得生命意义的过程。由此，学习化课程资源的根本价值诉求，是服务于学生的"学"，是为学生学习营造一个意义建构的生态化学习环境，进而为学生"学"的进程提供显性和隐性的资源支持。这样，自然、社会、教师以及承载系统知识的教材只要有助于学生建构知识、发展智能、养成德行、丰富情感，都是可能的课程资源。当然，这种可能性要变为现实，需要进行选择、改造和组织，以便与学生的心理发展逻辑和课程目标保持统一。

学习化课程资源的提出，彰显了以学为本、以学定教的课程价值取向，体现了课程发展的理想趋势。但是，如何全方位、多层次和系统化地开发学习化课程资源，还需要人们不断研究和探索。

二、课程资源开发与利用的基本理念

提高课程资源开发与利用的水平，在很大程度上有赖于树立正确的理念，澄清常见的误解。

（一）教材是最基本的课程资源

教材是经过严密选编的系统化的学科知识，然而，教材终归不可能概括该学科领域的基本知识，更不可能彻底反映该学科的全部结构，更不可能适宜于任何情境中师生的教学。因此，教材是最基本的课程资源，但不是唯一的课程资源。进一步说，教师在对待"教材"这一课程资源的态度上，需要避免两个极端：一是视教材为"圣经"，照搬教材上课；二是视教材为"镣铐"，抛开教材随意发挥。这两者，都容易导致课堂效率低下。

如何用好教材呢？首先要尊重教材、研究教材、挖掘教材的深度。教材体现的是国家意志，同时凝聚了大量专业化编者的心血与智慧。因此，教师在尊重教材的

---

① 申仁洪，黄甫全. 学习化课程资源：课程资源的价值重构［J］. 课程·教材·教法，2004（7）.

基础上，读懂教材，理顺知识结构，领会编写意图，才能深入挖掘教材的"精彩"以提升教学效果。其次要创改教材，整合资源，拓宽教材的广度。教材中的内容是完成课程目标的重要材料，但并不一定是最佳材料和全部材料，有待于教师对此进行加工。当然，这个"加工"必须围绕课程目标进行。

（二）教师是最重要的课程资源

在传统的课程体系中，教师的课程资源意识不够明确，不仅造成了课程资源的开发与利用不足，而且导致大量的课程资源被闲置。

在新课改背景下，教师被赋予了课程开发者的角色。教师不仅是素材性课程资源的重要载体，而且教师自身就是课程实施首要的基本条件性资源。在一定程度上可以说，各类课程资源都有赖于教师进行全面的整合和优化，才能最终由潜在的课程资源转化成为现实的课程资源，进而成为服务于学生学习的学习化课程资源。从这个意义上讲，教师是最重要的课程资源，带动着其他课程资源的优化发展，教师的课程资源开发意识和能力，决定着课程资源的识别范围、开发与利用的程度以及发挥效益的水平。

（三）多样化地开发与利用课程资源

国家课程和地方课程的创造性实施以及校本课程的建设，都需要大量课程资源的支持。多样化地开发与利用课程资源，是真正体现课程资源价值的必然选择。

多样化地开发与利用课程资源，一方面体现为"全方位"的开发对象观，避免开发对象的"狭窄化"。大量不同类型的、鲜活的资源都应该进入开发视野，成为课程设计、实施和评价的有机组成部分。当然，这些资源需要教师根据实际情况，进行合理的选择和使用。另一方面体现为"多元化"的开发主体观，避免开发对象的"单一化"。比如，就英语课程资源的开发与利用而言，除学生课堂用书、教师用书、练习册、活动册、挂图、卡片、音像带和多媒体光盘等教材编写专家提供的现成资源外，教师自己可以积极开发和利用广播电视节目、报纸杂志和网络平台中的课程资源，而且还可以鼓励和支持学生参与课程资源的开发，建立班级图书角或图书柜，制作班级小报、墙报，带领学生交流学习资源等。

三、课程资源开发与利用的主要策略

课程资源开发与利用是一项颇具挑战性的任务，需要掌握"敏于发现"、"勤于研究"和"善于捕捉"等主要策略。

（一）敏于发现

美到处都有，对于我们的眼睛，不是缺少美，而是缺少发现。就课程资源来讲，同样如此。课程资源到处都有，缺少的往往是发现资源的意识和能力。

课程资源珍贵，而"敏于发现"课程资源的"眼睛"更珍贵。即使在经济条件相对落后的农村，如果"敏于发现"，也能开发与利用大量的课程资源。以一个经济落后的山区小镇为例，这里教育经费十分紧张，无法投入大量的经费去购买教育所需要的器材设备，或送教师到外地接受专业培训。于是，老师们便开发和利用免费的课程资源来建设自己的校本课程。镇里的一所中心小学利用丰富的农家五谷杂粮，开设工艺美术课——谷物粘贴画,并发动学生从自家带来红豆、黄豆、芝麻、小米、大米等十多种粮食作物,由学校准备纸张、铅笔、乳胶等材料,教师指导学生画稿、粘贴、装裱。活泼可爱的小兔、山羊、熊猫就成了孩子们的杰作。该校学生创作的粮食粘贴画在景区被抢购一空,创作的"十二生肖"图在全国第二届"世纪之星美术书法摄影大赛"中获银奖和铜奖。粘贴画所用的原料除了粮食作物是学生自带以外,纸张、装裱、乳胶等费用都来自学校的勤工俭学。全体师生利用课余时间、节假日集体到山坡上采集橡壳、橡籽,采荆条编筐,挖草药,开荒栽树、种菜。勤工俭学既改善了办学条件,让失学儿童重返课堂,又为课程建设提供了经费保障。[①] 该校所开发的这一校本课程并没有增加学校经费负担,甚至还给学校带来了经济收益。

农村学校,有时不具备基本的条件性课程资源,这也需要教师"敏于发现",进而开发与利用大量替代性的课程资源。比如,就化学课程而言,实验仪器、药品的短缺问题,在农村时常可见。教师可以指导学生利用生活中的常见用品和废弃物制成简易的实验仪器,或替代实验用的化学药品。如,用贝壳或鸡蛋壳代替碳酸钙、用食用碱代替碳酸钠等。[②] 教师想方设法克服困难,努力开发化学课程资源,这既有助于解决实验仪器、药品的短缺问题,又可以培养学生的实践能力以及节约和环保的意识。

(二)勤于研究

开发与利用课程资源,不仅需要教师敏锐地发现一些现成的课程资源,还需要教师"勤于研究",经由不懈的研究,创生出个性化的课程资源,既包括创新性地利用现成的课程资源,也包括创造性地开发出新的课程资源。

比如,小学数学老师通常会遇到一个让人困扰的问题,即不管老师怎么想办法教,怎么告诫学生不要粗心,学生还是经常计算错误。怎么办?就这个问题,一位老师曾经生动地描述了他如何勤于研究进而创生出个性化课程资源,以突破学生的学习困难,提升学生的学习结果。他回忆道:面对这个问题,十分头痛,四处找寻解决之道。后来,终于找到一本苏联普乔柯(А. С. Пчелко)的《小学算术教学法》,真是欣喜若狂。普乔柯认为,口算教学有非常重要的意义,加强口算练习可以减少学生计算错误。普乔柯还在书中介绍了一种口算练习条,练习时挂在黑板上,各条的位置可以调换,可以组成很多口算题目,省去教师书写小黑板或做口算卡片的麻烦。从此,他有意识地加强了对学生的口算训练,并依样画葫芦在课堂上使用起普乔柯介绍的这种口算练习条,没想到真的产生了意想不到的效果,就连班里最粗心的学生通过这样的训练也不大会算错了。一学期后,他又发现口算条使用不方便,因为挂在黑板上,学生看不清,又因学生一会儿抬头看题,一会儿埋头做题,影响计算速度,也影响他们集中注意力。能不能将它改成一张表格,给每个学生发一张,让他们照着表练习口算呢?口算表的构思一旦形成,他是吃饭也想,走路也想,睡觉也想,真的达到废寝忘食的地步。这样很快设计出第一张口算表,边

[拓展阅读]
课程资源开发案例

---

① 徐玉斌. 略论农村小学艺术课程资源的若干问题 [J]. 教育研究,2002(7).
② 徐秋云,李远蓉. 农村中学化学课程资源开发与利用的调查研究 [J]. 课程·教材·教法,2006(4).

使用，边修改。此后，他还按照各年级的不同需要，设计各种不同的口算表。从此，学生的数学成绩得到大幅提高，他的名气也在全县慢慢传开，还由此受到县文教局的表扬。他的第一篇处女作《一张可以组成近万道题的口算表》就是在这时写成的。"口算表"可算是他的第一个发明。①

（三）善于捕捉

"敏于发现"和"勤于研究"，都立足于教师在课前预先设计好一定的课程资源。然而，课堂并不是一成不变的，在常态之外课堂还有动态的一面。教师与学生、学生与学生、学生与文本等的互动均可形成生成性的课程资源。教师善于捕捉在课堂上随机生长出来的稍纵即逝的课程资源，因势利导，演绎教学的精彩，是开发与利用课程资源不可或缺的题中之义。

课堂上，学生正在学习《江雪》一诗，一名学生提了一个"意外"的问题："老师，那么冷的天，老翁为什么还要到江中钓鱼？"另一名学生随口答道："我知道，因为那老翁家里穷，没什么吃的了。"老师当即捕捉到这一资源，神情凝重、饱含深情地顺势启发学生："同学们，或许老翁家里真的很穷，钓鱼充饥。可他真在钓鱼吗？"学生思考后回应："不是。"老师继续追问："其实在干什么？钓什么呢？"思考之后，有学生说："老翁在欣赏冰天雪地那晶莹剔透的美景。"有学生说："告诉人们他非常坚强。在冰天雪地寒风凛冽的环境下钓鱼。"有学生说："告诉人们他非常孤独。我发现这四句诗的第一个字连起来是'千万孤独'四个字，是一首藏头诗。"有学生说："老翁钓鱼很有情趣……孤舟蓑笠翁，独钓寒江雪。这是一种孤独的情、期盼的情、顽强不屈的情。"老师称赞大家："啊！多深的发现，多有见地的领悟。"有学生接着答："我认为老翁在钓一个春天，冬天到了，春天还会远吗？"②这一课堂片断，不由得让人心生感触：多么好的情感体悟！这都是老师善于捕捉资源，进而巧妙一问的效果！这样的一捕捉、一引导，触动了学生的心灵，解放了学生的思维，释放了学生的情感，引出了学生对诗人孤独至极的环境的体验，对诗人孤独至深的心境的领悟！这样的课程资源开发与利用，饱含着人文底蕴，流淌着灵性和悟性，更满溢着教育的智慧。

需要指出的是，捕捉课堂上随机出现的课程资源形成新的教学"生长点"，有时也会陷入误区。当下的一些课堂，当"新"情况一发生，教师立即就中断计划中的后续教学，开始围绕"新"情况进行讨论。如一位教师执教《塞翁失马》，有学生在讨论中提出"塞翁丢失的是公马还是母马"，教师有些兴奋，马上放弃计划，抓住这一问题就让学生讨论。结果是一堂课在争论"马的公母"中过去了，令人啼笑皆非。因此，"善于"捕捉课程资源，需要建立在两个基础之上，一是捕捉前的鉴别，二是捕捉后的引导。前述例子，既没有对课程资源进行分析鉴别，也没有运用教育智慧对其进行顺势引导，势必背离课程资源开发与利用的本真诉求，导致课堂的低效甚至无效。

---

① 邱学华．邱学华与尝试教育人生［M］．北京：北京师范大学出版社，2006：4-5．
② 郑百苗．人文关怀是一种召唤——《江雪》教学片断［J］．教学月刊（小学版），2002（4）．

本章小结

广义的课程，主要指人们学习一定内容从而获得知识、提升能力和形成经验的过程。狭义的课程主要专指学校中的课程，是在教师指导下学生学习一定内容从而获得知识、提升能力和形成经验的过程。人们通常所说的"课程"，主要是在狭义上使用。

课程的定义林林总总，人们通常会从自己的立场出发，去理解课程的概念进而表达课程的定义，这往往意味着自身课程意识的成熟。但是，对课程的定义，在结构层面从仅重预先设计、目标、内容、过程和结果等单一要素的"单向度认识"走向关注多种要素的"整体把握"，在过程层面从对课程的"静态预设"走向"动态生成"，在价值层面从追求"教授为本"走向"学习为本"，是较为普遍的趋势。

基于不同的标准，可以对课程的类型作不同的划分。其中，较为常见的课程类型有：以课程决策层次为标准，可将课程划分为国家课程、地方课程和校本课程三种类型；以课程运行层次为标准，可将课程划分为理想课程、官方课程、校方课程、所教课程、所学课程和所得课程；以课程组织形式为标准，可将课程划分为学科课程、活动课程和整合课程；以课程内容排列方式为标准，可将课程划分为直线型课程和螺旋型课程；以学生选择的自由度为标准，课程可划分为必修课程和选修课程；以课程影响形式为标准，课程可划分为显性课程、隐性课程和悬空课程。

课程开发是精心组织的规划、实施和评价课程的动态过程。课程规划、实施和评价三个阶段依次演进并相互作用构成的课程开发过程，循环往复、不断发展，实现着课程变迁、课程改革和课程创新。学生、社会以及学科是影响课程开发的主要因素。

我国自中华人民共和国成立后进行了多次基础教育课程改革，为迎接21世纪的挑战，当下正在推进新一轮新课程改革。新课改植根于建构主义理论、多元智能理论以及后现代主义理论。具体包括六大改革目标：实现课程功能的转变；体现课程结构的均衡性、综合性和选择性；密切课程内容与生活和时代的联系；改善学生的学习方式；建立与素质教育理念相一致的评价与考试制度；实行三级课程管理制度。十余年的新课改，在课程典范、课程理念、课程文化、课堂教学、考试评价制度等领域取得了成就，但在具体实践过程中，也产生了一些偏差和误区。随着改革的深入，这些偏差和误区正陆续得到纠正。

课程资源是课程目标实现及课程实施的基础和保障，课程资源的丰富性和适切性决定着课程目标的实现范围和实现水平。人们基于不同角度，划分了不同的课程资源类型。每类课程资源，都有自身的价值。根据空间分布不同，课程资源可以分为校内课程资源和校外课程资源。根据载体形式不同，课程资源可以分为文字性课程资源和非文字性课程资源。根据功能特点不同，课程资源可以分为条件性课程资源和素材性课程资源。根据价值取向不同，课程资源可以分为教授化课程资源和学习化课程资源。

为了提高课程资源开发与利用的水平，人们必须树立起正确的理念，即教材是最基本的课程资源、教师是最重要的课程资源以及多样化地开发与利用课程资源，并掌握"敏于发现""勤于研究"和"善于捕捉"等开发和利用课程资源的主要策略。

实践·反思·探究

1. 阐述自己所理解的课程定义。
2. 简述课程研制的主要阶段。
3. 阐述基础教育新课程改革的主要目标。
4. 结合自己的中学学习经历，以举例说明的方式，分析基础教育新课程改革的现实遭遇。
5. 请根据一所中小学的实际或其中一门课程的实际，就如何开发与利用课程资源提出自己的见解。

推荐阅读

1. 黄甫全. 现代课程与教学论（第3版）[M]. 北京：人民教育出版社，2014.
2. 钟启泉，崔允漷. 新课程的理念与创新（师范生读本）[M]. 北京：高等教育出版社，2008.

第八章 教学理论

学习目标

- 掌握教学的概念，明了教学在学校工作中的中心地位，理解教学对人的发展的基本作用以及掌握基础知识、基本技能与发展基本能力、促进个性健康发展之间的内在关系，了解现代教学观发展趋向的五个转变以及这些转变的客观依据。
- 掌握教学过程的概念，了解教学过程动力的实质和教学过程的基本矛盾，明确教学过程的基本环节及其相互关系，把握教学过程环节的"基本式"与"变式"的关联。
- 了解教学设计的概念和教学设计的价值取向，了解教学设计的基本途径，理解行为主义教学设计理论、认知主义教学设计理论和人本主义教学设计理论的基本内涵和应用思路。
- 掌握教学原则的概念，理解我国中小学常用的八个教学原则的内涵、依据以及运用要求。

知识列表

教学理论	教学概述	教学的概念
		教学的地位和作用
		现代教学观的趋向
	教学过程	教学过程的概念
		教学过程的动力
		教学过程的阶段
	教学设计	教学设计概述
		教学设计理论
	教学原则	教学原则概述
		我国中小学常用的教学原则

本章导入

小伙伴周末小聚，话题自然少不了自己的学习生活。学生A说，我们老师教学可棒了，教材知识讲得可清楚了，我一听就懂，就记住了。B说，我们老师那才叫神，凡是要考的题目，都在课堂上给我们讲过、练过了。C说，我们老师那可真的是我的偶像啊，上他的课，我都能从头听到尾，不像别的课，……众说纷纭，引人深思。教学难道就是上课，就是老师讲、学生听，或者就是讲练题目，等等？教学具有什么样的内涵、意义与过程？现代教师应该确立什么样的教学观呢？

教学是教育工作的中心。《学记》作为中国最早集中论述教育的文献，时常被认为是"教'学'记"。西方第一本较为系统的教育学著作则是《大教学论》。从历史和现实看，教育理想的达成，教育实践的运行，也无不依赖和渗透于教学。

第一节 教学概述

教学是什么，是人们一直在探讨的理论问题，既涉及教学概念的理解，也触及如何认识教学的地位和作用。

[微视频]
教学的概念

一、教学的概念

教学的概念可在词源追溯、定义梳理及教育概念体系定位中进行把握。

1. 考察教学词源及其演变，可清晰看到"学本位、教为主、教学统一"的语义变化。

据考证，教学初见于《尚书·兑命》："斅学半"（斅，音 xiào，指教），是"斅""学"两个词连用而成的复合词，"斅"的左半部即"学"。古人立足"学"，从一开始就意识到教源于学，萌发出"学"本位的教学观念。宋人蔡沈曾注解："教，教也……始之自学，学也；终之，教人，亦学也。"

"教"与"学"连用为双音词（成为一个词），最早可见于《战国策·秦五》："王使子诵，子曰：'少弃捐在外，尝无师傅所教学，不习于诵。'王罢之，乃留止"[①]，转向"教"的特定活动，具有教他人学的转义。许慎《说文解字》释义："教，上所施，下所效也。"

可见，教学最初具有先学后教、教人以教己的基本含义，"教"是"学"的有效方法和必要手段。随着"向他人学"的普遍实践，教学具有了"上所施，下所效"、教主导学的基本转义，甚至被赋予"社会教化"的扩展义。教学正式概念化为教育中的基本术语。

基于"学"本位的传统血脉，教学相长、教学统一的内涵，一直被认可和阐释。《学记》明确提出，"学然后知不足，教然后知困，知不足然后能自反，知困然后能自强也。故曰：教学相长。"

但在相当长的时期，教学特指教者（教师）的专门活动，格外重视"教"的授予性，在概念和行动上都往往被狭隘化为教授。

近代教育实践与术语使用中，我国最初多提"教授（法）"，偏重教师的角色及行为。清末学部审定的教科书里列有《教授法原理》《小学各科教授法》。民国时期俞子夷在 1918 年发表《算术教授之革新》一文。[②]

20 世纪 20 年代始，陶行知先生融合古今中外的教育智慧，极力呼吁，"教学"替代"教授"，学习意蕴得以复兴，学习价值重新受到重视。

教学在西方也经历了教学一体、由学到教、以教促学、教学统一的语义演变过程，对应的英语主要有"learn"、"teach"和"instruct"。中古英文中的"learn"和"teach"，类似中国古代"教""学"同一、以学为先的语义，也具有同源派生性[③]。"teach"到"instruct"则从根本上承认，"教"离不开"学"。美国当代著名教育学者丹尼森（Danielson）明确指出，"teaching"偏重教师教的所有行为和整体进程，"instruction"是融会了师生交互行动中 teaching 与 learning 的特定情境和具体

[①] 转引，姜国钧. "课程"与"教学"词源小考：兼与章小谦先生讨论[J]. 华东师范大学学报（教育科学版），2006（4）.

[②] 董远骞，董毅青. 俞子夷教育实践研究[M]. 杭州：浙江教育出版社，2008：186.

[③] Smith, B.O. Teaching: Definitions [Z] /T Husen., T.N Postlethwaite (Eds). The International Encyclopedia of Education. England: Elsevier Science. Ltd, 1985: 5097–5101.

过程。①21 世纪以来的西方教育更是普遍认同，人们怎么样定义学，就决定了怎么样定义教。教和学具有内在统一性，学是教的基础与核心。②

2. 梳理教学定义，中外有许多不同的界定，也有一些基本的共识。

教学作为教育科学意义上的核心概念，始于 19 世纪后期德国赫尔巴特提出"教学性教育"的命题，主要被视为教育活动中的知识获得过程。伴随 20 世纪以来现代教育对传统教育的整体批判，人们对教学进行了各种阐释，相关定义可谓不可胜数。

依据定义方式，国外已经形成了三类教学概念的代表性看法。（1）教育情境为主的描述-规定性定义，关注事实上是什么。比如，"教学就是传授知识或技能""教学必定涉及学习""教学是有意进行的活动""教学是规范性行为"③。（2）指向教学认识特性的逻辑性定义，关注理性认知上是什么。比如，"教学过程一方面包括教师的活动（教），同时也包括学生的活动（学）。教和学是同一过程的两个方面，彼此不可分割地联系着。"④（3）趋向价值附加的纲领性定义，关注应该是什么。比如，杜威（J.Dewey）的"教学即生长"、赞可夫（Л·В·Ванков）的"教学即发展"。

依据关注焦点，我国教学概念主要有两种关于教学本质的认识：过程说与活动论。

立足教学过程本质的教学定义，大致有十多种界说：认识说、特殊认识说、儿童发展说、双边活动说、多质说或复合说、认识—实践说、认识—发展说、审美过程说。影响较大的有"特殊认识说""儿童发展说"和"认识—发展说"。⑤

注重活动本质的教学定义，众说纷纭，经典阐释主要有：（1）"是在一定教育目的规范下的，教师的教与学生的学共同组成的一种教育活动。"⑥（2）"教师的教与学生的学的共同活动。学生在教师有目的有计划的指导下，积极主动地掌握系统的文化科学基础知识和基本技能，发展能力，增强体质，并形成一定的思想品德。"⑦（3）"教的人指导学的人进行学习的活动。进一步说，指的是教和学相结合或相统一的活动。……只有教或只有学的片面活动，或者只是这两项活动的简单相加而没有什么'结合'或'统一'，都不是我们所说的严格意义的教学活动。"⑧（4）"以课程内容为中介的师生双方教和学的共同活动"⑨。

概要而言，我国的教学概念有如下特点：（1）偏重逻辑性定义，关注教学过

[考纲链接]
《教育知识与能力》（中学）了解有关教学过程的各种本质观。

---

① Danielson. En hancing Professional Practice: A Framework for Teaching [M]. Us: Association for Supervision & Curriculum. 2015.

② Lina, M. &Peter, G. Teaching and Learning for Epistemic Fluency [Z] / Lina, M. &Peter, G. Epistemic Fluency and Professional Education [M]. 2016.

③ 中央教科所比较教育研究室，编译. 简明国际教育百科全书·教学（下）[M]. 北京：教育科学出版社，1990：233-240.

④ [苏] 凯洛夫. 教育学 [M]. 陈侠，等译. 北京：人民教育出版社，1957：130.

⑤ 张武升. 教学论问题争鸣研究 [J]. 天津：南开大学出版社，1994：1-8.

⑥ 王道俊，郭文安. 教育学 [M]. 北京：人民教育出版社，2009：161.

⑦ 王策三. 教学论稿 [M]. 北京：人民教育出版社，1985：88-89，150.

⑧ 李秉德. 教学论 [M]. 北京：人民教育出版社，1991：2.

⑨ 顾明远. 教育大辞典（增订合编本）[M]. 上海：上海教育出版社，1998：711.

程及其认识特性,并较为注重教与学的活动关系,强调教学过程中的教、学统一。(2)兼顾描述性定义,注重知识与技能获得的教学。(3)融合纲领性定义,注重情感、态度、价值观等目标诉求,并在近十多年的课程改革中得到更为广泛的探讨。

3. 理解教学概念,还需把握教学与教育、智育、课程、学习等相关概念的关系。

教学与教育,既相联系又相区别。就工作事务而言,教育指一切培养人的活动,在学校中主要包括教学、管理、后勤等各项具体活动。教学主要指学校教育工作中教师的教与学生的学的活动,是教育实施的主要活动。

教学与智育也是两个既有联系但又不同的概念。智育是与德育、体育、美育等相并举的学校教育内容与活动,专门发展受教育者的智力。教学是智育的一条主要途径,但并不等同于智育,它还是其他各育的活动途径。讲教学,突出它是教师和学生相互作用、现实发生着的教育活动;而讲智育,突出它是教育的一个重要方面。

教学与课程彼此渗透,但各有独立性。课程是指学校中的一切教育性经验及其进程与规划,突出学校中的教育内容及其动态生成。教学则是经验获得及其进程展开的运行机制与活动状态,突出师生的具体教育行为、活动情境及其变化。比如,影响教学效果的教师技能、情绪等等,就独立于课程,但又关联于课程实施。

教学与学习,也是既相联系又相区别。简略言之,在制度化的学校教育体系中,学习首先是教育的核心价值之一,学会学习已经成为现代教学的基本追求与重要目标;然后作为具体活动内在于教学,主要是在师生互动的教学情境与活动中发生并持续推进。

综合上述清理,广义上的教学就是教育者指引导学习者为着特定教育目的、以一定文化为对象进行学习的活动。狭义上的教学,专指学校中为着特定教学目标,以课程为载体,张扬学习价值,通过教师的组织和引导,学生学习知识、获取经验、促进身心发展,教与学相统一的专门活动。"专门"是说在外延指称上,教学是特指各级各类和各种形式学校中的教学,一般在家庭中和社会上不用"教学"而用"教育"。"引导"点明教师是教学活动中的组织引导者,并强调教与学的统一,教融于学中,学中有教的组织引导。教学的基本内涵体现在活动的现实运行和价值追求两个方面及其内在统一。现实方面,教学是教师引导学生学习知识、获取经验的活动过程;价值方面,教学是学生在教师引领下不断促进身心发展的活动过程。

二、教学的地位和作用

教学概念越来越注重从逻辑分析转向现实关注,既反映了教学在教育活动中的重要地位,也依据了教学在现代人发展中不可或缺的积极作用。

(一)教学的地位

在学校教育中,教学处于中心地位。从教育途径看,一个学校的教育途径是多种多样的,概括起来有:教学、体育活动、劳动、社会活动、党团活动和社团活动等,无论是时间、空间还是设施,都主要为教学所占有,这是教学具有中心地位的

[考纲链接]
《教育知识与能力》(中学)理解教学的意义。

客观体现。从工作类型看，一个学校的工作一般分为教学工作、科研工作、党务工作、行政工作和总务工作等，后四种工作都主要是为教学工作服务的，这就从活动事实上保证了教学工作是学校工作的中心。从活动意图看，教育的目的是学生德、智、体、美、劳全面发展，教学的直接目的也是学生的德、智、体、美、劳全面发展，与教育目的直接同一。学校的其他活动的直接目的则只是单方面的，这也决定了教学处于中心地位。从教育发生看，正如词源考察表明，教育是在教学活动的专门化、形式化基础上发展起来的。制度化的现代学校教育尽管直接或间接地派生出丰富多样的活动形式与类型，但都离不开教学这一基本的生长点。"正是因为有了教学及其不断专门化，不断科学化，才有了学校制度的日渐完善，才有了现代教育的繁荣。"①

（二）教学的基本作用

从教育目的看，教学的基本作用在于促进学生发展，主要表现为四个方面：促进学生思想品德的形成和发展，促进学生智力的形成和发展，促进学生身体素质的形成和发展，促进学生审美情感和审美能力的形成和发展。

从心理发展的角度看，一方面，教学的作用表现为促进学生认知智慧的发展，包括使学生掌握一定的知识，形成一定的技能，发展一定的能力；另一方面，教学在促进学生认知发展的同时，也在促进学生情感智慧的发展。情感智慧包括情绪自觉、情绪管理、将情绪导向正途、情绪判读能力和人际关系。认知智慧是非常重要的，而情感智慧对于个人事业的成功和生活的幸福则更为重要。

从对中小学教育的一般理解看，过去人们主张教学的基本作用是"使学生掌握基础知识和形成基本技能"，简称"双基"。从 20 世纪 80 年代起，人们又开始强调"发展基本能力"，继而亦强调"促进个性健康发展"。这样，教学的作用总括起来就是：授受基本知识、形成基本技能、发展基本能力和促进个性健康发展。

1. 授受基本知识

知识是人类对客观世界的现象、事实及其规律的正确认识，是人类社会实践经验的概括和总结。有选择、有组织地把人类社会长期积累起来的基础性知识简捷有效地传授给新生一代，并促使其内化为个人的知识和智慧，是教学的基本作用，也是教学发挥其他作用的重要前提。离开了知识的授受，教学就无以发生和展开，一切教学活动都成了无源之水、无本之木，教育教学的目的、目标就成了空中楼阁。

2. 形成基本技能

教学不仅授受知识，使学生掌握系统的文化科学基础知识，而且还能使学生形成运用知识的基本技能。所谓技能，是指运用所掌握的相关知识去完成某种实际活动的行动方式。所谓基本技能，则是指各门学科中最具基础性的技能，如语文和外语的阅读、写作技能，数学的运算技能等。技能又分为动作技能和智力技能。动作技能也叫操作技能，是指一系列实际动作以合理的程序构成的操作活动方式，如写字、游泳、踢球等。智力技能也叫智力活动技能，是指借助内部言语在头脑中进行

---

① 丛立新. 教学概念的形成及意义 [J]. 北京师范大学学报（社会科学版），2007（5）.

的认知活动的方式，如默读、心算、作文等。

3. 发展基本能力

能力有两种含义：一是指表现出来的实际能力和已达到的某种熟练程度，可用成就测验来测量；二是指潜在能力，即尚未表现出来的心理能量，而通过学习和训练后可能发展起来的能力与可能达到的某种熟练程度，可用性向测验来测量。[①] 实际能力和心理潜能是不可分割的统一体，心理潜能只是各种能力展现的可能性，只有在遗传与成熟的基础上，通过学习才可能变成实际操作能力；心理潜能是实际能力形成的基础和条件，而实际操作能力是心理潜能的展现。因而通过教学，让儿童在学习和训练中发展能力，既是可能的，也是必需的。人的能力，一是借助基因代代相传的，二是作为人的外部的客体化的东西，作为文化成果继承下来的。因此，新生一代如果不从他们先辈遗传下来的产品中，抽取镌刻在其中的客体化了的人类的能力，并内化为自身的素质，就不能作为一个"人"而得到发展。个体的发展就是通过掌握人类的能力才得以实现的。同时，儿童不是孤立地面对文化，而是在有其他成人尤其是教师介入的背景下进行能力发展的。以培养人为目标，有意识、有目的、有计划地组织这种活动，发展儿童的基本能力，是教学的重要作用。

4. 促进个性健康发展

个性亦称人格，"指一个人的整个精神面貌，即具有一定倾向性的心理特征的总和"。[②] 个性的概念有狭义和广义之分。狭义的个性涵指心理活动的动力特征，即气质；完成某种活动任务的态度和行为方式方面的特征，即性格；活动倾向性方面的特征，如动机、兴趣、理想、信念等。在教学过程中，学生在教师的指导下进行学习，与教师、教材相互作用、相互影响，并借助这种相互影响，获得新的知识、技能及人生观，发展个性，成为有个性的人，形成创造能力及优良的道德品质。广义的个性除涵括了一个人的气质、性格、动机、兴趣、理想、信念等外，还包含着完成某种活动的潜在性的特征，即能力。这些个性特征不是孤立存在的，而是错综复杂交互联系、有机结合成一个整体对人的行为进行调节和控制的。如果各种成分之间的关系协调，人的行为就是正常的，个性就是健康的；如果失调，就会造成个性分裂，产生不正常的行为，表现出心理病态。个性不是天赋的，是在先天生理素质基础上，在后天环境和教育影响下形成的。教学是教育的主要途径，能促使个体提高能力，改善气质和性格，形成动机、兴趣、理想、信念等，并使它们形成协调的关系，从而促进个性的健康发展。

在教学中，掌握知识、形成技能、发展能力与促进个性健康发展，有着密切而复杂的相互联系。知识与技能是相辅相成、互相促进的。知识是形成技能的基础，它引领着技能的形成，使技能变得正确和精练，减少盲目性。而技能的形成，也会加深和巩固对知识的理解，并为学习新知识提供条件和手段。能力的发展与知识

[拓展阅读]
教学能否促进学生核心素养的发展

---

① 朱智贤. 心理学大词典 [Z]. 北京：北京师范大学出版社，1989：456.
② 朱智贤. 心理学大词典 [Z]. 北京：北京师范大学出版社，1989：225.

掌握、技能发展也是相互制约、相互促进的。能力的发展是在掌握和运用知识技能的过程中完成的，同时，能力水平又制约着知识掌握的程度和技能形成的速度。知识、技能、能力与个性的关系尤为密切，一个人的知识、技能和能力对气质、性格的形成和变化影响非常大，甚至在某种程度上，对动机、兴趣、理想和信念的发展、形成和变化具有决定性意义；而个性的差异，对一个人的知识掌握、技能形成和能力发展的种类、速度以及品质，在一定的意义上亦具有决定性作用。

三、现代教学观的趋向

教学观是人们对教学活动的根本性看法，随时代的变化而不断演变。从重心转移的角度看，当代教学观念的变革走向主要体现在五个方面。

（一）从重视教师向更重视学生转变

教师、学生在教学过程中各处于什么地位，这是现代教育史上争论最为激烈的问题之一。在国外，有"教师中心说"与"学生中心说"的对立与论争。在我国，传统社会一直强调"师道尊严"，甚至"一日为师，终身为父"。随着社会的发展，学生在学习过程中的主体地位日渐被强调，传统的"教师中心说"受到越来越多和越来越深刻的批判。人们看到，教师无需成为支配教学活动的绝对权威，学生既是教育的对象，但也是学习活动的主体和自身发展的主人。教师当然是重要的，但更重要的是学生，无论是学校还是教师，归根到底都是为学生和学生的发展而存在的。因此，研究儿童的身心发展规律和特点，研究儿童在教学情景中的学习规律，并遵循这些规律组织、安排教学，成了现代流行的教学理念。

[微视频]
现代教学观

（二）从重视知识传授向更重视能力培养转变

传统社会中，单纯传授教材知识往往被作为课堂教学的最大目标，即"授人以鱼"。在当代社会，由于知识增量的加速和知识陈旧周期的加快，过分注重现成知识的个人储备，已不如传统社会那样有意义了，重视知识传授的教学观受到严峻挑战。人们日益认识到，现代教学的主要任务应是在知识传授基础上侧重知识运用能力的培养，以及学习、掌握和更新知识的能力的提高，即"授人以渔"，学习者由此能"授己以鱼"。

（三）从重视教法向更重视学法转变

传统的教学观念较为重视教师的教法，侧重教师如何向学生传授知识，忽视学生怎样有效地获取这些知识；学生的学法也往往更强调对现成知识的理解和认同，轻视探究知识和如何更新认知结构与调控自身学习状态的方法。现在人们已深刻认识到，仅仅重视教法已违背了现代社会和现代人发展的客观需求，因为教学过程实质上是学生的学习过程，教学设计实质上是对学生的学习目标、学习内容、学习进程、学习方式、学习媒体、学习环境以及学习评价的设计，是为学生学法服务。目前，各种流行而影响重大的教学方法，比如问题解决法、发现学习法、学导式方法、掌握学习法，以及我国新课程改革所倡导的自主学习、合作学习、探究学习等等，无不透出重视学法的理念。

（四）从重视认知发展向更重视整体发展转变

传统的教学观念过分重视单纯的知识累积，把教学仅仅理解为一个认识过程，特别重视学生的认知发展，重视学生对知识的理解和接受，这不仅导致了学生智力的片面发展，也破坏了人的发展的整体性。在当代社会，人们发现认知并不是影响人生成功与否的最重要的因素，而人的创造性、价值观、情感、态度、性格、交往等素质对人生的重要作用日益显现。在现代社会，个人的整体、和谐发展以及由此而形成的综合素质往往对人生命运有着决定性的作用。于是，超越单一的认知发展，重视儿童的整体发展，成为现代教学观的基本精神之一。

（五）从重视结果向更重视过程转变

传统教学观过分重视教学的结果，表现为以学生掌握知识的数量、速度和难度这些结果性成就作为根本标准来评价教学的质量和效率，但事实上教学实践的结果往往与教育目的和教学目标相背离。我国教育一直强调学生的全面发展，但实践结果却是学生的片面发展，问题之一就出在忽视教学的过程上，使教学过程流于自然与盲目。现在人们意识到，教学结果是重要的，但更重要的是教学过程中学生的各种经历与体验，如学生的认知体验、创造体验、兴趣体验、情感体验、交往体验以及道德体验等等，正是这种种体验在更大程度上决定着现代教育所追求的教学结果和学生发展。因此，现代教学观念，其一是强调激发学生的兴趣，力求形成儿童强烈的学习动机和乐学、善学的学习态度；其二是强调在教师启发引导基础上，让学生通过独立思考和发现学习获得综合性发展；其三是强调"知情"对称，注重学生在学习过程中对寓于知识经验中的情感的充分觉察和体验；其四是注重教学方法的灵活多样以及多种方式方法的综合应用，为学生设计出合乎年龄特点的丰富活动，促使他们在学习的过程中获得全面而富有个性的发展。

第二节 教 学 过 程

教学过程主要关注对教学活动状态、运行机制和内部结构的探析，以有助于教学活动的具体组织和展开。

一、教学过程的概念

在教育学科发展的过程中，人们对如何看待和理解教学过程已经获得了较为丰富的认识性成果，归纳起来，存在三种有典型意义的看法。第一种看法认为，"教学过程是教师的教与学生的学相结合的双边活动过程。"[①] 这种看法强调了教学过程中"教"与"学"的区别和联系，但显然只停留在一般性描述的层面，而未揭示"教"与"学"之间"结合"的基本特性。第二种看法认为，教学过程是"学生在教师有目的、有计划的指导下，积极主动地掌握系统文化科学基础知识和基本技

---

① 李秉德. 教学论［M］. 北京：人民教育出版社，1991：23-24.

能，发展能力，增强体质，并形成一定思想品德的过程"。①这种看法，涵括面比较广，但失之于把教学过程等同于教育的内涵了，未能把握教学过程的特殊性质。第三种看法认为，"教学过程系指开展教授活动和学习活动的时间流程"。②这种看法突出了教学过程是一种时间流程，却没有深入揭示教学过程中教授活动与学习活动的相互关系。

教学过程作为一个专门概念，主要是从时间维度来深入认识、揭示和把握教学的实践状态和内在机制，有其特有的内涵。现代教学观念，首先是突破了仅重视教学"结果"的局限，特别强调教学"过程"，强调教学中教师教什么、怎么教和学生学什么、怎么学的过程；其次是在承认教与学相区别的同时更强调它们之间的统一；其三是强调教学过程中教与学的统一机制是"引导"，即教的引导与学的被引导的新型关系。综合这些观念，教学过程就其实践状态，首先是要解决"教学什么"和"如何教学"两大问题，关键是通过对教学活动机制及其过程的合理认识，实现并达成有效教学，然后进一步追问"应该如何教学"和"为什么教学"两大目的性问题，即直接指向达成目标、展现价值的问题。

教学最基本的表现形式是传授（受）。因为"教"总是意味着要向一定对象"授予"一些东西，"学"也总是要向一定对象"接受"一些东西，因而教与学的内在统一关系必然包含着授受这一基本表现形式。但"授受"的基本形式并不意味着学生没有积极、主动的实质性学习。"授"不仅是告诉和传递，还是"言传"的晓之以理、动之以情、诉之以美、勉之以德，更有"身授"的人格感染和精神打动。"受"不仅是被动地被施予，还更多地体现为主动、热情地去探究事物，并思考要不要接受、为什么接受、接受什么、如何接受等诸如此类的问题。其中包含了识别、理解、判断、想象、评价、批判、创新等复杂的加工行为与思维能力。同时，授受作为课堂教学的基本形式，需要并必然地包含着交往、合作与探究等。事实上，交往即使在情感层面也一定有某种信息的传递或暗示，也就必然有着授受的基本过程与形式。合作、探究同样如此。现实经验表明，授受越好，群体合作、互动就越深刻，师生交往、理解就越深入，情感、意志投入就越深沉，探究、主动学习等体验就越深厚。授受有明有暗、有强有弱、有积极有消极、有直接有间接、有主动有被动等不同的表现，但其本性却不能判定为被动和消极的，关键是人们在授受中赋予了它什么样的价值承载。针对现实中教学的被动、单一甚至强迫，确实有必要自觉地突出交往、理解、探究等，但不宜在与授受对立的意义上提交往教学、理解教学和探究教学。无论提出什么样式或多么现代的教学，都不可能否定授受过程，重要的是在"入乎其内"深入授受过程的同时，又"出乎其外"超越授受之形式，实现激发学生自主性的教学神韵，根本还是在于"教学什么""如何教学"的合理性、有效性。

因此，教学过程是教师引导学生学习的教与学相统一的活动流程。教学过程的

---

① 王焕勋.实用教育大词典[Z].北京：北京师范大学出版社，1995：216.
② 筑波大学教育学研究会.现代教育学基础[M].钟启泉译.上海：上海教育出版社，1986：278.

基本形式是"授-受"主要体现在以下几个层面：一是以一节课为时间单位，从开始上课到下课的教学过程；二是为完成一个教学单元或一个相对独立的教学课题的教学任务，从开始到结束的教学过程；三是在一个学段，一门教学科目从开始到结束的教学过程。

二、教学过程的动力

教学过程作为组织和展现教学活动的一种时间流程，需要教师和学生在认知、情感和意志方面有一定的投入，以能生长出发动、维持和推进教学的力量。这就是教学过程动力的问题。

（一）教学过程动力的实质

教学过程的动力，也就是一般所说的教学动力，源自激励和指导教学有效进行的愿望，奠基于对学习兴趣、学习动机、教学效能的研究，直接生成于解决教学中各种矛盾和问题的实际需要。有学者明确提出，教学动力"是推动和维系教学系统运动的力量，它的产生和作用方式受到教学系统结构与逻辑联系的制约，教学动力的实体是教师与学生的动机联合体"。① 进一步看，"教学动力是由教学内外部各种相关因素产生的，促使教学主体从事教学活动，推动教学过程周而复始地运行和发展，以实现教学目标的无数分力融汇而成的合力。"②

人们对教学动力问题有不同看法，归纳起来主要有五种：一是教学存在动力论，认为教学过程发展的动力是社会对学生必须具备的修养提出的要求与学生的修养程度之间的矛盾，或者是个体认识与社会认识之间的矛盾。二是教学内部矛盾论，认为教学过程的动力是教学过程内部的矛盾。三是学习动机论，把教学动力作为一种特定情境下人的适应模式，很少分析教学系统及其矛盾运动，强调从个体活动的角度来讨论学生从事学习的原因以及怎样改善和唤起学生的学习动机。四是教学系统动力结构论，认为教学系统有三种调节机制，即由广泛的相互联系支配的机制、由教学系统中的反馈机制实现的机制和由人的心理调节系统实现的机制。它们分别对应于前述教学存在动力、教学内部矛盾动力以及学习动机三种观点。这三种不同的动力构成了一个系统，这就是教学系统的动力结构，也就是教学过程发展的动力系统。五是教学认识动力论，认为教学动力由来自师生两方面的力量所构成，在教学活动中，处于主导的教师，在自身工作动机的推动下，不间断地通过设置诱因，激发引起学生的学习动机，将自己的动机转化为学生的动机，由此便形成了整个教学认识活动的动力。

实质上，教学过程的动力就是其存在的内在矛盾。教学过程中存在着诸多矛盾，按其动因可以分为两类：一是由外部动因产生的，即社会在发展过程中，对年轻一代不断提出更多、更高的要求，导致年轻一代现有水平滞后于社会要求的矛盾；二是由教学过程的内部动因构成的矛盾。教学主要是在教师的教、学生的学以

---

① 王本陆. 教学动力研究的现状、问题与思路[J]. 教育研究, 1992 (2).
② 李森. 教学动力论[M]. 重庆：西南师范大学出版社, 1998：6.

及教材这三者之间相互作用中展开的统一过程,教学过程的内部矛盾就是在这三者之间的相互作用中产生的。这些矛盾包括,学生与教材的矛盾,教师与教材的矛盾,教师的教与学生的学的矛盾,不同学生的学习之间的矛盾等。正是诸如此类的极其多样的矛盾构成了动态的教学过程,并在某种程度、某个环节上,各自或合力成为教学过程的动力。但从方法论上看,在众多的矛盾中,只有规定着教学过程本质的基本矛盾,才是贯穿整个教学过程并起着决定性作用的动力。

(二)教学过程的基本矛盾

从根本上说,教学过程的基本矛盾,就是教师提出的学习任务或其他任务与学生的现有发展水平之间的矛盾。这是一个贯穿教学过程始终的矛盾,也是其他矛盾赖以依存的矛盾。按照教学要求逐步提出的认识任务,要能通过努力为学生所理解和接受,要与学生的认识潜力大致相符,并在学生进行一定紧张度的智力活动之后就能得到解决。教师的作用在于,循序地引导学生逐步完成越来越复杂的任务。教学过程中既要求学生进行独立活动和积极思考,也要照顾到在具体教学条件下学生的水平差异和个性差异。如果所提出的任务与学生所具有的认识可能性之间差异太大,甚至在充分努力的情况下,多数学生仍不能完成任务,那么这样的矛盾不仅不会成为教学过程的动力,相反还会成为阻力。

教学活动过程中存在的基本矛盾,是"教"与"学"的矛盾,它主要体现在认知和情感两个方面。从认知方面看,表现在教学要求与学生已有的认知发展水平之间的差距上;从情感方面看,表现在教学要求与学生当时的具体需要之间的差距上。前者涉及的是学生能不能、会不会学的问题,即可接受性问题,与学习的能力有关,属认知范畴;后者涉及的是学生要不要学、愿不愿学的问题,即乐接受性问题,与学习的动力有关,属情感范畴。传统教学致力于解决第一方面的问题,而未把第二方面的问题放在同样重要的地位上来加以重视。现代教学则应同时重视这两方面问题的解决,使知、情两方面的因素在"教"与"学"的总体矛盾框架中得到和谐统一。心理匹配策略试图从操作层面上解决这一问题,并取得了较好的效果。所谓心理匹配策略,"就是通过改变学生的认知评价或改变教学形式,使教学活动被学生主观上认为是满足其需要的,以解决教学要求与学生需要之间的矛盾,使教学活动变成能激发学生学习动机的诱因,调动学生学习积极性,以促进教学活动顺利、有效地进行。"[①] 有学者已经开发出了具有操作性的两种具体策略,一是通过"调整学生对教学要求与学习需要之间关系的认知评价"来实施的认知匹配策略,二是"教师通过改变教学活动的形式"来实施的形式匹配策略。

由此可见,教学目标和任务要跟学生的认识、发展潜力相符合,是基本矛盾成为教学动力的一个必不可少的条件。除此之外,教师不仅要解决学生在掌握知识的过程中自然产生的矛盾,而且要激发他们产生达到教学目标和认识新事物的愿望。优秀教师就应善于创设问题情景,吸引学生经常进行探求性工作,使学生由于求得了认识和进行了创造性活动而亲身体验到快乐,从而使学生产生想研究未知事物和

---

① 卢家楣. 教学的基本矛盾新论[J]. 教育研究,2004(5).

认识尚未经验过的新事物的内部需要。

三、教学过程的阶段

教学过程的阶段，实质为教学的时间结构，是指教学活动的展开和进行的时间流程或逻辑历程。

（一）历史上对教学过程阶段的探讨

[微视频]
教学过程的阶段

教学过程，是教师教授过程与学生学习过程相互作用而形成的一个十分复杂的动态性复合体。为了正确地安排和指导学校里的教学过程，必须明确地认识和阐明教学过程的发展逻辑，阐明教学过程的时间结构，找出教学过程的各个组成部分即各个环节及其特有的职能。历代教育家对这一问题作了大量的分析和探寻，提出了各具特色的教学过程阶段的见解和主张①。

早在我国春秋时期，孔子的教育思想中便含有教学过程理论的萌芽。他关于学习过程的主张可以概括为学、思、行，要求"多见"与"多闻"，学思结合，提倡"躬行"，学以致用，言行相符。荀子则主张"闻、见、知、行"。儒家思孟学派把孔子的思想加以继承和发展，在《中庸》中明确提出了"博学之、审问之、慎思之、明辨之、笃行之"的学习过程理论。

在西方的古罗马时期，昆体良（M. F. Quintilianus）就比较明确而具体地提出了三个递进的学习阶段，即模仿、接受理论的指导、练习。到了近代，西方关于教学过程的研究更加活跃。夸美纽斯以感觉论为基础，指出一切知识都从感官开始，主张教学必须与自然的规律、与儿童天赋的自然力相适应，并认为，教学要从观察到理解、记忆，从感知事物到文字概念，学生在学习时应"先去动用他们的感觉（因为这一点最容易）然后去运用记忆，再后去运用理解，最后才去运用判断"②。

赫尔巴特第一个企图按照教育伦理要求和心理活动规律相统一的原则来分析教学过程，明确提出应该根据受教育者心理活动的规律去规定教学过程，依据教育的伦理目的来指引教学过程。为着实现教育最高的伦理目的，必须结合儿童心理达成当下的知识目的，必须使教师在传授新教材时能在学生的心灵里唤起一系列已有观念。他把教学过程分为明了、联想、系统和方法四个阶段，对实际教学过程及其目的层次性作了比较合理的描绘，重视系统知识与技能的传授和教师在教学中的领导作用。但在后来的实际运用中，无论是他的学生所宣扬的"赫尔巴特主义"，还是各国的课堂实践，基本上都淡忘了教学的教育目的和知识教学依据学生心理的原则，忽视了学生的主动性和能动性，严重脱离社会生活实际，把课堂教学变成了千篇一律、亦步亦趋的僵化程序。

杜威作为进步教育运动的精神领袖，看到了当时美国盲目引进"赫尔巴特主义"教学过程阶段理论的形式化、机械化误区，反对"赫尔巴特学派"为代表的传

---

① ［南斯拉夫］鲍良克．教学论［M］．叶澜译．福州：福建人民出版社，1984：61-62；筑波大学教育学研究会．现代教育学基础［M］．钟启泉，译．上海：上海教育出版社，1986：279-280．
② ［捷克］夸美纽斯．大教学论［M］．北京：人民教育出版社，1984：122．

统教育，要求从教师"教"的视点转向学生"学"的视点来理解教学过程。在教学过程问题上，要求从"教程"转向"学程"。他首先从学生的一般思维层面提出了反思思维的概念和理论，主张教学过程实质上包含着学生认识发展过程，应以"学程"来定"教程"，继而提出了学习过程的五个阶段：从情境中发现疑难；从疑难中提出问题；作出解决问题的各种假设；推断哪一种假设能解决问题；经过检验来修正假设、获得结论。这一过程结构被人们概括为：疑难、问题、假设、验证和结论。

20世纪上半叶，苏联教育学家凯洛夫在总结了国外历史经验的基础上，强调教学过程要发挥教师的主导作用，应以知识、技能和熟练技巧的体系去充实学生。由此，他提出了感知、理解、巩固、运用四个教学阶段。但他仅从哲学认识论的角度去揭示教学过程而忽视了心理成分的研究，只强调掌握知识而不注意分析儿童的智力发展，只看到教师的主导作用而忽视了儿童这一认识主体的地位。

20世纪80年代以来，我国教育学界对"教学过程"进行了长期的研究，提出了种种见解。影响较大的一种主张认为：在教师指导下学生掌握知识的活动是教学过程中最基本的活动，在以师生授受知识为特征的传授—接受教学中，学生掌握知识的基本过程由六个阶段构成：引起求知欲，感知教材，理解教材，巩固知识，运用知识，检查知识、技能和技巧。学生的发展过程是寓于其中、持续推进的过程①。

（二）教学过程的环节

综合已有研究成果，现代教学过程应该包括七个基本环节：明确教学目标—激发学习动机—感知教学材料—理解教学材料—巩固知识经验—运用知识经验—测评教学效果。

1. 明确教学目标

教学目标是教师和学生双方根据一定的要求预先设想和确定的学习结果。教学过程的第一个环节，就是教师组织和引导学生设计和确定教学目标。在教师方面，明确教学目标，就是要在研究教学过程特点的基础上，以书面材料的形式把教学目标具体化，提出适切于学生身心发展水平的具体教学任务，激发学生的内在学习需要。比如，教师可以通过创设问题情境的途径，使教学任务在问题情境中鲜明地呈现出来。在学生方面，就是要明确自己的学习目标，并在教师创设的问题情境中，进行体悟、探索和设想，产生强烈的求知欲和学习动机。

2. 激发学习动机

所谓学习动机，是指推动个体进行学习活动和维持已引起的学习活动，并引导学习行为朝向一定学习目标的一种内在过程或内部心理状态②。教学活动主要是学生的学习活动，而这种学习活动总是在一定的思想、情感和愿望的影响下并在学习动机的支配下进行的。学习动机是引发学生学习行为的重要力量。心理学研究表明，学习动机与学习活动可以相互激发、相互强化。一方面，学习动机可以通过学习活动逐步地引发和形成；另一方面，学习动机一旦形成，就会有助于学习活动的发生

---

① 王道俊，郭文安. 教育学 [M]. 北京：人民教育出版社，2009：184-189.
② 李伯黍，燕国材. 教育心理学 [M]. 上海：华东师范大学出版社，1993：235.

和推进。学生的学习动机既可以由内驱力所激起，也可以由外部刺激所引发。

3. 感知教学材料

学生在教学过程中，主要是以学习学科知识来认识客观世界。学科知识一般以抽象的理性知识为主，具体表现为概念、定理、公式、原理等，而它们都是对客观世界各种事实和现象的抽象概括。学生要理解和掌握它们，往往须以一定的感性知识为支撑。感知教学材料，就是对教学材料进行感性把握，将教学材料承载的抽象的知识与直观、生动的相关形象结合起来，形成关于客观事物的正确表象，从而为理性把握抽象知识提供感性基础。

教学过程中学生获得感性知识的途径和形式是多方面的：一是直接感知，比如通过参观见习、实验实习等，对相关对象获得必需的感性认识和直接经验，为理解抽象的书本知识创设条件；二是间接感知，即通过情境、故事、直观教具的使用或利用生动形象的语言描述，帮助学生借助已有的感性知识来理解抽象知识。

4. 理解教学材料

理解教学材料就是要领会理性知识，从而达到对客观事物本质及规律的认识。理解教学材料是在学生获得感性知识的基础上和教师的指导下，经过学生自己的思维加工而实现的。思维是认识活动的核心要素，理解教学材料就是要启发学生，引导学生开展积极的思维活动。

在教学过程中，要实现感性知识到理性知识的上升，关键就是学生的思维要活跃起来。为此，教师工作的重心通常应放在提示思路、引导学生自主探究、培养学生的思维能力等方面。在学生的认识活动中，除了思维这一核心要素之外，还有观察、记忆、想象等要素的参与。所以，在教学过程中对学生观察力、记忆力、想象力的培养也不可忽视。

5. 巩固知识经验

巩固知识经验，是指学生把所学的知识经验较牢固地保存在记忆中和融会于自己的思想中。学生以学习书本知识和获得间接经验为主，如不及时巩固强化，就会产生遗忘，不利于对后续知识经验的学习理解，也难以做到学以致思和学以致用。

在教学过程中，教师不仅要向学生提出必要的记忆要求，而且要指导学生记忆的方法。尤其要注意将巩固知识经验与死记硬背区分开来，帮助学生认识和掌握记忆的基本规律，帮助学生认清机械记忆和理解记忆的特点与作用，着重培养学生理解记忆的能力，帮助学生掌握或形成适合自己的记忆方法。复习是巩固知识经验必不可少的方式，但要尽量避免简单重复和枯读死记，注意复习方式的多样化和复习内容的交替转换。需要指出的是，巩固知识经验并不是一个单纯记忆的问题，也不是一个单纯理解单个知识的问题，它还与质疑、求异、反思、批判，以及将所学知识融会于自己的认知结构、知识结构和知识体系等有着深度的关联。

6. 运用知识经验

将所学知识经验加以运用，是帮助学生加深对书本知识的理解、形成分析问题和解决问题能力的关键环节，尤其是在培养学生的独立性、创造性和提升综合素质方面，有着重要作用。

在教学过程中，教师引导学生运用知识的形式是多种多样的，有练习作业、实验、实习等，还可以与课外校外活动、生产劳动、社会实践等活动联系起来，相互配合、相互促进。其中，练习作业是最经常的一种运用知识经验的形式，但一定要注意练习作业的内容、类型、方式，避免一味简单重复和机械模仿的低效、无效乃至负效练习，关注练习作业的质量，提高训练价值，力求事半功倍。同时，鉴于我国中小学生学习负担过重的教育顽疾，还要特别注重练习作业的数量问题，尽可能减轻学生过重的学业负担和心理负担，避免"题海战术"。这里需要明确两点认识：一是提高练习作业的质量本身就是一种意义上的减负；二是练习作业的数量与考试成绩并不一定呈同步关系或正相关，如果超过学生的生理与心理承受力，反而会降低考试成绩。

7. 教学效果检查、测量与评价

教学效果的检查、测量与评价，是保证教学过程良性循环，争取理想教学效果的重要环节。教学作为一个特殊系统，要保证教学目标的有效达成，就必须通过信息反馈，实现对教学过程的有效调控。检查、测量与评价是获取反馈信息的重要手段。教学效果的检查和测量，是对教学过程及其结果进行事实信息的收集和判断，而教学效果的评价是对教学过程及其结果的价值判断，前者是后者的基础和前提。教师在教学过程中，一般可以通过观察、提问、家访、检查书面作业、评阅单元测验和试卷等方式，还可以采用专门的测量方法，来了解学生的知识掌握、智力水平、学习态度等方面的情况，获得有关的反馈信息，及时调整教学活动。在教学过程中，教师还应注意引导学生学会自我检查、自我测量和自我评价，促使学生自觉调控学习过程。

上述教学的七个基本环节，反映了教学过程的时间连续性特征。各个环节都有其独立地位和独特作用，彼此间又有机联系、相互衔接。这七个基本环节是各个学段、各门课程的教学一般都要经历的共同环节，可以称其为教学的"基本式"。

在教学活动中，由于情况的多变和教学场景的复杂，教学过程的基本环节也就不可能是一成不变和模式化的，会因时、因地、因人、因课和因条件不同而衍生出若干的"变式"。在若干的变式中，有的是对"基本式"的适当改造的结果，具体表现为有的环节可以省略或合并，或者是环节之间的顺序可以调换。不过需要注意的是，在这样的"变式"中，尽管有的环节可以省略，但只能是形式上的省略，该环节的作用则是不可省略的。例如，在某门课程的教学中，学生对即将学习的内容已经产生了浓厚的兴趣，那么教师在教学活动展开时，可以省略激发学习动机这一环节，但学生的学习动机对整个教学过程所起的作用是不能省略的。

另外，在若干的"变式"中，也有与"基本式"完全不同的形式，可以看作"基本式"的"变异"。由于具体的教学目标、教学任务、教学内容，以及所采用的教学方法、组织形式等具有较大的差异，就使得教学过程的环节也有多种多样的表现形式。教师在教学过程中，引导学生学习一个相对完整的知识内容所需要经历的阶段，可以根据具体情况做出具体的安排。此外，需要注意的是，有的教学过程，并不一定是以学习掌握一个相对完整的知识内容为目标，而可能是对某个问题进行思考和探索、对某种技能进行操练和巩固等，因此，教学过程的环节还会有更多的"变式"。这需要教师在具体的教学活动中不断地探索和建构，并加以灵活运用。最后还需指出，"基本式"主要是就以授受知识为特征的教学过程而言的。如果是在以问题探究为特征的教学过程中，教学环节就不能简单套用"基本式"。对此有学者提出，问题/探究教学中学生获取知识的基本阶段包括：明确问题，深入探究，作出结论[①]。

第三节　教 学 设 计

现代教学论重视学生学习的自主性，反对预定性和控制性，但也重视教对学的促进性和引导性，认为教师需要通过组织、创设适宜的活动与情境指导学生学习，需要在尊重学生学习需要并把握学习特点的基础上，对教学进行必要的构思与有效的设计。教学设计是一个多层次的概念，比如可以包括国家层面对基础教育教学的整体设计，这里定位于学校教育中的课堂教学层次。

一、教学设计概述

教学的有效设计，既要推进时间进程上各个活动阶段与环节的良性运行，也要保证空间系统上各种影响因素的良性联系，它是教学理论转化为教学实践的中介。

（一）教学设计的基本概念

教学设计，就是为了将选自文化的教育内容转化为学习者的学习经验，利用各种教育媒体和资源，通过多种途径和手段，寻求教学要素和环节得到合理、优化配置的形态与过程。其基本价值取向是满足学习需要，其最终目的是提升学习者的学习成就。过去人们突出的是从文化中选取而来的"教材内容"，偏向教师"教"的活动和行为，导致教学过于偏重于教材知识的授受，教师角色被狭隘化为简单的"教材知识传授者"，学生被压制为"教材知识的接受者"，忽视了从人类文化整体经验观照中挖掘教材知识中所蕴涵的人类智慧和能力，剥离了知识授受中"人类文化内化为个体经验"的内在实质，抽离了知识教学中学生获得理性健全、人格完善的丰富内涵。现在需要重视和归复"学习经验"的概念，建构和发展"从文化内容到经验转化"的教学设计与开发理念，以及相应的技术、方式和方法，通过多种途径来全面、系统地开发课程资源和有效组织教学活动过程[②]，以便实现从"教育内容"到"学习经验"的转化。

学习经验指的是学习者与其外部条件之间的相互作用。这就需要在教学设计与开发中，检视和确定所选择的内容要与学习相适切，设计的媒体、创建的环境和开展的活动，要能激发和维持学习者的学习兴趣，并且将内容整合、转换和融化到媒体、环境和活动的各种因素及其相互关系之中。唯有这样，内容才能转化为学习经

---

① 王道俊，郭文安. 教育学［M］. 北京：人民教育出版社，2009：189-199.
② ［美］迪克. 系统化教学设计［M］. 上海：华东师范大学出版社，2007：3-5.

验，并与学习者产生相互作用。

（二）教学设计的基本取向

教学设计从活动进程看，包含了目标设计、策略设计、评价设计等；从系统要素看，包含媒体设计、教材设计、环境设计、活动设计等。而一个完整的教学设计，无疑要综合考虑空间结构性要素和时间进程性要素的优化配置，是一个特殊的复合体。但无论多么纷繁复杂，始终面对的则是如何才能有效实现从"教育内容"到"学习经验"的转化，实质就是如何看待和体现教师、学生、内容等在教学中的地位与作用，这就形成了教学设计的不同取向。

1. 教师中心取向

教师中心取向的教学设计，特别突出教师在教学中的支配性地位和决定性作用，尤为关注教师"教"的行为，极力要求教学各种要素和环节都要为"教"的便利性和有效性进行合理配置与组合，强调"教"对"学"的计划性、组织性和控制性。教师中心理论源远流长，赫尔巴特对之进行了系统的建构，又经过许多哲学家、心理学家和教育学家的努力，才建立起了深厚的理论基础，包括：职能主义目的观，教育工具价值观，"小大人"的儿童观，文化传递的功能观以及联想主义心理学等，一直在教育教学实践中产生着重大影响。从 19 世纪末 20 世纪初开始，教师中心说尽管因逐渐不合时代潮流而受到了进步教育等流派的严厉批判，其弊端为许多人所深刻认识，但至今在教学理论与实践中，特别是在我国的教学理论和实践中，仍然自然地产生着比较大的影响。值得注意的是，教师中心取向的教学设计，虽格外重视知识传授、教法和教的效果，但在理论上并未排除对学生发展、学法和学习效果的关注，也要求教学要依据儿童的身心发展规律。不过在实践上，由于教师出于自身权威维护和方便自己教的缘故，这种关注常常被舍弃了。

[微视频]
教学设计取向

2. 学生中心取向

学生中心取向的教学设计，针对教师中心取向的现实弊端，特别突出学生在教学中的主体性地位和决定性作用，尤为关注学生"学"的行为。教学各种要素和环节都要为着"学"的便利性和有效性进行合理配置与组合，强调"教"是对"学"的调节、辅导和服务。学生中心理论兴盛于 20 世纪初期对传统教育理论的批判之中，集中体现在杜威的经验教学思想之中，又称为儿童中心论、儿童中心主义。学生中心说在较短时间内就发展成为一种影响深远的理论主张，对教育观念和教育模式从传统向现代的转型产生了重大影响。学生中心的教学设计，在要求尊重儿童身心发展规律的基础上，格外重视学生的能力培养、学习的方法和学习的过程与活动。但值得注意的是，学生中心的教学设计并不是要压制和排斥教师的教，也不是不对教师"教"的行为和方法进行设计，而是认为这些设计应该围绕"学"来进行。真正的学生中心理念下的教学，绝不是不要教师的教，而是需要不同于以往的教师的教，对教师的要求不是降低了，而是提高了。

3. 内容中心取向

内容中心取向的教学设计，针对教师中心取向和学生中心取向各自走向极端的趋势，强调教师和学生的不可分割性，承认教和学的内在关联性，试图实现教师和学生、教与学的有机统一，而统一的联结点就是作为"经验转化"载体的"教育内容"。其中较为典型、常见的就是学科中心取向。学科中心说又被称为科目中心（subject-centered）说，成型于20世纪50—60年代的美国课程改革运动中。布鲁纳的《教育过程》为此提供了理论基础，其核心概念是学科结构（subject structure）。人们反思后发现，教师中心说固然压抑了儿童的天性，但学生中心说在解放现代儿童的同时却让儿童放了"野马"，少了现代教育内容的营养栽培，从而少了现代社会所需要的卓越性。为了解决这一问题，美国掀起了持续的以"教育内容现代化"为实质的课程改革运动。著名学者古德莱德（J. I. Goodlad）、施瓦布（J. J. Schwab）和菲尼克斯（P. H. Phenix）等对此进行了深入研究，提出并建构了"学科中心说"，特别突出学科在教学中的中介性地位和联结性作用。学科中心说在批判教师中心说和儿童中心说的偏执主张的同时，又吸收了它们的精华，在重视科学文化的基础上，形成了自己的独特观点，即教育教学的根本目的是培养能幸福生活的公民，教育的根本职能是创新文化，教学应促进儿童的智力发展，由此教学必须重视学科结构、直觉思维和发现学习，科学逻辑与心理逻辑需统一于学科逻辑。显然，学科中心取向的关键在于，如何实现人类文化与个体经验的学科统一，从而在根本上保证从教育内容到学生经验的有效转化。这需要在具体的文化背景和课堂条件下，进行适宜的分析、批判、发展和应用，并且充分考虑和开发各种时空条件与情境要素。

（三）教学设计的基本途径

国内外教学设计与开发的研究和实践，已经创用了许多"从内容到经验的转化"的策略、方式、方法和技巧，开辟出了相互关联的三条基本途径，即媒体设计与开发、环境设计与开发和活动设计与开发。其中，教学活动的设计与开发是核心。

1. 教学媒体的设计与开发

教学媒体设计与开发，就是在现代信息技术条件下，整合地设计和开发以多媒体和网络为主的各种教学媒体，将内容融合到媒体及其结构之中，以促进人的知识、经验和价值的学习。它包括言语和语言、教师示范、黑板（或白板）、教具与学具等传统媒体，以及幻灯、视听、计算机、多媒体和互联网等现代媒体的设计与开发。通过媒体的设计与开发，把内容"融化"到极富表现力的各种媒体之中，能引发儿童的学习兴趣和学习定向。

2. 教学环境的设计与开发

教学环境设计与开发，就是通过课室、校园等环境的设计与开发，以及对家庭和社区环境建设的影响，将教育内容"融化"到环境之中，力求使学生只要置身于这样的环境，就自然生发出特定的学习兴趣和意向。在教学活动中，借助于专门的媒体，学生主动地产生学习反应，与环境中某些特殊条件产生相互作用，获得特定的学习经验。在这里，环境设计与开发不仅要进行文化内容选择，而且要以一定的方式和样式使教学环境浸透着学习经验。

3. 教学活动的设计与开发

教学活动的设计与开发，从根本上说，就是要建构有助于学习者开展游戏、学习、劳动和促进身心积极反应的各种交互式行为与活动场景。上述教学媒体与教学环境的设计与开发，还需融入教学活动的设计与开发之中，才能真正成为学校教学与学生学习的实现形式。所以，教学活动的设计与开发，包含了媒体与环境的设计与开发，突出的是活动形式以及教学方式与学习方式的设计与开发，即对学生的学习方式、教师的教授方式和师生互动的教学方式的设计与开发，以及使它们相互作用而"融合"为一体的教学活动过程的设计与开发，目的是形成最具教学效能的有机结构。教学活动的设计与开发的主要指标有三个方面：一是教师个人的长处、弱点、经验、能力和兴趣；二是学生的需要、经验和成熟水平；三是教学内容和教学目标。另外，周围的环境和气氛也是重要的因素。

二、教学设计理论

20世纪以来，教学设计研究不断拓展和深化，形成了以行为主义、认知主义、人本主义为基础的各种教学设计理论和方法，推动了教学变革和发展。当然，任何一种设计理论和方法都各有长短，一个现实的、具体的教学设计，应当是对这些理论和方法整体把握、综合运用的结果。

（一）行为主义的教学设计理论

20世纪初期，教育科学化运动盛行，教学心理学化从一种理念深入为过程与方法的具体探讨。新行为主义的代表斯金纳（B. F. Skinner）则系统地阐述了具有典范意义的程序教学设计理论与方法。

程序教学设计的思想基础是斯金纳所提出的操作性条件反射理论和强化原理，创造性地借鉴和发展了心理学家普莱西（S. Pressey）于20世纪20年代就提出的"教学机器"，是一种促进和指导个别化学习的自动型教学方式。由于经常利用机器，程序教学时常也被称为机器教学。它不但影响了早期计算机辅助教学设计，更在当今的信息化教学变革和网络课件开发中大放异彩。程序教学设计主要包含以下原则：

1. 积极反应原则

程序教学针对传统课堂教师过多讲授、学生被动接受的教学方式，鼓励学生在学习过程中充分发挥主动性，并对各种教学刺激和材料予以积极反应。为此，要求学生通过程序教材和教学机器，自己动脑、动口、动手去学习。与此相对应，教学设计首先要以问题的形式，通过教学机器或教材给学生呈现知识，以便学生能对一个个问题作出积极的反应，获得积极的强化，并时常处于积极的学习反应状态。

2. 小步子原则

为促进学生学习的积极反应，问题要易于理解，并逐步呈现，为此就要将教学内容按内在的联系分成若干小的步子编成程序。这样，教学内容或材料就以问题分解的形式，一步一步地呈现，并由易到难排列，每步之间的难度差异通常很小，以有助于所有学生都可逐步获得成功。学生每次只走一步，做对了，获得反馈与强化，才可进行下一步的学习。由于每完成一步就给予一次强化，这就使所有学生的所有学习活动都能获得必要的强化，从而能有效地促使学生主动、积极地学习。

3. 即时强化原则

依照操作性条件反射理论，一个操作行为发生后，紧接着就呈现一个强化刺激，操作力量就会得到增强。为此，即时强化就成为程序教学的原则之一。遵循这一原则，要求在学生作出反应后，必须及时给予反馈，告知学生结果，使学生立即知道其反应是否合适、正确。

4. 自定步调原则

主张学习者根据自己的实际情况展开个别化学习，鼓励每个学生用适合自己的速度来安排学习进度，不强求统一进度。这一原则突出反映了个别化教学的要旨，但从另一方面看，自定步调必须与教学设计编制的程序保持一致，逐步进行，一般不允许跨步前行，以保证所有学生在其学习进程中由易到难、逐步成功、稳步推进，并在反馈和强化中体验成功，保持学习兴趣。

5. 低错误率原则

一方面，程序教材和问题呈现要尽可能保证学生学习时不会出现因难度带来的错误；另一方面，要在教学过程中尽量防止学生出现错误的反应，因为过多的错误会影响学习者的积极情绪和学习速度。少错误的学习可以增强学生学习的兴致，提高学习的效率。

程序教学是行为主义所发展起来的一种教学设计思想，推进了教学设计理论和实践的早期发展，产生了"教学设计者"这样的专门工作者，其范围也从对教学机器、个别媒体设计拓展到多媒体学习包、网络学习、信息化设计等方面，深化了个别化教学的实施条件，具有深远的影响。但其不足也是明显的，比如只关注外在学习反应，缺少必要的交往互动，不利于社会性培养；教学设计也往往局限于行为控制与技术操作的层次，等等。

（二）认知主义的教学设计理论

认知主义的教学设计思想在总体上关注学生内部认知发展，要求按照学生已有认知水平和能力来设计教学，20世纪中期以来逐渐兴盛为超越"行为主义"的所谓"新教学论"。赞科夫的"发展性教学论"、布鲁纳的"学科结构论与发现教学"、奥苏伯尔（D. P. Ausubel）的"有意义教学理论"、瓦根舍因（M. Wagenschein）和克拉夫基（W. Klafki）的"范例教学论"等，都从不同层面发展和丰富了新的教学设计理论和方法。当前颇有势头的建构主义也属此列，进一步深化和强化了学习要有意义并要创造意义的基本理念。加涅的教学系统设计理论是其典型。

加涅（R. M. Gagne）是美国当代教育心理学家和具有世界影响的教学设计理论专家，他吸收、融会了行为主义的一些合理观点和方法，在20世纪60年代完成了学习层次理论和学习结果分类的研究[①]，70年代又进一步结合信息加工和建构主义

[①] 加涅提出了累积学习理论，一般称之为学习的层次理论。他根据学习的复杂性程度，描述了八个学习层次或类型：信号学习、刺激—反应学习、动作链学习、言语联想学习、辨别学习、概念学习、规则学习、问题解决或高级规则学习。他也系统地研究了学生习得的学习结果，并将学习后所获得的各种能力分为五类：言语信息、智慧技能、认知策略、态度和动作技能。（[美]加涅. 学习的条件和教学论[M]. 皮连生，等译. 上海：华东师范大学出版社，1999.）

心理学思想，提出了教学系统设计理论，发表了《学习的条件和教学论》与《教学设计的原理》（该书在西方已经成为教学设计的经典著述）等专门著作，促使教学设计成为教学论中的一个专门研究领域。加涅认为：人的学习包括了不同的层级和类型，每一层级的学习既是前一层级学习的更高发展结果，也都以前一层级的学习结果为前提条件。不同类型学习的内部和外部条件各不相同，产生的学习结果自然也就有所差异。不同学习针对的是不同学习结果，需要不同的学习条件。因此，在加涅看来，教学设计必须建立在关于人如何学习的知识基础上，要采用系统的方式，对学生学习及教学过程具有整体把握和设计的眼光，目的就是为不同学习活动、学习结果或能力的产生提供最佳学习条件。加涅从系统的角度提出了教学系统设计的若干理论模型，重点阐释了 ADDIE（分析、设计、开发、实施、评价）模型及其设计过程。

教学系统设计理论强调"以学论教、设教促学"，教是为学生展开学习过程及其可能获得的学习结果创设不同但各自适宜的学习条件，教学的实质就是安排教学事件，涉及如何安排教学活动，采用什么方法、措施和媒体等等。教学事件既是影响学习的外部条件，也必须与学生学习阶段及其内部活动过程紧密切合（见表 8-1）。加涅进一步指出，教学过程应由九个教学事件构成：引起注意、告诉目标、刺激对先前学习的回忆、呈现刺激材料、提供学习指导、诱发学习表现（行为）、提供反馈、评价表现、促进记忆和迁移[①]。这里的教学事件，大致相当于教师在一个完整的课堂教学中要做哪些事情，有什么样的活动行为。加涅特别强调，这九个教学事件是教学中可能性最大、最合乎逻辑顺序的事件，是教学设计要高度关注和精心考虑的。但是，这些教学事件的安排和设计也并非机械刻板、一成不变的，一切视学生学习的状态、阶段及需要的条件而定，每一教学事件以及不同教学事件的组合在具体运用上有不同的要求和不同的呈现方式，最终体现为不同教学策略的运用。

表 8-1　教学事件与学习过程的关系

教学事件	内部心理加工过程
1. 引起注意	接受神经冲动的模式
2. 告诉目标	激活监控程序
3. 刺激对先前学习的回忆	从长时记忆中提取原有相关知识进入工作记忆
4. 呈现刺激材料	形成选择性知觉
5. 提供学习指导	进行语义编码
6. 诱发学习表现	激活反应组织
7. 提供反馈	建立强化
8. 评价表现	激活提取和促成强化
9. 促进记忆和迁移	为提取提供线索和策略

---

① ［美］加涅. 教学设计原理（第 5 版）［M］. 王小明，等译. 上海：华东师范大学出版社，2007.

显然，认知主义从外在行为转向对内在认知发展的关注，对于超越行为主义的教学设计具有重要意义。同时，它不把知识看成强加于学生个体的外在之物，也不认为学生个体发展是脱离于知识滋养过程的某种东西，坚持把学科教学和心理过程紧密结合起来，并设计和创造各种活动、条件来实现这两者的融合与转化。但认知主义就其总体来说，主要是侧重于"认知"方面，还需要在全面、多元的教育追求中优化教学设计。

（三）人本主义的教学设计理论

罗杰斯（C. R. Rogers）特别指出要用一种整体论的视野研究人性，关心人的潜能和价值，并在精神治疗的运用层面创立了"非指导性治疗"（也称为"患者中心疗法"），即只要提供适宜的条件，任何个体都可以自己解决自己所面临的问题。罗杰斯进一步运用这种方法于教育，形成了"非指导性教学"，竭力追求"完人"教育，力图培养"完美人格"和"自我实现"的人。

非指导性教学张扬的是"自由学习"和"学生中心"的观念。这里的"非指导"，特别地针对了过分强调教师指导作用、忽视学生主体地位的教育现实，旗帜鲜明地要求放弃传统教育忽视个体需要、压制学生思考的所谓"指导"。罗杰斯认为，真正有价值的教，本质上就是为学生提供一个安全、自由、彰显学生主体性的教育环境和心理条件，激发学生自我发现、自我实现、走向完善、成就完美。非指导性教学作为一种设计思想和方法，就在于创设这种环境，提供这种条件，关注的不是具体技术和具体方面，而是包括知情意行所有方面的完整的人及其需要的人性化环境和教育条件。"缺乏情意的教学活动不会使学生产生知性的学习；同理，缺乏心智活动的教学也不能激发起学生的意志与感情"。①

具体到组织形式，非指导性教学首先体现为一种无结构的教学，相对于传统教学可以说是"非设计"的教学。它的教学目的、内容及其进度安排和相关的活动方法，都不是预定的，而是由学生自己发现或相互激发生成的。学生个体可以选择沉默无语，可以选择倾听他人，或在有想法时自由地发表己见，讨论自己感兴趣的话题。没有统一的课程和一定要完成的教学任务，也没有什么终结性评定。总之，教室里发生的一切，都由学生自己决定、自行组织，整个氛围绝对是自由、安全的，没有外在的要求和压抑，教学的目的、内容、方法和意义自然地蕴藏其中。相应的教学过程包括五个阶段：（1）确定帮助情境；（2）探索问题；（3）形成见识；（4）计划和选择；（5）整合。当然，这并不是说学生发展就是一种基于感官经验的率性发展。罗杰斯也强调"完整的人"同"完整的知识"是相联系的。学科及其知识的教学是融入学生自我实现、自我成人的内在过程中的，但也要关注知识获得的过程，而不能将其看成既定结论的简单接受。"只有学会如何学习和适应变化的人，只有意识到没有任何可靠的知识，唯有寻求知识的过程才是可靠的人、有教养的人。"②

---

① 张春兴. 教育心理学：三化取向的理论与实践 [M]. 杭州：浙江教育出版社，1998：39.
② 叶浩生. 西方心理学的历史与体系 [M]. 北京：人民教育出版社，1998：579.

至于教师的角色地位和作用，罗杰斯更愿意用"促进者"这个新的概念，以在根本上表达教师的作用不是指导而是帮助，即创造有助于学生学习的条件。这里实际上承认并强调了师生和谐关系对教学特别是学生学习成功的重要影响，提升了教学设计的人文内涵与整体视野，扩大了教学设计的研究领域与内在主题。当好促进者角色的三个基本条件是：真诚一致（congruence）、无条件积极关注（unconditional positive regard）和同理心（empathy）。教师的重要作用就是：（1）以真诚、信任、开放的态度对待学生，尊重学生的情感和经验，相信每个学生都是有价值的，深入理解学生的内心世界，设身处地地为学生着想。把学生的情感和经验放在教学过程的中心地位，为学生创设心理自由和心理安全的教学环境。这能使学生形成实现自我的必要学习特征：承认自己而不怕别人笑话或讥讽，可以自由地表达自己的想法，以不寻常的方式来运用自己的思维和想象。（2）作为"顾问"提供学习的活动和材料。具体表现为四个方面：帮助学生澄清自己想要什么，帮助学生安排适宜的学习活动与材料，帮助学生发现学习内容的个人意义，维持促进学习的良好气氛。

人本主义思想对于当前教学设计越来越技术化、程序化的趋向来说，无疑具有重要的警示意义，有利于教学活动摆脱物的依赖和技术的依赖，超越单纯的人—物关系，走向人—人互动的教学设计追求；有助于教育中人文精神的弘扬和对学生全面发展的关注。然而，这种教学设计思想过于抽象，在现实中要具体化为教学实践，需要教师具有深厚的素养和高超的智慧，而这对许多教师来说是非常困难的。

［拓展阅读］
教学过程的整体设计

第四节 教 学 原 则

教学活动需要在错综复杂的实践中平衡好各种关系，利用好各种条件，遵循一些基本原则。教学理论指导教学实践，其重要方式之一也就是把理论认识转化为教学实践据以合理展开的基本准则。科学、灵活运用教学原则，是提高教学质量的重要保障。

一、教学原则概述

教学原则作为教学论的一个基本问题，既是对教学实质的客观反映，也是对教学工作的主观要求，需要把握它的概念、依据和现状。

（一）教学原则的概念

所谓教学原则，就是人们在总结教学经验的基础上，根据一定的教学目标和对教学的规律性认识而制定的有效进行教学的基本准则。教学原则既指向教师的教，也指向学生的学，对教学内容的组织、教学方式方法的选用、教学组织形式的确定、教学环境与教学媒体的设计、教学活动的展开，以及教学评价的实施等涉及教与学的方方面面的工作均起指导作用，是从事教学工作通常需要遵循的基本规范。

人们一般根据教学规律来阐述教学原则。教学规律即教学及其组成要素发展变化过程中的本质联系和必然趋势。教学规律是内在的，不能以人的感官而只有用思维才能把握。也就是说，只有当这种联系和趋势具有必然性和稳定性时，才可称之为教学规律。比如，教学与育人的关系，不管教育者有意还是无意，教学总是具有某种教育性，因而教学具有教育性就是一条教学规律。

教学原则是借助于一定的教学规则来实现的。教学规则是教学原则的组成部分和实施要求，具体规范教学原则的贯彻落实，因而每个教学原则都包含了一系列具体的教学规则。

教育家们一直都注意到教学原则的重要性，在研究中取得了丰富的认识成果。在我国古代，许多教育家就曾提出过十分精彩的教学原则思想。在西方，17世纪的捷克教育家夸美纽斯在《大教学论》中系统阐释教学特别是教学法等问题时，首要提出和论证的就是"教育适应自然秩序原则"，其中又包括一系列紧密相关、自成体系的教学原则，如直观性原则、渐进性原则、量力性原则等等。现代著名哲学家和心理学家皮亚杰（J. Piaget）对夸美纽斯关于教学原则的研究做了高度评价，认为这些主张"对于我们的时代具有重要的意义"①。杜威作为20世纪以来具有深远影响的实用主义教育家，提出了影响世界教育的"经验性原则"和"问题导向性原则"。引领20世纪60年代"学科结构运动"的布鲁纳，提出了教学的动机原则、结构原则、程序原则和反馈原则。赞可夫则着眼于儿童发展，提出了五条教学原则：以高难度进行教学的原则，以高速度进行教学的原则，理论知识的主导作用原则，使学生理解学习过程的原则，使所有学生都得到一般发展的原则。

（二）教学原则的依据

教学原则的提出，既是对一种教育主观愿望的认同，也是对教学实质和教学实践的客观认识性表达，具有主客观的依据。

1. 教学原则是教学实践经验的概括和总结

人们在长期的教学实践中，不断摸索和总结成功经验与失败教训，对其进行理论分析，由感性认识上升到理性认识，从而提出了诸多具有普遍意义的教学原则。我国古代就积累了丰富的教学经验以及对这些经验所作的教学原则层面的总结。现代人熟知的"不愤不启，不悱不发，举一隅不以三隅反，则不复也"②的启发诱导原则，"夫子教人，各因其材"的因材施教原则，"学而不思则罔，思而不学则殆"③的学思并重原则，"学而时习之"④的巩固性原则，以及"温故而知新"⑤的原则，等等，都是孔子丰富教学经验的高度概括。《学记》所总结的"教学相长""长善救失""道而弗牵、强而弗抑、开而弗达""藏息相辅""豫时孙摩"等宝贵经验，都

---

① 邵瑞珍，张人杰. 中学百科全书·教育学·心理学卷［Z］. 上海：华东师范大学出版社，1994：200.
② 论语·述而.
③ 论语·为政.
④ 论语·学而.
⑤ 论语·为政.

属于教学原则的范畴。朱熹的"循序而渐进，熟读而精思"等，也是对教学经验的原则性总结。我国古代丰富的教学经验及其总结，不仅极具普遍性，而且内含着永恒性的价值，对今天制定教学原则仍然有重要借鉴意义。

随着教育研究与实验的发展，教学原则不再局限于对日常教学工作经验的总结，而是进一步通过实验研究，更加自觉地概括出来的。如赞科夫等人根据近20年的教学改革实验，提出了五条极具启发意义的教学新原则。

需要指出的是，除了比较普遍和通用的公共性教学原则外，教师自己可能还有他们个人的教学原则。教师个人的教学原则往往也与他们的人生经历和个人经验密切相关，这种原则对他们个人的教学活动可能是适切的、有效的，但并不一定具有普遍性和异地、异人的可重复性。由于教学活动特有的复杂性和场景性，教育研究应该鼓励教师个人根据自己的经验和认识去探索比较适合自己特点和局部场景的个人的教学原则。

2. 教学原则是教学规律的反映

教学原则虽然是人们主观制定的，但反映了教学过程的客观规律，即教学原则是教学规律的反映。由于教学原则与教学规律的关系很复杂，因此规律与原则不是一一对应的关系，根据一条教学规律可以提出若干教学原则，而有的教学原则也反映着不同教学规律的要求。

由于教学原则的提出与人们对教学规律的认识相关，因此，它受到人们认识的制约，具有时代的特点。目前人们对教学规律的认识，主要集中在揭示教学过程的内在必然联系上。归纳起来，教学中主要有五种必然联系[①]：（1）间接经验与直接经验的必然联系。直接经验和间接经验是学生认识的两个来源。学生认识的主要任务是学习间接经验，而学习间接经验往往需要以学生个人的直接经验为基础，而直接经验也需要用间接经验予以提升和改造。（2）掌握知识和发展智力的必然联系。教学既是学生掌握知识的过程，同时也是智力发展的过程，智力发展有赖于知识掌握，知识掌握又有赖于智力发展。二者相互依存，相互促进。（3）掌握知识与提高思想的必然联系。教学作为实现教育目的的主要途径，一方面要使学生掌握知识，另一方面要提高学生的思想品德。思想品德的提高要以掌握知识为基础，思想品德的提高又能促进知识的学习。（4）智力活动与非智力活动的必然联系。教学中的智力活动主要指认识事物、掌握知识过程中进行的感知、观察、思维、记忆和想象等方面的心理活动；非智力活动则主要是指认识事物、掌握知识过程中所伴随的动机、需要、兴趣、情感和意志等方面的心理活动。智力活动与非智力活动往往是融为一体、互为条件的。（5）教师主导作用与学生主动性的必然联系。在教学过程中，以教而言，教师居主导地位，以学而言，学生居主体地位。教师的主导作用及其性质和方式往往是学生学习主动性能否得以展现的前提条件，而学生主动性的发挥又有助于教师主导作用的提升和改善。在现代教育理念中，教师主导作用与学生

---

① 王道俊，郭文安. 教育学 [M]. 北京：人民教育出版社，2009：200-209.

主动性并不是相互排斥和相互抑制的。

3. 教学原则受教学目标的制约

教学目标是教学工作的出发点和归宿，它拟定了教学活动的发展方向和预设结果，指导和引领着教学活动的实施。任何教学原则的确定，都需遵循和反映教学目标。由于教学目标与社会政治、经济、文化的特征及其发展趋向有着密切的关联，而且这种关联必然要反映到对人的发展的要求上来，因而教学原则总是具有一定的时代特征，内含着一定的价值指向。有的教学原则，如因材施教原则，尽管从一般意义上讲具有永恒的价值，但在不同的价值观中，它既可以成为推行教育公平的理由，也可以成为扩大教育差别的借口。又如巩固性原则，在教学中是普遍需要的，但它在某种意识形态下也可能成为集权社会和专制教育强制学生接受既定知识和结论、销蚀学生个性和创造性的一个工具。还有些教学原则，如科学性与思想性相统一原则，在我国教学理论中具有特别重要的地位，通常在教学原则中居首位，这除了有对教学的规律性认识外，还与我国特有的意识形态及其对人的发展的特殊要求有直接关系。

4. 教学原则需遵循教育原则的总体要求

教学是教育的基本途径，最终是为实现教育目的服务的，因此教学所应遵循的基本要求需服从于教育所应遵循的要求。教育原则是上位原则，是对教育的总体要求，教学原则是下位原则，必须有利于教育原则的总体要求的实现，不能违背教育的人道性原则、个性原则、创造性原则、活动性原则和民主性原则等。

二、我国中小学常用的教学原则

目前中小学较为常用的教学原则，是根据我国现阶段教学目的的基本精神，以辩证法为方法论指导，在系统总结教学实践经验的基础上，汲取古今中外关于教学原则的思想精华，具体分析教学活动的规律，经过长期探索和实践检验修正而形成的。

（一）科学性与思想性相统一的原则

这一原则是指，教学既要授予学生以文化科学知识，又要结合知识教学对学生进行思想品德及正确人生观和科学世界观教育。

我国自古以来提倡文以载道，并有教书育人的传统，要求教师必须具有两种人格，一为"经师"，一为"人师"，即除了教学生学问以外，还要教学生做人。实践证明，科学性与思想性相结合，既有利于知识的传授，又能使思想品德教育充满活力，二者相得益彰。这一教学原则反映了我国教育目的的基本精神。现代公民需德才兼备，不仅要有学识和才干，还要有个人修养和社会责任。该原则也是对教学的教育性规律、掌握知识与提高思想品德的必然联系的反映。文化科学知识中必然内含着一定的思想性，比如人文社科中的内容主旨与情感，科学技术中的思维方式与素养。因而，人们通常所重视的知识教学，也必然有意无意、或多或少地对学生的思想品德产生这样或那样的影响。

[微视频]
教学原则

在教学中应用这一原则的基本要求为：（1）确保教学内容的科学性和正确性；（2）充分挖掘并利用教学内容中内在的科学性和思想性资源；（3）注意科学性与思想性的有机融合；（4）思想教育要潜移默化，巧妙自然，切忌牵强附会地说教。

（二）理论与实际相联系的原则

这一原则是指，教学要以学习基础理论知识为主导，并联系实际去理解知识，运用知识去分析问题和解决问题，达到融会贯通，学以致用。

在中外教育史上，教育家们普遍提倡教学中"知"与"行"、"理论"与"实践"相结合。教学中理论联系实际原则，不是教育史上知行合一、理论与实践结合教学原则的简单继承，而是把它奠基于辩证唯物主义的创造性发展上。这一原则还是对间接经验与直接经验的必然联系的反映。学生学习的知识，主要是书本知识，是间接经验，是对前人长期实践经验的总结。学生在有限的时间内学习，不可能事必躬行，需要在教师的指导下简捷地掌握教材中的基础理论，理解前人的认识成果。这就要求教师必须联系学生的实际，联系实践活动和日常生活，借用丰富生动的实际事例，论证书本知识，引导学生从感性上升到理性。这一原则也是以我国的教学目标为依据的。我国教学目标从总体上来说，是要培养现代公民，他们不仅要能正确认识世界，更重要的是能积极能动地改造世界，不但要有丰富的文化科学知识和理论修养，而且能将知识应用于实际，做知行统一、学用一致的人。

[考纲链接]
《教育知识与能力》（中学）掌握和运用中学常用的教学原则

在教学中应用这一原则的基本要求为：（1）书本知识的教学要注重联系实际生活；（2）重视培养学生综合运用知识的实际能力；（3）利用适合的乡土知识和生活素材。

（三）知识学习与增长智慧相结合的原则

这一原则是指，教师不但要引导学生努力学习知识，更要引导学生重视智力的发展和能力的培养，帮助学生在获得基础知识的同时增长智慧和才能。

这一原则首先是对掌握知识与发展智力与培养能力的必然联系的反映。知识和智力一般是融为一体、难以分割的，知识在很大程度上就是知识创造者智力的结晶；知识中往往也蕴涵着能力，即"完成某种活动的本领"[1]的元素。在教学过程中，学生知识掌握的速度和质量与他们的智力和能力是密切联系、相互促进的。掌握知识是发展智力和培养能力的重要前提，而智力和能力的发展水平则制约着学生知识的掌握程度。其次，传授知识与发展智力、培养能力相统一是现代社会对人的发展提出的要求。在现代社会中，知识的基础性作用虽然并未改变，但获取和创造知识的智力以及运用知识的实际能力，无论对社会还是对个人都显得更加重要。

在教学中应用这一原则的基本要求为：（1）教学在重视"双基"的同时要重点关注学生智力的发展和能力的培养；（2）明确各门学科发展智力和培养能力的具体任务；（3）充分发掘蕴涵在知识中的智力和能力因素，并在教学中适当予以呈现；

---

[1] 宋书文，等．心理学词典［Z］．南宁：广西人民出版社，1984：224.

（4）要进行启发式教学和提倡探究式学习。

（四）教师引导作用与学生自主性相结合的原则

这一原则是指，在教学中既要充分发挥教师教的引导作用，又要充分调动学生学的自觉性、积极性，教师的教与学生的学互为前提、相互促进。

这一原则是教与学的基本矛盾、教师引导性与学生主体性的必然联系的反映。教学是教师的教和学生的学的双边活动，教学任务的完成首先取决于教师，但教师要使其所教真正内化为学生的素质，还有赖于调动学生学习的自觉性尤其是激活思维的积极性。学生的学，是在教师的引导下进行的，但是，教是为学服务的。教师引导作用是以"学"为落脚点的，学是学生自己独立自主的活动，教师不能越俎代庖、以教代学。这一原则也是由师生在教学过程中各自的地位和特点决定的。教师受社会委托，闻道在先，而且受过专门的教育训练；而学生正在发展，知识经验尚不丰富，所以，教学在整体上主要是由教师来引导的。但学生并不单纯是教师教的对象，同时也是教学过程的积极参与者和学习的主体，与教师共同决定着教学的结果和质量。

在教学中应用这一原则的基本要求为：（1）要在现代教育的意义上真正理解教师引导作用的内涵；（2）共同营造师生平等互动和自由交往的教学氛围；（3）要充分尊重学生的主体地位并激励学生积极主动和创造性地学习。

（五）直观性与抽象性相统一的原则

这一原则是指，在教学中既要适当地引导学生运用各种感官去具体感知客观事物和现象，形成鲜明的表象，又要引导他们以感性材料为基础，进行抽象思维，形成正确的概念、推理和判断。

这一原则反映了认识活动中表象与意义、感性与理性、具体与抽象的内在关联。知识是事实与概念的统一体，认识是在具体事实基础上逐步导向抽象概括的智力活动过程，直观保证对事实的认知，抽象则保证对意义的把握。该原则也是对中小学生认识特点的观照。未成年人的认识还程度不同地具有直观的特点，对具体事物比较感兴趣，其理性认识往往需要以直观感性为依托。

在教学中应用这一原则的基本要求为：（1）适时、适度、适当地选用直观教学手段和利用学生的感性经验；（2）要充分尊重学生的年龄特征和认识规律；（3）以发展学生的抽象思维能力为重点；（4）促进形象思维和抽象思维在教学活动中的互动与互补。

（六）系统性与循序渐进相结合的原则

这一原则是指，在教学中要遵循学科知识的内在逻辑系统和学生认识能力发展的顺序，帮助学生系统地掌握知识和技能，并逐步形成严密的逻辑思维能力。

这一原则是由学科知识的内在逻辑系统与学生认识的顺序性的内在关系所决定的。任何学科知识都有其自身的逻辑结构和系统性，教学中必须大致遵循；学生认识往往要经历一个由简单到复杂，由现象到本质、由具体到抽象的逐步深化顺序，教学中亦须大致遵循。在教学中，应促使这两个"遵循"有机结合，协调统一。但在具体的教学过程中，遵循学科的系统性与遵循学生认识的顺序性之间也可能产生这样或那样的不一致,这就是教学论中通常所说的"逻辑组织"与"心理组织"的矛盾。对此,应在尽可能兼顾学科的系统性与学生认识的顺序性的同时,根据实际情况灵活地、有选择地侧重系统性或顺序性,以某一方面为基点促使两者的结合与统一。

在教学中应用这一原则的基本要求为:(1)大体按照课程标准和教科书的逻辑系统展开教学;(2)突出学科知识系统中的知识结构;(3)尽量遵循学生的认识顺序;(4)灵活地处理遵循学科的系统性与遵循学生认识的顺序性之间可能存在的不一致。

(七)理解性与巩固性相结合的原则

这一原则是指,教学中应使学生在理解的基础上牢固地掌握知识,并能使重要的知识持久保存在记忆中,并内化为素养,沉淀为智慧。

这一原则是由教学活动中学生的认识特点决定的。在教学过程中,学生通常以学习书本知识为主,而作为书本知识的间接经验,属于他人的感受和思想。学生学习时,需要把外在于他的知识内化为自身的思想、情感和态度,而这种内化必须以理解为前提。理解得越透彻,内化就越深入,记忆就越久远。反过来,内化而又记忆清晰的知识又有助于对新知识的理解和掌握,因为学科知识的系统性很强,新知识的学习要以原有知识经验为基础。如果学过的重要知识得不到必要的理解和巩固,学习过程将难以有效延续。另外,对于重要的知识只有深刻理解、熟练掌握,才能将其内化为自己的智慧和素养,形成较高的综合素质,在未来的生活和工作中才能具有较强的适应能力和应变能力。

在教学中应用这一原则的基本要求为:(1)尽可能在理解的基础上记忆和巩固知识;(2)重视组织多样化的、有训练价值的练习和复习;(3)注意引导学生探索有效的和适合自己的记忆方法;(4)尽量减少机械记忆和重复训练,切实减轻学业负担。

(八)统一要求与因材施教相结合的原则

这一原则是指,在教学中既要面向全体学生,统一人才培养的基本规格,又要从学生的实际出发,承认个别差异,区别对待不同学生。

首先,这一原则反映了教育目的对教学的要求。我国现行的教育目的要求每个学生德、智、体诸方面全面发展并具有一定个性,实现人的社会化与个性化的统一。这就要求在教学中既要有大致统一的人才规格,促进全体学生都达到教学目标的基本要求,又要根据学生的资质、兴趣和爱好等个性特征促使其发挥和形成特长。其次,这一原则也是教学要适应并促进儿童身心发展规律的反映。学生的身心发展在一定年龄阶段具有一定的稳定性和普遍性,表现为年龄特征,这是统一要求的基础,但儿童的身心发展又必然具有差异性,这就要求教师要充分考虑儿童身心发展之间的差别,把集体教学与个别教学结合起来,把班级授课与个别辅导结合起来。

在教学中应用这一原则的基本要求为:(1)教学要有面向全体学生的统一的基本要求;(2)充分兼顾学生的年龄特征和个别差异;(3)采取有效措施使有

特长和有突出才能的学生得到自由发展;(4)热情关爱和帮助后进生的转变和提高。

最后要指出的是,教学原则并不是清规戒律和空洞口号,而是指引教学工作的方向性要求与规范性认识,在实际应用中要避免机械呆板和生搬硬套,要智慧、艺术和综合地加以运用。

[拓展阅读]
分类的教学

本章小结

本章集中梳理教学理论的基本成果,确立儿童是学习主人的基本观念,阐释了教学的概念内涵、地位和作用,阐明了现代教学观的基本发展趋势,阐释了教学过程的概念、动力以及教学过程的阶段。阐述了教学设计的基本概念、取向、途径和设计理论,探析了教学原则的基本概念和提出依据,论述了我国中小学常用的八条教学原则。

实践·反思·探究

1. 解释下列名词术语:

教学 教学过程 教学过程动力 教学过程的结构 教学过程的基本矛盾 教学设计 教学原则 教学规律

2. 为什么说教学是学校的中心工作?
3. 现代教学观有哪些基本趋向?为什么会出现这些趋向?
4. 阐述教学过程的基本环节及其相互关系。
5. 在教学设计中应如何融合行为主义、认知主义和人本主义的教学设计理论?
6. 应如何处理制订教学原则的不同依据之间的关系?
7. 结合自己在中小学的学习经历,阐释我国中小学常用教学原则的运用要求。
8. 分析"教育内容"与"学习经验"的关系。
9. 阐释教学设计与开发的三条基本途径。
10. 结合自己的学习经历,谈谈应如何看待知识教学与智力发展的关系。
11. 教材对教学过程基本环节的论述,较侧重教师"教"的方面,是否忽视了学生的"学",是否仍然是一种教师中心的观念?结合教育改革对自主、探究、合作教学方式的追求,如何看待以问题探究为特征的教学过程的基本环节?

推荐阅读

1. 皮连生,吴红耘. 两种取向的教学论与有效教学研究[J]. 教育研究,2011(5).

2. 姜国钧."课程"与"教学"词源小考：兼与章小谦先生讨论［J］.华东师范大学学报（教育科学版），2006（4）.

3. ［美］布鲁斯·乔伊斯，等.教学模式（第八版）［M］.兰英，等译.北京：中国人民大学出版社，2014.

4. ［日］佐藤正夫.教学原理［M］.钟启泉，译.北京：教育科学出版社，2001.

5. ［法］安德烈·焦尔当.学习的本质［M］.杭零，译.上海：华东师范大学出版社，2015.

第九章 教学实施

学习目标

- 理解教学方法的概念，理解讲授－提示型教学方法、探究－自主型教学方法、合作－任务型教学方法的含义和运用策略。
- 了解教学活动的概念，理解教学提问、刺激、讨论、倾听等几种教学言语活动的含义与运用要求，把握教学内容转化活动的含义、实质和运用策略。
- 掌握教学组织形式的概念和分类，理解全班上课、班内分组教学、班内个别教学等教学基本组织形式的含义及实施策略；了解课外教学、现场教学等教学辅助形式的含义及实施策略；掌握教学工作的基本环节，明了备课的内容、备课的种类、课的类型与结构、教案编写的基本要求，理解一堂好课的基本特征。
- 掌握教学评价的概念、类型和教学评价基本方法的运用。

知识列表

教学实施	教学方法	教学方法的概念
		讲授－提示型教学方法
		探究－自主型教学方法
		合作－任务型教学方法
	教学活动	教学活动的概念
		教学言语活动
		教学板书活动
		内容转化活动
	教学组织形式	教学组织形式概述
		当今通行的教学组织形式
		教学工作的基本环节
	教学评价	教学评价的概念
		教学评价的基本方法

本章导入

两位老师正在研讨如何教学"孔融让梨"。教师甲说，学生可以理解"让出大梨，体现谦让美德"的基本道理。所以，首先要直接告诉学生，点出主题；然后让学生结合自身经验说"谦让"，增强实践运用；还可以让学生进行情景剧表演，强化"谦让"的角色体验和行为表现。教师乙认为，故事中让出大梨的情境，可能确实体现了谦让美德。但在学生的经验或更复杂的情境中，让出大梨，可能是因为不喜欢，或有其他功利目的的考虑，不能简单地推论出"让大即美德"的一般性结论；主要地，不能以直接告诉的方式让学生简单地接受"让出大梨，体现谦让美德"的故事主题。学生应该先要有充分思考、讨论、提出想法、辨析各种可能观点的学习活动与机会。两位老师分歧严重，争论不休，直接触及教学设计、教学方法、教学评价等重要问题。

教学就其根本是一个实践性课题，关键在于创设情境和条件，综合利用各种活动、方法、资源，帮助学生个体学习、成长和发展。对于教学，一线教师通常关心的也主要是"如何教学"、"如何进行有效教学"和"如何教学是有价值的"等具体实施层面的问题，如教学方法、教学活动、教学组织形式和教学评价等。

第一节 教 学 方 法

教学方法是师生授受教学内容、达成教学目标的重要手段，直接影响教学的效果和质量。理解教学方法的概念及其种类，是在教育实践工作中探究和恰切合理地选用教学方法的认识前提。

[微视频]
教学方法

一、教学方法的概念

在组织教学活动、解决教学问题的层面，教学方法是指为了达成一定的教学目标，教师组织、引导学生进行专门内容的学习活动所采用的方式、手段和程序的总和。教学过程是由以目标为基点的"目标—内容—方法"的教育学范畴体系构成的。在教学目标、教学内容与教学方法之间，目标和内容分别影响着方法，而"目标—内容"关系则制约着方法。不过，教学方法一旦选定和运用之后，也会对教学目标、教学内容产生制约甚至决定作用，因而需从教学体系各要素之间的广阔关系中去思考教学方法。实际上，学生在学校的学习，就是为实现教学目标，将教学内容内化为自身发展成果的过程，必须借助于一定的教学方法。因此，教学方法"必须在构成一切教育学现象的基本目标、内容、方法的关系之中加以研究"。[①]

目前实践中运用的教学方法，可谓多不胜数，据不完全收集整理就有 700 余

---

① ［日］佐藤正夫. 教学原理［M］. 钟启泉，译. 北京：教育科学出版社，2001：287.

种[①]。可见，教学有方，但无定法，没有哪种方法可以是最好、最普遍适用并可以替代其他方法的。说哪种方法好用、适用，也一定是在特定范围和特定条件下而言的。所以，"教师在实际教学中必须结合具体的客观条件和自己的主观情况，周密计划，选用并组织好具体教学方法的实施程序，方可望取得优良的教学效果"。[②] 也就是说，教学方法的合理认识与选用，总是与特定的教学目标、教学内容、教学情境，以及教师的素质和学生的状况紧密相关的。

在一个具体的教学活动及其完整的过程中，通常所言的教学方法总是包含了多种教学方法的有机组合，于是需要在分类的意义上来认识教学方法。按照不同依据和标准，教学方法的分类也是多种多样的。从主体角度去分层归类，教学方法包含了教师的教法、学生的学法、教与学的方法，各自又涵盖若干层次和方面的更具操作性的具体方式、手段和途径。教法，是教师为完成教学任务所采用的方式、手段和程序，主要表现为讲授－提示型教学方法；学法，是学生在教师指导下获取知识、形成技能、发展能力和个性过程中使用的方式，主要表现为自主－探究型教学方法；教与学的方法，是教师在教学过程中为完成教学任务所采用的教授方式和学生在教师指导下采用的学习方式，主要表现为合作－任务型教学方法[③]。

二、讲授－提示型教学方法

[考纲链接]《教育知识与能力》（中学）掌握和运用中学常用的教学方法

讲授－提示型教学方法的运用主体是教师，是指教师就某一教学内容借助语言向学生作较为系统的讲述、讲解、讲演等，并在传递信息的过程中启发诱导、点拨提示学生思维的一种教学方法组合。在其运用中，教师实施有效的讲授和指导，学生主动接受教师传递的信息和引导。这类教学方法与人类教育活动一起产生，在西方教育史上有长久的发展历史，也是我国一贯重视和使用的教授方法与观念，至今仍然是教学活动中采用的主要的方法。基于这类方法，学生学习的特征具有明显的受纳性，但不必然是被动、机械的受纳。讲授虽是一种"言传"，但指向的却是学生的"意会"和"领悟"。教师讲授－提示的内容只有在能够吸引、激励学生的自我活动时，才能被学生自觉接受和认同。

传统上，人们习惯于将讲授主导下的接受学习与机械学习对应起来，而将发现学习与有意义学习对应起来。其实，无论接受学习还是发现学习都有可能是机械学习，也都有可能是有意义学习，不能简单地认为发现学习就必然是有意义的，更不能片面地把接受学习等同于机械学习。正如美国著名教育心理学家奥苏伯尔在他的意义学习论中所揭示的，有意义与机械的区分不在于是接受还是发现，而在于通过新旧观念和知识的关联与同化所建立的联系的本质。在学校教育体制下，学生的学习主要是通过接受而不是发现去掌握间接的知识，因此讲授教学必然是主要的教学方法。关键在于，教师应该给学生提供经过仔细思考的、有价值的知识材料，并

---

① 冯克诚，等. 实用课堂教学模式与方法改革大全［M］. 北京：中央编译出版社，1994.
② 李秉德. 教学论［M］. 北京：人民教育出版社，1991：217.
③ 黄甫全. 现代课程与教学论学程（上下册）［M］. 北京：人民教育出版社，2006：710-716，765-775.

加以启发诱导，以调动学生的主动性和激活学生的思维。人们过去常把讲授和"独白"甚至"灌输"和"强制"等同起来，显然犯了简单化的错误。当然，传统上教师讲授过多、过死，缺乏必要的提示，不考虑学生的受纳性，甚至压制学生的"意会"和"领悟"，这也是急需消除和克服的问题。

有意义学习和有效教学层面的讲授，尽管以教师为主体，却绝不仅仅是从教师单方面的主观愿望出发，也绝不是盲目地不考虑学生学习的积极性和接受能力，更不是把学生看作消极、被动的客体和受纳知识的"容器"。灌输并不是真正的讲授，也不是讲授的必然结果。毋庸置疑，讲授－提示型方法具有省时高效、发挥教师才能、促进间接经验学习和发展学生思维能力的基本价值。当需要在短期内教学大量知识时，它无疑是教学方法的首选。

运用讲授－提示型教学方法要求教师：一是讲授目标和要求应当清晰明确。学生知道要学什么，学到什么程度，教学提示才会发挥作用。二是要使讲授具有科学性、逻辑性和智慧性，使学生能感受到其间的逻辑思路和思维方式，从而使讲授自然地蕴涵着提示性；三是要使讲授从内容到形式富有感染力、穿透力和渗透力，并能体现出语言艺术的魅力，如果讲授不能吸引学生的注意和激起学生的思考，其提示性也就无从谈起；四是讲授和提示要尽可能融为一体，在讲授中提示，在提示中讲授，这样才能使提示显得自然和顺理成章；五是提示要适时、适度，抓住问题和思维的关键与要领，点到为止，恰到好处，纲举目张，使提示真正具有启发性和诱导性。

三、探究－自主型教学方法

探究－自主型教学方法的主体是学生，是指学生在教师的指导和协助下，相对独立地制定学习计划或课题方案，通过自主性探究或研究性学习，主动开展学习活动的一种教学方法组合。杜威的经验教学法、布鲁纳的发现教学法，以及我国新课程改革中正在推行的研究性教学和探究学习都属此类方法。这类方法与以教师为主体的"讲授－提示型方法"有分类上的不同，但理论上并不构成为二元分离与对立范畴，实践中彼此也并非对立、对抗的关系，往往是彼此融合、相互支持的互动关系。学生的自主性学习和探究性活动，如果离开教师的引导，无疑就成了学生单边性的纯粹"自学"了。教师的讲授和提示，如果不能通过学生自主的理解和探究去完成"接受"，就难免沦为"灌输"。探究－自主型教学方法的典型特点就在于：教师提出或协助学生提出课题，并提供适当的条件，引导学生自主探究并完成课题；学生在探索和完成学习任务的过程中，独立自主性得到比较充分的发挥，创造性得到比较充分的展现。

探究－自主型教学方法亦即布鲁纳所说发现学习法。发现法，又称探索法、研究法，是指在教学过程中教师提供给学生一些事例、问题和课题，指导学生通过独立的阅读、观察、实验、调查、思考、讨论或听报告等途径，创造性地解决问题，获取知识和发展能力的方法。使用该方法时要求正确选定研究课题，提供必要条件，让学生独立思考与探索，做到循序渐进、因材施教。在整个教学活动中，关键

［微视频］
探究－自主型
教学方法

在于学生自主型学习活动的生成，否则就不可能有真正意义上的探究性学习。

所谓自主型学习活动，就是学生能够运用自身拥有的知识和能力，通过亲身参与探究活动并自行获得学习结果。所以，探究-自主型教学方法的应用，必须激发学生的自我活动性、学习能动性及创造性，在此基础上组织并开展自主型学习活动，借以进一步发展学生的自我活动性与自主性，形成自主型人格。使用这类方法，教师的作用更重要的是体现在为学生设计探索研究的情境，提供相关的资料，引导学生开展有目的的探究活动，帮助他们发现结论或获得结果上。

学生要开展自主型学习活动，教师尽管无需进行"知识讲授"方面的直接指导，却需要"学习计划和探究活动、如何探究和利用资源"等方面的策略指导。教师指导的重点要放在"授人以渔"方面，即引导学生"学会学习"。首先，要向学生提供充分有效的学习策略信息，并使学生懂得何时及如何使用学习的策略。然后，教师要对使用这些策略思考具体问题的解决方法作出必要的说明。接下来是提供学习机会，鼓励学生不局限于书本内容，尽量按照他们自己的思维方式和先前的理解对其进行重新组织，比如开展小课题的研究与学习。另外，教师要组织适宜的训练和问答式对话或讨论，使学生的思维模式不断多样化。

一般而言，探究-自主型教学方法的使用，学生必须熟悉特有的教学过程：首先认识学习的课题，明确学习目标；其次探求解决问题、实现目标的策略或方法；最后，总结学习成果，并展开实际应用的练习。

教师在组织学生进行探究-自主型学习活动时，必须进行充分的准备和设计，包括：区分何种教学时间或单元的课题适合于特定年龄阶段和特定情境的学生进行自主型学习；精心准备和开发有助于学生开展探究学习的学习手段和学习资源；确定和分配学习课题；分析学生学习过程中将会遭遇的学习困难并准备给予的必要帮助；组织学生评价得出的学习结论并处理好反馈信息。

运用探究-自主型教学方法，还要求教师和学生都要真正转变观念。教师要充分信任学生的自主性和能力，学生也要自我信任。否则，这一教学方法将很难得到有效运用。此外，教师亦不必过分关注和期待学生的探究和自主学习是否一定能获得令人满意的结果，而应更关注其学习的过程和经历与体验，即便结果失败，也未必是坏事，其收获和发展也未必就不如成功的结果。如果过于关注结果的成功，不仅会忽视过程，而且可能会使过程变得不真实，致使教师有意无意地过多干预学生的探究与自主学习并提供不必要的帮助，从而使探究-自主型学习变得有其名而无其实。

四、合作-任务型教学方法

合作-任务型教学方法的主体是师生共同体，重点在师生互动上，是指一种基于学生分组，借由师生对话与生生讨论的互动，共同思考、共同探求、共同解决问题，完成任务的一种教学方法组合。其基本形态是教学对话和课堂讨论，核心是基于合作讨论和完成任务的学习活动。研究和实践表明，这类方法有利于发展学生的创造能力、交往能力和自主性，形成社会合作态度，有助于学生将来步入成人世界后恰当地推理和行事。

合作-任务型教学方法，需要学生掌握一定的基础知识，能洞察和判断知识间的关系，并能在一定的条件下加以应用。所以，在教学过程中，教师的提示和学生的自主是合作-任务型教学方法的基础，两者结合使用才能有效地促进教学。一般来说，其基本程序是：经由提示型教学授受一定的基础知识，学生再加以自主的探究，然后借助对话与讨论去发现与应用法则和概念。

合作-任务型教学方法的关键是任务的结构化，目的是为了促进学习分工和协作努力，以取得各种有效结果。合作学习中的任务结构化包括"小组规模""小组组合""完成任务的时间安排""角色分配""提供支持和奖励"等。其具体做法是：（1）确定合理的小组规模。研究发现，小组过小，教师与小组互动行为过少；小组太大，讨论又可能花费太长时间。因此，以最短时间达到最有效目标的小组规模，一般以4~6个成员为宜。（2）进行小组组合。为了促进合作过程，促进信息传输，要求教师把班级中优良中差的学生都考虑在一个小组中，再根据其不同的性格特点，进行小组间的适当调配，以使各个层次、类型的学生都能在小组合作学习过程中获益。（3）分配相适宜的任务。根据任务的复杂性，教师要在时间安排上做出一些较为精确的估计，既要保证合作学习有足够的时间和机会，也需要对合作学习中的每一个环节设置时间界限，以使任务连贯完整。（4）进行必要的角色分配。通过组内和跨组分工使任务具体化，促进责任心和思想共享的有效合作学习。教师要利用不同角色的职能与责任，帮助学生完成小组合作，进行组际沟通。应注意，所有的角色要体现职能公平，取消以权威为基础的层级结构。（5）提供支持和奖励。为了保证小组合作的持续性，教师需要建立一种强化和奖赏制度。如给个人和小组以等级、附加分、社会责任、象征物和"特权"、意外报酬等，注意把个人与小组的努力综合起来考虑。

合作-任务型教学方法因为分组的不同具有不同形式，有些适合于专门的学科学习，有些则适合于大多数年级和课题。其一般形式有：（1）学生小组学习（student team learning）。学生小组学习的形式包括两种类型，一种是学生按成绩分组（STAD, student teams achievement divisions），一种是小组—游戏—锦标赛（TGT, teams—games—tournaments）。这两种形式都有五个组成部分，即组成小组、内容呈现、小组练习、评价和记分、班组同学认可。不同之处在于，前一种形式中，教师以没有同伴帮助的掌握性测验结尾；在后一种形式中，不是以测验形式而是以"锦标赛"的形式结尾。（2）"花锯式"策略（jigsaw）。从各小组中分别选出一个学生，组成"专家组"，先学习某一个具体的任务、专业或计划，并相互交流意见；"专家组"结束活动，每个学生"专家"回到原来的组教其他的成员。通过更为精心的设计，花锯式策略可以提高小组内部成员的独立性。（3）集体调查研究（group investigation）。共同确定若干个学习主题，各个学习小组对自己选择的主题进行调查研究，准备关于研究结果的报告，并向全班学生报告研究的结果，最后由教师对各个小组调查研究的结果进行评价。

从学校中广泛开展的基于任务的课堂合作教学来看，最典型的合作-任务型教学的课有四个组成部分：（1）内容的呈现。教师利用讲座、电影、有指导的讨论中的任何一种教学样式，向学生呈现课的内容，以保证学习的可能性、完整性和正确性。（2）学习小组中的学生讨论和技巧练习。共同的学习任务使不同性别、不同成绩水平和不同亚群体的成员组织成为一个新的、持久的和积极的社会结合体，学习任务和完成学习任务的程序使得小组的每个成员都要加入到集体练习、材料讨论、个人练习和同伴指导中。（3）评价个别学生的掌握情况。每个学生独立地阐述自己对课的内容的掌握情况，并单独地得到评价。集体并不规定正确答案，而代之以在寻找正确答案的过程中每个成员的发展，因此向小组伙伴寻求指导和给予小组伙伴指导变成了规则。（4）小组认可和奖励。比如，采取一定形式，所有组员进步并达到预期标准的小组，得到全班的公开认可，同时获得某种形式的奖励，比如口头表扬、加分、礼物等。

第二节 教学活动

教学活动就是实施操作层面的教学。教学活动的合理安排与有效运行，既可保证教学诸环节和要素得以具体落实，也能促使教学效果和质量得以全面显现。

一、教学活动的概念

活动（activity）最基本的含义是指有特定目标的行动及其职能。教学活动主要指师生在学校情境中为促进学生发展所展现的一切教学行为及其职能，可以是书写、问答等外显行为，也可以是运算、思考等内在的心智操作。

人类活动从其一般性质来看，主要有三种基本形式：游戏、学习和劳动（劳作或工作）。这三种形式的活动在个体不同发展阶段都客观存在，但会有不同的表现形式，起着不同的作用，其中有一种起着主导作用。例如在学龄前，儿童的主导活动是游戏；到了学龄期，游戏活动便逐步过渡到学习活动为主；到了成人期，劳动便成为人的主导活动。不过，这三种活动往往具有交融一体的内在统一关系，游戏可以是学习化和劳动化的，学习也可以是游戏化和劳动化的，而劳动也可以是游戏化和学习化的。比如，学龄前儿童在孜孜不倦的"玩沙"游戏中，既在身体力行地从事初具社会实践意义的"烹饪""建筑"等劳动，也在从中学习和感悟这些社会性活动的基本含义。

教学活动作为人类活动在学校中的特定实践，实际上也包含了游戏、学习和劳动这三种基本形式，主导性的活动形式则是学生的学习。学生的学习活动主要表现为教师引导下师生之间的双向互动与建构。"建构是以某种形式进行互动"。①学习的建构性与互动性，内在地规定了学习可以具有与游戏和劳动相统一的特性。教学活动的设计与运行，从根本上说，就是要建构成为学生外部身体活动与内部心理活动的场景，建构成为可以开展游戏、学习和劳动的活动场景。

---

① ［美］斯特弗，等. 教育中的建构主义［M］. 高文，等译. 上海：华东师范大学出版社，2002：390.

学习，作为教学活动中的主导形式与内在价值，已经得到了普遍的认可。但是，对游戏、学习和劳动之间的统一关系，对游戏、劳动作为教学活动的基本价值，还有待正确认识和实践。当今社会，把学习与劳动、游戏机械地对立起来，不是个别现象。很多人错误认为，游戏、劳动会耽误"学习"。"褒学习"总是伴随着"贬游戏"、"轻劳动"。游戏更是意味着"玩物丧志"。有些家长将游戏设为禁区，不少学生不敢游戏，不会游戏，甚至认为游戏是罪恶的行为。一组来自北京、上海、广州的调查数据表明，有35.6%的孩子不同意"玩是儿童的权利"，有38.4%的孩子不同意"对儿童来说，玩也是一种学习"，远远超过了父母不同意（21.9%）的比例。① 人们同时也发现，对立于劳动、游戏的"褒学习"，却成了厌学、学习不佳等各种"贬学习"的一个原因。

实质上，在人的全面发展教育理论中，劳动既是学习和发展的重要目的与内容，也是主要的途径与手段，提倡"教育与生产劳动相结合"。新的教育改革也提出了教学内容与学生实际、动手操作相联系的基本做法，并大力推动学生参加社区服务活动与社会实践活动。

游戏对学习的内在关联性与重要性，早已成为人们的自觉认识。在近代教育的开端，著名教育哲学家卢梭就深刻地指出，爱弥儿在自然教育中的自由活动，"不只是为了玩，他在工作和玩的过程中还学会了运用思想"②。站在现代教育思想的高峰，杜威在"教育即生活"的著名论断中，集中阐释了游戏的教育价值，论证了游戏对儿童成长的重大意义，特别强调"游戏是自由的，是具有可塑性的"③。杜威还具体而微地提出了广为人知的"活动课程""主动作业"，较为成功地实现了游戏与学习的内在融合，游戏成了杜威教学体系中的基本内容与活动。游戏是儿童的天性，已经成为普遍认识；游戏具有学习的基本价值，日益成为共识。游戏教学已经成为现代教学变革所重视的一种重要方式。

从活动的观点看教学，有助于突破狭隘的课堂视域，有利于破除"听讲、做笔记、做练习"的简单化认识，把教学与广泛的人类活动与生活联系起来。游戏、劳动与学习的统一，而不是割裂与对立，使得学校情境中的学习更丰富、更生动，也能具体而微地展现孔子所倡行的永恒愿景："知之者不如好之者，好之者不如乐之者。"今日的教师也已深情回应，"我要我的学生爱上阅读。阅读不是一门科目，它是生活的基石，是所有和世界接轨的人们乐此不疲的一项活动"④。

教学活动对个体学习的前提性保障作用，早就为中西方教育先贤们所广泛重视，并逐渐发展成为教育学的基本范畴和专门概念。苏格拉底对智者的批评，重点并不在于对智者教学内容和方法的反对，而是认为智者们为了谋生，往往把教学变成了诡辩活动。在苏格拉底看来，为着探求真知和理性培育的目的，教学主要就是讽刺（不断通过反诘使对方陷入自相矛盾之中，并迫使其承认自己的无知）、"助

---

① 李敏. 游戏与学习 [M]. 北京：教育科学出版社，2009：105.
② [法] 卢梭. 爱弥儿 [M]. 北京：商务印书馆，2010：460.
③ [美] 杜威. 民主主义与教育 [M]. 北京：人民教育出版社，2001：107.
④ [美] 艾斯奎斯·雷夫. 第56号教室的奇迹 [M]. 卞娜娜，译. 北京：中国城市出版社，2008：90.

产"（通过启发诱导，帮助学生通过自己的思考得出结论）、归纳和定义（使学生逐步掌握明确的定义和概念）等一系列活动的展开。孔子的"因材施教"，主要也不是强调教学方法要多样化，而是强调因学习者的不同需要和特点安排有差异的教学活动，活动原则是"不愤不启，不悱不发"。近代以来，赫尔巴特最早依据儿童内在的学习过程，从体现"教育教学性"的教学过程入手，提出教师为了达成教育教学目的而要采用的具体活动是"明了""联想""系统"和"方法"[①]，试图促进教育的科学化。桑代克在创建教育心理学体系以促使人们从实验室转向学校课堂来关注学习行为时，要求把实验控制及其简单化的教学行为推论从根本上转向对教室里的教学活动进行现实关注和研究。博比特则在现代课程理论史上第一部专著《课程》中，提出著名的"活动分析法"，并认为课程开发首先是对人性和人类事务的分析，教学就是对这些活动的再结构化，即课堂情境中人类活动的再组织化展现。教育学整合这些不同时期、不同学科对教学活动的关注，把教学过程作为专门研究领域，开始把教学活动引向教学论的系统研究。

教学活动具有深刻的内涵和丰富多样的表现形式。苏联教育家巴班斯基在著名的教学过程最优化理论中，以认识活动为支撑，把教学认识活动分为组织、激励、检查三个层次，据以提出并统合相应的教学方法，力求教育效果的整体优化[②]。美国教学设计理论专家加涅则依据内部学习过程，指向易于观察的教学过程，提出九大教学事件并对教学的外在活动形式进行了理论分类和概括，阐明了教师课堂上要有计划、有目的地去从事和展现的九种行为操作，从而激发并促进学生的内在学习[③]。我国通常依据教学过程中活动作用的大小，把教学活动分成教学基本活动、教学调控活动和教学辅助活动等。人们更多地则是从主体角度入手，认为教学活动包括了教师课堂上可观察的系列行为动作与操作事件、学生课堂上可观察的系列行为动作与操作事件、师生课堂互动中可观察的系列行为动作与操作事件。其中，在课堂教学情景的系列言语行为和身体动作，有的是教师和学生同时发生的，有的是交替进行的，有的是各自独立或不同步发生的，但都有着某种程度的相关性，共同构成了一个现实可观察的课堂教学情境。显然，有的教学活动，比如学生的不参与或分心走神，甚至有意的抵触和捣乱，会成为教学的一种干扰力量和不利因素。因此，教学活动在理论研究和实践推进的自觉性要求上，一般是从教师这个角度来讲的，就是教师要进行教学活动的设计和实施，采用各种方法和手段，利用各种条件和资源，组织和展开良好的教学活动，提高学生的参与和投入，激发学生自主性学习。这也已经成为现代教师的专业素养和工作要求之一。在多数课堂情境中，教师无所言语和行为的"沉默"，甚至"冷场"，也可能是一种积极的具有教育意义的教

---

① 需注意的是，杜威在紧随其后的批判与超越中，提出了与学科课程、学科教学相对的活动课程、活动教学，着眼于儿童的兴趣和动机，关注与烹饪、木工等相联系的经验活动，但与此处的教学活动不是同一范畴。
② ［苏］巴班斯基. 教学过程最优化：一般教学论方面［M］. 张定璋，等译. 北京：人民教育出版社，2007.
③ ［美］加涅. 教学设计原理［M］. 皮连生，等译. 上海：华东师范大学出版社，1999：33.

学活动，因为它们既可能是"无声胜有声"的教学艺术境界与师生的互动感染，也可能为学生积极、主动的探究性学习留下充足的自主空间和机会。有研究者特别指出，就课堂教学来说，"甚至在其内部，仍存在着多种活动……他（教师——编者注）或许正在听学生们读课文；也可能正在观察学生们进行小组游戏；也可能用微笑来表示对一个学生之行为的赞赏以强化其行为；他可以做无数种属于教学活动的事务"。[①]

教学活动包含了纷繁复杂的教学行为与操作，有必要进行专门的全面考察和逻辑归类。本节主要讨论教学言语、教学板书、内容转化等教学活动中的典型事件与日常行为。

二、教学言语活动

教学言语活动主要是指教师在教学过程中运用语言，推动师生交往和互动，促进学生学习和发展的一种教学实践活动。教学言语活动具有独立性，同时也是教学活动中最基本的活动形式。教学活动的任何环节都内含着某种形式的言语活动，教学活动的运行也离不开教学言语活动。教学言语活动的基础地位，源自言语本身就是人的文化性存在与实践方式。一方面，人们都是通过言语在做事，即以言行事；另一方面，语言是人类进行思维和交际的工具，即以言为人，以言行事。比如谈话、倾听、阅读、讨论、辩论、谈判等活动都以言语为载体和形式，通过最基本的传递和接受信息，达到高层次的交往和做事。国际知名心理学家葛拉瑟（M. D. W. Glasser）从阅读、视听、讨论等多个方面，实证性地揭示了言语对个体接受信息、进行学习的必要性。单就信息传播与接收来说，10%来自阅读的东西，20%来自听到的东西，30%来自看到的东西，50%来自视听的东西，70%来自与他人讨论的东西，80%来自体验过的东西，95%来自教过他人的东西[②]。可见，要想真正展开有效教学，切实激发学生的真实学习，教师必须深入研究教学言语活动，提高组织、运用教学言语活动的能力和素养。

教学言语活动的教育意义体现在两个层面。首先，它本身具有改善教学效能和促进个体发展的内在价值。以往，人们更多的是从教育艺术、教师能力或教育手段的角度来研究教学言语，现在，人们也日益认同教学言语是课堂教学中最基本的活动之一，并开始重视从活动的角度研究教学言语的基本功能和作用。教育艺术、教育手段或教师能力在教学活动的回归与深化研究中得以优化。一般来说，任何活动都会产生某种行为后果，既可能是好的，也有可能是坏的，而对于教学活动来说，总是要在促进学生健康发展这个教育价值追求上，对其行为结果充满积极的预期，即要有一个好的教学结果。因此，教学言语活动必然追求以"善言"行有效教学之事，任何教学活动的组织与实施必然也离不开合理有效的教学言语。借助好的教学言语活动，教师不仅能促进学生积极参与和投入到学习过程中，而且能使学生在情

---

① [美]阿基比鲁. 教育哲学导论 [M]. 董占顺，王旭，译. 北京：春秋出版社，1989：159-174.
② [美]威廉·葛拉瑟. 每个学生都能成功 [M]. 刘小菁，译. 成都：四川大学出版社，2006：74.

绪、情感方面受到积极的感染，开启学生的心智和学习动机，引导学生在知识、能力与个性以及精神方面获得整体发展。如果教师的教学言语行动缺乏积极、正向的行为效果，不能以理服人，以情感人，课堂教学就很难达到预期的教育效果。世界著名教育家苏霍姆林斯基曾从教师素养要求的角度阐述了教师言语活动在课堂教学中的重要性："教师的语言修养在极大程度上决定着学生在课堂上的脑力劳动的效率。"① 因此，丰富多样、生动形象和具有感染力的教学言语活动，对整个教学过程特别是学生学习都具有重大的实际意义。教学言语活动的内在价值概括起来主要表现在以下几个方面：一是提供学习信息源；二是提高学生学习的兴趣；三是激活学生思维；四是增强教师教学效果，提高学生学习效率。

其次，教学言语对课堂活动还具有基本的维持和促进功能。教学活动的方方面面实质上都渗透着言语，任何一种教学活动都离不开言语。如果离开了言语，教学活动不仅效果将大打折扣，甚至可能无法进行。因此，言语在某种程度上也就成了整个教学活动的维持力量，可以说是教学活动发生和展开都离不开的一个内在要素。许多来自课堂情境的观察研究表明，在以教授策略为主的教学中，教师教学时间的70%基本上都用于讲话，除了讲述、讲解、讲演等教学活动，其中多数时间也主要是用于组织、支持和协调教学活动，比如对学生的激励和评价，发出活动指令等等。在自主－探究型的学习课堂中，虽然教师的口头语言在信息量和时间分配上都大幅度减少，但其教学言语活动实际上通过情境化的形式，也发挥着不可缺少甚至更具感染力的维持功能。教师的引导性话语、开放式讨论、激励性示意（如眼神温和、面部微笑）等言语活动，在某种程度上可以说是激发和支持学生进行自主性学习和展开探究性活动的极大动力。

教学言语活动种类繁多，从语言形式上看，包括口头语言教学活动、书面语言教学活动和肢体语言教学活动；按照课堂教学实践行为，有教学上课言语活动、教学管理言语活动、教学辅助性言语活动等不同形式，具有不同的教学功能。下面仅结合几种常见的课堂言语行为做概略介绍。

（一）教学提问

教学提问是以口头语言为主的教学言语活动，具有导课引入、激发兴趣，诱发、促进学生的自由活动，调节学生的思考活动，检查已达到的学习结果，以及使学生抓住有价值的问题等作用。提问一般有三种：一是发现个别事实并加以系统化的提问，实质在于发展学生的知识；二是认识和把握事物关系的提问，实质在于发展学生的思维；三是使学生意识到问题所在的提问，它可以引导学生探索事物现象，形成更主动的学习态度，进而提升逻辑思维和系统语言表达能力。教师提问要力求做到：（1）提问要明白、清晰和准确，目的要明确，要给学生提供思考的方向，不致发生误解；（2）提问应是学生能够理解的，而且要有助于激发他们的思考；（3）不要过多使用回答为二选一的提问，因其教学价值很有限；（4）寻求定义的提问应审慎应用，它需要抽象能力和复杂思维；（5）应避免重复轰炸式的提问；

---

① ［苏］苏霍姆林斯基.给教师的建议（下）[M].杜殿坤，译.北京：教育科学出版社，1980：15.

（6）提问与回答之间要有适宜的时间间隔。

（二）刺激

刺激可以扩大学生的思考范围，是激发学生思索和发言的有效手段，主要包括语言刺激和体态刺激。

口头语言刺激是最常用的，在学生回答不充分时使用更为有效。教师切忌平淡地复述学生的回答和加上注释，那将使教学对话冗长而缓慢，并受教师语言束缚。作为口头语言刺激的附带策略，是要求学生观察、记述、报告或者速记，使学生从一开始就对某种特定对象用一定的方式去表述自己的看法。还有书面语言刺激，比如板书、投影等，与口头语言刺激同时使用，效果更佳。体态刺激，一是可以超越口头语言和实物表达受限的情境，深入到"意会"层面与学生进行对话；二是简洁，如教师借由摇头、皱眉、挥手、扮脸与扭身等，可以表示否定、疑问、同意和赞赏等，使得教学对话变得生动。当然，否定会给学生带来负面影响，教师要慎用。

（三）讨论

开展互动式教学仅仅凭借发问和刺激是不够的，还需要营造出"讨论"的气氛与合作情境。教师应以鼓励为主，注意发现学生的闪光点。学生才可能敢于、善于发表自己的想法，才能产生教学互动与讨论。合作讨论的形式主要有"单线式""群体式""交替式""分组式"四种。

单线式合作，就是师生间问答的不断反复交替，即教师发问，一个学生回答，然后教师再发问，另外一个学生再回答，如此进行下去。这样的形式可以起到示范作用，还可以针对个别学生而因材施教，引导学生在"内部思维活动"层面上无形地参与讨论。单线式合作中，教师要防止满堂问和强制性追问。否则，学生无暇思考或压力巨大。

群体式合作，是教师发问，众多学生分别作答，教师从众多回答中选取和确认正确与适当的答案。这样的形式有利于学生群体参与，使得讨论不仅在"内部思维活动"层面，而且在"外化语言表达"层面形成，实现师生共同解决问题。

交替式合作，就是围绕教师的提问，将其作为"讨论线索"，交替着师生问答和生生互动。即教师先使讨论开始，教师或一名学生提出讨论的线索，随后学生接踵加入讨论，当讨论陷入僵局或错误方向时，教师则给予修正，或作一些引导性的介入。这种讨论的特征是，无论师生，彼此的发言是复杂地交织在一起的，并且具有内在的联系。

分组式合作，就是将学生分成小组，教师或学生提出问题或讨论的主题，由小组先进行讨论，再在小组之间组织报告和交流；教师在学生讨论的时候需要分别以"巡视者""咨询者"和"指导者"介入其中。

（四）倾听

教学中的倾听就是师生全神贯注地听取学生表达的内容，耐心细致地领会对方的话语含义与教学意图，同时通过自己的言语行为适时给予恰当的反馈。非常必要的是，倾听时注意观察对方的肢体言语行为，如眼神、神态、身体动作、声调或

[微视频]
教学倾听

语气等,既有助于深入把握口头语言蕴涵的深层思想,也可判断所表达的意义是否与他的言语活动内容相符合。这对于教师根据学生的课堂反馈,调整自己的教学活动尤为必要。有效倾听能帮助教师更加融入学生的感觉与经验,能帮助学生发现自己真正的感受是什么,教学中真正需要的是什么。这样才能创设与学生兴趣和需要相匹配的教学情境和条件,才能真正达成高效的教学对话、互动和沟通。因此,有效倾听是有效教学的内在要求,也是师生都必须具备的基本素养。不难发现,不少学生的学习失败,一个重要原因就是不会听课。不少课堂教学的失败,无论其表现还是原因,根源之一就在于师生不会倾听,不愿意倾听。教师不倾听,就可能会不顾学生的兴趣和需要,只顾向学生滔滔不绝地阐述自己的观点与想法,同时还会采用各种方法试图说服和控制学生,结果就成了灌输式教学。学生不倾听,学习要么成为心不在焉的外在活动,要么成为教师控制下的被动活动。师生互相不倾听,就会出现教师和学生的相互漠视,教学中就会出现孤立、生疏和冷漠。冷漠会产生厌弃,教学最终就会成为师生彼此放弃、放任之事,成为彼此都憎恶的活动。现实中已经出现大量的厌教、厌学现象,不能不警醒教师们要自觉学会有效倾听,也要引导学生学会有效倾听。

教学倾听作为一种非常重要的教学言语活动,之所以在过去相对被忽视了,是因为人们在主动施教的含义上,认为听是被动、被施加的,没有认识到倾听实际上是师生彼此理解、认同和肯定的一种积极诉求。一般来讲,个体会谈的听有五个层次:一是忽视,但可能会假装听,实际上根本没有听;二是心不在焉地听,通常是被动消极地听所说的字词和内容,常常错过了讲话者通过表情、眼神等体态语言所表达的意义,想的可能是与课堂教学无关的事情,却又不时通过点头示意来表示正在听或听懂了,常常导致误解和错误的举动,甚至产生内心的抗拒,致使教学风气涣散;三是选择性听,即只有听者的部分关注或间断性参与;四是主动性倾听,即专心地注意对方,也能够引起对方的注意,主动积极地留意听对方所说的话,但尚未有深层次的教学互动与共鸣;五是同理心倾听,即设身处地站在对方的角度思考、处理问题,积极主动地用心去听,将心比心地去听,不急于做出判断,而是带着理解和尊重积极主动地倾听。感同身受相互理解、关怀对方的情感是倾听的最高层次,可以推动实质性的教学对话和互动,实现教与学的统一。可见教学倾听不是被动地、机械地"竖起耳朵"接受,而是一种主动、有意识的行为,伴随积极、活跃的大脑思维与情感融入,是用耳朵听,更用心"听"、用脑子"听"的整体活动。有效的倾听也从来不是被动地、单向地接受信息,而是一种积极的、内在的理解、体验和建构,以及适时的提问、解释和深入探询。

教学倾听能够减少甚至消除教学沟通的障碍,有效倾听的关键也在于减少、消除教学沟通的障碍。从师生的主体地位和特征来看,除不同的意愿、取向和态度外,彼此之间实际上有很多的差异。如角色差异、视角差异、情感差异、背景差异等等。这些差异客观存在,是教学中长期存在的教与学矛盾的内在体现,处理不好,就会成为影响倾听的障碍,导致倾听有误、倾听不足甚至倾听缺失。因此,有效倾听的根本诀窍,就是在看到并尊重差异的基础上,能够用心去体会学生的情感和想法、理解学生的立场和感受，并站在学生的角度思考和安排教学活动。当然，教学倾听是师生双方实质性的交往互动，教师也要引导学生做到同理心倾听和正确解读教学中的各种信息，从而真正促使教育内容、教师心理和学生心理的交融一体。

要达成有效教学倾听，师生双方都要力求做到：（1）同理心体察对方，正确理解对方的意思，并注意把握对方话语中的深层含义和内在情感；（2）注意反馈，及时检验彼此是否真正理解对方；（3）抓住主要意思，不要被个别枝节所吸引，避免造成误解；（4）尊重、鼓励、关怀、认同对方，相互鼓励或共同解决问题。

三、教学板书活动

教学板书是教师在教学过程中，为辅助口语表达、强化教学效果，在一定物质载体上即时性书写文字、符号和图标等，纲要性呈现和长时性展现教学信息的教学活动形式。板书是课堂教学活动的重要组成部分，是教师必不可少的教学行为，是教师在课堂教学中的无声语言。随着现代教学媒体的运用，板书在物质载体上经历了黑板、白板、投影的不断革新与同生共存。但是，传统意义上的板书活动仍然具有较高的教育价值和使用率。这是因为相对于其他教学言语活动，板书具有三个独具优势的特征。其一是即时性。教师在教学过程中，为了反映对教学内容精华的提取和表达，需要即时书写以展现教学要点和线索。其二是纲要性。板书能反映、突出并强化对关键知识点、基本线索或教学重点的概括。其三是长时性。板书是体现在黑板、白板或屏幕上的书面语言，可以弥补教学口头语言缺乏长时显现力的不足，把必要的教学信息在整个教学过程中都呈现给学生。板书的结果，就是一个系统而又精细的"微型教案"，生动地体现了教师对教学内容的理解、构思和处理，凸显了教师的教学思路和教学风格。好的板书能提纲挈领地为学生提供整体把握教学内容的"导游图"，配合讲授，画龙点睛，则能促进学生在书面语言与视觉的积极转换中，加深对教学内容的感受、理解和思考。此外，相对于预制的"PPT"，即时性的板书还有利于保证师生教与学活动的同步性，避免"PPT"经常导致的教师的讲和书面语言的呈现与学生的听、看和笔记之间的分散与异步。当然，即时的板书与预制的"PPT"各有所长，应视需要有选择地使用或结合使用。现在有一种倾向，一些教师不顾授课内容和实际需要，凡上课必用"PPT"，导致使用过多过滥，好像不用"PPT"就是没有使用现代教学手段一样。其实，一些教师的"PPT"不过是板书的预先书写而已，并未真正发挥其独特的功用。

在长期的教学实践中，人们创立了各种板书形式。立足内容特征，有人把板书分为"形象、推理论证、剖析、结构、提纲、对比、词语、说明评点、特提、图表"等十种基本类型。从形态角度，有人把板书分为"扇面、对称、辐射、回环、鱼、波浪、条幅、阶梯、表格、辅图"等十种板书格式。综合多种研究和教学实践，依据其形式，教师们通常会采用以下板书活动：（1）提纲式板书。主要按照教学内容和讲解顺序，提纲挈领，逐步、递进地展示教学要点。它以书面文字表达为主，有时也添加或突出为数字、符号与线条。它围绕教学目标，缜密分析教学内容，突出重点难点，在将抽象知识结构化的同时，也表现出较强的直观性。（2）线索性板书。注意清理教学内容之间的内在联系,一般用箭头或精要的关键词组文字来表明知识之间的因果、递进、变化顺序和内在关系等。(3)表格式板书。就是根据教学内容可以区分的不同维度和层次,设计好具有项目的表格,将较零碎、分散的知识通过比较和归类,填入表格。这种板书形式整洁,文字简明,一目了然。(4)综合式板书。针对比较丰富、复杂和综合性较强的教学内容,可以运用图表、文字、板图和板画等相结合的板书形式。图表、板图和板画,以及一些较为复杂的符号、公式等,可以事先设计并制作好,以节约时间,提高效率。此外,课堂上还时常会有一些零散的板书,用以强调关键、生僻或易导致误解的字词和符号。

四、内容转化活动

内容在这里指教学内容,亦即课程内容,通常指在一个科目、一个单元或一节课、一个具体教学活动中,作为师生教与学的具体知识、事实、问题、观念和原理等。内容转化活动,主要就是指教师和学生运用各种方法,通过采纳、改编、组织或创新等机制,把各种教学内容转化为学生乐学、能学、学得好的知识经验和易于体验的情感与智慧。就学校教育中的教学实践及其活动层面来看,这里的内容转化活动又包含两个内在不可分离的运行机制和要求,即师生共同把教学内容转化为教师教的内容,以及进一步转化为学生实际学到的内容。

教学中的内容转化活动,其实质就是怎样把教学内容转化为学生的学习经验。对此,学者们已经做了大量研究。其中最有影响的当属教学心理学化的研究,即如何让学科教学的知识内容在选择、组织、呈现时切合儿童的心理逻辑。教学心理学化最早可以追溯到亚里士多德提出"基本课程"的学理,即认为人类灵魂的不同智能能把握事物的不同性质。近代瑞士教育家裴斯泰洛齐第一次明确地提出了课程与教学心理学化的基本命题。20世纪以来,由于学习心理学理论的繁荣发展,杜威及其追随者进一步提出了课程与教材心理学化的主张,发展出了风行一时的经验教学理论。杜威针对传统教学只注重教学内容本身的知识逻辑而忽略儿童心理特征和需要的状况,曾幽默地描述:"心理的考虑也许会遭到忽视或推在一边,但它们不可能被排除出去。把它们从门里赶出去,它们又从窗子里爬进来。"[①] 美国课程理论家古德莱德则从课程研究的角度,区分了课程递进转化的五个层次:一是观念层次的课程,即专家思考、研究、拟议中的课程;二是社会层次的课程,即教育行政部门推行的正式课程;三是学校层次的课程;四是教学层次的课程,即教师所"理解"并在课堂上施行的课程;五是体验层次的课程,即学生实际获得的经验和体验。最终强调通过学校对课程的组织和教师的实际运作,使课程对学生产生影响,从而让课程内容变为学生的精神财富。

教师在教学全过程中,作为内容转化活动的直接承担者与组织者,始终是以教学内容作为活动对象的。在课程开发和教案撰写中,教师从大量文化和大量材料中,精心选择出最有价值的部分作为教学内容,并且通过设计使之结构化。教师在

---

① [美]杜威. 学校与社会·明日之学校[M]. 赵祥麟,等译. 北京:人民教育出版社,1994:130.

教学实施中，一方面要在教案的基础上，根据真实情境中的学生、时间和环境等实际情况，及时地对教学内容进行增删调整，进行现场再设计、再组织和再结构；另一方面，要利用设备、媒体等作为工具将教学内容呈现给学生，使之成为学生认知的对象。在教学评价中，教师把教学内容及其载体与学生的学习结果进行对比，以确定教学目标的达成度，并检验自己所理解的教学内容是否真正转化为学生实际掌握的学习经验。教学内容这时在本质上就是学生的学习经验，关涉的是个人的意义和价值，贯穿学生个体参与一种具体学习活动的始终。教学活动中学生的学习，不是随意的，而是有计划的。在计划和预习阶段，教师计划的是学生即将学习的内容，而学生预习的则是教师即将教的内容。在教学实施中，教师呈现和传授的内容，也正是学生学习和接受的内容。在教学评价阶段，学生巩固的内容，也主要是教学内容。在这个双向交互过程中，教学内容是教师与学生的活动对象和客体，其关键就是通过学习经验实现教学内容在教师和学生之间的有机转化。

学生所处的个人情境直接地、持续地与整个学习过程发生作用。学习总是发生在特定时刻表现出来的学生个性特征与一系列特定环境之间的关系之中，环境与个体之间的相互作用规定了特定的情境[①]。在教学过程中，教师可以通过创设一定的情境把教学内容转化到学习环境中去，使学生置于一定的问题情境中，从而激发学生的学习兴趣，产生学习的内驱力，提高学生参与教学活动的主动性。我们把这种以环境为载体而实现的传授策略称为内容转化策略，该策略主要涉及人化情境和物化情境的创设。

人化情境指教师、学生作为参与教学活动的人相互作用的情境，教师在教学过程中要致力于为学生创设能够促进师生互动和生生互动的教学环境。比如，角色扮演、戏剧表演、情境模拟等。物化情境能让学生产生可觉察到有目标但又不能马上明确如何达到这一目标的心理状态，物化情境的作用是通过一定的能够引发学生问题意识的物理事物体现出来的。物化情境可以激发学生的学习兴趣，使智力活动达到活跃状态，形成寻找问题的心向，从而促使学生运用已有知识独立解决问题。它主要包括生活展现情境、实物演示情境、音乐渲染情境等。

第三节　教学组织形式

教学活动总要以一定的形式进行安排和组织，这就是教学组织形式的问题。教学组织形式是教学活动能否有效实施的重要条件。

一、教学组织形式概述

教学组织形式，即为实现一定的教学目标，围绕一定的教学内容，在一定时空环境中通过一定的媒体，教师与学生之间相互作用的方式、结构与程序。教学组织形式，主要受到教学目标、教学内容和学生差异的制约。同时组织形式也对教学本

---

① 高文. 现代教学的模式化研究[M]. 济南：山东教育出版社，2000：199.

身有重大影响，主要表现为：是教学目标得以实现的基本保证，是传递内容的实现形式，直接影响教学质量的高低，直接制约教学效率和教学规模，对学生个性形成和情感发展产生作用。一定的教学组织形式内含着特殊的师生互动、特殊的时空安排以及教学因素的特殊组合等。

通常，根据教学单位的规模，教学组织形式可分为个别教学、小组教学、班级授课（小班教学、大班教学、合班教学）；按照师生交往可分为直接的教学组织形式（包括个别教学、小组教学、班级授课等）和间接的教学组织形式（包括个别学习、伙伴学习、合作学习、广播电视教学、计算机网络教学等）。根据其他标准划分的教学组织形式还有：固定课时制和灵活课时制；年级制、不分年级制、弹性年级制；单式教学与复式教学；包班制（一班一师）、科任制（数名教师各负责一定科目的教学）、小队协同制（由多名教师及教辅人员协同负责教学）；课堂教学和课外教学等。

[微视频]
教学组织形式

综合各种研究和实践成果，依据教学对象，教学组织形式可划分为个别化教学、集体教学和综合教学三类。其中，个别教学、道尔顿制（主张废除年级制和课堂讲授而让学生自行学习和作业的一种教学制度）、文纳特卡制（主张通过以自学为主的个别教学和团体活动实施教学的教学制度）、开放课堂（亦称"开放教学"，一种不分班级进行教学的教学制度）基本可划为个别化教学一类；班级授课、分组教学、导生制（亦称"倍尔-兰喀斯特制"，即教师选择一些年级较高且成绩优秀的学生充任教师助手向其他学生授课的一种教学制度）可划为集体教学一类；特朗普制（即把大班上课、小班研讨、个别作业三种教学组织形式结合起来一种教学制度）则属于综合教学类。个别化教学组织形式虽然能弥补集体教学的不足，但也只能作为集体教学的补充；班级授课作为集体教学的代表虽然是当前及今后较长时期的主要教学组织形式，但必须随时代发展而变革；理想的教学组织形式应该是融合了个别教学和集体教学优点的综合性的教学组织形式。

二、当今通行的教学组织形式

当今社会条件下，最通行的教学组织形式是班级授课制度，最早由捷克教育家夸美纽斯在17世纪提出和阐释。班级授课制是以课堂教学为基本形式，以课外教学和现场教学为辅助形式，并在比较落后的地区演变出了复式教学的特殊形式。在教育改革和课程改革的进程中，大量研究和实验试图在班级授课制的框架里，兼及教学的个别化。

（一）基本的教学组织形式

课堂教学是班级授课制的基本表现形式，也是现代学校教学的基本组织形式。学校教学的目标和任务，主要是通过课堂教学来完成的。它具有其他教学组织形式无法取代的长处，包括有利于提高教学效率，有利于发挥教师的主导作用，有利于发挥学生集体的教育作用，有利于营造一种共同学习的氛围和场域等。但由于课堂教学多采取全班上课的组织形式，因而也有其难以避免的短处，最主要的是不利于关照学生的个别差异。

课堂教学产生以来经久不衰，至今仍然是各国教学组织的基本形式，其他各种新型教学组织形式还只能作为补充或辅助形式。课堂教学的具体组织形式大致有以下三种。

1. 全班上课

全班上课是现代学校中最典型、最普遍的课堂教学组织形式，即在教师的直接指导下班级全员共同学习的教学形式。其主要特点是：（1）教师同时面对全班学生授课，采取的是同步学习的方式，即教学内容、教学进度以及教学行为都是一致的；（2）以教师系统讲授为主，辅之以其他各种方法向学生呈现教学内容；（3）教师的讲授是学生学习的主要信息来源，但学生在课堂上可与教师、同学进行多向交流；（4）教师可用自己的情感、态度和行为直接影响学生并使他们产生相应的反应。

在全班上课中，学生始终在教师的直接指导下，能够有步骤地朝着目标有效地进行学习，通过捷径掌握知识技能。从时间和教师付出的精力上看，它是最为经济的一种教学组织形式。但从学生自我活动这一点上看，它不能说是最有效的。由于每个学生都处于各不相同的水平上，学习的起点、速度、能力、兴趣等方面有一定的区别，因而难以兼顾学生复杂的个别差异。

2. 班内分组教学

班内分组教学，是指根据教学的各种需要，把全班学生分成若干人数较少的小组，教师根据各小组的共同特点分别与各小组接触，进行教学或布置他们共同完成学习任务。学生以组为单位进行自主性的共同学习，在同学之间进行信息交流。其主要特点是：（1）在全班上课的基础上开展小组学习活动，班级依然保留。教师的主导作用、教学的计划性和系统性等主要原则，在班内分组教学中依然基本适用。（2）小组不是固定的而是临时性的，主要为具体的教学活动而组建，可以是学科小组也可以是活动小组，视所要完成的任务和活动的目标与性质而定。（3）各小组的人员也不固定，小组规模的大小视学生的发展阶段、班级人数、学科的不同、所布置的课题和作业的类型及其量的不同具体地决定，小组人数一般4-6名。

采取班内分组教学，主要是考虑到教学班中学生之间具体的差异，需要灵活掌握教学要求与教学进度，调整教学组织结构，改进班级授课。分组教学倘若有充分的准备，适当地加以应用，可以产生良好的教学效果。有效的合作活动，必然要交流思想，切磋意见，启发思维，增长见识。分组教学还可以大大促进学生的自我活动和交往活动，有助于形成自我教育的能力和养成合作活动的习惯。班内分组教学的有效性主要取决于三个条件：一是分组的合理性，二是学习任务的适切性，三是教师的驾驭能力。

3. 班内个别教学

这是在课堂情境中进行符合学生个别差异的教学，主要由学生个人与适合个别学习的教学材料发生接触，并辅以教师和学生之间的直接互动。它不同于古代的个别教学，不拘泥于师生一对一的教与学，而是通过教学各因素的优化配置来提高学习效果。教师分别介入各个学生的学习过程，给予指导、检查，纠错和评价。学生每两人组成"学习伙伴"时,教师作用的一部分可由学生担当。

采用班内个别教学,教师可以在全班上课的基础上,因人而异地给学生布置有一定差异的学习任务。学生学习的材料一般是由教师或教学法专家精选或专门编制的教学材料,如程序教学材料、自学辅导材料或教学参考资料等。学习速度可以按照每一个学生的能力设计。对每个学生可以追加辅导,可以布置补充练习,也可以给个别或部分学生布置经过特别选择的课题。教师的作用主要在于指导和帮助学生自学和独立钻研。教师要不时过问问题解决的进程,当学生感到难以胜任时,教师应及时介入,给予必要的协助。当学生遭遇的困难和问题具有一定普遍性时,教师应中止个别学习,作一次集体指导。

班内个别教学允许学生有比全班上课和班内分组教学更为灵活的学习进度和学习时间安排。教师可根据各个学生的不同需要与学生一起制定学习内容和进度,并提供相关材料、给予反馈和评价。这种教学组织形式,尤其有利于照顾学生的个别差异和培养学生的自主学习能力。

不过,班内个别教学也有某些弱点:第一,在个别学习中学生潜心于自身课题的解决,因此学生之间几乎没有交流;第二,教师在指导对象的选择和指导时间的分配上难以在"点"与"面"上合理兼顾。因此,班内个别教学必须跟同步教学结合与互补。

(二)辅助的教学组织形式

针对课堂教学所存在的"课堂"的空间局限和学生发展的负面效应,人们设计实施了一系列辅助性的教学组织形式,其中主要有课外教学和现场教学两种。

1. 课外教学

我国当前中小学课程主要分两大类,即学科课程和活动课程。课堂教学是进行学科课程教学的基本组织形式,而课外教学则是进行活动课程教学的基本组织形式。与课堂教学相比,课外教学有两大特征。第一,更加突出学生的主体地位。课外教学注重学生的自我组织和互相启发,注重发挥学生的自主性、能动性、创造性。学生可参与从活动设计到评价的全过程,既是学习者也是活动的组织者。第二,更加体现主体活动的多样性。它超越了传统的学科教学的局限,提供给学生广泛吸收新知识、参与社会生活的机会,有助于拓展学生的视野,丰富学生的生活,激发学生的兴趣。

课外教学的具体形式主要有:小组活动、班级活动、年级活动、全校活动。一般来说,它比课堂教学的组织形式更加灵活多样,一般以分组活动为主(如学科小组、科技小组、艺术小组、体育小组、家政小组等等),辅之以班级活动和个人活动[①]。各种形式的活动与不同的活动内容相结合,构成了多类型、多层次、丰富多彩的课外教学体系。

2. 现场教学

现场教学是教师组织学生到现实场景中进行的教学。这种教学组织形式有助

---

① 张秉平,等. 活动的特点及组织活动课程的方法[M]. 长春:东北师范大学出版社,1999:99-100.

于把书本知识中说明的现象及其发生、发展、运动变化的真实状态呈现给学生，并使学生置身于自然和社会环境中，在生产、生活活生生的情境中观察、思考与体验。现场教学是正确处理间接经验和直接经验关系的必要手段，是促使理论联系实际的有效途径。

现场教学与课堂教学有着密切的联系，教师应根据教学任务和内容的需要选择课题，配合课堂教学把一个班或几个班级的学生带到野外、工厂、农村、社区，与现场有关人员一起共同进行教学，以验证或质疑课堂内所学书本知识，也可为学习有关知识预备感性经验，所以它是课堂教学的补充、发展或准备。现场教学组织的次数一般不宜多，关键是要注重实效。

三、教学工作的基本环节

教学工作的基本环节主要包括备课，上课，课外作业的布置、指导与批改，课外辅导，考查与考试及成绩评定等。无论哪个环节，都要渗透和体现对学生身心健康与人格方面的关注。

[考纲链接]
《教育知识与能力》（中学）掌握教学工作的基本环节及要求

（一）备课

备课就是教师为上课或组织教学活动而做的具体准备与计划安排。备课是为上课服务的，因而上课是备课的着眼点。备课过程中所考虑的一切问题和所做的一切工作，都应尽可能预测上课时的情景，并总结以往上课的经验教训。备课不但是上好课的前提和保证，而且体现着教师的责任感和自觉性。备课的过程也是教学研究的过程，是教师必须掌握的一项基本功。无论是新入职的教师还是有丰富经验的教师，都应认真备课，常备常新，将备课作为自我专业发展的重要途径。

1. 备课的内容

备课的基本内容包括钻研教学材料、了解学生、设计教学样式和拟定教学计划等四个方面。这四个方面既相对独立，又相互联系。

（1）钻研教学材料。教学材料主要包括课程计划、课程标准、课本（教科书）和教学参考资料。钻研教学材料，首先要研究课程计划、课程标准或教学大纲，理解课程的基本理念和总体目标，把握本学科或本课程的教学目标及各单元、课题的具体目标，领会教学的基本要求，教学内容与教学材料的体系范围与深度；其次，要研究课本，能够掌握课本的基本原理与知识体系，准确把握各章节的重点、难点以及内容的前后联系；再次，广泛阅读教学参考资料，选取合适材料以充实教学内容；最后，还要考虑改革创新，在条件成熟的情况下，编写有特色的补充材料。

（2）了解学生。学生的学习准备状态是教学的起点，为使教学有效地促进学生发展，教学活动应切合学生实际。因此，教师要全面了解学生的知识基础、认知能力、学习态度、思想特点和个性特征。据此，对学生的学习准备状态进行分类，了解不同类别学生的起点与教学目标的差距，增强教学的预见性与针对性。

（3）设计教学样式。根据学科特点、教学目标、任务要求及学生情况，设计适切的教学样式，包括设计具有内在关联的教学方法、教学手段、教学活动序列以及教学策略等。设计教学样式，首先是确定基本教学模式，比如"授受模式""自主学习""合作学习""探究学习""活动学习""自学辅导教学""学导教学"等；其次，结合教学内容，分别设计学生的学习方式以及教师的教授方式和师生互动方式；然后，进行具体教学设计，包括教学环境设计、教学媒体设计和教学活动进程设计。

（4）拟定教学计划。就课程实施而言，教学计划包括学期教学进度计划、单元教学计划和课时教学计划三种。首先，要拟定学期教学进度计划，包括对所任课程进度与时间的安排、教学材料或课本的处理、教学改革的设想与总体安排的设想。其次，拟定单元计划，确定每个课题的教学目标，划分课时和课型，考虑教法、学法、教学组织形式、教学媒体、教学策略等，明确本单元在学科或课程体系中的地位以及与其他课题的关系。最后要拟定课时计划。课时计划亦称教案，是对每一堂课教学具体深入的准备，它建立在钻研教学内容、研究学生和教学样式设计的基础之上。由于教学内容、学生以及教学样式均处在不断变化中，即使经验丰富的教师也要注意教案的更新和充实。

2. 备课的种类

备课可分为个人备课和集体备课。个人备课，是指每个任课教师独自进行的备课工作，是最经常最基本的一种备课方式。它的优点是不受时间限制，工作灵活有弹性，有利于调动个人的主观能动性。集体备课，通常是指几位教师集中在一起所进行的备课工作，常以学校中的科组为组织单位，一般每学期进行若干次这种备课。它的优点是有利于相互交流，集思广益，统一教学要求。个人备课与集体备课经常是相互结合并交叉进行的。

备课还可分为学期（或学年）备课、单元备课和课时备课。在中小学里，一般是按照学期备课、单元备课和课时备课来进行组织管理的，三种备课互相关联。没有对整门课程内容的通盘考虑和规划以及相应的准备工作，就难以备好每一门课和每一节课，相反，没有备好每一单元和具体的每一节课，对整门课的考虑、规划和其他准备工作就会落空。

（1）学期备课。学期备课，是指对整个学期的全部内容的教学活动进行准备。当教师接受某门课程的教学任务后，对该门课程需预先做一个通盘的考虑和规划，并做好相应的教学准备工作。学期备课一般要做好如下几项工作：一是通盘考虑教学目标、教学内容和教学样式，主要考虑各单元或各章节应怎样组织与怎样施教效果才最佳，确定一般的教学难点和重点，确定基本的学习方式和教学方式；二是研究教学资源及其配置，确定各课题教学所需的学具、教具和各种资源与资料；三是了解和把握课程计划、学校工作计划、学校的学年教学日历，以便根据这些文件安排教学进度；四是编制学期教学进度计划。学期教学进度计划要在学期开学前制定出来，其内容一般包括：科目、班级、任课教师、上课学期、使用教材名称、教学进度安排等部分。其中，教学进度安排是主体，这部分又包括：周次、起讫月日、教学时数、教学内容（章、节、目）、教学方法和手段、备注、各类合计等。计划的制定，既可用文字叙述的形式，也可用列表填写的形式（见表9-1）。

（2）单元备课。单元备课，是指对某门课程的一个单元内容所做的教学活动准备。单元备课是在学期备课基础上进行的,是以单元结构为依据来计划和安排教学工作。单元备课一般要做好如下几项工作:一是确定每个单元的教学目标和要求,即把学期教学计划所规定的教学目标和要求落实到单元教学之中;二是分析单元的内容、性质与特点,确定教学的重点、难点和关键;三是合理安排课本单元内容的教学时间,确定基本的教学方法。

表 9-1　学期教学进度计划表

科目:		班级:		教师:	
上课学期:				使用教材名称:	
教学进度安排					
周次	起讫月日	周时数	教学内容 (章节目)	教学方法手段	备注
1					
2					
3					
…					

计划制定者:　　　　　　　　　年　月　日　　　　　　　　　合计_____节
审批者:　　　　　　　　　　　年　月　日

其中:讲授_____节　　　　　课堂讨论_____节
　　　实验_____节　　　　　测验考试_____节
　　　参观见习实习_____节　　其他_____节
　　　习题课_____节

(3)课时备课。课时备课,是指对一节课的教学活动所做的准备。课时备课是在学期备课和单元备课基础上进行的。课时备课一般要做好如下几项工作:一是以该课中具体教学主题为依据,深入把握教学内容,具体弄清学生的学习准备情况,设计出具体的学习活动和教学活动;二是进行具体教学设计,包括知识点学习目标设计、教学进程设计、教学方法设计(含多媒体结合优化教学设计)、板书设计、教学语言和教态设计、提问和作业设计等;三是编制课时教学计划,亦即编写教案。

3. 课的类型与结构

课的类型。课的类型即课的分类。在学校中,课程实施和教学活动是以"课"为基本单位的。由于内容、目标以及形式的不同,课可划分为不同的类型。

划分课的类型一般有两种标准。一是以课内采用的基本教学方法为依据,把课分为观察课、讲授课、讨论课、实验课等类型。当一节课主要是采用一种方法进行教学活动,用方法命名课的类型对教学有指导意义。二是以一堂课完成任务的多少为依据,把课分为单一课和综合课。

单一课是指一堂课内主要完成一项教学任务,多用于中学高年级各科教学。按传统分法,单一课又分为传授新知识的课(新授课)、巩固知识的课(复习课)、培养技能技巧的课(练习课、实验课)、检查知识技能的课(测验课)等类型。

综合课是指一堂课内同时要完成多项教学任务,多用于小学和中学低年级各科教学,因为这些年龄段的学生注意力较易分散,难以长时间地把注意力集中在一种活动上,而且这一时段的教学内容相对简单,在一堂课内可以完成多项教学任务。

课的结构是指一堂课的组成部分以及各部分的顺序安排、时间分配及其相互关系。

课的类型不同,相应的结构也有所不同。每种类型的课都有一定的结构,即使同一类型的课,也会由于学科性质、教学内容、学生年龄特征以及各科教学法特点的差异而具有不同的结构。综合课的实施过程及其一般结构是:(1)组织教学;(2)检查复习;(3)学习新教材;(4)巩固新知识;(5)布置课外作业。单一课的结构,大多也有组织教学、布置作业等教学环节,但要突出各自的主要任务。课的结构没有固定不变的模式,各个成分的结合形式是多种多样的,并无固定的次序。对于课的结构,教师应从实际出发,灵活掌握并创造性地加以运用,切忌公式化、凝固化。

4. 教案编写

教案,即教师经过备课以课时或课题为单位设计的教学活动的具体计划或方案,亦称课时计划。按形式分为条目式教案和表格式教案,按篇幅分为详细教案(详案)和简要教案(简案)。

条目式教案,是以顺序排列的条目为结构形式的教案类型。其主要特点是,有大致固定的条目及其结构顺序,在每一条目之下设计和安排相关内容,每一条目的容量具有伸缩性,可因人因材因校制宜。它是一种常用的教案类型。条目式教案在结构上,除背景记载,如学校、班级、科目、课本、教师和日期等之外,一般由课题名称、学情分析、教学目标、教学内容、重点难点、课的类型、教学方法、教材教具准备、教学时间和教学过程设计等十大条目组成(见表9-2)。

表9-2 条目式教案示例

学校:	班级:	科目:	教师:	时间:

一、课题名称:
二、学情分析:
三、教学目标
1.
2.
……
四、教学内容:
1.
2.
……

续表

| 学校: | 班级: | 科目: | 教师: | 时间: |

五、重点难点:
六、课的类型:
七、教学方法:
八、教材教具准备:
九、教学时间:
十、教学过程设计:
（一）复习引入:
（二）教学新课:
1.
2.
3.
4.
……
（三）小结:
（四）布置作业:
十一、教学反思

表格式教案，是以特制的有专门栏目的表格为结构形式的教案类型，是在条目式教案的基础上，把必需的项目、教学环节以及教与学的相互关系等，设计为具有相对固定格式的表格。其主要特点是，有特定的栏目及其结构，在每一栏目之中设计和安排相关内容。它具有鲜明的提示性，适合新教师使用。表格式教案有多种类型，有些仅仅是条目式教案的表格化，有些则突出表格的直观和结构等特点。表格式教案在结构上，除背景记载，如学校、任课教师、科目、班级、学生人数、教学时间、日期、课题内容和课本版本等之外，一般由学生已有知识分析、教学目标和教学过程等三大栏目组成（见表9-3）。

表9-3 表格式教案示例

学校名称: 任课教师: 班级:	科目:	学生人数: 教学时间: 教学日期:
教学课题和内容:		课本:
学生已有知识分析:		教学目标:

续表

教学过程	时间分配	教学活动		资源运用
		教师活动	学生活动	
一、引起动机				
二、教学新内容		1.	1.	
		2.	2.	
		3.	3.	
		4.	4.	
		5.	5.	
		6.	6.	
三、总结				
四、应用				

详细教案篇幅较大，对教案的每一条目和教学过程的每一细节均进行详细思考和研究并编写出计划。简要教案篇幅较小，常常只有几百字甚至几十字，一般只需规划出教学过程中的关键内容、使用的新颖手段和媒体或特殊事例等，不再将教学过程的细节设计描述出来。它一般为经验丰富的优秀教师所使用，可以浓缩为一张或数张卡片，且卡片的设计常常比较个性化。

教案的编写、应用和修订过程实质上是教师对每一节课的教学活动在时间和空间结构上进行规范和优化过程，这是一个螺旋上升、逐步提高的过程，包括教案的设计撰写、实施检验和评价修改等三个环节。教案的设计撰写是在认真备课的基础上，按照教案的基本结构进行精心设计，用规范的结构和适当的语言表达出来，并形成书面材料。教案的实施检验是要在教学活动中进行的，一方面是大致按教案实施教学，另一方面则是对预先编写的教案进行实际检验。重点检验的内容有："教学目标"的设计是否准确、全面、合乎实际？是否达到了作业化？教材教具的准备是否充分？教学过程的设计是否全面？各环节的安排及时间分配是否恰当？学生的学习积极性是否充分调动？临场有什么发挥？等等。而教案的评价修改，就是在教案实施后对其进行的磋商、反思和修订工作。

（二）上课

上课是教学工作的中心环节，主要是指师生共同开展的课堂教学活动，也包括现场教学活动。充分的备课最终要落实到上课上，上课是提高教学质量的关键环节。上课使教师直接与全班学生接触与交往，直接发挥教师的主导作用。国家制定的课程计划规定了各科的上课时数和教学的目标、任务与要求，上课是完成教学任务的基本保证。要上好课就要在遵循课堂教学基本要求的同时不断追求卓越。

1. 教学目标明确、合理

教学目标既是课堂教学的出发点，也是教学活动的归宿。教学目标明确，就是对教学所要完成的任务认识清晰、具体，并内化为师生的教学理念和外化为师生的教学活动。教学目标合理，就是要注意目标的适合性，既体现课程标准或教学大纲的要求，又切合学生的实际和教师的教学能力。

2. 教学内容正确、丰富

教学内容是实施教学的文化载体，是完成教学任务的重要保障。教学内容正确，就是要确保所教、所学内容准确无误、真实可靠，切忌误人子弟。教学内容丰富，就是要适当注意内容的系统性、多样性、充实性和生动性，避免内容的单一和枯燥。

3. 教学方法恰当、灵活

教学方法是完成教学任务的基本手段。教学方法恰当，就是所选择和所组合的教学方法适合教学的目标、内容和学科的特性，适合学生的实际和需要，适合教师的特点和学校的条件。教学方法灵活，就是教学方法在运用上要具有适度的多样性，并能适时地变化与转换。

4. 教学组织严密、机动

教学组织是教学活动顺利开展的形式保障。教学组织严密，就是要保持教学活动中或课堂上的有序性和基本的纪律与秩序，保证教与学的密切配合。教学组织机动，就是教学工作的组织不必过于关注外在形式的有序与否，而应更加关注教学中或课堂上内在活力的焕发，避免教学组织因过于形式化而机械、僵化，失去生机。由此教师在教学过程中的随机应变与灵活机智也是非常必要的。

5. 教学氛围民主、和谐

教学氛围就是师生在教学过程中共同营造的心理、情感和文化气氛。教学氛围民主、和谐是教学活动愉快展开的心理保障。教学氛围民主，就是师生与生生在教学活动中能够比较自然地在一种平等、自由、尊重的文化场域中共同认识和探求真理，不唯上、不唯书、不唯师，就是学生在心理上有一种安全感。教学氛围和谐，就是教学过程中富有公平正义、诚信友爱，生动活泼，既充满着生命的活力，又有着人与人的和睦相处以及教学组织的稳定有序。

6. 教学效果真实、优异

教学效果真实，就是教学在达成教学目标、完成教学任务上取得了切实可靠的实际成果，真正实现了有效教学，这尤其体现在学生的发展上。课堂教学不能表面上热热闹闹，实际上空洞无效。教学效果优异，就是师生尤其是学生对教学过程和教学结果在整体上持充分肯定的态度，有一种成就感和兴奋感。

（三）课外作业的布置、指导与批改

课外作业在很大程度上是课堂教学的延伸，是教学的有机组成部分。通过作业和练习，学生可以巩固课堂所学的知识，形成技能、技巧；在应用知识解决问题的过程中，又可以发展学生的能力，养成独立思考、自觉学习的习惯。

课外作业分为三类：第一类是口头作业，如阅读（朗读、默读）、复述、背诵等；第二类是书面作业，如作文、演算练习、绘制图表等；第三类是实践作业，如采集标本、实验、科技制作、社会调查等。

1. 课外作业布置和指导的基本要求

作业内容要切合课堂教学内容，题目要有典型性和较高的训练价值，有利于学生理解和掌握课程标准和课本的基本原理；作业的分量、难易要适度，以中等生为参照，并有区别地适当布置一些个别性作业；作业要有明确的要求和时间限制，对作业中的疑难问题要进行及时指导。

针对当前我国中小学生学业负担普遍过重的现实，要特别注重减轻学生的作业负担。长期以来，许多教师、学生和家长都片面、盲目地以为"做题必有益"，甚至多多益善。这种认识加之升学考试的巨大压力，使许多学生苦不堪言，身体受折磨，精神遭摧残，教育几乎走到了人道的反面。不可否认，课外或家庭作业是促进学生学业进步和提高考试成绩的重要因素，但这必须是有前提的，即作业必须是有效的和适量的。所谓有效，就是所布置的作业是教师精心设计的，质量高，训练价值大，值得或能够吸引学生去为之主动努力。我国某科研机构的一项"课业负担与学业成绩关系的实证研究"，通过对上海市5个区23所"二期课改"试点中小学校共6505名四、七年级学生的调查测试，表明学业成绩与作业时间呈"剪刀差"关系，即不做作业与做作业时间太多，成绩都不太好。调查同时显示，四、七年级教师布置作业时间分别在1小时、2小时左右的，学生成绩最好。[①] 此外，影响学生学业成绩的因素十分复杂，学生对作业的难度和分量的承受力也有很大差异，教师应根据不同情况认真探索作业的有效性和量力性问题。盲目的"题海战术"，不仅不能保证提高学生的学业成绩，还可能极大地伤害学生的学习兴趣和热情，而厌学与成绩又极易形成恶性循环。

2. 批改课外作业的基本要求

课外作业是检查教学效果的必要手段。教师要及时检查、认真批改课外作业，以了解学生的知识掌握和运用的情况，并分析学生的学习态度、学习方式等学习方面的一般状况，对作业中存在的普遍问题，教师要进行集体订正或评议。通过对作业中产生错误原因的分析，教师可以获得教学反馈信息，以进一步改进和调整教学。对作业要写出恰当且具有分析性的评语，特别是学习方面的建议与指导，以帮助学生改善思维方式和学习方法。

（四）课外辅导

课外辅导是课堂教学的有益补充。在课堂教学的统一要求之下，通过课外辅导，可以弥补课堂教学的不足，并针对学生的个别差异，更有效地进行因材施教。课外辅导有集体辅导和个别辅导两种方式。集体辅导是针对学生中存在的共同问题进行的全班性辅导。个别辅导是针对不同学习能力的学生分别进行的辅导，对成绩落后、基础薄弱的学生要适量补课，对学习能力强的学生可适当补充学习内容和增加难度，以充分发掘他们的学习潜力。

课外辅导的基本要求有：（1）要有针对性，即针对多数学生普遍存在的问题和个别学生存在的不同问题进行辅导；（2）要有实效性，即辅导要尽量触及导致学习

---

① 汤林春. 课业负担与学业成绩关系的实证研究［N］. 现代教育报，2007-12-10（2）.

问题的深层原因，从根本上解决问题；（3）要有启发性，即不能简单地为学生订正答案，更要注重与学生一起寻找产生问题的原因；（4）要有合作性，即发挥集体优势，组织学生互帮互学；（5）要有必要性，即辅导要为教学任务和学生所必需，不能把课外辅导变相为"加课"或课堂教学的延续而增加学生负担，不提倡教师"奉献"个人闲暇生活时间"补课"，坚决反对有偿辅导。

（五）考查与考试及成绩评定

教学过程是一个持续连贯的过程，只有健全考查和考试的反馈机制，才能更好地开展下一步的教学活动。通过考查和考试，不仅能帮助教师了解前一阶段学生的学习情况和自己教学工作的得失，而且能促进学生查漏补缺，有针对性地复习、巩固和加深所学知识、技能。

在考查和考试基础上，需要按照一定方式给每位学生评定成绩。一般来说，评定总成绩时，考查与考试成绩，应以考试成绩为主；期考、年考与平时考、中段考成绩，应以期考、年考成绩为主；平时表现与考查考试成绩，应以考查考试成绩为主。

针对我国教育的历史和现状，还需指出两点：一是要适当增加对平时作业成绩和学习综合表现的关注，及其在评优和升学录取中的权重；二是要适当减少各种层次和类别的考试，取消不必要的考试排名与分数排序。

第四节 教 学 评 价

教学评价既是教学全过程的必要环节，也是教学实施的内在要素，对教师如何教、学生如何学，对学校的办学思想和学生的发展取向，都起着导向性和引领性的作用。

一、教学评价的概念

教学评价是在收集必要的教学事实信息的基础上，依据教学目标和教学质量标准对教学活动的整体或局部质量进行的测量、分析和评定。

教学评价尽管包括教学测量，但它们又是有区别的。这不仅在于教学测量从属于教学评价，是教学评价的一个工具，并且常常是教学评价的首要一环；更重要的还在于，教学测量主要是基于量化方式而得到的一种关于教学质量的事实判断，而教学评价则主要是基于教学事实基础的价值判断。比如一个学生测验得了 80 分，仅这一事实并不能说明好还是不好的问题。如果 80 分是全班最高分抑或是全班最低分，其说明的问题是完全不同的；一个优秀生得了 80 分尽管名次靠前但有所退步和一个后进生得了 80 分尽管名次靠后却有所进步，也说明的是不同的问题。

教学评价的功能可以从不同角度去考察。从领域分，有教育性功能和管理性功能；从性质分，有正功能和负功能。而从评价对教学活动产生的作用分，教学评价的功能主要有：（1）检查，即教学评价是检查教学成效的重要手段；（2）反馈，即教学评价可以给教学工作提供反馈信息；（3）激励，即教学评价有利于激发和强化

[微视频]
教学评价

教与学的动力；（4）研究，即教学评价能够给教学研究提供真实的问题；（5）导向，即教学评价的指标体系对教学工作具有规范和指向作用；（6）管理，即教学评价对教务管理、教师管理和学生管理的改进均有不可替代的作用。

无论教学评价有多少和多大功能，它最大的意义和价值在于要有助于学生的健全发展。这是衡量一切教学评价最根本的价值标准。当前，由于种种原因，人们往往过度看重分数，教学评价有悖于教育目的的现象相当普遍，既危害教育，也危害学生。一些教学评价，与其有，不如无。

常见的教学评价主要有以下三类。

1. 他评价与自评价

以评价主体为依据，教学评价可分为他评价（他评）与自评价（自评）。

他评，是指非评价对象作为评价主体对他人进行的评价。他评是一种外部的显性评价。没有他评的教学评价，通常是不真实的评价。他评可以作为一面镜子，可从外部反映评价对象的客观情况。从这个意义上说，他评是教学评价的主要方面。由于他评的主体是局外人，因而其评价结果一般说来较自评价更加客观公正。但对此也不能盲信，由于人际关系特有的复杂性和利益关系的敏感性，他评有时也并非那么客观公正。即便是学生对教师的评价，尽管他们之间没有什么直接的利害冲突，但也有可能因为教师对学生要求较严而被给予较低评价。但就长期多次（而不是偶尔一两次）的评价来看，就评价主体多数人的素质来看，他评还是比较可信的。

自评，是指评价对象同时作为评价主体对自我进行的评价。自评的过程有时是内隐性的，即通过思想内部的"反思""自查""检讨""总结""自判"等方式来进行；但有时也具有外显性，如给自己的教学工作评分，或写出自评报告。由于评价结果与被评者的名誉或利益息息相关，因而自评往往不如他评客观真实。但自评并非没有必要，尤其是内隐性的自评，可以弥补他评的某些局限性，有利于自我反思、自我批判、自我教育、自我完善的意识和能力的提高。

2. 相对性评价、绝对性评价与个体内差异性评价

依据评价标准的不同，教学评价分为相对性评价、绝对性评价与个体内差异性评价。

相对性评价是一种依据评价对象的集合来确定评价标准，然后利用这个标准来评定每个评价对象在集合中的相对位置的评价类型。它的基本特点是，由评价对象组成的群体的整体状况来评定每个群体成员的相对水平，标准源于该群体，也只适用于该群体，且标准依群体变化而变化。相对性评价的标准常常以群体的平均水平为基点，智力测验和标准化学绩测验是常见的例子。由于相对性评价是以某一类评价对象群体的整体状况为参照系，所以无论这个群体的状况如何，都可以在群体内部进行比较，因而适应性较强，应用范围较广，尤其适合于以选拔为宗旨的教学评价活动。相对性评价的不足是：评价的结果并不必然表示评价对象的实际水平，体现的只是他在群体中的相对位置；既可能降低客观标准而出现"矮子里面拔高个"的现象，也可能抬高标准而形成"强中更有强中手"的局面。相对性评价还容易导

致过于激烈的内部竞争，对教学活动产生负面影响。

绝对性评价是一种在评价对象群体之外，预定一个客观的或理想的标准，并运用这个固定的标准去评价每个对象的评价类型。其标准不受评价对象群体状况的影响，评价结果的好坏，只与对象自身的水平相关，而和其所处的群体无关。绝对性评价是一种在教学实践中得到广泛应用的评价类型，西方国家的目标参考测验就是典型的绝对性评价，我国高中实行的会考也属于绝对性评价。绝对性评价具有标准比较客观的特点，特别适用于以鉴定资格和水平为目的的教学评价。只要评价过程是科学合理的，绝对性评价的结果就可在很大程度上显示出评价对象的水平。在实际工作中，确保评价标准的稳定性、客观性和准确性，是提高绝对性评价科学化水平的关键。

个体内差异性评价是一种把每个评价对象个体的过去与现在进行比较，或者把个体的有关侧面相互进行比较，从而得到评价结论的评价类型。它以评价对象个体的自身状况作为参照系，有两种基本操作方法：一种是把评价对象的过去与现在进行比较。例如，某学生期中考试语文成绩为 75 分，期末为 85 分（假定两次考试的难度相当），通过比较，可判定该生的语文学习有进步。另一种是把评价对象的某几个方面进行比较，考察其长处与不足。例如，可以从计算能力、图形感知能力、逻辑推理能力和解决实际问题能力等各个侧面来评价一个学生的数学水平，找出其数学能力中的强项和弱项。个体内差异性评价照顾到了评价对象的个体差异，不会给评价对象造成竞争压力。同时，它可以综合地和动态地考察评价对象的发展变化。在教学实践中，它常常作为帮扶后进生、促进教师因材施教的有效措施。其局限性是，由于不存在客观标准，亦无外部比较，因而很难确定评价对象的真实水平，提供给评价对象和评价主体的有效反馈信息也比较有限。

3. 诊断性评价、形成性评价与终结性评价

依据评价所起的主要作用的不同，教学评价可分为诊断性评价、形成性评价与终结性评价。

诊断性评价是为了使教学适合于学生的需要和背景而在一门课程或一个单元教学开始之前对学习者所具有的认知、情感和技能等方面的条件进行的评估，旨在为缺少先决条件的学生设计一种可以排除学习障碍的教学方案，为那些已经掌握了一部分或全部教材内容的学生设计一些发挥其长处并防止厌倦和自满情绪的学习方案。诊断性评价具有确定学生的入学准备程度，摸清学生现有发展水平与教学要求之间的差距，辨识造成学习困难的原因等多方面的作用。它一般是在某些教学活动开始之前所进行的预测性、测定性的评价，其目的是为了了解和掌握评价对象的基础和情况，为制定教学措施做准备，为因材施教提供依据。"摸底考试"就属于这类评价。"诊断"既包括辨别不足或问题及其原因，也包括识别各种优点或特殊才能与禀赋，其目的是为不同学生分别设计一些补偿性或补充性的教学方案。

形成性评价也叫过程性评价，是在教学进程中对学生的动态状况进行的评价，旨在及时了解学生的发展变化，以便及时调控，及时强化，及时鼓励。这种评价注重学生的发展而不注重等级区分，在我国目前进行的课程与教学改革中正受到更多

的重视。形成性评价有助于不断改进课程的编制以及教师的教与学生的学。对学习困难的学生，它可及时查明原因并给予帮助，使他们树立信心；对学习优异和学习有进步的学生，它可及时给予强化和鼓励，使他们获得成功的体验。对于教师，它可以帮助其发现教学中的长处与不足，从而有针对性地改进教学工作。

终结性评价是在一个大的教学阶段，如一个学期或一门课程结束时，为测定学生学习成果而进行的以课程标准为依据的较为正规、综合和制度化的学业成绩评价，旨在测试学生在某门课程学习上的进步和达到教学目标的程度，以对学生的学业成就做出整体性的价值判断。这种判断可用于证明学生的某种资质，并在一定程度上可以预测学生在后续学习中成功的可能性和后续学习的起点；同时为学生改进学习提供反馈，使学生明确自己的学习效果，这对学生学习的动力和信心往往会产生较大影响。

二、教学评价的基本方法

从计划、设计到实施、总结，教学评价的每个环节都有其独特的方法。不过，教学评价常常是按照评价对象的不同而分别组织实施的。其中，教学实践中使用得比较多的是学生学业成就的评价方法和教师授课质量的评价方法。

（一）学生学业成就评价方法

学生学业成就评价是教学评价中最核心、最基本的活动。为了全面而准确地评价学生的学业成就，需要确立明确的评价标准，灵活运用各种方法。

1. 学科成就测验

学科成就测验俗称考试，它是最常用的判断学生学业成就的评价方法。考试又分为非标准化的教师自编测验与标准化考试两种基本类型。在教师自编测验中，教师依据具体的教学目标和内容，设计若干题目并编制成试卷，然后对学生施测。它由教师自己组织、设计和实施，针对学生实际，比较灵活，但测验的质量常受教师自身水平的限制。标准化考试一般由专门的机构或组织（如考试中心、教育行政部门等）设计、组织和统一实施，一般是严格依据科学原理并按照科学方法与程序来实施的。标准化考试一般质量较高，科学性较强，控制较严，但费用也较大，主要适用于大规模的教学评价。

考试包括前后相继的三个环节：试卷编制、施测与评分。试卷编制是寻求合理的测查学生学业成就的行为样本的过程。这涉及确定考试目的、确立评价标准、规划具体的试卷结构并具体编写题目等工作。考试题目有客观性试题和主观性试题两类。客观性试题是指那些答案客观唯一、评分标准不受评分者主观因素干扰、评价对象不能自由发挥的试题，主要以填空题、选择题、是非题、匹配题和简答题等形式呈现。主观性试题是指那些允许评价对象自由发挥、存在多种答案、评分易受评分者主观因素影响的试题，如论述题、作文题、应用题、操作题、联想题等。两类试题各有优缺点，具有互补性，需要根据考试目的把两类试题合理加以组合。

在标准化考试中，第一个环节是将编制好的试题和试卷进行预测，以获得相关的质量指标数据，以进一步筛选试题、修订试卷，提高试题和试卷的质量。难度、区分度、信度、效度，是测验的四个基本的质量指标。所谓难度，即测验包含的试题的难易程度；所谓区分度，即测验对不同水平的考生能够区分的程度；所谓信度，即测验结果的可靠程度；所谓效度，即测验能够达到测验目的的程度。标准化考试的第二个环节是施测，即让学生在规定的时间、地点和条件下解答试题。为了提高考试的质量，施测过程中的物理环境、心理环境和组织制度应既统一又合理。考试的最后环节是评分。为了有效控制评分误差，应努力保证评分标准的统一性和明确性，提高评卷人的责任心，加强评卷的复核审议工作。

考试可以测查学生对知识、技能的掌握水平以及其他方面的发展状况，适用面大，相对来说结果比较公正，并为社会各界所认同，因而在现实中得到广泛应用。但是，对考试的作用也应辩证地认识。任何考试都不能完全真实地反映学生学业成就的整体面貌，过于迷信考试和单纯追求分数，极易导致分数主义和应试教育，遗患无穷。

2. 日常考查

这是一种伴随日常教学而进行的经常检查和了解学生学习情况的评价方法。通过日常考查，可以多方面地获取学生学习的动态信息，为师生提供及时反馈。

日常考查的具体形式主要有：（1）口头提问或让学生板演。口头提问或板演能反映学生当堂学习的情况，帮助教师了解学生对具体知识、技能的掌握程度。教师对学生回答或板演情况应给予口头评价。（2）批改作业。通过批改学生的书面作业，教师可以了解学生理解与运用知识的质量，发现教学的漏洞与不足，也可以了解学生有关的能力水平，从而为改进教学提供信息。（3）小测验。即在课堂教学中进行的小型考试，多在课题或单元教学结束之后进行。通过小测验，可以用较短的时间了解到一段时间以来全体学生的学习情况。为了有效发挥小测验的作用，应适当控制测验频率，加强考后评析。（4）课堂观察与互动。如观察学生的学习投入与表现，小组合作与互助，全班交流与互动，等等。

3. 专门调查与心理测量

为了全面评价学生的学习态度、方法、习惯和能力等，还需开展专门调查和心理测量。

调查法一般用问卷或座谈的形式进行。问卷是一种用预先精心设计的问题让学生回答以获得所需信息的方法。问卷和考试的区别是，考试要求学生运用所学知识求解问题的正确答案，而问卷要求学生实事求是地陈述自己的感受或观点。问卷设计应简单、明了，尽可能不带倾向性和暗示，以免造成结论失真。座谈是一种召集学生就有关问题进行专门交谈而获取所需信息的方法。座谈要精心准备，预先计划好交谈的问题，谈话过程中应注意交谈的目的性，把握住话题并记录要点。

借助于专门的心理量表来测量学生的有关心理发展状况，是学生学业成就评价的重要途径。例如，为了评价教学活动对学生创造力发展的作用，可以在教学之前和教学之后运用专门的创造力测验量表来加以了解；学生智力、人格、态度等方面的发展水平，也可以用相应的专门量表来测定。一般来说，专门的心理量表具有稳定的常模（评价标准）、固定的施测程序和系统的资料分析方法，因而科学性较强。

为了保证测量的质量，应由经过专门训练的测验人员来主持测验，严格遵循测验程序的要求和有关测验规范，防止滥用和误用测验。此外，应慎重看待专门心理测量工具的作用以及得到的结果，不应迷信和夸大。

（二）教师授课质量的评价方法

对教师授课情况进行科学评价，从而获得教学情况的有效信息反馈，是提高教学质量和教师教学水平的重要途径。在实践中，学校大都从教学目标、教学过程、教学效果等基本维度来评价教师授课质量。教师授课质量的评价，首先是看教学目标。高质量的教学在目标方面应符合内容具体、表述清晰、定位准确、便于操作等条件。其次是评价教学过程。这涉及许多具体方面，如教学内容、教学方法、教学组织形式、板书、作业质量、教学语言、师生情感、课堂气氛、教学艺术、教学风格、教育思想，等等。评价教学过程的基本标准是教学过程的科学性、艺术性和教育性。最后，教师授课质量的高低要从教学效果角度来评价。教学效果的评价，主要是看教学目标是否达到，学生在知识、技能及能力、品德等方面有无实际进步。此外，效益问题也是效果评价的重要方面，即应计算教学消耗与教学收益的关系。评价教学效果的基本标准是质量高、效益好。总之，从目标、过程、效果三个相互关联的方面来评价教师授课质量，比较全面地反映了教师教学的整体状况，也比较简单明确，具有通用性。因而，可以把"目标—过程—效果"三维评价标准作为教师授课质量评价的一般指标。

评价教师授课质量的方法多种多样，在教学实践中比较常用的有综合量表评价法、分析法、调查法等。

1. 综合量表评价法

这是一种比较精细的数量化的教师授课质量评价方法。运用的基本程序是：（1）编制专门的教师教学评价表。评价表的设计，主要涉及确定评价指标（项目）、确定各项指标的权重和确定各项指标评分或评等的标准等。（2）听课。评价主体以随堂听课为基础，在教师教学评价表上对教师授课质量进行评定。听完课后，评价人员依据自己对评分（评等）标准的理解，独立地在教师教学评价表的每个项目上，给予评价对象一定等级或分数。（3）数据处理。汇总所有的教师教学评价表，运用一定的统计方法对所得数据进行分析处理，得出每个评价对象的总得分或等级。综合量表评价法在实践中的应用有简有繁，取决于量表本身的精细程度、评价人员的多少以及对统计方法的选择。

综合量表评价法是评价教师授课质量的有效方法，在实践中应用广泛。其优点是：注重对教学活动的具体分解，评价指标比较具体；注重量化处理，结果比较准确；注重标准的一致性，评价人员主观因素干扰相对较少。不足和困难是：项目和权重的确定很难保证根据充分合理；评价人员对标准的理解仍受个人经验或价值观的影响，难以做到真正客观。

2. 分析法

这是一种通过对教师教学工作的有关方面进行定性分析进而评判其质量优劣的评价方法。分析法一般没有专门的评价指标和评等标准，主要取决于评价人员的学识和经验，评价结果以定性描述为主。

分析法既可用于他评，也可用于自评。学校领导或同行在观摩教师的教学活动后，凭着自己对教学目标、教学原理和教学思想的理解以及有关经验积累，分析教师教学的优点和缺失，这是常见的分析法的具体应用方式。教师在教学后对自己的教学工作进行分析，寻找教学的成功之处和薄弱环节，就是自评（自我分析）。教师日积月累的自我分析，对改进教学工作大有裨益。在当代教育改革中，自评已被发展为教学反思。教学反思是教师评课、上课，检查教学质量，研究教学改善的必要环节与重要方法。

分析法有简便易行，能突出主要问题或主要特征的优点。它的局限性是标准不够明确，受主观因素影响较大，规范性较差。因而，分析法主要适用于日常的以改进教学工作为直接目的的教师授课质量评价，不宜用于规范的以评定等级为主要目的的管理性评价。

3. 调查法

教师授课质量评价的调查法，主要有问卷与座谈两种方式。问卷法的程序是：设计专门的调查问卷，向相关人员（如所教班级的学生、有关教师等）发放问卷进行调查，收集处理问卷上的有关信息和数据，最后对教师授课质量做出定性、定量或综合性的评价。座谈法的基本做法是：召集有关教师和学生举行专门会议，询问某教师的教学情况，了解他们对该教师教学质量的意见，最后对教师授课质量做出评价。

调查法兼有综合量表评价法与分析法的有关要素，适合于专门了解某个教师较长时间内的教学情况，多在专门鉴定某教师的综合教学水平的管理性评价中运用。当然，教师也可以通过调查法来了解学生对自己教学的意见，以帮助改进教学工作。

本章小结

本章通过教学方法的概念辨析，分别阐释了讲授－提示型、探究－自主型、合作－任务型教学方法的基本含义和运用策略。在界定教学活动概念内涵的基础上，主要梳理了教学言语活动、教学板书活动、内容转化活动。通过明晰教学组织形式的一般含义，论述了教学组织形式的基本式和辅助式，以及教学工作的基本环节。通过深入探析教学评价的基本意蕴，阐述了教学评价的主要类型和基本方法。

实践·反思·探究

1. 解释下列名词术语：

教学方法 示范 教学活动 教学组织形式 教学评价 教学倾听 教案 班级授课制 课外教学 现场教学

2. 阐释教学方法选择的依据和应用原则。

3. 简述讲授－提示型教学方法。
4. 简述探究－自主型教学方法。
5. 简述合作－任务型教学方法。
6. 谈谈你对教师发问技巧的理解。
7. 简述教案的类型。
8. 结合一个具体课题，设计一个课时教学计划。
9. 简述教师授课质量评价的具体方法。
10. 简述现代学校流行的课堂教学。
11. 如何理解教学工作各个环节之间的关系？
12. 简述备课的工作内容包括哪几个方面。
13. 结合自己的专业学习，谈谈怎样才能上好一堂课。
14. 有人认为，教学板书还是传统手写板书的好。传统手写板书既有利于教师展示高超的教学技能，清晰呈现教学的基本流程与内在逻辑，也有助于学生清晰把握教学思路和知识脉络。

你怎么看待这种认识？

推荐阅读

1. [新西兰] 约翰·哈蒂. 可见的学习：最大程度地促进学习 [M]. 金莺莲, 洪超, 裴新宇, 译. 北京：教育科学出版社, 2015.

2. [美] 詹森. 深度学习的7种有力策略 [M]. 温暖, 译. 上海：华东师范大学出版社, 2010.

3. [美] 安德森, 等. 学习、教学与评估的分类学：布卢姆教育目标分类学 [M]. 皮连生, 主译. 上海：华东师范大学出版社, 2008.

4. [德] 迈尔. 课堂教学方法：实践篇 [M]. 冯晓春, 金立成, 译. 上海：华东师范大学出版社, 2011.

5. [美] 艾斯奎斯·雷夫. 第56号教室的奇迹 [M]. 卞娜娜, 译. 北京：中国城市出版社, 2008.

第十章 德育

学习目标

- 了解德育与非德育、反德育的界限;了解学校德育面临的诸多时代挑战;了解德育过程的结构与矛盾;了解国外影响较大的几种德育理论及其基本思想、主张。
- 理解德育的社会功能和个体功能;理解德育过程的一般特点;理解道德认知发展理论的基本观点。
- 掌握德育、德育目标、德育内涵、德育方法等概念;掌握我国中小学德育的基本内容;掌握制订和实施德育方案的策略,以及中小学常用的德育方法及运用要求。
- 运用德育过程组织与实施的原理,阐释某些德育现象或活动过程。

知识列表

德育	德育概述	对德育的理解
		德育的功能
		德育与公民教育、个性心理品质教育
		学校德育的时代挑战
	德育的目标与内容	德育目标的基本表述
		我国中小学的德育内容
		德育课程及其编制
	德育过程及其组织	德育过程的实质
		德育过程的组织
		德育方法
	国外德育思想与流派简述	苏联的主要德育思想
		当代西方重要的德育思想与流派

 本章导入

一次纽约"大审"①

几个月前我来到纽约,和另外两位也是来自德国的朋友向一个爱尔兰人莫菲合租了一间阴暗破旧的房间。莫菲是个鳏夫,独自带着5个小孩,吉米是最小的一个。

有一天,吉米突然病了,病情看来不甚乐观。来美前,我的房友古特是柏林有名的小儿科医生,但此刻他表示不能替吉米治病,因为他还没有通过美国的国家医生执照考试。

莫菲在白天请来本地的一名老医生给吉米看病。但当吉米的病情加重、莫菲再去请他时,他却坚持要先看到钱才肯来。此时低矮的房间挤满了邻人。大家忙着凑钱,最后却失望地叹息。

莫菲怔怔地望着垂死呻吟的孩子,猛然转过身对古特吼道:"好歹你也是个医生,看在上帝的份上,不要眼睁睁看着我的孩子死掉!"在场所有人的目光都集中在古特身上,古特脸色惨白。

我了解古特此刻的心情。再过几个月,他就可以参加美国国家医生执照考试,开始崭新的生活。如果站在法律一边,他可以看到自己灿烂的将来;如果站在另一边,他就违反法律,万一被捕,将会丧失居留权。古特夹在无边的困境之中。

古特终于作出决定。他为吉米的小生命奋战了10天10夜,总算让吉米度过了危险期。不过,正当吉米身体恢复、可以下床的那一天,由于老医生的告密,警察逮捕了古特。

审判那天,那批知情的人们没有去上班,而是一起来到法院。当法官问及"有罪还是没有罪"时,还没等古特开口,大伙儿就齐声喊道:"没有罪!"

"肃静!"法官呵斥道,指着站在古特后面的莫菲,"你说说看"。

莫菲开始叙述,法官专注地听着……当听完莫菲的陈述,法官面带微笑站起来,举起槌子敲向桌面。"古特先生,您违反法律!"法官说,"原因是为了要遵循另一个更高的法律。我因此判您——无罪!"

这场"大审"是1935年1月24日在纽约市第二高等法院开庭的。

人是复杂的。从功利的角度来说,通常情况下,人是自利的,但人又有利他的一面,有时候,人可能会因利他而愿意做出自我牺牲。案例中的古特医生遭遇的便是此种"无边的困境"。如何通过教育,让人学会"开明自营",学会处理人与人、人与社会、人与自然之间的关系,学会提升自己的精神境界,既是千古难题,也是现实课题。

---

① [德]海因茨·利普曼.一次纽约"大审"[J].青年文摘·人物版,2005(10).略有删节。

第一节 德育概述

教育的目的在于"成人"。可是,虽然以理想形象、杰出榜样去要求每一个人,希望每个人都可以做到"高、大、上"固然有其片面性,但将教育仅仅瞄准人的七情六欲,着眼于现实的日常生活,亦不足取。那么,如何理解德育?如何把握德育与各育的关系,如何面对时代挑战有效发挥德育功能?等等。所有这些问题,都需要予以探究。

一、对德育的理解

(一)德育的基本含义

人的思想品德并非与生俱来。它是经由自发至自觉的学习(包括尝试错误、体验、认同、接受教导等)而逐步形成的,这种自觉的学习,尤其离不开教育这种有目的、有计划的社会活动。

在我国古代,并无所谓"德育"之说,所有的教育几乎都是道德教育,即以社会意识、道德规范、行为准则为基础的"成人"教育。只是到了清末,随着新式教育的传入,才有了德育、智育、体育的区分。对于德育的理解,在较早出版的德育论专著《道德教育论》一书中,蒋拙成把"道德教育"界定为"精神教育"[1]。五四运动前后,一些教育人士从"教育即生活"的思想出发,认为德育"就是教儿童'实行'那完全生活的法则,改良那做人底道理"。[2] 后来,吴俊升在其所编的《德育原理》中,通过定义的方式对不同术语进行了综合:"德育即指道德教育,又简称训育,为训练儿童道德行为之种种设施。"[3]1949年之后的几十年里,德育被严重意识形态化,几乎被政治教育、思想教育所取代,此时的德育具有更多的政治色彩。改革开放后,随着学校德育的重心逐渐向道德教育的"回归",有关德育含义的探讨日益广泛、深入起来。

在当代,对于德育含义的理解,不同专家、学者的侧重点不尽相同。有的侧重德育活动的社会性维度,强调个体的思想道德社会化和社会思想道德的个性化,认为"德育是教育者根据一定社会和受教育者的需要,遵循品德形成的规律,采用言教、身教等有效手段,在受教育者的自觉积极参与的互动中,通过内化和外化,发展受教育者的思想、政治、法律和道德几方面素质的系统活动过程"[4];有的突出德育的道德价值维度,认为"德育是促进个体道德自主建构的价值引导活动"[5]。有的则从教育作为统一体而非部分之和的角度来把握,提出"德育即教育的道德目的"[6]

---

[1] 蒋拙成. 道德教育论[M]. 上海:商务印书馆,1919:1-8.
[2] [美]杜威. 德育原理[M]. 元尚仁,等译. 上海:商务印书馆,1921:2.
[3] 吴俊升. 德育原理[M]. 上海:商务印书馆,1948:1.
[4] 鲁洁,王逢贤. 德育新论(新世纪版)[M]. 南京:江苏教育出版社,2002:128-129.
[5] 檀传宝. 德育原理[M]. 北京:北京师范大学出版社,2007:6.
[6] 黄向阳. 德育原理[M]. 上海:华东师范大学出版社,2000:20.

的观点。迄今,依然存在着"德育是否就是道德教育""德育是否就是个体的思想道德社会化和社会思想道德的个性化"等多种争论。显然,要恰当理解德育的含义,就需要从教育作为社会活动的特性入手。

作为特殊的社会活动,教育旨在通过对人的身心发展施加影响,以求发展智能、强健体魄、形成个性、健全人格。所以,在德、智、体的区分之下,德育相对于其他各育而言,直接指向的是个性和人格,其重心则在于人之为人的高级精神形式——德性。这种高级精神形式在生活实践中表现为基于人的本性和人的本质的一种获得性品质(或实践力)。

德育虽然指向德性,但德性并非只蕴含"道德"或"善"这种价值特性,爱美、向善、求真,无不体现着人之为人的内在规定性。以课堂教学为例,师生遵纪守则、互尊互信,体现了向善的德性追求;师生认真思考、主动参与、问难答疑,体现了求真的德性追求;师生注重仪态、尽可能做到言语与非言语表达的恰如其分,则体现了爱美的德性追求。可见,和其他各育相比较,德育真正指向的重心是以道德价值(善与恶、是与非、应当与不应当)为核心的德性,或曰道德德性。

在德育的视角下,是否一切活动都必须以道德或不道德作为评价标准呢?当然不是。合宜的立场是,对于涉及理与欲、义与利、公与私、群与己的关系范畴,教育活动肯定以道德或不道德为尺度;对于涉及真与假、对与错、美与丑的关系,教育活动则以美、真为依归。几者之间发生冲突当如何?那就需要区分教育的活动领域。在道德活动领域,当然要以道德价值为标尺。以师生见面打招呼为例,学生问候老师、老师示以微笑,是道德的表现;而学生问候老师、老师以太忙为由拒绝回礼,则是不道德的表现。在非道德领域,则另当别论。以学生在教学中指出老师的错误为例,课堂教学、课后讨论旨在"求真",若老师出错,学生及时指出,是合乎道德的;相反,老师虽然出错,却以"敬师"的名义而忌讳学生言说,便是滥用道德的表现;至于因碍于情面而将错就错,造成故意传授错误知识的事实,则是不道德的行为。这样,基于道德与德性、德性与德育、德育与不同价值领域之间关系的认识,我们便可以把德育理解为:德育即道德教育,是以道德价值(善与恶、是与非、应当与不应当)为核心的德性教育。就自觉的教育影响而言,德育是指教育者通过有目的的、系统的和持续的努力,引发或促进学习者在道德认识、道德情感、道德行为诸方面产生积极变化(或获得发展)的社会活动。

可是,为什么德育总是与伦理规范教育、公民教育、政治教育、思想教育、价值教育等交织在一起呢?这是因为,德性总是现实人的德性,必须把它置于一定的文化和社会背景之下,放在具体的生活情境之中才能得以展现。同时,一个人的德性又与自身的人生态度、价值观念密不可分,其形成须经由多种社会领域,而理想人格的实现,更是"要用科学的世界观理论来指导人生,通过理想、信念的环节而变成德性"[①]。这样看来,德性的形成与发展就与人的各种社会性、精神性密不可分,德育就与伦理规范教育、公民教育、政治教育、思想教育、价值教育等紧密相

---

① 冯契. 人的自由与真善美[M]. 上海:华东师范大学出版社,1996:322.

连，并主要通过它们来得以实现，它们的共通之处在于：都属于"态度—情感—价值观"这一教育目标领域，且道德价值（关涉伤害、福祉、公正、权利等）是其核心；在教育过程中，态度、价值、观念既是手段，更是目的；都是知、情、意、行四要素的统一；都需要人、行为和环境的交互作用，经过长期反复的教育和自我教育才能构成个体价值和行为体系的主体部分。因此，在实践中，"德育"一词往往与各种相关词语一起被交叉使用。在西方，人们常常把道德教育与价值教育、公民教育、社会性教育、宗教教育等相联系，称为价值与道德教育、道德与公民教育、个性与社会性教育、道德与品格教育等。在不同历史时期，人们使用的主导术语不尽相同，如：20 世纪 70、80 年代，"价值教育"为英美教育界的主导术语，但自 80 年代起，随着品格教育运动在美国的复兴和推进，"品格教育"一词开始在美国成为主导术语。在我国的教育实践中，德育所涵盖的范围更是异常广泛，至少包括世界观、人生观和价值观教育（即通常所说的思想教育）、政治教育、道德教育，乃至个性心理品质教育、青春期教育等。在现行的诸种教育学教材中辟出专门章节论述德育，亦是基于此种教育实践的事实。有鉴于此，国内有关教育学专家建议从名称上用"社会教育"来代替所谓广义的德育。① 不过，从实际来看，"社会教育"也似乎很难涵盖广义的德育，因为实践中的德育目标和内容并未局限于个体的社会化和"社会教育"，许多方面与个体的品格和个性心理品质有着更为密切的关系。因此，以"道德与社会性教育"或"道德与公民教育"等来概括广义的德育要显得更为全面一些。

对于德育的外延，在我国的理论界和实践界，"文革"以后就一直存有不同看法。这些不同看法更多的不是见之于文字上，而是见之于人们的日常议论之中。不少人感到，德育的内涵似乎越来越不确定，外延似乎越来越模糊，内容似乎越来越庞杂。有人认为，所谓德育，就是道德品质的教育，它不应包括政治教育、思想教育和法纪教育等，因为道德与政治、思想（世界观、人生观）和法律是有本质不同的，尽管它们也有着深刻的内在联系，但不能把人在政治、思想和法律方面存在的问题归结为或等同于道德问题。比如，一个人缺少某种政治态度和思想观念，能不能就说他缺德呢？一个违法乱纪的人，能不能说他仅仅就是不道德呢？当然，不赞成把政治教育、思想教育和法制教育包含在德育中的人，并不是不重视更不是要反对在学校中进行这些方面的教育，而是力图把具有不同性质的教育有所区分地予以实施，以避免教育中的混乱和道德教育受到不必要的干扰。这种看法有没有道理，有多少道理，是值得认真思考的。以前，有些人常用政治等方面的教育来替代道德教育，导致道德教育长期以来在很大程度上被政治化和意识形态化了，结果本来应该作为德育中最基本组成部分的道德品质教育却被遮蔽了。许多学生能讲一堆政治大道理，能讲一通人生理想，却不能遵守最起码的社会公德和日常规范。从另一方面看，政治等方面的教育也没有收到应有的效果。因此，在深化德育的理论研究与实践探索中，应在深入把握道德教育、思想教育、政治教育之间的内在联系的同时，消去对三者各自理解的片面性，探寻各自的根本特性和规律，尤其是道德教

---

① 陈桂生. "教育学视界"辨析 [M]. 上海：华东师范大学出版社，1997：201.

育、思想教育的根本特性和规律，建构一个更具科学性的理论基础，又反映时代特点、具有本民族特色的德育工作体系。①

需要指出的是，无论对德育外延的争论有多大，现代德育必须以道德价值为核心、以培养人的德性为旨趣。其重心在于：教育者通过有目的的、系统的和持续的努力，引发或促进学习者在道德认识、道德情感、道德行为诸方面产生积极变化（或获得发展）。② 至于青春期教育、心理健康教育、职业与生活指导等，虽然它们与德育密切相关，但也与智育、体育、美育紧密相连。它们与德育、智育、体育、美育及各自的组成部分实非同一层面的问题，有的只是一种实施教育的途径或方式，因此，不能将它们简单地归类于德育之中。

（二）德育与非德育、反德育

[微视频]
德育、非德育、反德育

并非所有的道德行为都与德育有关，也并非所有具备德育形态的社会活动都是德育。人源于本能或潜意识而表现出来的许多行为都具有道德意义，如：悲喜场景中自然情感的流露与表达、梦中获得启示而行善或不为恶等，它们可以被视为实施德育的某种心理基础，或者作为可以利用的德育资源，但其本身却与德育无关，属于非德育；而结果具有道德意义却并无道德动机的行为，如一个人丢弃的过期食品无意中解决了行乞者的饥饿、夜半咳嗽却吓退了前来行窃的小偷等，虽然是由非道德行为直接产生的道德效果，却与德育无关，也是非德育的。

至于那些具有德育形态的社会活动，虽然活动本身包括了教育者、学习者和教育中介（内容、手段、方法等）几个要素，但其某个或某几个（指导思想、目标、内容、方法等）方面却不符合道德价值，或者违背了教育目的和基本的教育原则，因而是反德育的。在实践中，这种反德育的社会活动有着几种突出表现。

1. 强制灌输式德育

（1）只问德育目的，不择教育手段，如通过体罚或侮辱来矫正学生的不良或错误言行等；（2）将自己所信奉的价值观念、人生信条、处世方式，不问其是否合乎道德，以"道德真理的形式"强加给学生；（3）无视学生的道德主体性和道德能力，忽视道德情境，鼓噪学生依照"道德真理"或机械地模仿"道德榜样"去行动；等等。

2. 庸俗功利主义（或不道德）德育

（1）从强调儿童适应社会出发，以学生的前途、幸福、快乐为由，片面教给学生世故、老练的人生技巧；（2）为了某种现实的功利目的而教学生有意违背道德规范或道德良知，如出了事故让全体学生缄口不言乃至直接说谎，或者为了应付教学质量评估而让"差生"暂时"引退"或者集体舞弊；（3）出于狭隘的观念或自私的目的，以道德之名行不道德之实，如节日前后暗示学生"以实际行动"敬师、借口

---

① 在国外，为了更有效地探讨儿童的道德与社会性发展，休瑞等人提出的域论（domain theory），就对道德和社会习俗进行了明确区分，认为二者分属两个不同领域，道德主要关涉伤害、福祉、公正、权利，体现好坏的内在本质，具有不可更改性；社会习俗则主要基于社会成员的群体认同，只要大多数成员认可便可更改，其在好坏上的内在性质则需要接受道德的检验。详见 Turiel, E. (1983). The development of social knowledge: morality and convention. New York: Cambridge University Press.
② 郑航. 学校德育概论[M]. 北京：高等教育出版社，2007：8.

关心学生成长而劝"后进生"转学或弃学；等等。

3. 形式主义（或虚假）德育

（1）从形式上而不是从实质上开展德育，如有全面计划而无实施方案、为了完成计划而开展"即兴"活动等；（2）注重管理，轻视教育，乃至教育目标服从于管理目标；（3）依据表象来做道德或教育效果的判断与评价，如仅从学生对某类知识的掌握程度来判断学生的道德发展状况或水平、依据某次偶然事件或具体行为来评判学生的人品或德性、只是依靠书面汇报材料来估计德育之成效；等等。形式主义（或虚假）德育虽然并不一定违背道德原则，却必然使学校德育流于形式或变得虚假。

4. 价值相对主义德育

持有价值相对的观念，只问学科教学任务，只问学生在知识和技能上的学习表现，只问学习成绩，不关心学生在思想、品行方面的表现或变化，既不对学生的利人、助人行为作出肯定性评价和鼓励，也不对他们的不良举止乃至害人害己行为作出否定性评价和遏止，由此放弃自己"作为教育者的基本立场"。

二、德育的功能

德育作为一种相对独立的社会实践活动，对个体的发展、整个教育活动的实施、社会的进步都具有重要功能。

（一）德育对个体发展的功能

通过施加有目的、有计划、有系统的教育影响，促进个体形成一定的思想品德，是德育的基本功能，具体表现为：

1. 制约个体社会化和个性化的方向

儿童从一个自然有机体转变为一个社会成员的过程和在学习、积累社会经验中形成、发展自己个性的过程，即是儿童的社会化和个性化过程，二者交互作用、相互渗透。儿童成为具有何种个性的社会人，与他们习得的社会角色和社会规范、形成的社会价值观念体系直接关联，而这些正是人的社会化和个性化过程中具有导向性质的因素。从影响儿童社会化和个性化的诸种外在因素的意义来说，德育的核心作用就在于促进儿童习得社会角色和社会规范，形成个体良好的社会价值观念体系。德育将儿童的思想品德导向何种方向，儿童的社会化和个性化就可能趋于何种方向。

2. 满足个体自我完善的需要

在正常情况下，人都应该是倾向于追求自我完善的，也只有这样的人才可能是一个幸福的人。德性是人自我完善的一个不可缺少的方面，一个缺德的人，一个道德败坏的人，不可能是一个完善的人，也不可能有真正的幸福可言。人的本性有向善的一面，有去恶从善的一面。正因为如此，人才会有助人为乐的体验，才会把行德施善视为愉快的事情。做一个有道德的人，一个乐于付出的人，不仅能够获得精神上的幸福与满足，而且也是有所得的。常言道：恶有恶报，善有善报，多行不义必自毙。多行善事通常会得到相应的回报，尽管行善的目的并不是为了得到回报，但"我为人人，人人为我"总还是人与人关系的基本内涵。道德并不意味着一种绝对的自我牺牲。一个有道德的人，一方面付出了许多，但另一方面他也会得到一定的回报，他会得到他人的尊重、爱戴和帮助；而且，在助人中所获得的快乐体验，本身就是一种心灵的满足和精神的回报。以前我们不讲这一点，一味地、无前提地提倡自我牺牲，似乎一个有道德的人就是一个处处吃亏、事事损己的人，这是有失偏颇的。因此，做一个有道德的人并非有损于自己，而是非常有利于自己。最大的有利，就是有利于满足个体自我完善的需要，有利于人性的升华、精神的净化和幸福感的提升。德育是教人以德，一个真正有德性的人，不仅身心更易于健康，更易于体验幸福生活，而且也更易于创造个人的美好前程。

3. 激发和调节个体的智能发展

智能是所有正常人都具有的基本素质之一。但是，对于为何发展智能，将智能发展到何种水平，在何种条件下为了何种目的的发展和发挥智能，却是受人的信念、信仰、价值观和人生态度以及由此转化而成的个体的目的、需要、动机的支配和控制的。个体越是崇尚真、善、美，追求真、善、美，就越具有探索、创新和奋进精神，个体的智能发展水平也就相对越高。当然，个体因价值观的偏差所产生的不良目的、需要、动机，也可能激发个体去钻研，去探索，其智能也会得到某种发展，但这最终并非真正有利于个体和社会。无论前者，抑或后者，都需要德育去发挥其应有的作用，通过对个体的思想品德施加积极、正面的影响来激发和调节个体的智能发展。

4. 促进个体的心理健康

按照现代社会对健康的定义，心理健康是个体健康的重要标准之一。人的心理健康状况与个体的心境、情绪直接相关，而心境、情绪又与个体所欲、所思、所想、所得、所失联系在一起。一个与人为善和有道德修养的人，往往也是一个心胸比较开阔、为人比较豁达、心理比较健康的人，这种人不仅生命质量较高，而且也更加容易长寿；一个与人为恶和缺乏道德修养的人，往往也是一个心胸比较狭窄、为人比较算计、心理不大健康的人，这种人不仅生命质量较低，而且可能也比较短寿。因此，从积极意义上说，通过德育培养人正确的人生观、价值观和良好的品行，有助于人们恰当地处理自己与自我、与他人、与群体、与社会的关系，保持良好的心理状态，避免认识上的片面性、绝对化，情感上的偏激、孤傲或软弱，以及行为上的失范或畏缩，形成良好的个性心理品质；从消极意义上说，借助德育进行思想疏导，矫正人生态度，也是解决心理问题、治疗心理疾病的有效途径。

（二）德育对社会稳定与发展的功能

教育的发展具有社会制约性，同时它又与政治、经济、文化等共同构成社会大系统，并在其中发挥重要作用。自古以来，德育就是学校教育的重要组成部分，在巩固和发展一定的社会制度、形成主流的社会规范和良好的社会风气以及稳定社会秩序诸方面具有重要意义。两千多年前，孔子就认为："道之以政，齐之以刑，民免而无耻；道之以德，齐之以礼，有耻且格。"[①] 就德育对社会稳定与发展的功能而言，

---

① 论语·为政.

虽然不同社会条件下德育对社会发挥作用的程度、范围乃至方式不尽相同，而德育的社会功能在不同时期也可能具有不同的表现形式，但概括起来不外乎以下两点：

1. 为社会的稳定与发展培养合格公民

政治的稳定与变迁、经济的繁荣与发展、文化的传承与更新，都需要全体国民的主动参与和共同努力。德育通过培养人的思想品德来规定人的发展方向，使之成为社会稳定与发展所需要的合格公民。譬如：在政治领域，学校德育通过促进受教育者的政治社会化，实现政治角色的认同，使之逐渐形成一定的政治思想、意识、观念，成为能够积极、主动参与政治生活的公民，有的还可能成为专门的政治人才。

2. 传播和倡导为社会稳定与发展所需要的思想、意识、观念和舆论

社会的稳定与发展，除了要求专门的教育机构培养出众多合格公民外，还需要它传播和倡导一定的思想、意识、观念和舆论。一方面通过教育对象影响其家庭成员和周围人的思想和行为，从而影响社会；另一方面则通过教育机构的良好风气、氛围和环境来教化和引领社会风气，从而影响整个社会风尚。在信息时代、价值多元时代，社会的稳定与发展，尤为必要和迫切。显然，在专门的教育机构里，这些主要应该是德育的责任。譬如，在经济和文化领域，学校德育通过倡导主体意识、科教兴国意识、可持续发展意识、全球化意识以及时间观念、效益观念、合作观念等来影响全社会的经济观念、文化观念的更新，推进全体国民由传统向现代的转变进程；又如，在政治和思想领域，学校德育通过倡导民主意识、法治观念等来影响全社会的政治、思想观念，促进全体国民的现代公民意识和行为方式的改善，以加速国家的民主化、法治化进程。

三、德育与公民教育、个性心理品质教育

（一）德育与公民教育

在现代社会里，公民教育受到广泛重视。广泛来说，公民教育即是现代国民教育的简称，世界上许多国家都把培养身心和谐发展的国民作为国家的教育目标。但一般来说，对公民教育是从狭义上来理解的，指的是培育人们有效地参与国家和社会公共生活、培养明达公民的各种教育活动的综合体。更狭义的理解则是指专门的公民学科。公民教育是以公民身份为前提的，它基于人的基本权利，并承担相应的义务，至少具有三重含义：一是"造就公民的教育"，二是"对公民的教育"，三是"通过公民（生活）的教育"。[①] 在现代社会，公民教育和道德教育都是指向人的人格尊严，旨在"成就一个人"，前者在于成就一个现代意义的公民，这种公民以权利为前提，是权利和义务的统一，指向个人与国家的关系，指向公共生活，指向公民意识和公民德性；后者在于成就一个具有独立人格的德性之人，指向人生的意义与价值，指向完整生活。

---

① 檀传宝，等. 公民教育引论：国际经验、历史变迁与中国公民教育的选择［M］. 北京：人民出版社，2011：206.

(二)德育与个性心理品质教育

个性心理品质教育属于心理教育特别是其中的个性教育的重要组成部分。从德育、智育、体育、美育等的划分来看,良好个性心理品质的培养有赖于各育的共同努力,将之归结为德育培养目标、任务是不妥当的。从个性心理品质与人的思想道德品质的关系来看,人的思想道德品质是个体心理品质中具有价值判断意义的部分,在人的心理活动和行为表现中处于核心地位。因此,单从培养人的个性品质而言,德育应是个性教育的重要组成部分。在个性发展中,德育具有定向、合理的建构和心理保健作用。

弄清德育与个性心理品质教育的区别和联系,有利于我们加深对德育实践的认识。一方面,要认识到在过去一个相当长的时期内,德育的任务、内容只考虑社会需要,把培养个性与社会的要求对立起来,忽视了良好个性心理品质的形成和培养;另一方面,又要认识到良好个性心理品质的培养有赖于各育的共同努力,不能把人的心理健康问题都归因于思想问题和道德问题,也要避免将思想、道德问题笼统地归结为心理问题。

四、学校德育的时代挑战

(一)物质主义、消费文化和市场经济的挑战

第二次世界大战以来,经济的突飞猛进虽然大大提高了人们的物质生活水平,但在西方社会也出现了明显的道德水平低下、人的精神面貌不佳乃至颓废、社会风气败坏等问题,包括吸毒、自杀、性道德问题、各种犯罪以及消费至上、物质至上、个人至上等观念。这种社会状态严重影响了学校正常的教学秩序,阻碍了学生的健康发展。在一些欧美国家,20世纪50年代的青年曾被称为"垮掉的一代",60年代出现"嬉皮士",70、80年代又出现"疏离的青年问题",到了90年代,有人则把一些青少年称为"长不大的一代"。在日本,70年代以前,犯罪原因多半是贫穷,而当代则产生了更多"以消遣为目的的犯罪"。在美国,60年代的性解放运动产生了不断增长的"孩子妈妈"现象,以致到80年代末有人在大学里发起了所谓的"贞节运动"。所有这些都极大地冲击着传统的学校德育。因此,从50、60年代开始,西方社会就开始重新重视学校德育,并着手改造传统德育,改变传统的德育模式,力求使受教育者适应现实、寻求精神价值,培养其辨别力、判断力和选择力。自80年代开始,在美国兴起的品格教育(character education)运动,其影响日趋广泛。

中国社会正处在由传统向现代化全面转型的关键时期,经济体制、社会结构、利益格局、思想观念都在发生着深刻变化,而诸种变化的发生,又是在全球化、信息化、多元化的世界大背景之下展开的,因而更显复杂。利益多元且分化加剧使得现实景况着实令人担忧。与对金钱、对名利的追逐相对应的就是,在现实中,有人逐渐将自我、幸福与对他人、社会和人类的关爱相分离,义务感和责任心缺失,乃至注重道德修养和提升人文精神成为一句空话。对于身处其中的当代儿童青少年来说,他们受到此种成长环境的影响乃是必然的。学校德育由此面临着前所未有的

挑战。

此外，由城乡就业结构、家庭结构变迁等引发出来的诸种社会现象，如留守子女、单亲家庭子女等，也使得学校德育面临着更为繁杂而艰巨的新问题、新课题。

（二）科技进步和网络时代的挑战

科技和工商业的进步，使得人类社会的发展不断加速，人们的生活水平快速提升，可这却无法解决人们心灵的困扰和给人类自身所带来的各种危机。这些都需要学校教育直接加以面对。一方面，科技与工商业的进步，造成了社会的急剧变迁，但对各种新的道德问题却不能提出令人满意的解答，如堕胎、安乐死以及"克隆"技术的应用等，这样便需要培养人们相应的思考力和对人类自身价值的认识力；另一方面，在对科技所能解决的人类问题的限度，以及它可能带给人类及自然的灾祸等有了更加深切的认识之后，人们在进一步重视科技创新的同时不再信奉科技至上，逐渐意识到人文精神对于人类和个体命运的决定性意义，开始在"科技—人—社会—自然"的大系统中审视人的价值，从人的生活意义和人类的终极意义上重视教育对提高人的素养的意义，以求不断提高对人类自身价值的认识，并祈求在人、社会、自然的和谐之中不懈地提升人自身的价值。

以互联网为标志的新兴媒体的快速发展，在为儿童青少年的学习和娱乐开辟新渠道的同时，更是增强了学校德育的复杂性，增加了学校德育的难度。这些新兴媒体，以空间虚拟、身份隐形为特征，通过自主选择和自由表达，充分满足了儿童青少年的好奇心、求知欲和自主愿望，但判断力的迷失、责任的缺位、自控力的消弭，亦在不知不觉中消解着来自家庭和学校的自觉影响，部分儿童青少年更是沉溺其中、不能自拔，导致精神空虚、自我迷失、行为失范，甚至步上违法犯罪的歧途。如何通过提高媒介素养，引导和帮助未成年人更好地利用新兴媒体而不被消费文化、"快餐文化"所误导、所奴役，成为现代德育面临的新课题。

（三）价值多元化的冲击

随着科学技术的进一步发展，尤其是以微电子技术为先导的高科技产业的兴起，使得世界范围内的经济、文化乃至政治交往日益频繁、普遍，全球化、国际化正在成为人类社会发展的现实。虽然存在冲突、斗争，但和平、尊重人、尊重民族文化和文化差异、可持续发展等理念已逐渐深入人心。不同民族、种族以及国家和地区之间的交往不断扩大，文化交融日趋深入，加之社会变迁本身呈现出新的特点（范围大、速度快、内容新等），在过去追求单一化社会时所建立起来的稳固的思想意识、价值观念、道德准则等，逐渐失去了以往的权威性，"教育"即意味着长辈影响晚辈的格局受到直接冲击。价值多元化正在成为一种社会现实。但是，价值多元并不意味着价值相对主义和狭隘的个人主义，更不意味着"怎么都行"。面对价值多元化的时代挑战，学校德育必须突破以塑造、灌输、强制为基本特征的传统德育模式的局限，在汲取传统德育智慧的同时，注重学校德育为现代化、民主化、多元化的社会发展需求服务，通过客观、民主、协商的方式方法，把价值引导和自主选择有机结合起来，培养出真正具有自主、自律精神的现代公民。

（四）家庭的教育功能趋于弱化

教育功能历来被视为家庭的基本功能之一。但是，随着家庭规模缩小、职业妇女广泛增长、生活节奏不断加快、社会流动日益频繁、儿童交往时空发生巨变和社会生活方式日趋复杂化、多元化、多样化，家庭的教育功能日渐减弱，而单亲家庭、父母角色多元化、因就业而导致的人口流动等，则使这种问题尤为突出。在当代中国，流动人口子女、"留守子女"等的家庭教育不足或不健全，更成为现实中备受关注的社会问题。面对复杂的社会和层出不穷的各种儿童青少年问题，纷繁复杂的社会显然无法填补家庭功能减弱带来的缺失，学校由此被进一步推上了道德教育的前台。今天，学校作为专门的育人机构，不仅要对儿童青少年直接进行道德教育，而且需要尽可能履行家庭的部分育人功能，着力指导家长对子女进行道德教育，并通过多方协同努力和力量整合，不断提升家长的教育能力和水平。

第二节　德育的目标与内容

德育的根本在于通过习惯养成、品格塑造、能力锤炼，达到发展个性、健全人格之目的。在这个意义上，德育的目标与内容似乎可以无所不包。然而，以学校为主体的制度化教育，将所有相关的教育目标和内容，都置于"德育筐"之中，又会令学校无法承受这种"生命之重"。因此，在理论上和实践中明晰学校德育的目标与内容，便显得非常必要。

德育目标是教育目标对人的思想品德素质方面的质量和规格的总体要求的体现，是预期的德育结果。从表面看，德育目标是国家、政治或政治家、教育家提出来的，是一种属于意识范畴的主观性产物。但是，德育目标并不是人主观臆断出来的，它必须从客观实际出发，必须根据一定社会对其公民的思想品德的基本要求和受教育者身心发展的需要，并受到一定社会文化背景下的教育价值观的影响。

和其他教育目标一样，德育目标具有方向性、预见性、超前性等特点，可以对德育活动发挥导向、选择、协调、激励、评价的作用。所不同的是，与智育目标、体育目标、美育目标等相比较，社会性、层次性，参照性是德育目标的显著特点。

一、德育目标的基本表述

在中外教育思想史上，对德育目标很少有专门阐述，大都涵盖于教育目标之中。与教育目标的表述相一致，不同学者或流派对德育目标也不外乎从社会需要、个人需要或二者兼顾的角度出发来加以阐述，分别表现为"社会本位""个体本位"和二者兼顾这三种德育观。至于教育目标在人的思想品德方面的质量和规格的总体要求如何，在不同国家、不同时代，既存在一定的共通性、共同性，也存在一定的民族性、时代性。1987年，美国总统在国情咨文中强调学校应培养美国人的"国民精神"，包括爱国、民主精神、自我修养、责任、纪律等。1990年后，日本把德育目标表述为"以教育基本法及学校教育法所规定的教育根本精神为基准，将尊重人的精神和对生命的敬畏观念贯彻于家庭、学校及社会的具体生活中，为创造有个性的文化及发展民主社会及国家而努力，进而培养对和平国际社会作出贡献的具有自主性的日本人，以培养作为基石的道德情操为目的"。新加坡、马来西亚、泰国、韩国、德国、法国等都强调培养具有民族精神的负责、进取、合作的公民。由此可见，各国普遍都把培育具有民族精神和良好个性品质的现代公民作为德育目标的核心内涵。

在我国，从中华人民共和国成立初至20世纪80年代，学校德育目标经历了若干次变更，具体反映在各个时期对各育具体任务的规定之中，其具体表述随着社会政治、经济形势的变化而变化。十一届三中全会以后，党和国家的不少文献和法规以及领导人的讲话都直接涉及了教育目标和德育目标。1982年12月4日，第五届全国人民代表大会第五次会议通过的《中华人民共和国宪法》第24条规定："国家通过普及理想教育、道德教育、文化教育、纪律和法制教育，通过在城乡不同范围的群众中制定和执行各种守则、公约，加强社会主义精神文明的建设。"这是确定我国学校德育目标的总的指针。1993年，中共中央、国务院制定的《中国教育改革和发展纲要》第28条进一步对学校德育目标作了明确表述，规定用马列主义、毛泽东思想和建设有中国特色的社会主义理论教育学生，把坚定正确的政治方向摆在首位，培养有理想、有道德、有文化、有纪律的社会主义新人，以此作为学校德育即思想政治和道德教育的根本任务。2004年2月颁布的《中共中央国务院关于进一步加强和改进未成年人思想道德建设的若干意见》明确规定，在当前和今后一个时期，未成年人思想道德建设的主要任务是：（1）从增强爱国情感做起，弘扬和培育以爱国主义为核心的伟大民族精神。（2）从确立远大志向做起，树立和培育正确的理想信念。（3）从规范行为习惯做起，培养良好道德品质和文明行为。（4）从提高基本素质做起，促进未成年人的全面发展。① 2010年7月，《国家中长期教育改革和发展规划纲要（2010—2020年）》正式颁布。《纲要》将"坚持德育为先"作为首要的战略主题，强调"立德树人，把社会主义核心价值体系融入国民教育全过程。"该文件提出加强正确的世界观、人生观、价值观教育，加强理想信念教育、爱国主义教育和时代精神教育、良好道德品质教育；等等。除此之外，还特别提出，"加强公民意识教育，树立社会主义民主法治、自由平等、公平正义理念，培养社会主义合格公民。"

二、我国中小学的德育内容

[考纲链接]
《教育知识与能力》（中学）熟悉德育的主要内容

德育内容是德育目标在德育活动中的具体化，是实现德育目标的基本条件。一个具体、完整的德育内容，从源泉上看，可以源于历史文化、民族传统、伟人业绩、英雄事迹、建设成就、光辉前景以及日常的典型表现、当地的风土人情、名胜古迹，等等；从表现形式上看，可以是文字的、图像的、榜样的、影视的、自然景

---

① 中共中央国务院关于进一步加强和改进未成年人思想道德建设的若干意见（2004年2月26日）．中华人民共和国教育部办公厅．教育系统加强和改进未成年人思想道德建设教育思想大讨论学习资料［Z］．北京：人民教育出版社，2004：4-5．

色的,等等;从性质上看,可以是爱国主义教育目标的、纪律教育目标的、社会公德教育目标的,等等。选择德育内容必须依据德育目标,考虑受教育者思想品德的实际水平和发展的可能性,注意教育的条件、时机、情景、氛围等等。一句话,必须在具体的德育目标指导下,因人、因时、因地、因境而定。

我国中小学的德育内容可大致表述为以下几个方面。

(一)爱国主义教育和民族精神教育

[微视频]
我国中小德育内容

爱国主义教育和民族精神教育即培养受教育者爱国的思想和感情,并形成和具备相应的爱国行为的教育。其主要内容包括:(1)热爱国旗、国徽、国歌和首都;(2)学习英雄、模范人物的先进思想和优秀事迹;(3)热爱祖国大好河山,热爱家乡;(4)进行中华民族优良传统教育和中国革命传统教育、中国历史特别是近现代史教育;(5)进行中国革命、建设和改革开放的历史教育;(6)进行国情教育和有中国特色社会主义建设事业的教育;(7)国家认同和国家安全教育等。

(二)集体主义和团队精神教育

集体主义和团队精神教育即使学生掌握正确处理个人与集体、集体与集体之间关系准则的教育。其主要内容包括:(1)培养团队意识,增强集体观念,认识到个人是集体中的一员,要养成在集体生活中应有的习惯,自觉遵守集体纪律和行为准则;(2)热爱集体,形成对所属集体的责任感和荣誉感;(3)关心集体,关心集体中的其他成员团结互助,为集体、为他人做好事;(4)认识集体应代表和凝聚集体中每一位成员的利益,正确处理个人利益和集体利益的关系,注重合作与分享;(5)养成尊重群众,尊重每个集体成员的观念和习惯等。

(三)劳动教育

劳动教育即劳动、生产、技术和劳动素养方面的教育。其主要内容包括:(1)培养学生正确的劳动观点,使他们懂得劳动和劳动者创造人类历史;(2)培养学生对劳动和劳动者的深厚感情,教育他们热爱劳动,尊重劳动者;(3)培养学生正确的劳动态度;(4)培养学生具有良好的劳动习惯,艰苦奋斗、吃苦耐劳的作风,遵守劳动纪律,爱护劳动工具,珍惜劳动成果,自觉抵制不劳而获、奢侈浪费等不良风气;(5)使学生获得工农业生产和日常生活诸方面的基本知识和技能等。

(四)法治教育

法治教育即传授公民的基本知识,培养法律意识、民主意识和尊法守法习惯的教育。其主要内容包括:(1)传授宪法、法律和法规的基本知识,使学生懂得社会主义法治的基本思想和原则,了解公民的基本权利和义务,懂得用法律来保护自己和规范自己的行为;(2)培养学生辨别是非的能力,养成尊法守法的品德;(3)使学生初步懂得自由与民主、自由与法律、民主与法治的关系,培养学生的契约意识,促进他们形成法治观念;(4)培养学生依法、依规办事的意识和能力。

(五)人道主义教育

人道主义教育即以人道主义原则、规范为基本内容的教育。其主要内容包括:(1)让学生懂得社会中人的价值和地位;(2)引导学生尊重他人,树立人的尊严感、自豪感和荣誉感,在师生之间、同学之间以及社会公民之间,建立团结友爱、平等互助的人际关系；（3）教育学生关心他人，同情弱者，为有需要的人提供力所能及的帮助。

（六）公共意识和社会公德教育

公共意识和社会公德教育即一定社会中全体公民必须遵循的公共准则、规范的教育。其主要内容包括：大力普及爱国守法、明礼诚信、团结友善、勤俭自强、敬业奉献的基本道德规范，懂得为人做事的基本道理，具备遵纪守法、文明生活的基本素养，注重公共规范意识、公共利益意识、公共环境意识的培养，鼓励社会参与。

（七）人生观、世界观教育

人生观、世界观教育即关于人生目的、价值、态度等的根本观点和形成正确的立场、观点和方法的教育。其主要内容包括：（1）人生哲学基本原理教育，教育学生树立正确的人生目标，掌握相应的人生价值标准；（2）人生理想教育，使学生懂得人生的意义及正确的发展方向与道路；（3）人生态度教育，让学生在生活实践中树立恰当的荣辱、生死、善恶、苦乐以及名利、情爱、婚姻等的观点和态度；（4）辩证唯物主义教育；（5）无神论教育。

（八）品格和文明行为习惯养成教育

品格和文明行为习惯养成教育即引导学生注意自我修养，形成文明的言谈举止和健康的审美情趣，提高文明素养，养成良好的文明习惯的教育。其主要内容包括：（1）讲究卫生，仪表整洁；（2）言语文明，举止文雅；（3）自主、独立、自尊、自强；（4）尊重父母，尊重长辈和其他亲友；（5）礼貌待人，尊老爱幼，尊重妇女；（6）遵守公共纪律和秩序；（7）爱护公共财物，保护环境和资源等。

2014年4月，《教育部关于培育和践行社会主义核心价值观 进一步加强中小学德育工作的意见》（以下简称《意见》）针对党的十八大以来的新形势、新要求，就培育和践行社会主义核心价值观，进一步增强中小学德育的时代性、规律性、实效性，提出了若干意见。《意见》特别针对中小学德育的"薄弱环节"，强调要"加强中华优秀传统文化教育""加强公民意识教育""加强生态文明教育""加强心理健康教育""加强网络道德教育"。

中小学是对未成年人进行思想道德教育的主渠道。学校选择何种德育内容，要依据不同年龄段学生的特点而定。一般来说，对小学生侧重微观的社会关系领域（个人与家庭、学校、社区等），注重各种基本规范的领悟和良好行为习惯的养成；对中学生则侧重较为宏观的社会关系领域（个人与社会、国家、国际等），重点是加强公民道德教育、法治教育和爱国教育、民族精神教育，并引导他们树立正确的世界观、人生观、价值观。而无论小学还是中学，涉及个体与自我方面的内容，则需要根据不同发展阶段儿童自我建构的特点来加以把握。

三、德育课程及其编制

（一）德育课程的含义与分类

如何将德育目标、德育内容反映在具体的学校德育实践中，必然会涉及德育课程的问题。考虑到德育的根本目的——育德和德育的基本特征——知、情、意、行相统一，我们可以在广义上这样理解德育课程：在教育环境中，一切影响受教育者品德形成与社会性发展的可控或可导因素的综合体。从实践上看，这种综合体表现为对学生在教师指导下的学习和生活的组织与设计。在构成这种综合体的诸种因素中，它们可以包括系统、持续的影响因素，以及偶发的、暂时的影响因素；从空间上，可以包括课内与课外、校内与校外（但一定是处于教育环境之中）的影响因素；从其影响性质和特点上，可以包括有目的、有计划、有组织的正规德育课程，以及无计划、无组织的非正规德育课程。

根据国家教委颁布并自1993年开始正式实施的《九年义务教育全日制小学、初级中学课程计划（试行）》，我国小学、初级中学实施的德育课程主要包括两部分：一是"学科"，包括思想品德课、思想政治课、青少年修养、劳动、社会等；一是"活动"，包括晨（夕）会、班团队活动、社会实践活动、校传统教育活动等。二者构成学校正规或显性课程，是德育课程的主干部分。它们和德育的非正规或隐性课程相联系，构成学校德育的课程体系，使德育目标、德育内容落到实处，取得实效。

根据国内外课程理论和各国德育实际，可以将德育课程大致分为三类：学科性德育课程、活动性德育课程和德育隐性课程。前二者属于德育显性课程。

学科性德育课程是学校课程体系中以直接传授道德与社会性知识、传递道德价值、培养思想品德为目的的正规课程，如思想品德、公民等。它是以学习科目的形式来体现德育目标和德育内容的，是中小学德育课程中有专门教材和教师、有固定教学时间的课程类型，其主要目的在于发展道德与社会认知能力、增进社会性情感体验、提高道德敏感度。活动性德育课程与学科性德育课程相对应，是通过活动的形式，以经验、生活、劳动等作为内容来体现德育目标和德育内容的课程类型，其主要目的在于实践思想道德，体验道德生活，以培养学生的道德能力和行为习惯，达到知行合一。德育隐性课程指的是在教育情景中以间接方式和内隐方式呈现，对受教育者思想品德的发展能够产生潜在影响的德育课程，包括：其他学科课程和活动课程中的隐性德育因素；学校规章制度中的隐性德育因素，如学校的领导体制、管理制度、校规班纪等；教育环境中氛围方面的隐性德育因素，如校风、学校人际关系、班级风气等。

（二）德育课程的总体编制

如何编制德育课程，即如何制订整个德育课程计划，是德育课程中的核心问题。对此，理论上有两种基本主张：德目主义和全面主义。德目主义，亦称直接教学，即通过开设专门的德育课程，如思想品德、公民、社会等，将各种德目贯穿、渗透于集体的教学内容之中，直接传授道德与社会性知识或价值。德目主要指体现一定道德价值的名词，如公正、正直、勇敢、诚实、合作等。全面主义即实施间接教育，通过各科课程和一切活动间接地传授道德价值。前者重视对价值或道德价值的直接理解、感悟或体验，后者重视对道德价值的感悟，强调交往、互动、潜移默化的重要性。

20世纪80年代以前，我国德育课程的编制基本上属于上述第二种做法。其具体做法主要包括：其一，通过政治课和一些报告会向学生灌输系统的政治、思想和道德知识；其二，其他各科教学的育德；其三，"校内"教育与规章制度的制定与执行；其四，各种相关活动。

80年代以后，德育课程发生了重大变化，开始注意与各类课程的结合，注重将德目主义与全面主义贯穿于课程编制之中，并体现正规课程与非正规课程、显性课程与隐性课程的统一。从学科性德育课程看，将原来的政治课改变，在小学开设"思想品德"，中学开设"思想政治""法律常识""青少年修养"等。进入21世纪以来，为了使德育更加贴近社会实际和儿童生活，义务教育阶段的德育课程正在朝着儿童化、生活化、综合性方向改革，开设了新型课程"品德与生活"（1~2年级）、"品德与社会"（3~6年级）、"思想品德"（7~9年级），前二者更是统合了道德教育、健康教育、心理教育、劳动教育、环境教育、生活教育、安全教育等多方面的内容。为了适应社会发展新形势，根据教育部通知精神，自2016年9月始，义务教育阶段的"品德与生活""品德与社会""思想品德"，一律改为"道德与法治"。从活动性德育课程看，比较注重各种常规性活动的规划，注意有目的、有计划、有组织地开展丰富多彩的活动，强调活动与交往对品德形成的意义。从隐性课程看，比较注重其他学科课程的育人属性，注意师生关系的改善，强调校风、校纪、班级建设以及学校文化建设。

第三节 德育过程及其组织

德育过程论是德育的基本理论，其研究对象是德育活动的构成及其客观运动过程。正确理解和认识德育过程，有助于制定德育原则，选择和运用德育方法，提高德育工作的科学性、实效性。

[考纲链接]《教育知识和能力》（中学）熟悉和运用德育过程的基本规律，分析和解决中学德育实际中的问题。

一、德育过程的实质

德育过程即思想品德教育过程，是以受教育者形成一定的思想品德为目的、教育者与受教育者共同参与的教育活动过程。具体来说，德育过程是教育者根据社会发展的思想道德要求和受教育者思想品德形成的特点与规律，对受教育者实施教育影响，并通过受教育者思想品德的内化、外化机制，促进其形成一定的思想品德、发展其品德能力的教育活动过程。

在德育过程中，解决教育者所提出的德育要求和受教育者思想品德发展现状之间的矛盾，就是有目的地促进受教育者个体的思想品德社会化的过程，即教育者有意识地促使受教育者个体主动地审视和接受一定的社会政治观点、价值观念、思想道德准则与规范的影响，使其逐步内化为自己的思想品德观点、信念，并以此指导和调节自己的社会行为，成为能够适应和参与一定社会角色行为的人。个体思想品德社会化的过程，同时也是社会思想道德个体化的过程。社会思想道德个体化包括两个侧面：一是内化过程，即将一定的社会政治观点、价值观念、思想道德准则与规范转化为个体的思想品德；二是个体化过程，即个体的思想品德因性别、年龄、智能、性格、生活环境等的不同而具有鲜明的个人特色，成为个体个性特征的一部分。个体思想道德社会化和社会思想道德个体化是同一德育过程的两个方面，德育过程是社会政治观点、价值观念、思想道德准则和规范的传递与个体对思想道德的认识、体验、选择相统一的过程。因此，既不能把德育过程看作社会政治观点、价值观念、思想道德准则与规范的单纯传递乃至强制灌输的过程，也不能把德育过程看作单纯的个体思想品德的自然生成过程。

二、德育过程的组织

德育过程的展开，从方案的设计到实施，都具体体现在各种德育活动之中，因此不可能存在某种固定的组织程序。遵循教育活动的基本规律和原则，考虑到德育活动的特点，在组织德育过程、制订和实施德育方案时应当充分注意以下几点。

[微视频]
德育过程的组织

（一）根据受教育者的身心发展水平和特点，贴近生活实际，组织教育性的活动与交往

活动与交往是思想品德形成的基础。活动作为人的意识能动性和个体能动性的高级表现形式，是行为主体与客观世界相互作用的过程；而交往作为人与人之间相互沟通、相互作用的基本行为方式，则是人类特有的一种运用言语的或非言语的方式进行的高级活动。从个体思想品德的形成过程看，思想品德的源泉体现在人与人、人与群体、人与社会的关系之中，缺少或离开了社会性、实践性的活动与交往，就不可能有个体思想品德的形成，某种合群行为只能被视为人作为动物的本能或种系的习性。从个体思想品德形成的出发点和归宿看，思想品德是对社会人而言的，思想品德既是社会人的需要，也是社会人不断社会化、个性化的要求与结果。有了活动与交往，思想品德才有存在的意义；个体也只有参与活动与交往，才能形成一定的思想品德。正是基于活动与交往对个体思想品德的形成和智能发展的重要意义，苏联的一些心理学家和教育学家们才创立了著名的活动理论。

但是，活动与交往的性质、内容、方式不同，对个体思想品德形成的意义也不同。教育性的活动与交往，是根据受教育者的身心发展水平和特点，依照教育学、心理学、社会学等相关原理而组织的，具有一定的目的性、可预见性、可调节性。对于人的发展而言，儿童青少年处于思想品德形成和发展的最主要时期，故须强调积极、正面的影响，强调疏导与调节，而教育性的活动与交往正好具备此种特性和功能。因此，必须始终把教育性的活动与交往作为组织德育过程的基础，根据受教育者的身心发展水平和特点，组织好教育性的活动与交往。这些活动与交往包括各种课内、课外活动，校内、校外活动，师生、同学之间的交往，等等。

教育性的活动与交往要真正做到行之有效，还必须贴近实际，贴近生活，尤其是要注意从学生的发展需要和个体或社会的生活问题出发来加以组织。在活动与交往过程中，教育者应当尽可能在共识价值和社会主导价值指引下，把握现实生活与可能生活之间的不一致性、矛盾性，基于儿童的心智特点和道德发展水平，从知、情、行多个侧面对学生的品德形成与社会性发展施加教育影响。

（二）激发受教育者的心理内部矛盾运动，发挥他们的道德主体性，促进教育与自我教育的有机结合

如前所述，由教育者提出的德育要求所引起的受教育者新的精神需要与其思想品德发展现状之间的矛盾，即教育者的心理内部矛盾，是思想品德形成和发展的动力。由于不同年龄阶段学生的身心发展水平不同，同一年龄阶段的不同学生，在认识、情感、意志以及社会性、个性方面的发展也不同，即使是某一年龄阶段的同一学生，其在不同时间、不同地点、不同条件下的思想状态、行为方式也不尽相同，这就要求教育者所提出的德育要求既不能过高，也不能过低，要符合学生现实的思想水平和心理状态，应该接近受教育者思想品德发展的"最近发展区"，以便激发或促进受教育者的心理内部矛盾运动。在教育实践中，这种心理内部矛盾运动的产生及其动力作用的发挥，正是个体道德主体性的体现。正因为如此，现代德育把尊重学生个性、发挥学生的道德主体性作为基本指导思想，强调通过学生在教师指导下的自主学习来发展自己对道德和社会问题的理解、分析、判断、评价和价值选择能力，发展道德行动能力和社会实践能力。

激发受教育者的心理内部矛盾运动，可从知、情、意、行几个侧面的一面或多面入手，针对不同的德育目标和受教育者的年龄特征、思想道德发展水平，从具体的时间、地点、条件出发，选择恰当的德育内容和德育组织形式，运用相应的德育方法，以求充分尊重学生作为道德主体的地位，发挥其道德主体性，启发他们的自我认识、自我评价、自我体验、自我调控，并不断地发展他们的自我教育能力和自主行动能力。

（三）增进各个层级、各方教育力量的联系和沟通，营造良好的道德环境，保持教育影响的连贯性、一致性、长期性和长效性

一个具体德育过程的终结，并不意味着整个德育过程的终结，因为人的思想品德的形成与发展是通过活动与交往，产生心理内部矛盾运动，再通过活动与交往，再产生心理内部矛盾运动，由此产生的一个长期的由量变到质变的螺旋式上升过程。对于人的思想品德的评价也是如此，不能根据一个人的一次好的言行，就断言他已经具备了某种思想道德品质。这就要求教育者不断地推进学生思想品德的发展，要求德育过程必须具有连续性、连贯性，做到系统连贯、循序渐进。从另外一个角度来说，人的思想品德的形成与发展又是受个体内外多种因素影响的，教育只不过是一种在其中可能起主导作用的因素，学校也只不过是受教育者生活、学习、交往的场所之一。要促进人的思想品德的形成与发展，还必须保持教育影响的一致性。只有充分注意到这两方面，通过教育和自我教育的有机结合，才能保持教育影响的长期性、长效性。

保持教育影响的连贯性、一致性、长期性和长效性，做到"全员育人""全科育人""全程育人"，首先需要增进学校教育各个层级的纵向联系，对德育工作进行整体设计、分类指导、分阶段实施；其次还必须正视社会现实，把握社会发展趋势，在教育过程中尽可能给儿童青少年营造良好的道德环境，使受教育者在自觉不自觉的熏陶、感染之中潜移默化地接受教育影响；最后，还需努力增进各方教育力量内

部以及相互之间的联系和沟通，建立德育网络，进行整体优化，形成教育合力。

三、德育方法

（一）德育方法的概念

德育方法是德育过程的中介要素之一，也是完成德育任务的要件之一。在我国，对于何谓德育方法的认识有一个变化过程。20 世纪 50 年代，教育界受苏联影响，认为德育方法即完成德育任务而采取的一切措施，也就是德育手段。随着理论界认识的不断深入，有关德育方法的认识也不断深化。通常讲，人们把教育者借以表达教育要求或意向、传授或呈现德育内容所依赖的工具、载体，诸如语言、榜样、情境、环境与氛围、纪律和规则、奖励和惩罚等归为德育手段；而将在德育过程中为了完成德育任务师生双方共同的活动方法，称为德育方法，包括教师影响学生、促进其思想品德形成的方法和学生在教师指导下自我教育的方法。

（二）德育方法的分类

德育过程的复杂性，必然带来德育方法的多样性。由于依据不同，对德育方法的分类也不相同。有的以德育方法的概括程度为依据，按层次把德育方法分为三种类型，即第一层次作为指导思想的方法，第二层次作为德育方式总和的方法，第三层次作为具体操作技能的方法。有的从德育方法对受教育者影响作用的特点和心理机制的角度，把德育方法分为明示法和暗示法。以德育方法的概括程度为依据，德育方法可按层次大致分为：

第一层次：作为指导思想的方法，即组织德育活动时必须遵循的一些基本准则和要求，也就是通常所说的德育原则。根据受教育者思想品德的规律和德育过程的本质特性，通过对我国德育实践的经验总结，理论界概括出许多德育原则。这些原则主要有：正面教育与纪律约束相结合原则，热爱尊重与严格要求相结合原则，集体教育与个别教育相结合原则，提高认识与指导实践相结合原则，教育影响的连续性、一致性原则；或者平行教育原则、知行统一原则、实效性原则、活动性原则，等等。

第二层次：作为德育方法总和的方法，即以某种标准或特性，对一系列具体的德育方法、程序、策略等进行概括而成的一类方法，如以知、情、行为标准，我国中小学常用的德育方法可分为：说理教育法，榜样示范法，情感陶冶法，实际锻炼法，品德评价法，自我教育法等。

第三层次：作为具体操作技能的方法，即以一定的方法论为指导，以某一类方法的基本精神为其操作准则，具有一定工作策略和操作程序的方法，如运用事实进行说服的教育方式、运用奖励来控制行为的策略等。

（三）我国中小学常用的德育方法

1. 说服法

说服法是借助语言通过摆事实、讲道理来影响受教育者的思想意识的一种德育方法，其目的主要在于提高受教育者的思想道德认识，增进他们的思想辨析能力。运用说服法的主要策略有：运用思想理论说服，运用事实材料说服，运用榜样典范

[考纲链接]
《教育知识与能力》（中学）掌握和运用德育方法。

说服，运用案例事件说服等。说服的具体方式有：讲解，报告，谈心，对话，辩论等。运用说服法的关键是要实事求是，以确凿的证据、理性的思辨，并借助真情实感来打动学生，力争做到以理服人、心悦诚服；同时，还要根据实际，不失时机地对学生的思想和行为加以引导，将说理与行为指导结合起来。

需要特别注意的是，教师对学生的说服一定要以人为本，力求平等交往、以诚相待、将心比心、设身处地，多一些理解，多一些宽容，多一些对话（交流），多一些幽默，切忌居高临下、以势（权力或身份等）压人、苛求责难、怀疑猜度、夸大其词，一般情况下不宜小题大做。教师要尽可能学识渊博、以身作则，能够综合地、无形地运用真理的力量和人格的力量去说服学生，不能认为说服法就单单是一种教育的方法和技巧，就是"卖嘴皮子"。说服法运用得好，往往能取得很好的效果，反之，则可能事与愿违，引起学生的逆反、对抗、反弹。

2. 角色扮演法

角色扮演法是通过让学生扮演处境特别的求助者或其他有异于己的社会角色，使扮演者暂时置身于他人的位置，按照他人的处境或角色来行事、处世，以求在体验别人的态度、方式中，增进对他人及其社会角色的理解和认同的一种德育方法。角色扮演法在发展个体关爱他人、体谅他人的社会情感以及发展人际交往能力方面有一定作用。

3. 情境体验法

情境体验法是自觉地发现和创设教育情境，通过学生直接或间接的道德体验，使他们在思想和道德情操方面受到感染和熏陶的一种德育方法。情境体验法具有非强制性、愉悦性、隐蔽性、潜移默化性和意识与无意识交互作用等特点。情境体验的表现形式主要包括人格感化、环境陶冶、艺术熏陶，其所运用的情境手段则可以是经选择的自然情境、有意识地创设的观察学习情境和活动情境等。运用情境陶冶法要做到真实、自然，要从满足人的归属和爱、尊重以及自我实现等需要出发，充分发挥人的向善、爱美、求真的积极心向。

4. 合作学习法

合作学习法是引导学生在协同、互助的学习活动中提高其道德品质的一种德育方法。合作学习有助于培养合作精神，建设学生集体，提升个体的群体意识、归属感、自尊心和成就感。合作学习法的具体策略包括双人式学习、小组学习、小队式学习、跨小组协作式学习、小组之间竞争式学习、全班协作学习等。运用合作学习法，一是要让学生明白合作是一种重要的目标；二是要根据学习内容选择恰当的合作学习策略，或者从合作策略出发，安排或设计恰当的学习内容；三是要规定重要的合作规则；四是要指导学生学习基本的合作技巧。

5. 榜样示范法

榜样示范法是以他人的高尚思想、模范行为、优秀业绩来影响受教育者品行的一种德育方法。其主要功能在于：提高思想认识，陶冶情感，磨炼意志，养成行为。榜样示范法的榜样原型有：教育者、杰出人物、同龄人典型、艺术形象等。运用榜样示范法，一是要注意"远""近"榜样的结合；二是要注意充分发挥教育者（包括教师、父母等）为人师表、以身作则的身教作用；三是要注意对榜样的宣传不要过多和过于理想化，否则，容易使人反感，乃至诱发学生的逆反心理；四是要引导学生进行榜样分析，增强他们判断是非、辨别善恶的能力；五是要尽可能变"要我学"为"我要学"。

6. 实际锻炼法

实际锻炼法是在各种实际活动中训练和培养受教育者道德实践能力的一种德育方法，包括受教育者的日常生活和专门组织的行为训练。其主要意义在于：养成受教育者的良好行为和习惯，增强道德意志和品德践行能力，同时强化思想道德认识，丰富情感。运用实际锻炼法要重实际、重实效；活动设计要与儿童生活相一致，与社会生活相联系并适当高于社会生活；要与说理相结合；锻炼之中要注重行为指导。

7. 品德评价法

品德评价法是根据一定的要求和标准，对受教育者的思想言行作出判断，以对品德发展进行强化和矫正的一种德育方法。其方式、策略主要有：赞许、表扬、奖励、惩罚、操行评定等。运用品德评价法，一是要注意客观和公正；二是要充分发扬民主，让师生广泛参与；三是要坚持评价主体多元化，教师评、学生自评、学生互评、家长评等相结合；四是要把握最佳评价时机；五是要总体上以鼓励和表扬为主，批评和惩罚为辅；六是要关注学生的动态变化，尤其要注意肯定学生的点滴进步；七是要适当观照与反映学生的个性和与众不同之处。

8. 修养指导法

修养指导法是在教育者的指导下，受教育者主动地为自己提出目标，自觉采取措施，实现思想转化和进行行为控制，从而使自己逐步形成良好品德的一种德育方法。受教育者的自我修养包括自我认识、自我判断、自我评价、自我体验、自我控制等。自我修养能力的高低，是衡量学生道德发展水平的重要标志。运用指导修养法时，一是要既注意给学生以恰当引导，又充分发挥学生的主观能动性；二是要尽力激发学生自我教育的愿望和动机；三是要引导学生根据自己的实际，把握标准，学会选择；四是要引导学生注重自我修养中的情感体验；五是要注意在个体的认识冲突、情感体验中，把握行为指导的时机。

第四节　国外德育思想与流派简述

西方道德教育思想可以追溯到古希腊、罗马时期。和同时代的东方世界一样，道德和道德教育问题也一直是西方社会关注的一个中心论域。不过，真正从理论上专门探讨德育问题，努力使理论付诸实践并形成道德教育或价值教育的某种思想体系、流派乃至教育模式的局面，还是 20 世纪 60 年代以来的事情。道德和道德教育问题受到如此广泛、深入的关注，在西方教育理论界十分令人瞩目。这里仅就对我国的德育理论和实践产生过直接影响的苏联教育家的德育思想和当代西方国家有代表性的德育思想和流派作一简述。

一、苏联的主要德育思想

苏联德育理论的形成与发展大体上经历了四个阶段：1917 年至 30 年代初为第一阶段，主要研究社会主义德育实施问题和对社会主义德育经验的总结，这一阶段主要是一个探索时期，以马卡连柯为主要代表人物；30 年代中期到 50 年代后期，是德育理论体系的初步形成时期，凯洛夫是主要代表人物；从 50 年代后期到 80 年代中期，苏联德育理论得到新的发展，其主要代表人物是苏霍姆林斯基；80 年代中期开始进入第四阶段，主要体现为合作教育学的德育思想。[①] 这里主要介绍马卡连柯和苏霍姆林斯基的德育思想。

（一）马卡连柯的德育思想

马卡连柯是苏联早期著名的教育实践家和教育理论家。其主要的德育思想可概述如下。

1. 关于集体教育的原则

集体教育是马卡连柯教育思想的核心。他认为，教育工作的基本对象是集体，教育的任务是培养集体主义者，教育工作的主要方式是集体教育。马卡连柯关于集体教育的思想可以简单地概括为"在集体中，通过集体，为了集体"的教育理念。

马卡连柯认为，"集体是由于目的一致、行动一致而结合起来的、由管理、纪律和负责任的机关所组织起来的劳动者的自由集团，"[②] "是社会主义社会的结合原则为基础的人与人的相互接触的总体。"[③] 劳动者的这种"自由集团"，是一个有共同的奋斗目标、有统一的行动、有组织纪律的社会有机体。同时，马卡连柯也注意到集体教育与发展个性之间的辩证关系，认为一个健全的集体，由于有正确的组织领导和成员间的互相影响，便能促进个性发展。

马卡连柯还分析了儿童集体形成的阶段，提出了平行教育影响原则和前景教育原则。前者是指教师应以集体为教育对象，通过集体并在集体中教育和影响个人。后者指的是通过经常在集体和集体成员面前呈现美好的"明天的快乐"的前景，推动集体不断地前进，永远保持生机勃勃的旺盛力量。他主张，要给集体不断提出奋斗目标，并激励集体成员为实现目标而作出努力。为了使前景教育能够有计划、有步骤地进行，马卡连柯又把前景细分为近景、中景和远景，由近及远，逐步实现。

2. 关于尊重、信任与严格要求相结合的教育原则

马卡连柯从社会主义人道主义思想出发，并吸取高尔基作品对"人"高度信任的思想，在教育实践中提出了"尊重、信任与严格要求相结合"的德育原则。他说："我的基本教育原则（我认为这不仅仅是我个人的基本原则，也是所有苏维埃教师的基本原则）永远是尽量多地要求一个人，也要尽可能多地尊重一个人。说实在，在我们的辩证法里，这两者是一个东西：对我们不尊重的人，不可能提出更多的要求。当我们对一个人提出很多要求的时候，在这种要求里也就包含着对个人的尊重，因

---

① 胡厚福. 德育学原理[M]. 北京：北京师范大学出版社，1997：29.
② [苏] 马卡连柯. 论共产主义教育[C]. 刘长松，杨慕之，译. 北京：人民教育出版社，1955：8.
③ [苏] 马卡连柯. 论共产主义教育[C]. 刘长松，杨慕之，译. 北京：人民教育出版社，1955：121.

为我们向他提出了要求，正因为他完成了我们的要求，所以我们才尊重他。"①

此外，马卡连柯还十分重视劳动教育和纪律教育。他认为，在社会主义国家里，劳动已不是剥削的对象，而成了光荣、荣耀、豪迈和英勇的事业。因此，"在教育工作中，劳动也应当是最重要的根本因素之一。"②要使劳动教育落到实处，就应使之与德育、生产教育、文化科学知识教育相结合。在纪律方面，马卡连柯认为，纪律教育是与集体教育、劳动教育密切联系的，因为纪律是一种社会政治、道德现象，如果没有纪律，就不可能有生产计划的执行，也无从发挥劳动的教育作用。

（二）苏霍姆林斯基的德育思想

苏霍姆林斯基是苏联50、60年代著名的教育实践家和教育理论家。其主要的德育思想可概述如下。

1. 关于德育在全面发展教育中的地位

苏霍姆林斯基认为："要实现全面发展，就要使智育、体育、德育、劳动教育和审美教育深入地相互渗透和相互交织，使这几方面教育呈现为一个统一的完整过程。"③其中，"居于首位的则是品德成熟性和公民成熟性的培养"，因为才能、天赋和个性"只有在思想政治和公民精神成熟性的背景上才能充分焕发出来"。④因此，他深入地研究和阐述了德育与智育、体育、美育、劳动教育之间的内在联系，要求学校里的任何工作都应包含深刻的道德意义。

2. 关于集体主义教育和道德信念的培养

苏霍姆林斯基也非常重视集体教育，但他主张集体和个人的和谐一致，认为"如果学生没有个性，那就不会有集体"。⑤为此，他主张："要有各种各样的集体。……要使学生能够发现自己的本领，并自觉地发展自己的天资、能力和才干"，只有在这种情况下，"才会有集体精神和个性的和谐一致"。⑥

苏霍姆林斯基还认为，对学生进行共产主义道德教育的最终目标是使学生形成共产主义道德信念。"个人的道德信念——是道德教育的最终结果……只要当对真理的认识和概念的认识能深深地反映在一个人的精神世界里，成为他个人的观念，能激发出深沉的情感，同他的意志融合起来，并能在他的活动行为方式、行动举止以及待人、对己的态度中表现出来的时候，才能谈得上道德信念。"⑦在道德信念的培养中，苏霍姆林斯基特别强调"道德情感"和"社会定向"两个因素。

3. 关于自我道德教育

苏霍姆林斯基认为："自我教育是学校教育中极其重要的一个因素"，"没有自我教育就没有真正的教育"。⑧教师应当爱护和培育学生的自尊心，应当教导学生自

---

① ［苏］马卡连柯全集（第5卷）［M］. 刘长松，等译. 北京：人民教育出版社，1956：224.
② ［苏］马卡连柯. 儿童教育讲座［M］. 高天浪，译. 北京：人民教育出版社，1955：56.
③ ［苏］苏霍姆林斯基. 帕夫雷什中学［M］. 赵玮，等译. 北京：教育科学出版社，1983：9.
④ ［苏］苏霍姆林斯基. 帕夫雷什中学［M］. 赵玮，等译. 北京：教育科学出版社，1983：21.
⑤ ［苏］苏霍姆林斯基. 给教师的一百条建议［M］. 周蕖，等译. 天津：天津人民出版社，1981：231.
⑥ ［苏］苏霍姆林斯基. 给教师的一百条建议［M］. 周蕖，等译. 天津：天津人民出版社，1981：232.
⑦ ［苏］苏霍姆林斯基. 给教师的一百条建议［M］. 周蕖，等译. 天津：天津人民出版社，1981：215.
⑧ ［苏］苏霍姆林斯基. 帕夫雷什中学［M］. 赵玮，等译. 北京：教育科学出版社，1983：23.

我克制和自我约束，通过劳动、学习和体育等多方面的活动促进学生的自我教育。

此外，苏霍姆林斯基还主张在德育过程中贯彻正面教育和启发疏导、尊重信任和严格要求等原则，重视谈话、练习、奖励等的运用和劳动、活动作用的发挥。

二、当代西方重要的德育思想与流派

当代西方重要的德育思想与流派甚多，这与哲学、伦理学以及社会学、心理学的发展密切相关联。在这里，主要介绍对现代德育理论与实践产生较大影响的几种德育思想与流派。

（一）道德认知发展理论的德育思想

道德认知发展理论是认知心理学派沿着皮亚杰的思想开展道德教育研究而产生的德育思想流派，其代表人物是美国著名发展心理学家和道德教育家科尔伯格（L. Kohlberg），其代表作有《道德发展哲学》《道德发展心理学》《道德发展与道德教育》。

[考纲链接]《教育知识与能力》（中学）理解科尔伯格的道德发展理论。

1. 道德教育的首要任务是发展道德判断和明辨是非的能力

科尔伯格所说的"道德发展"，并不是统指整个道德品质的发展，而主要是指以道德判断和推理能力为核心的道德认识能力的发展。在他看来，道德情感、道德行为基本上是受道德认识支配的，所以应该把注意力更多地放在道德认识能力的培养上。

道德教育的根本目标在于促进社会的伦理范畴或基本道德价值在个体身上的发生和发展，这个过程的核心是道德思维能力。道德教育不能以传递特定具体的道德规则为目标，而应以发展普遍的人类基本道德价值（如跨地域、跨文化、跨时空的公正、尊重人权、生命、自由、人格尊严的价值等）为目标。虽然道德判断力的发展具有跨地域、跨文化、跨时空的普遍性特征，但就一定文化背景下的个体来说，其道德判断的发展仍然需要两个基本条件，即个体的逻辑思维和角色承担（或社会知觉）。

2. 道德判断发展的"三水平六阶段"

科尔伯格研究道德发展阶段的方法被称之为"道德两难故事法"①。这种方法首

---

① 科尔伯格最欣赏也是他在多篇论文中引述得最多的例子，就是"海因茨的故事"。这个故事的大意是："欧洲某地有位妇女患了癌症，已危在旦夕。医生们对她的丈夫海因茨说，有一种药可以救你的妻子，叫镭化合物，是本市一位药剂师新近发明的，不过该药剂师出售一小剂药就索价2000元。海因茨竭尽全力只弄到了一半的钱。他恳求药剂师把药便宜点卖给他或者允许他以后再还账。但药剂师以'发明这种药就是为了赚钱'为由，拒绝了他的请求。海因茨在绝望中撬开药房，偷了这种药。"针对海因茨的行为，科尔伯格向受试提出了一系列问题。其中有：
A. 海因茨该不该偷药，为什么？
B. 假如海因茨不很爱他的妻子，他是否该去偷药，为什么？
C. 假如不是海因茨的妻子而是他的朋友快死了，他的朋友家里没钱，又没人肯去偷药。在此情况下，海因茨是否该去偷药，为什么？
D. 为了搭救一个人的性命，人们究竟该不该不择手段，为什么？
E. 海因茨偷药触犯了法律，从道义上看，这种行为好不好，为什么？
F. 海因茨偷药被捕，法官该不该判他的罪，为什么？
G. 法官考虑释放了海因茨，其理由是什么？

先是把一些精心构思的小故事讲给受试听，然后就故事内容提出一些道德两难问题让他们回答，由此来判断儿童和青少年道德发展的水平。根据受试的回答，科尔伯格对他们的道德发展水平进行了划分。他所关心的不是对这些两难问题的回答是"Yes"还是"No"，而是受试在回答问题时是如何推理的。据此，他将各种反应作阶段划分，发现人的道德判断与推理能力的发展普遍地经过三个水平和六个阶段，并认为这就是人的道德发展的基本模式。

（1）前习俗水平（preconventional level）

这一水平的主要特点，是个体着眼于人物行为的具体结果及其与自身的关系，认为道德的价值不决定于人及准则，而是由外在的要求而定的。它包括第一、第二两个阶段。

第一阶段：服从与惩罚的道德定向阶段。处于这一阶段的个体，对"权威人物"或准则采取服从的态度，以免受到惩罚。

第二阶段：相对快乐主义的道德定向阶段。处于这一阶段的个体，在进行道德评价时开始从不同的角度将行为与需要联系起来，但是有较强的自我中心倾向，即认为符合自己需要的行为就是正确的。

（2）习俗水平（conventional level）

这一水平的主要特点，是个体着眼于社会的希望和要求，认为道德的价值在于为他人和社会尽义务，以维护社会的传统和秩序。它包括第三、第四两个阶段。

第三阶段："好孩子"道德定向阶段。处于这一阶段的个体，在进行道德评价时总是考虑到他人和社会对一个"好孩子"的期望和要求，并总是尽量按这种要求去展开行动。

第四阶段：遵从权威与维护社会秩序的道德定向阶段。处于这一阶段的个体，在进行道德评价时更加注意维护普遍的社会秩序的重要性，开始强调每个社会成员都应当遵守全社会共同约定的某些行为准则，亦即强调对法律和权威的服从。

（3）后习俗水平（postconventional level）

这一水平的主要特点，是个体不但自觉地遵守某些行为公则，还认识到法律的人为性，并在考虑"全人类的正义"和"个体的尊严"的基础上形成某些超越法律的普遍原则。它包括第五、第六两个阶段。

第五阶段：民主地承认法律的道德定向阶段。处于这一阶段的个体，不再将社会公则和法律看成死板的、一成不变的条文，而是认识到了它们的人为性和灵活性。

第六阶段：处于这一阶段的个体，在进行道德评价时，已不再拘于社会公则与法律的局限，而是根据所谓具有"全人类"意义的伦理准则，如公平原则、平等对换原则、人权原则、尊重个人尊严原则等去行事。

3. 道德发展阶段理论在教育实践中的应用

科尔伯格认为，道德教育的目的就是一步一步地促进人们的道德发展，使他们能作出越来越成熟的判断和推理，一直达到理解公正、平等等普遍原则这个道德发展的顶峰。为此，他提出了下列几点意见：

第一，不能通过直接的教导进行道德教育。科尔伯格的实验表明，把道德的判断直接教给人们的方法是不可取的。就每个个体而言，道德认知都是发自内心的，而变化又是渐进的。因此，促进人们的道德发展要按照一定的阶段和顺序来进行。如果一个人还没有达到第四阶段，就直接教他做第五、第六阶段的事情，那只能是徒劳无益的。

第二，必须随时了解人们所达到的发展阶段，根据其发展阶段的特点循循诱导地促进他们的道德发展。科尔伯格的实验表明，尽管道德发展的各个阶段不容跨越，但人们总是喜欢超越自己现有的发展水平，达到较高阶段的道德判断，只要教育者向受教育者指明较高一个阶段的道德见解，他们是能够而且喜欢向更高的发展水平努力的。因此，教育者应当熟练地掌握"道德两难故事法"，准确地判断受教育者目前的道德发展水平，以便向他们提供高于现有发展水平的发展目标，这样就能有效地促进道德水平的发展。

第三，不能以教育者的权威从外面向人们灌输道德观念。虽然教育者的权威能对受教育者产生一定的影响，但他们最终还是要按照自己的发展水平作出自己的道德判断。道德认知的变化乃是人们对自己经验的重新改组，乃是由遭遇到的某种道德上的冲突而引起的，所以教育者的主要任务就是帮助受教育者：（1）集中注意真正的道德冲突；（2）考虑自己用来解决这种冲突的理由是否恰当；（3）找出自己思想方法的前后矛盾和不恰当之处。教育者要促进受教育者向下一阶段发展，首先就要让他意识到自己的思想方法不对头。这对教育者的素质要求是很高的。

第四，不能忽视社会环境对人们道德发展的巨大作用。根据科尔伯格的调查研究，道德发展的速度和终结并不具有普遍性，在个体与个体、群体与群体之间存在着很大的差异。其原因，一方面与每一个体的认知能力特别是逻辑思维能力的发展有关，另一方面与一定社会环境的影响有关。例如，生活在毫无生气的孤儿院的儿童，到了青少年期还达不到第三阶段，而生活在以色列移民农庄的儿童，大多数达到了第四、五阶段。这是因为，在以色列移民集体农庄里，人们能够相互积极影响，共同负责处理集体事务，而在孤儿院里根本没有这种社会环境的影响。因此，全社会都要创造良好的教育条件，广泛开展各种道德教育活动，以利于每个社会成员的道德发展。

4. 两种德育模式

（1）新苏格拉底德育模式

这是科尔伯格早期主张的学校德育模式。该模式根据苏格拉底"产婆术"式教学原理而得名，其核心思想是在德育过程中应用各种问题和情境，激发学生兴趣，引发学生思考，使学生在自动探究中提高道德水平。课堂道德讨论（包括两难问题的讨论、情境问题的讨论等）既是该模式在德育组织过程中的直接反映，也是该模式在德育实践中运用的最基本方法。

（2）新柏拉图德育模式

这是科尔伯格后期所提倡的学校德育模式。在研究中，他充分认识到团体公正水平对个体道德发展具有重要意义。该模式突破了前期研究中主要培养道德尖子的局面，以公正团体来培养绝大多数为重点，致力于培养社会需要的习俗水平的公民。该模式在德育实践中除了继续使用课堂道德讨论法以外，更多的是采用公正团体法，在创设公正团体中利用公正的机制培养学生的公正观，使之达到更高的道德水平。

道德认知发展理论将哲学、社会学、心理学和教育学有机结合起来探讨道德发展及教育问题，使其德育理论具有坚实的理论基础。该理论充分注意道德问题及解决道德问题的策略，强调人的成长的复杂性，承认社会环境因素和时间在道德学习中的作用，特别是从认知发展角度对个体道德思维和判断的研究及作出的三水平六阶段的划分，以及在德育实践中创设的道德两难问题讨论法和公正团体法等，对德育理论与实践影响甚大。但是，道德认知发展理论过分重视道德认知，虽也注意到情感和行为因素，但依然隐含着这样的理念：有何种水平的道德判断，便可能有何种水平的道德情感和行为，这显然忽视了道德情感熏陶、行为习惯养成的意义。有鉴于此，"后科尔伯格模式"把"发展"理解为一种由简单到复杂的动态变化过程，注重道德判断和推理的内容对认知结构形成的影响，并以"图式"一词取代道德发展"阶段"一词，把道德认知发展概括为个人利益图式（personal interest schema）、遵从规范图式（maintaining norms schema）、后习俗图式（postconventional schema）。①

（二）道德教育的情感模式

以研究道德情感为主线的道德教育模式，20世纪中后期最有影响的就是体谅模式。它是英国德育学家麦克菲尔（P. Mcphail）和他的同事共同创立的，形成于20世纪70年代初期，曾风靡于英国和北美。

体谅模式的道德教育目的在于向学生表明：关心的方式是愉快的方式。麦克菲尔等人根据《英国学校道德教育课程方案》编写的德育课程《生命线》系列教科书，系统地阐述了这种多关心、少评价的德育思想。《生命线》是专门为中学生开设的，共分三部分，各部分又分若干单元。第一部分为"设身处地为他人着想"，运用取之于青少年中的真实情景材料，通过多种形式的活动激发学生关心他人的道德情感；第二部分为"验证规则"，分5个单元探讨一个叫保罗的少年在不同社会背景中的遭遇，借此向14～16岁的少年提出一些他们将要面对的社会问题，给他们提供机会接触一些成年人的问题和为寻求解决问题的办法作准备；第三部分为"付诸行动"，旨在解决"如果是你，会怎样做"的问题，用6个小册子把历史上震撼人心的事件作为道德思考的出发点，让学生以当时事件中的人物为角色进行道德上的探索。

体谅模式重视道德情感，强调关心他人，将道德情感和道德判断相结合。同时，它还十分注意道德教育的实证研究和教育实验，特别是在道德教育思想、观点的指导下编写教材，分系列进行实验，对如何有效地开展德育有重要的借鉴意义。

注重从情感入手来实施道德教育，也是美国著名教育家诺丁斯（N. Noddings）

---

① 杨韶刚. 西方道德心理学的新发展［M］. 上海：上海教育出版社，2011：195-201.

的基本主张。诺丁斯认为,"关心是一切成功教育的基石"。从关心伦理的角度出发,她提出了道德教育的四个主要组成部分,即榜样、对话、实践和证实。[①]

(三)社会学习论的德育思想

从道德和道德教育的研究角度看,社会学习论是以行为研究为主线探讨道德及道德教育问题的理论。该理论着眼于儿童青少年的道德发展与社会行为之间的关系,以便为儿童青少年问题行为的预防及矫正提供帮助。社会学习论的德育思想主要体现在1963年班杜拉(A. Bandura)和沃尔特斯(R. Walters)合著的《社会学习和人格发展》以及班杜拉的《社会学习理论》等著作中。米切尔(W. Michel)和洛塔尔(J. Rotter)是继班杜拉之后的主要代表人物。其主要德育思想可略述如下:

1. 关于观察学习(替代性学习)

社会学习论者认为,人类学习必须有个体品德的参与才能完成,而个体的品德是通过观察学习和模仿而获得或改变的,其中具有重要影响的因素是社会文化关系、客观条件、榜样和强化等,由此提出了人、行为和环境的交互作用理论。对于道德教育而言,儿童青少年的观察学习(模仿和认同)可以起到破坏、抑制或建立、强化的作用。这种作用具体表现在:第一,获得新的道德认识和行为习惯;第二,抑制或消除旧的道德认识和行为习惯;第三,激发已有的潜在的道德认识和行为习惯;第四,强化或改变原有的道德认识和行为习惯。班杜拉等还通过实验对此进行了验证。

2. 关于榜样示范

班杜拉等非常重视榜样示范对儿童品德形成的作用,认为榜样可以直接或间接地影响儿童的道德认识和行为习惯。这种影响是多向的,一些示范可及时表现出来,而另一些示范则可能在以后某种条件作用下才出现,一些示范还可能产生相反的作用。这些榜样不仅指人本身,还包括文字符号、图像信息、语言描述、艺术形象以及校园文化等。可以作用于学生的各种榜样主要有家长、教师、同龄人、大众传媒和学校的风气、环境等。

3. 关于强化在学校德育中的作用

社会学习论者继承和发展了行为主义关于强化的研究,把强化作为道德行为形成的重要条件。班杜拉认为,行为结果,如成功、失败、奖励、惩罚、表扬等,对道德行为的发展有重要影响,因为这些结果使人产生相应的期望,使特定的行为随预期的奖赏而提高,或随预期的惩罚而降低,前者为正强化,后者为负强化。他们认为学校德育不可能没有强化,教师巧妙地使用强化手段,是德育成功的标志。德育中的强化可以是直接强化、间接强化(即替代性强化)和自我强化。

社会学习论吸收了行为主义、认知主义、人本主义的思想,发展了行为主义在德育中的应用。在德育实践中,尤其是对于个别生的辅导和后进生的教育问题,具

---

① [美]诺丁斯. 学会关心:教育的另一种模式[M]. 于天龙,译. 北京:教育科学出版社,2003:23-39.

有一定的指导作用。

（四）价值澄清学派的德育思想

价值澄清学派产生于20世纪60年代，是美国当代道德教育复兴运动中最有争议、影响极为广泛的一种学校德育改革流派。其代表人物是拉斯（L. Raths）、哈明（M. Harmin）、西蒙（S. Simon）等。他们合著的《价值与教学》是该学派的奠基性文献。从严格意义上讲，价值澄清理论并非德育理论，因为它关心的是更广泛的人类价值及其教学问题。

价值澄清理论以两个理论假设为前提：其一，当代儿童处于充满互相冲突的价值观的社会之中，这些价值观深深地影响着他们的身心发展；其二，在当代社会中，根本就没有一套公认的道德原则或价值规范体系。因此，价值澄清论者的一些基本观点如下：（1）在个人和社会的关系上，强调价值的个人意义，强调价值源于个人的经验，服务于个人的生活，要"通过改变个人从而改变社会"；（2）在理智和情感、行为的关系上，基本上强调三者的有机统一，认为三者的整合是价值形成的充要条件；（3）在形式和内容的关系上，强调内容为形式服务，内容是可变的，形式是不变的；（4）否认"道德原则"这一概念，坚持价值的经验特性，反对"灌输"，认为价值澄清的主要目的是"帮助学生澄清他们的价值陈述和行为"，以适应不断变动的社会。

价值澄清即是"利用各种问题和活动教授评价过程并帮助人们熟练地应用这一评价过程"。这一评价过程可以分为诸多步骤。拉斯最初提出了三个过程七个步骤，后来柯申鲍姆（H. Kirschenbaum）又提出了一个新的模式（见表10-1）。此外，在课堂教学中，价值澄清理论还创设和运用了许多价值澄清策略，如对话策略、书写策略、讨论策略、澄清反应法等。

表 10-1　价值澄清过程的基本模式

早期价值澄清的模式（1966）	柯申鲍姆的修正（1976）
选择 （1）自由地选择 （2）从各种可能的选择中选择 （3）对每一种选择的结果审慎地进行思考	思维 （1）在各种水平上思维 （2）批评性思维 （3）在更高水平上进行道德推理 （4）发散性或创造性思维
珍视 （1）珍视自己的选择并对这一选择感到愉快 （2）非常乐意向别人公开自己的选择	情感 （1）珍视、珍爱 （2）自我感觉良好 （3）意识到人们的情感
行动 （1）根据选择采取行动 （2）重复这种行动并形成某种生活方式	选择 （1）从各种可能的选择中选择 （2）考虑后果以后再选择 （3）自由选择

续表

早期价值澄清的模式（1966）	柯申鲍姆的修正（1976）
	交流 （1）清晰地传递信息的能力 （2）同情性倾听，设身处地为他人着想 （3）解决冲突
	行动 （1）重复行动 （2）一贯地行动 （3）熟悉地行动

资料来源：戚万学. 冲突与整合 [M]. 济南：山东教育出版社，1995.288-289.

价值澄清理论具有现实性、实用性、可操作性和有效性，它的体系较为完善。从理论上看，价值澄清理论强调了主体内在因素特别是思维、情感以及个人内部选择、评价过程在价值形成中的作用；在德育过程中，它提出的德育方法、策略亦具有较为广泛的适用性。不过，对价值的个体特性的过分强调，极容易导向价值相对主义。而如何架起个体的价值认知与相应的道德行为之间的桥梁，也是需要予以深入探讨的。

（五）品格教育运动及其基本主张

自20世纪80年代起，品格教育运动在美国得以复兴并不断推进，渐渐地成为学校德育的主流声音，以至于"品格教育"一词成为美国道德与公民教育研究领域的主导术语。尽管如此，品格教育却并非某种德育流派或模式，更无统一的思想体系或理论框架。

与道德认知发展理论、价值澄清学派等不同，品格教育学者力主以培养品格为特征的道德教育，认为品格的培养有利于各类社会问题尤其是青少年不良品行的转变。美国品格教育协会（Character Education Partnership）确定的品格教育的11条原则，可以大致地反映出品格教育的基本主张。这些原则包括：（1）基于具有普遍、实质意义的核心伦理价值，诸如关心、诚实、公平、责任、尊重等培养品格；（2）"品格"必须包含认知、情感和行为三要素；（3）有目的、有意识、全方位地促进核心价值；（4）学校必须是一个关心的社会共同体；（5）为儿童提供道德实践的机会；（6）为儿童提供尊重并有助于他们获得成功的各类课程；（7）激发儿童的内在动机；（8）全体教职工必须成为教育共同体的成员，并努力以共同的核心价值引导儿童；（9）注重品格教育的专门管理；（10）父母和社区成员共同参与；（11）对品格教育工作和品格教育成效进行综合评价。[①]

品格教育继承传统德育模式中的积极因素，吸收多种德育理论的研究成果，对

---

① Thomas Lickona. Eleven Principles of Effective Character Education [J]. Journal of Moral Education, 1996, 25 (1): 93-109.

于全面促进学校德育落到实处、取得实效具有重要意义。但是，在教育目标上的个人心理主义取向，在教育内容上的权威主义取向，在教育手段上过分倚重内外约束的取向，在教育方法上的灌输或说教倾向，却又使品格教育招致较多批评。对于品格教育的深入探讨和广泛实践，将大大有利于学校在促进儿童的品德形成与社会性发展方面发挥更加积极、主动的作用。

本章小结

德育是以道德价值为核心的德性教育，是我国全面发展教育的重要组成部分，对于个体发展、社会进步具有导向和促进作用。面对时代挑战，学校需以德育理论为指引，将德育目标与内容具体化，并通过课程育人、实践育人、文化育人、管理育人、合力育人，不断提高德育的时代性、规律性、实效性。

实践·反思·探究

1. 针对某个社会热点问题，搜集和阅读相关文献，从学校德育的必要性和可能性的角度展开讨论和交流。
2. 分小组深入学校，围绕中小学德育课程的教学状况或者全员育人状况展开调查，并对其中存在的问题，依据有关德育理论进行分析。
3. 在教师指导下，自编问卷或访谈提纲，就当代儿童品德发展的某个侧面展开调查，提出教育对策，写出调查报告。

推荐阅读

1. [美] 诺丁斯. 学会关心：教育的另一种模式 [M]. 于天龙, 译. 北京：教育科学出版社, 2003.
2. 杨韶刚. 西方道德心理学的新发展 [M]. 上海：上海教育出版社, 2007.
3. [美] 雅克·蒂洛, 基思·克拉斯曼. 伦理学与生活 [M]. 陈立显, 等译. 北京：世界图书出版公司, 2008.
4. 檀传宝. 公民教育引论 [M]. 北京：人民出版社, 2011.
5. 冯俊, 龚群. 东西方公民道德研究 [M]. 北京：中国人民大学出版社, 2011.

第十一章 班主任工作

● 学习目标

- 了解班级对学生发展的意义；了解班级群体发展的指标及班级形象特征，了解学生评价的意义和发展趋向；了解学生评价的一般方法。
- 理解班级的育人功能；理解班主任的职责和角色；理解班级指导对班主任的素质要求。
- 掌握班级、班集体、非正式群体等概念；掌握班级非正式群体的教育方式；掌握班主任的工作内容；掌握班主任实施集体教育和个别教育的主要方法。
- 运用班级个别指导的方式、方法，分析和解决班级个别教育问题。

● 知识列表

班主任工作	班级与班主任	班级及其功能
		班主任的职责
		班主任的角色转变
	班级群体的发展与教育	班级群体的发展
		班集体的培养
		班级非正式群体的教育
	班级个别指导	班级教育与个别指导
		学业不良及其指导
		品行不良的预防与矫治
	班级学生评价	学生评价的发展趋向
		班级学生评价的主要策略

本章导入

多改变自己，少埋怨环境[①]

……

刚到校，领导便分配我做班主任并教两个班的语文课。学生呢？也不尽如人意，初二·六班还不错，初二·八班可就难了。56位同学全是男生，是从各个班淘汰出来的学习后进生。他们爱玩，怕上课，有学生填学生登记表，连父母的名字都写不对。问他，他却埋怨："都怪我爸的名字太难写。"

面对这样的环境，我埋怨过，灰心过，也等待过，想等到环境好了，自己再好好教，自己再搞改革。

埋怨、灰心、等待的结果，是学生越来越难教……

我体会到，比较有效、比较实际的做法，还是先从改变自己开始……

……

从这样的认识出发，我面对现实，千方百计地改变自己的教育教学方法。不长时间，我任班主任的班级，班风有了明显的变化，那个全是男同学组成的班级的同学们也和我成了朋友，他们也帮着我搞教学改革，帮我设计公开课，学生们的学习热情出人意料得高。

学生来到学校，直接加入的是班级，因此，班级是学生在学习生活中的首属群体。如何通过班级群体影响和促进每位学生的发展，如何通过教师的指导和班级教育合力的形成，让每位学生在班级群体中健康成长，是每位班级教师的当然之责。其中，班主任作为班级群体中的首席教师，具有多重角色，是班集体的组织者、教育者和指导者，更是至关重要。

第一节 班级与班主任

班（级）是一种正式的学生群体，全面负责班级各项工作的专门教师，被称为班主任。在现代学校教育制度和运作体系下，班级管理愈来愈具有专门性、专业性，班主任工作便显得越来越重要。

一、班级及其功能

（一）班级的含义

所谓班，指的是按照一定年龄、学业程度、师生比例所分编而成的相对稳定的学生群体，是学校进行教育教学工作的基本单位。班的划分往往与学年、学级相联系，因而通常称为班级。

班级既是一种社会群体，也是一种社会组织。作为社会群体，班级存在着群

[①] 魏书生. 班主任工作漫谈［M］. 桂林：漓江出版社，2008：2-3. 有删节。

体成员之间的交往与互动，存在一定的群体角色、人际关系和群体氛围；作为社会组织，班级具有作为教育基本单位的组织目标、组织体系、制度规范等。因此，在探讨班级和班级教育问题时，可以存在不同的研究视角。班级社会体系理论是欧美教育社会学理论的一个重要学派，该学派把班级看作一种特殊的社会群体或社会系统，注重对班级结构和功能的研究，着眼于班级和课堂的人际交往、角色体系、学生亚文化等的微观分析。班级集体理论则是苏联教育社会学的一个重要分支，该理论把班级看作一个集体教育的组织，注重研究班集体的社会特征、组织体系、组织活动、社会环境，以及班级群体如何由自在群体向自为集体的转变和飞跃等问题。此外，随着学校管理学的进一步发展，部分国内外学者还尝试着从管理学角度，探讨班级作为学校管理系统中的一个子系统的计划、组织、协调、控制等问题。

无论何种研究视角，都必须始终关注班级作为有意识地组织起来的学生群体的特殊性，关注班级作为教育教学基本单位的特殊性，特别是关注班级作为具有专门化功能的社会组织特性。在教育实践中，要想真正有效地发挥班级的育人功能，必须充分考虑班级作为社会群体或社会组织的诸种外在因素，如社会信息、社区环境、家庭氛围、学校文化等，也必须充分考虑班级作为社会组织的诸种内部因素，如组织结构、组织体系、制度规范、组织活动、人际关系、群体氛围等。

（二）班级的产生与发展

在古代，虽然并未形成班级授课制，但已出现了班级的萌芽。我国古代的太学，就曾采用大班讲课的形式；宋代的三舍法和元、明、清各代的六斋法，基本上也都是将学生按照学业程度分为上、中、下三个学阶进行教学，且实行按考试成绩依次升班的制度。最早使用"班级"作为专用名词来描述学校教育活动情形的是文艺复兴时期的教育家伊拉斯谟（D. Erasmus）。他在1519年的一份书简中，描述了伦敦保罗大教堂的学习情形：在一间圆形的教室里，将学生分成几部分，分别安排在阶梯式的座位上学习。进行这种描述时，他借用了古罗马教育家昆体良（M. F. Quintilianus）的著作《关于学生的制度论》中的"班级"一词。

按照年龄阶段划分班级，始于15—16世纪西欧一些国家的学寮，如法国的居也纳学院把学生分为10个年级，德国斯特拉斯堡的文科中学分设9个年级，这些都是班级组织的萌芽。最早从理论上设计班级组织的是捷克教育家夸美纽斯。他在《大教学论》一书中，将儿童按照年龄划分为六个班级，分别为各个班级配备适合的教科书，并提出了与这些教科书相应的教学方法。不过，由于受专门化的师资所制约，这种班级授课制在实际中的普及极为缓慢，直到19世纪中叶，个别教学方式仍然盛行于法国和德国。班级授课制得到认可并加以推广，与国民教育制度的逐渐建立密切相关。19世纪前半叶，普鲁士实施以6～14岁儿童为对象的义务国民教育制度，即推行以裴斯泰洛齐（J. H. Pestalozzi）主张的同步教学法为基础的班级教学形式。1872年，普鲁士公布《小学及教员养成一般规程》，鼓励多级小学，小学课程分上中下三阶段；同时规定，儿童80名以上者应设两个班级，120名以上者应设三个班级。①

在我国，采用真正意义的班级授课制，始自新型学校的产生和新式教育制度的萌发。到癸卯学制颁行之后，班级组织便逐渐开始成为我国学校中普遍采用的教育教学组织形式。班级授课制的普遍实行，使得大面积的教育教学成为可能，有利于教育的普及和发展。因此，尽管在百年的教育发展历程中，教育思想、教育制度、课程体系等历经了诸多变化，班级授课制却一直沿用至今。

时至今日，班级作为主要的教学组织形式，早已超越了其履行知识教学这一基本功能的范畴。促进儿童的智能发展、健全儿童人格、保护儿童身心健康等，都成为班级组织不可或缺的教育任务。不过，鉴于按照班级实施群体教育教学容易产生的弊端，如忽视学生的自主性和个别差异性等，班级组织及其教育教学活动也不断得到改进，如将群体教学与分层分类教学、个别指导相结合，将课堂教学与课外活动、社会实践相结合，等等。

（三）班级的功能

班级的功能是随着学校教育的发展和人们对班级的认识深化而变化的。从班级作为社会群体或社会组织对于个体成长的作用来看，现代学校中的班级至少具备以下功能。

1. 归属功能

人类天生就有一种寻求伙伴、与人聚合的心理倾向，这种倾向反映在个体作为完整的人的需要层面，就是人的归属需要。家庭是儿童作为生活者、成长者的首属群体，班级则是他们作为学习者、成长者的次属群体（第二归属群体）。对学生的归属需要的满足，是班级作为社会群体或社会组织的基本功能，只不过这种功能具有了更多的正式组织特征。

与首属群体不同，班级作为次属群体具有同龄性、群体性、自主性、平等性等特点。在班级中，学生的年龄相仿，心智水平相当，学业程度相近，一起共同学习，共同生活，每个人都有机会得到本班其他成员的尊重、认可和接纳。在班级生活中，如果学生的归属需要得不到满足，便可能导致他们的学业不良或品行不良。

2. 社会化功能

学生归属班级群体的过程，是他们不断走向社会化过程的重要组成部分。班级的社会化功能，是教育者以学校教育目标和班级组织目标为导向，在班级课堂内外的正式、非正式的交往和互动中，借助课程、组织制度、群体氛围等来加以实现的。班级社会化功能的基本内容包括：传递一定社会主导的思想意识和价值观念；传授系统的文化科学知识和培养有关能力；促进学生习得各种社会规范、行为准则，养成良好的品德和行为习惯；培养他们适应社会环境和群体生活的能力；培养学生在社会生活中的角色意识，增进他们的群体意识和亲社会情感。

3. 个性化功能

个体的社会化过程，同时又是他们增长个人阅历、发展自己个性的过程。在班

---

① 钟启泉. 班级管理论［M］. 上海：上海教育出版社，2001：3-5.

级中，教育者按照一定的社会要求来促进学生社会化，只是一个"外铄"的过程。要真正使外在的经验个体化、个性化，必须遵循儿童身心发展的基本规律，从学生个体发展的实际需要与可能出发，经由学生的内化机制和自主活动来加以实现。同时，学生的个性化过程，也是他们不断地进行自我建构的过程。在有目的、有意识的班级活动与交往中，学生的自我意识可以不断得到唤醒，业已形成的"自我概念"可以不断得到加工。正是在这种"不断被唤醒"和"不断被加工"的过程中，他们关于自我、关于社会、关于世界的思想、观念，以及独特的个性和自主生活方式才逐渐得以形成。

4. 选择功能

班级的选择功能，指的是班级可以为学生在多元价值观、多重社会角色及不同的职业结构等方面提供多种参照和选择的可能性。[①] 例如，在班级课程设置和教学过程中，教育者可以为不同学业程度、不同兴趣爱好、不同个性特征的学生提供不同类型、可供选择的选修课、课外学习小组以及不同的教学方式、教学策略等。又如，在班级组织和人际互动中，教育者可以通过设置不同类型、不同层级的岗位，以便不同个性、不同才能的学生都有机会得到某种锻炼，并让他们在升迁、评选、变换过程中感受社会角色、岗位职责、人际交往的社会意义。除了促进学生个体的成长之外，班级提供的选择条件和机会，还可能成为他们日后升学、就业的某种依据。

5. 保护功能

班级的保护功能主要集中在对学生的生活照顾、卫生健康和人身安全诸方面。加强营养保健，消除安全隐患，注意劳逸结合，创设有利于学习、游戏、劳动、休息的良好环境，注意教室的环境设计（包括采光、通风等）、座位安排与调整，及时处理偶发性事件，等等，都是班级保护功能的具体体现。

在教育实际中，由于过分注重班级的社会功能，使得班级管理的控制特性十分明显。如何促进班级由管理单位向学习型组织的转变，需要在教育实践中进行不懈探索。

二、班主任的职责

鉴于班级作为社会群体或组织所具有的诸种功能，就需要委派一位教师负责班级的全面工作，这位教师便是班主任。在我国的教育实践中，班主任被视为"班集体的组织者、教育者和指导者"，班主任工作则已经成为各级各类学校教育工作不可缺少的组成部分。为了凸显班主任的角色地位和班主任工作的重要性、专门性，国家曾先后颁布了一系列相关规定。2004 年 2 月颁布的《中共中央国务院关于进一步加强和改进未成年人思想道德建设的若干意见》明确提出："要完善学校的班主任制度，高度重视班主任工作，选派思想素质好、业务水平高、奉献精神强的优秀教师担任班主任。"教育部 2009 年 8 月印发的《中小学班主任工作规定》，更是从配备与选聘、职责与任务、待遇与权利、培养与培训、考核与奖惩等几个方面，

［微视频］
班主任的职责

---

① 唐迅. 班级社会学［M］. 南京：南京大学出版社，1990：204.

系统地对中小学班主任工作做出了具体规定。

从教育目标和组织目标出发，依据国家和政府的有关规定，可以将班主任的职责大致概括为以下几个方面。

（一）保护学生身心健康与促进学生全面发展

全面了解全班每个学生，尊重和关心他们，保护他们的身心健康，注意安全教育，引导他们学会学习，学会生活，学会交往，学会做人，力求做到德、智、体诸方面全面发展，是班主任的根本职责。在日常教育过程中，既要及时、全面、准确地把握班级整体情况，对班级实施有序、有则的管理，又要密切留意每个学生的身心变化，采取多种方式与学生沟通，尽可能以学生乐于接受的方式对他们施加积极影响，对他们的思想、行为给予科学、有效的指导。

（二）全面负责班级日常管理工作

做好班级的计划和总结；做好学籍管理工作；做好考勤、值日、晨（夕）会和早（课间）操的组织、课堂内外的秩序等方面的日常管理工作；针对《中小学生守则》和《小学生日常行为规范（修订）》《中学生日常行为规范（修订）》，注意对学生进行常规训练，促进他们养成良好的学习和生活习惯，努力使各种日常教育要求内化为学生的内在准则，培养学生的规则意识、责任意识和集体荣誉感，营造民主和谐、团结互助、健康向上的集体氛围；组织做好学生的综合素质评价工作，指导学生认真记载成长记录，实事求是地评定学生操行，向学校提出奖惩建议。

（三）组织和指导开展各类班级活动

关心学生的课余生活，支持并组织学生开展各种有益的课外活动；指导学生参加各种有益于身心健康的科技、文娱和社会活动，鼓励学生发展正当的兴趣和特长；指导班委会和本班的团、队工作，培养学生干部，鼓励学生积极参与班级建设，提高学生的自我管理能力和自主行动能力；组织、指导开展班会、团队会（日）、文体娱乐、社会实践、春（秋）游等形式多样的班级活动，注重调动学生的积极性和主动性，并做好安全防护工作。

（四）协调和整合校内外各种教育力量

班主任应协调和整合校内外各种教育力量，建立班级内部的班主任工作支持体系。要经常与任课教师取得联系，了解学生的学习动态，帮助学生明确学习目的，激发学习兴趣，端正学习态度，掌握正确的学习方法，提高学业成绩，并及时掌握学生的学习负担量；主动会同各科教师商讨本班的教育工作，互通情况，协调各种活动和课业负担；密切与学校团、队组织的联系，协调团、队与班级的活动；经常与家长保持各种形式的联系，互通情况，取得家长的支持与配合，指导家长正确教育子女；注意争取社会力量对班级教育与管理工作的支持和配合。

三、班主任的角色转变

教育者、组织者和指导者，是班主任在班级教育活动中扮演的主要角色。作为教育者，班主任的角色与其他教师的角色并无二致，因此，班主任是否能够履行职责，在很大程度上取决于其组织者和指导者的角色。然而，在实践中，当重视并突

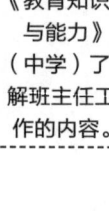

［考纲链接］
《教育知识与能力》（中学）了解班主任工作的内容。

［拓展阅读］
优秀班主任的50条管理经验

出班级的组织特性、遵循组织管理的一般原理、按照科层组织的实践模式来落实班级教育时，班主任的角色往往很容易被窄化为"管理者"。班主任作为"管理者"的意义在于，透过学校组织所赋予的权力性特征和师生关系中所秉承的权威性特征，班主任能够对班级这样一种特殊的社会群体进行外在联结（与家长、与其他教师、与学校等）和内部整合，使班级形成一个对其成员具有较强约束力和凝聚力的正式群体；同时，由于学校中的活动与交往，大多数情况下都以班级为基本组织单位，班主任便可经由自己在师生交往与互动中的主导地位来对个体或群体施加直接影响。两者相结合，班主任由此成为"学校领导者实施教育、教学工作计划的得力助手"。

班级组织的自功能性和半自治性，决定了班级组织一方面需要来自教师尤其是班主任的组织、协调、控制、监督，另一方面更需要来自他们的尊重、理解、沟通、指导。学生作为发展主体的自主性、自觉性、能动性、创造性，正是在这种外在控制与内在诱发相交织的统一过程中，通过他们自己独特的话语意境和行事方式来得以发现、予以发挥并得到发展的。从班级组织的目标和功能特性来说，后者往往比前者显得更为重要，诚如《学会生存》中所言："如果任何教育体系只为持消极态度的人们服务；如果任何改革不能引起学习者积极地亲自参加活动，那么，这种教育充其量只能取得微小的成功。"[①]从这个意义上说，班主任的角色更多地应是指导者，而非管理者。而教育领域里的所谓"指导"，即指导者基于学生个体的身心状态和发展需要，基于班级群体的实际与可能，在思想意识、价值观念和行为方式上给予个体或群体以适当的指点、引导，以求不断达成教育目标的活动方式、方法。这种指导包括对学生个体或群体所进行的学习指导、生活指导、交往指导、人格指导、发展性向指导等。也正因为如此，班主任时常被人冠以"班级导师"之名。

因此，从有效履行职责、取得教育实效的角度看，当代学校教育中的班主任必须实行由管理者角色向指导者角色的重心转移。当然，我们也不能夸大班主任这一岗位的作用。教书育人是教师的天职。非班主任教师并不能以本人来承担班主任岗位职责之由，拒斥班级育人的任务。如何更好地完善班级管理体制，健全班主任工作制度，仍有赖于教育实践的不懈探索。

第二节 班级群体的发展与教育

发挥班级群体的育人功能，必须使之朝着健康的群体方向发展。班主任如何去培养班集体，如何去引导班级非正式群体，通过群体的动力与压力来引导和教育学生，是本节将要着重阐述的内容。

一、班级群体的发展

班级群体虽然具有正式组织的基本特性，但能否成为一个使每个学生产生心

---

① 联合国教科文组织国际教育发展委员会.学会生存：教育世界的今天和明天［M］.华东师范大学比较教育研究所，译.北京：教育科学出版社，1996：265.

理上的认同感、归属感和具有教育影响力的真正的集体，却取决于班级群体的发展水平。从班级的综合功能上看，班级的人际结构、班级氛围、班级态度或舆论、班风、班级传统，班级成员的社会化成熟度、角色选择和职业选择的社会适应力、个性的养成、自主性和自我调节能力、个体潜能的发挥和发展，以及入学率、升学率、合格率、优秀率、教学效率，等等，都是衡量班级发展水平的重要指标。不过，从班级作为育人组织的群体影响力方面考察，班级群体的发展水平主要从几个方面得到反映：一是共同的群体意识，二是一定的群体规范，三是被大多数成员认可的共同目标，四是群体成员之间自主交往与互动的程度。为此，有学者根据班级形象所呈现出的基本特征，对班级发展是否健康进行了明确区分①（见表11-1）。

表 11-1　健康的班级与不健康的班级

健康的班级	不健康的班级
合作原理 ● 全体学生合作探究课题 ● 和自己过去的成绩相比进步了多少 ● 后进生得到全员的帮助	竞争原理 ● 为了战胜别的同学接受课题 ● 比之其他同学优越多少 ● 对后进生弃之不顾
横向关系 ● 师生完全是平等的友人 ● 全体学生致力于问题的解决 ● 同学之间也完全平等	纵向关系 ● 教师在上，学生在下 ● 教师发号施令，学生俯首听命 ● 在同学之间制造等级差别
相互尊重和信赖 ● 教师尊重学生 ● 教师完全信赖学生 ● 教学相长	互相猜忌 ● 强迫学生尊重教师 ● 有条件地信任学生 ● 教师的使命只是教学生
靠鼓励勇气的教育 ● 一起为学习成就而喜悦 ● 即使失败了也肯定其积极性，鼓励勇气 ● 发现学生的长处	靠赏罚的教育 ● 根据教师的标准或表扬或处罚 ● 仅仅肯定成功 ● 揭短
责任心 ● 各自对自身的行为负责 ● 全面地思考产生班级问题的原因 ● 让学生反思做了些什么	不负责任 ● 教师承担学生的责任 ● 将班级问题的原因转嫁于他处 ● 教师考虑学生学习了什么
民主型法治主义 ● 民主地制订规则 ● 主权属学生 ● 为捍卫学生的权利而制订规则	独裁或无政府主义 ● 无规则，或由教师制订规则 ● 主权在学校 ● 为捍卫教师的特权而制订规则

---

① 钟启泉. 班级管理论［M］. 上海：上海教育出版社，2001：216.

续表

健康的班级	不健康的班级
作为调节者的教师 ● 作为民主型司令者的教师 ● 鼓励学生的勇气和积极性 ● 富于理性地思考问题	作为工头的教师 ● 作为独裁者的教师 ● 以恐怖气氛控制学生 ● 感情用事

二、班集体的培养

班主任开展班级教育工作的基本任务就是实现班级群体由松散群体向班集体的跨越，使班级成为每个学生愉快生活、健康发展的园地。为此，班主任应做好以下几方面的工作。

（一）全面了解和研究学生

全面了解和研究学生，包括对班级群体和班级个体的了解和研究，是做好各项班级教育工作的前提，也是班级教育过程中有效开展各项工作必不可少的基本环节。了解和研究班级群体的主要内容有：（1）班级成员的基本构成，如生源状况、年龄层次、性别比例等；（2）班级群体的学业状况，包括不同学业程度的具体情况和不同学科学业程度的具体情况；（3）班级群体的发展状况，如班级组织、班级规范、人际关系、班级舆论、班风、班级传统等；（4）班级日常行为表现，如学习习惯、课堂内外纪律等。对于一个新组建的班级，主要是侧重第一项内容的把握。了解和研究班级个体的主要内容有：（1）学生的基本情况，如性别、年龄、身体状况、兴趣爱好、个性倾向等；（2）学生的社会关系，如家长职业、家庭经济状况、家庭结构、家庭关系、家庭所在的社区环境等；（3）学生的学业和品德状况，如学习态度、学习习惯、学习性向、智能发展水平等；（4）学生的品德形成与社会性发展状况，如行为习惯、人际关系、人际交往方式、思想道德面貌等。

班主任对于学生的了解和研究，通常采用观察、访谈、查阅文献等方法来进行。为此，班主任应尽可能多地与学生共同活动，融入其中，使之成为不被学生设防的班集体成员。

（二）建立和健全班级组织机构和规范体系

班级组织机构是班级的社会结构和运行机制的统一体，它包括职权结构、角色构成、信息沟通网络等。建立和健全班级组织机构，首先要进行班级组织机构的设计，其核心是班委会，即由正副班长和学习、生活、文娱、体育等委员组成的班级领导集体；同时，为了便于管理与教育，还须对班级进行小组编排，按照性别、学业状况、兴趣特长、个性倾向等相当的原则，考虑其差异性、均衡性和互补性等因素，将全班学生分编成若干小组，使之成为班级教育活动的基本单位。其次，要培养、选拔班干部。一个好的班级群体，有赖于一批团结、得力的班干部，这些班干部是班级骨干，是班主任的得力助手。因此，必须在遵循一定标准的前提下，按照民主、平等、公正的原则，培养和选拔班干部。为了发挥班干部的作用，并锻炼学

[拓展阅读]
令人耳目一新的"班级公约"

生的组织能力、交往能力、自我管理能力，班委会内部要进行适当分工，使班干部既能明确各自的职责，又能团结协作；在班级管理过程中，班主任还应当加强对班干部的工作指导，并经常和他们一起讨论、分析班级情况；为了提高班级管理与教育的有效性，并尽可能使每个学生都有机会得到相关锻炼，班主任还必须灵活把握班级组织的机构设置、人员配置、运作方式等问题，如通过"两制一会"，即班干部轮换制、值日（周）班长制、周会来加以落实。再次，为了加强班级管理，形成班级教育网络，班主任还可以社区为背景，建立家长委员会一类的机构，适当挖掘和利用家长群体中的教育资源，组织和调动家长独特的积极性。家长委员会可参与班级管理工作设想、计划的讨论或咨询，辅导学生的校外与闲暇活动，共同做好学生的个别管理与指导工作，对班级管理工作提出意见或建议等。此外，还可以建立以班主任为纽带、由学校相关人员参与的教师指导协调机构，其工作内容包括召开讨论分析会、教师联席会、"教育会诊"等。

规范是集体成员共有的行为准则，对于集体及其成员具有限制和建构的双重作用。建立和健全班级组织的规范体系，是组织和培养班集体的重要一环。根据班级规范的内容范围和作用对象，可把班级规范大体上分为：（1）班级制度，如入学资格、考试、升留级、毕业标准、班级编制、学年划分、课程与教学计划等；（2）班级管理规章，如班干部选用、卫生值日（周）、考勤、突发事件应对、奖励与处罚等；（3）班级教学规则，如课堂教学常规（课堂用语、坐姿、提问与应答、教学时间的遵守等）、考试规则、评分标准等；（4）学习纪律，特别是围绕听课、自习、作业等所作的各种约定，以及课外活动中卫生、安全、设施维护等方面的注意事项；（5）生活规范与日常行为守则，包括起居作息、为人处世、日常交往等方面的习惯养成要求。上述班级规范，有的是由学校依据有关法规、政策制定的，如入学资格、毕业标准等；有的是由班级任课教师和班主任一起根据有关规定、规则共同协商而定的，如课堂规则、评分标准等；有的则是由班级群体成员在班主任指导下共同确定的，如课堂教学常规、学习纪律等。此外，班级舆论、班风一旦形成，也会成为班级规范体系的重要组成部分。

班级规范能够能否发挥作用，关键在于能否对规范进行合理运用。在班集体培养中，班主任运用班级规范应当遵循的基本原则是：（1）尊重学生人格，维护学生尊严；（2）保持耐心和善意；（3）将规范与学生的现实表现相联系；（4）就事论事，不翻旧账；（5）对下次可能出现的同类行为具有指导作用；（6）给师生双方提供选择机会，增强双方的规则意识和责任感。

（三）确立班级共同目标

班级目标包括班级教育目标和班级管理目标。班级群体的共同目标主要属于班级管理目标的范畴，是根据社会期望和班级本身的任务而制定的预期的活动结果，主要由班级成员参与制定并加以认可，以群体的意图、动机、预期结果表现出来，是班级群体发展的方向和动力。在班级教育中，恰当的班级共同目标能够产生巨大的激励作用和凝聚作用，当全体成员接受这个目标并内化为自己的行为动力时，共同目标就会使成员凝聚、团结在一起，构成一种整体力量；班级目标具有导向作用，是班级群体活动的出发点，是制定班级计划的重要依据，能够为班级活动指明努力的方向；班级目标具有调控作用，可以及时调节班级和个人活动，以及群体或个体的行为偏差；班级目标还具有教育作用，能够引导学生朝着自己认可的共同目标去努力，在实现群体目标过程中促进自身的发展。

要确立班级共同目标，班主任必须全面、及时地了解和把握班级成员的需要和愿望，根据班级的实际情况，激发班级成员的自主、参与意识，在共同讨论、协商之中加以确定，所确定的目标既要有一定的价值，又要有实现的可能性和较强的可操作性，能够激励每一位群体成员，成为他们参与班级活动、调控个人行为的一种直接推动力。要做到这些，所确定的班级共同目标就应当包含：具体的努力方向，实现的标准与要求，规定完成的时间和具体的实施方案及步骤，督促、检查和评价的方式方法，等等。

（四）组织丰富多彩的班级活动

班级活动是实现班级目标的根本保证，是进行集体教育的重要途径和手段。班级成员参加的群体活动，具有广义和狭义之分：广义的班级活动是指在教育者的组织和指导下，为了实现教育目标、完成学校的教育计划，班级全员参与的一切教育活动；狭义的班级活动是指班主任指导下由学生自己组织、自主参与的各种教育活动。

班级教育目标的全面性、教育内容的丰富性和教育影响的隐蔽性、长期性、迟效性，决定了班级活动形式的多样化。按照活动目的分，有知识性、娱乐性、实践性、体验性活动等。按照时间周期分，有季节性、常规性活动。春（秋）游、夏（冬）令营等属于季节性活动，入学教育、纪念性集会、周会等属于常规性活动。按照内容范畴分，有主题性教育活动、专题性教育活动、全面性教育活动。按照组织主体分，有校外教育活动、学校教育活动、班级自主活动等。任何类型的班级活动都应服务于班级教育目标，有助于完成某种具体的教育任务或者有效解决班级教育中存在的某些问题。班级活动的组织要有较强的目的性、计划性、针对性，活动本身要有思想性、知识性、趣味性、多样性、群众性、参与性。

在中小学中，最常见的班级自主活动就是主题班会，它是班主任教育学生、培养班集体的重要教育形式。主题班会的展开一般包括：（1）确定主题。主题班会首先要有明确主题，这些主题可以源于各种教育目标、内容，往往侧重于国内外时事、社会热点问题、班级中的某种现象或热门话题等。（2）选择活动方式。主题明确之后，要认真讨论、协商具体活动方式的选择，这些方式通常有主题报告会、文艺表演、知识竞赛、辩论会、游园、展览等。活动方式的选择，既要考虑与主题的切合程度和全员参与的可能性，又要考虑活动的条件，如经费、场所、时间等。（3）拟定实施方案。包括活动的具体时间、地点、人员分工、活动准备等。（4）活动小结。活动结束后应及时小结，以积累经验，总结教训，为今后类似的活动提供借鉴。活动小结可以是集体小结，也可以是个人小结；可以是口头小结，也可以是书面小结。

（五）引导学生进行自我教育

"从儿童期到青少年期，个体的自我概念变得更心理化、更抽象、连贯、整合的自我描述更多。可以说,青少年变成了一个头脑复杂的自我理论家,能反省和理解其人格的运作方式。"[①] 重视学生的自我教育和自我教育能力的培养,是班主任进行班集体建设的重要工作内容。自我教育包括自我认识(包括自我剖析、自我反思、自我评价、自我批判等)、自我体验、自我管理、自我调节、自我矫正、自我激励等方面,可分为个体的自我教育和群体的自我教育。

班主任引导学生进行自我教育,包括:指导他们实事求是地认识自我,恰如其分地评价自己的优长与短缺;学会对自己的思想和行为进行控制和反思,提高自己的分辨力、内省力和自制力;确定自己的努力目标,自觉调节自己的日常行为;经常与教师、家长、同学保持联系和沟通,倾听他人意见;乐于、善于向别人学习,悦纳他人,学会与人相处、与人合作。其次,班主任要逐步地引导班级群体进行自我教育,尤其是发挥班委会和班级骨干的模范带头作用,并挖掘和调动每一个学生的潜能与长处,鼓励、锻炼和指导学生群体自主管理班级日常事务、规划班级工作。同时利用各种激励制度和奖惩手段,能放手时则放手,弱化学生的依赖性和奴性,尽可能让班级群体在自主活动和自主管理中养成和强化主人翁意识。

良好的教育氛围,特别是正确的班级舆论和优良的班风、班级传统,既是衡量班级群体发展水平的重要标志,也是有效指导班级自我教育的必要条件。在班级教育过程中,班主任须始终注意引导班级的舆论,促进优良班风和班级传统的形成,使之朝着有利于体现尊重、平等、真诚、关爱、进取、合作诸种品质的方向发展。

三、班级非正式群体的教育

[微视频]
班级非正式群体的教育

在班级中,按照一定的教育目标或任务组织起来的学习小组、兴趣小组等,属于班级中的正式群体。与此不同,班级中同时还存在着非正式群体,即由班级成员在日常学习和交往中可能性因素而自发形成的小群体("小圈子"或"团伙")。非正式群体是"人以群分"这一社会常识在班级人际关系中的某种体现,常自觉不自觉地游离于班级正式群体之外,甚至有可能与之对抗。这类群体并无明确的目标、任务,其内部也不存在某种严格的组织体系。其基本特点是:(1)以共同利益、爱好或者观点一致为基础,以感情或义气为纽带;(2)有较强的内聚力和行为一致性;(3)群体内可能形成具有影响力的核心人物;(4)有比较灵敏的信息传递渠道;(5)有内部不成文的奖惩规范或方式;(6)具有自卫性或排他性。

一般来说,中小学的许多非正式群体都存在于班级内部,但随着年龄的增长和交往面的扩大,以及个体在学业、兴趣爱好、思想、品行等方面的分化,非正式群体便可能超越班级、年级乃至学校的界限,这就使得班级结构、班级社会关系变得更加复杂。有的非正式群体可能给班级带来积极影响,有的则可能带来负面影响,增加班主任工作的难度。

班级非正式群体的存在是一种自然和正常的现象,不要本能地将其视为不稳定因素,强求"大一统"。处理得好,非正式群体可以成为正式群体的有益补充,成

---

① [美]戴维·谢弗. 社会性与人格发展(第5版)[M]. 陈会昌,等译. 北京:人民邮电出版社,2012:189.

为班级中的积极因素。按照成因，非正式群体可以分为爱好型、情感型、亲缘型、利益型等；按照作用性质，又可以分为积极型、中间型、消极型、破坏型。积极型的非正式群体总体上有利于班级内聚力的增强和健康班级舆论的形成；中间型的非正式群体能够参与各种班级活动，不违反班纪班规，但在活动和交往中常有"扎堆"现象；消极型的非正式群体对群体活动不热心，对班级群体形象不关注，比较热衷于"小圈子"的活动；破坏性的非正式群体则具有明显的负面、阻滞效应，其成员的一些言行，如恶作剧、起哄、捣乱、讽刺挖苦、故意作对、欺负同学等，会直接影响到班级群体活动的开展和良好班级舆论、班风的形成。根据国外心理学研究，早期的同伴小圈子往往在儿童晚期形成，一般包括4～8名同性别成员，他们有相似的价值观和爱好。但早期的同性别小圈子的成员一般不大稳定，尤其是男孩往往不只属于一个小圈子。到了青少年中期，跨性别的小圈子开始形成，且规模扩大，乃至形成"团伙"。"青少年认同一个小圈子或者一个团伙可能是有害的，"尤其是那些具有消极、破坏作用的小圈子或团伙。[①] 在很多时候，校园欺凌的发生，都与这种非正式群体有关。

　　班主任要对非正式群体进行有效的引导与教育，需要尽量做到：（1）正确认识班级非正式群体。既懂得非正式群体存在的客观必然性和可变性，又把握非正式群体对群体发展和个体成长的双重性，即每个非正式群体都在不同程度上存在着积极、正面意义和消极、负面影响。即便是破坏型非正式群体，也可能内含着要求进步和得到一定关注与公平对待等积极因素，他们的不满和对抗，有时是对教育不公和教育失范行为的控诉。（2）区别对待不同类型的非正式群体。全面深入地了解非正式群体形成的背景、缘由和表现，把握其内部成员的结构和人际关系，以便区别对待不同类型的非正式群体。比如，对于多由表现较好学生构成且多为老师青睐的积极型非正式群体，需告诫其成员不要过于自成一体，不宜过于张扬，要注意联系和交往的普遍性，多发挥其引领作用；对于中间型的非正式群体，要尽可能激活其积极作用的发挥，引导其成员主动参与班集体建设，多给他们一些职责和担当；对于消极型非正式群体，要对其成员予以关注和重视，激发他们参与班级生活的热情，赋予他们一些适当的角色并发挥其作用；对于破坏型的非正式群体，要对其成员多予以关爱、理解和宽容，一般不宜与之强力对抗和企图强行将其瓦解，要密切关注其动态，尽可能遏制不良行为产生的诱因，并针对业已产生的不良行为进行有效矫治。对破坏型非正式群体的转化，是最考验班主任的教育智慧和工作艺术的，需在实践中不断总结、提高。（3）做好核心人物的工作。一般来说，多数比较稳固、具有一定内聚力的非正式群体，特别是消极型和破坏型两种非正式群体，大都有其核心或关键人物，他们对其群体成员的思想和行为具有较强的影响力和号召力。设法影响他们，是发挥不同类型非正式群体的积极作用或抑制其消极作用的重点。对于破坏型非正式群体，转化其核心人物，更是转化这类群体的关键。

---

① ［美］戴维·谢弗. 社会性与人格发展（第5版）[M]. 陈会昌，等译. 北京：人民邮电出版社，2012：481–483

第三节 班级个别指导

班级教育活动及其成效，只有通过每位学生个体才能得以体现，班级个别指导因而成为班主任工作的主体内容之一。班级个别指导，既包括对每一位学生进行的积极、正面的指点、引导，也包括对学业不良、品行不良的预防和矫治。

一、班级教育与个别指导

（一）班级个别指导的一般原理

除了对班级群体进行指导和教育之外，对班级每个成员进行具体的指导和教育，也是班主任工作的重要内容。从指导性质和目的来说，班级个别指导包括两个侧面：一是旨在促进学生身心健康和全面发展的发展性指导；二是旨在预防和矫治学生的学业不良、品行不良乃至问题行为、罪错行为的防治性指导。按照教育目标和内容的范畴，班级个别指导又可分为学习指导、生活指导、生涯指导、人格指导、心理指导等。学习指导主要涉及良好学习习惯的养成、学习兴趣的培养、学习动机的激发、学习方法的引导、学习问题的解决等。生活指导主要涉及日常生活习惯、饮食与营养、闲暇与娱乐、消费等。生涯指导主要涉及课程模块的选择、升学、就业等。人格指导主要涉及情绪与情感的表达、一般人际交往、异性交往与性心理、亲子关系、自我修养、克服问题行为或遏制罪错行为等。心理指导主要涉及良好心理品质的培养和心理健康问题。与专业性的心理辅导不同，班级个别指导主要是基于日常的学习、生活，在师生、生生的活动与交往之中进行的，也包括出于某种指导意图而进行的谈话、言语或非言语的交流，以及经由团体指导而落实的某些追忆、反思等。

在中小学，除了各科教学隐含的指导因素之外，班级指导之职一般由班主任、德育处（或教导处等）和共青团、少先队组织三方力量共同承担。与班主任工作相一致，后二者皆负有团体指导之责，亦负有个别指导之责。只是就个体指导而言，德育处（或教导处）偏于"问题学生""异类学生"的训导和转化，共青团、少先队组织偏于"先进学生""特长学生"的发现和发展。随着心理教育得到普遍重视，涉及心理卫生、心理健康问题的指导工作或专门性辅导工作则开始由专门的心理咨询教师负责。学校中的这种指导工作体系可谓周全之至。可是问题却在于，即使德育处（或教导处等）、共青团或少先队组织、心理咨询室的指导职能得到充分有效的发挥，大量处于中间状态的学生却依然容易受到忽视。在此种状态之下，班主任的指导职能就显得尤为重要。问题的另外一面还在于，工作对象的广泛性、工作任务的复杂性、指导人员角色的多重性以及指导人员自身的局限性诸因素，使得他们即便面对自己工作的"重点对象"，往往也会显得力不从心，更何况对于德育处（或教导处等）、心理咨询室来说，防患于未然应是上策，而此种"防范"若不依靠班主任教师履行其指导职能，显然也是难以奏效的。

开展班级个别指导，除了遵循一般的教育原则，如方向性、激励性、发展性等之外，还应当遵循个别心理辅导的一些基本原则，如尊重原则、真诚原则、理解原则、差异原则、保密原则等。在指导方法的选择上，除了一些常规方法，如说理、问题讨论、操行评语、情感陶冶、后果展示、行为指导等以外，也可以借助于许多心理辅导的基本方法或技术，如聆听、暗示、共情、行为矫正等。

（二）班级个别指导对班主任的要求

在班级管理与教育中，班主任做好班级个别指导工作，须尽可能做到以下几点。

1. 养成关爱、公正诸种品质，建立关爱、公正的教育模式

[拓展阅读]
记住总会有人喜欢你

对于班主任来说，关爱、公正是其所应具备的第一性品质，因为只有当学生感受到，无论自己是否引人注目，是否取得骄人成绩，乃至是否遵守群体规则，都会和其他同学一样，平等地受到班主任的关注，得到班主任的关心时，学生的"向师之心"才会让他与班主任进行"真实的交往"，由此而注意到班主任提出的各种要求或建议，并用以指导自己的实际行动。所以，班主任要想对每位学生的成长确实有所启发、有所引导，就必须做到尊重、关心他们，理解、体谅他们，信任、接纳他们，以关爱之情、公正之心去感染、感化他们，逐渐地建立起一种体现关爱、公正精神的教育模式。

2. 增进师生之间、学生之间的主体互动，促进学生的自主发展

学生的自主发展，有赖于对学生主体性的尊重和发挥，而要使学生的主体性得到尊重和发挥，则有赖于师生之间、学生之间的主体互动，即双方通过真实的交往（与角色扮演式的交往相对应）过程而产生的相互影响、相互作用。这种真实的交往固然需要双方的默契，唯其在班级组织中，更需要作为组织内外人际沟通桥梁的班主任发挥重大作用。一方面，班主任通过创设教育情境、营造人际氛围，可以实现师生之间的主体对话；另一方面，班主任经由与班级学生一起，确立组织目标、拟定活动计划、创设活动情境、体验活动乐趣，可以达到师生之间、学生之间的主体交融。正是在这种主体对话的情境和主体交融的氛围中，班主任才能够更好地了解学生，理解学生，关心学生，其指导才能真正切合具体的人、具体的事、具体的教育情境。也只有这样，学生才能够在班主任的指导下不断增强解决问题的勇气和信心，努力探索自主发展的具体路径。

3. 把握人际沟通与互动的技能和方法，提高指导工作的艺术性

真正的指导，必须建立在有效的人际沟通与互动基础上。班级指导自然也不例外。具体来说，班主任在班级指导中需要做到以下几点：（1）悉心观察。在日常的学习和交往中，通过直接或间接地观察学生经意或不经意的外在言行举止和神态表现，"读"懂他们在一定社会情景下的所欲、所思、所为。（2）耐心倾听。懂得倾听既是一种受人称道的品质，也是人际沟通与互动的基本要求。在班级指导中，由于角色的不对等和信息的不对称，更需要班主任做一个倾听者。要提供适当的场景，创造良好的氛围，让学生有时间、有心情去陈述、去解释、去表现。（3）及时反馈。无论是直接的对话，还是间接的联系，班主任对学生所提供的各种信息，都要在作出分辨和分析后，根据具体的教育情境予以及时反馈。反馈主要不在于简单的肯定或否定、表扬或批评、赞赏或惩罚，而在于激励和行为指导。（4）设身处地。班主任要尽可能站在学生的立场上，感受他们的处境，体会他们的心情，由此而理解他们的态度、情感和观念，分析他们如此表现的原因，以及预测他们在某些状态下的心理反应和行为方式，从而提供切实、有效的指导。

（三）班级个别指导中的惩罚

没有惩罚的教育是不完整的教育。惩罚作为教育的辅助手段之一，其目的是通过对学生的身心直接施加某种消极的、外在的刺激，增加他们的不愉快感受与经历，以强化或者弱化、抑制他们业已产生的某种意念或行为。

惩罚往往与批评相联系，都具有否定、制止、抑制的意味。其意义主要在于，通过让学生体验到不愉快乃至苦楚，使他们认识到自己的过失及其后果，学会对自己的言行承担责任并改正错误，同时亦对其他学生予以警示。惩罚的方式很多，诸如谴责、隔离、留置、额外作业、过失记录、告知家长、取消名誉或特权、警示或处分、退学，等等。此外，自然惩罚（即自食其果）亦被视为一种惩罚方式。

在伦理学上，有两种不同的惩罚理论对教育活动具有启发意义，即回报论（应得论）和功利主义理论（结果论）。① 回报论主要关心过去而不是未来，主张只有当惩罚为人所应得时才能给予惩罚，而惩罚的程度只能以应得为限。与此不同，功利主义理论则是指向未来的，认为惩罚是为了获得因惩罚而得到的某种好结果。功利主义的代表人物边沁（J. Bentham）更是主张，惩罚应当始终以社会善为目的。此外，不同心理学派对于惩罚也有着不同的理解和认识，如行为主义者认为，惩罚是为了"阻止"某些不良行为的再次发生，降低再次"犯错"的概率；而部分认知主义者则认为，惩罚旨在促进学生认识和反思自己的行为及其可能造成的不良影响。

从学校作为专门的育人机构、教师作为教书育人的专业人员的角度来说，无论是针对过去，还是面向未来，是出于"阻止"，还是出于促进"反思"，都应当谨慎、有节制地运用惩罚这一手段，并且切忌体罚。在班级个别指导中，教育者在运用惩罚时需要注意：（1）惩罚要与人为善，要符合人道原则，不能带有侮辱性，要避免损害学生身心健康；（2）惩罚要公平、公正，一视同仁，不能双重标准；（3）惩罚要具有权威性，并按正当的规定和程序来进行，并由权威者来执行；（4）惩罚要适当、适度，不能过严或过宽；（5）惩罚要与批评和说理相结合；（6）惩罚尤其是较严厉的惩罚要与事后的跟踪、抚慰和鼓励相结合，不能以罚代教；（7）惩罚要使儿童产生不愉快乃至略带痛苦的感受；（8）惩罚要让儿童体会和认识到自己所受惩罚的正当理由；（9）惩罚时机的把握要就学生的个性和实际情况因人而异。

二、学业不良及其指导

每个班级都可能产生一些学业不良的学生，他们时常令各科教师和班主任"头疼"。学业不良的学生，是指那些心智发展水平处在正常状态，学习成绩却达不到相应程度的学生。

导致学业不良的因素诸多。就直接因素来说，既可能是个体自身的原因，如学

---

① ［美］蒂洛，克拉斯曼. 伦理学与生活［M］. 陈立显，等译. 北京：世界图书出版公司，2008：126-132.

习活动失败、基础学力欠缺、学习态度不端、学习方法不当、学习习惯不良等；也可能是教学过程方面的原因，如对学习内容、教学方法的不适应等。就间接因素来说，既可能是个体心智方面的因素，如学习兴趣缺乏、学习动机丧失、性格缺陷等心理因素和疲劳、慢性病、生活节律紊乱、视听异常等生理因素。此外，各种外在环境因素，如对学校和班级不适应、对有关学习内容不适应、对教师的消极态度、亲子关系上的问题、朋友关系上的失败以及其他突发事件等，都可能导致学业不良。

班主任对学业不良者进行指导，必须尽可能认真、仔细地分析各种原因，在与各科教师、家长共同协商、通力协作的过程中，着眼于以下几方面的工作。

第一，激活学习动机。指导学生通过调整自己的学习要求和成就期望、发现自身的优势和特长、关注已取得的某些成绩和进步等，来提振精神，重拾信心。鼓励他们积极参加各种班级活动或其他课外学习活动并提供适当的表现机会，调动其学习兴趣，增强其成功体验。

第二，消除厌学情绪。学习上经常遭遇挫折和经历失败，极易让学生产生厌学情绪，而教师的评价或指导不当，又会进一步强化这种不良情绪。因此，在引导过程中，应当设法减少他们在学习上的挫折感，帮助他们形成积极的开放心态，探索适合自己的学习方法。多激励，少批评，不斥责。

第三，矫正学习习惯。学业不良的许多症候，诸如不专心学习、不遵守课堂纪律、不按时完成作业、不愿发言、不懂装懂、懒散倦怠、随心所欲等，大都与不良学习习惯有关。要指导他们改善学习，就必须从矫正不良学习习惯和培养良好学习习惯着手，并在课堂内外、学校内外的各种活动中为其形成良好学习习惯创设机会。

第四，改进学习方法。学习方法与学业成绩关系密切。一些学业成绩不良的学生，尽管也比较努力刻苦，但由于学习不得法，导致学业成绩低下。应指导他们分析、反思自己学习方法上存在的问题，尽力寻求和总结出适合自己、相对有效的学习方法。

第五，调整评价方式。科学、合理、灵活的学业成就评价方式，可以对学生起到激励、调控作用。对学业不良学生的评价要更加注重过程性评价而不是终结性评价，多为他们提供一些体验成功的机会，多指出他们在学习中的积极变化和点滴进步，显得尤为重要。

第六，改善班级环境。学业不良者在班级中往往容易被忽视甚至被排斥、遭歧视，在这样的班级环境中，他们很难摆脱学业不良的阴影。对此，要设法改善班级环境，促进友好型班级人际关系和关爱后进者风气的形成，并通过"结对子"等方式，使学习困难学生感受到集体的温暖，得到同学的帮扶。

三、品行不良的预防与矫治

学生品行不良是指违背社会公共准则、规范（包括校规、班级规范等）的经常性行为，或者不能较好地适应学校和班级生活而给学校、班级、他人或本人造成不良影响或危害的行为。在心理学上，按照品行不良的表现、破坏性指向和伤害

［微视频］
品行不良的预防与矫治

性程度，可将其分为品行问题和反社会行为。在心理学上，品行问题有一系列连续的外化表现，包括冲动、多动、攻击和违法等。外化维度包括两个相关又独立的亚维度，即违规行为和攻击行为。违规行为包括诸如离家出走、偷窃、逃学、破坏公物、酗酒、抽烟、吸毒、色情等；攻击行为包括打架、破坏捣乱、武力威胁、挑衅滋事、恐吓他人等。反社会行为也包括两个独立的维度，即公开—隐秘、破坏性—非破坏性。"表现出公开的反社会行为的儿童，倾向对敌意性情景作出更加否定性的、易怒的和充满怨恨的反应，他们的家庭存在较高水平的冲突。相反，那些表现出隐秘行为的儿童则不擅长社交、容易焦虑、对他人充满怀疑以及缺乏家庭支持。大多数有品行问题的儿童，同时表现出公开和隐秘的反社会行为。"[1] 根据国内有关研究，我国 10-15 岁中小学生（4-9 年级）在违法违纪行为量表得分均较低，随年级升高呈 U 型发展趋势。并且，男生得分高于女生，县镇和农村得分高于城市。[2]

家庭、学校、社会和学生自身的诸种因素，都可能直接导致学生的品行不良。家庭人际关系、家庭氛围、家长教养方式、家庭重大变故，好奇心激发不当、盲从、自尊心受到伤害、学习遭受挫折或学业成绩不良、人际关系低俗或交友不慎、团体归属感丧失，大众传媒的不良影响，尤其是网络信息和网络交流的副作用，社区环境不健康，等等，都可能成为学生品行不良的诱因。无论是品行不良的预防还是矫治，都离不开对这些因素的考虑和分析。

品行不良重在预防。及早发现并及时采取对策，可以防止不良行为的发生。一般来说，青少年的不良品行开始发生时，都会出现一些征兆，如眼神游离、零用钱明显增多、日常物品异常、穿着打扮异常、交往异常、外出和外宿增多、对教师或父母态度变异、电话增多且谨慎接听、学习成绩突然下降等。因此，班主任需要保持一定的敏感性，经常观察、留意每位学生言行举止的变化，经常与学生进行谈话、沟通，并及时与父母或监护人取得联系。此外，改进教育方式、改善班级人际关系、营造良好班级氛围、发挥同龄人的示范作用、加强心理辅导等，都必不可少。

对于品行不良的矫治，既需要班主任从多角度着眼，调动多种育人力量，采用多种教育方法，从细微处着手，做到循序渐进，又需要班主任抓住问题关键之所在，把握教育时机，灵活运用多种教育策略。在班级管理实务中，促进不良品行的转化，主要有以下几种策略。

1. 立场转换策略

立场不同，观点不同，工作方法相异，工作实效可能大相径庭。不良品行矫治中的立场转换，主要涉及的是班主任的视角立场转换和工作立场转换。在视角立场上，班主任要实现由"教书匠"向专业人员的职业观转变，实现由管理者、监督者、训导者向关怀者、指导者、示范者的角色转变。在工作立场上，班主任要设身处地、将心比心，多一些理解和宽容，用多把尺子评量学生。当然，立场转换也包括班主任指导和帮助学生转换自身立场，诸如，学会看待周围的人和事、学会看待

---

[1] ［美］马施，沃尔夫. 儿童异常心理学［M］. 孟宪璋，等译. 广州：暨南大学出版社，2004：192.
[2] 董奇、林崇德. 当代中国儿童青少年心理发育特征［M］. 北京：科学出版社，2011：145-149。

自己及其表现、学会看待老师或家长的良苦用心，等等。

2. 态度改变策略

在通常情况下，具有不良品行的学生对习以为常的管教、训斥、喋喋不休等方式，大都会报以抵触情绪或无所谓的态度，对于教师本人也会心存芥蒂。态度改变策略就是要立足于让他们转变对人、对事的态度，包括对老师的态度、对问题或事件的态度、对教育行为的态度等。其运用可以从这样几个侧面入手：（1）改变认知，即帮助他们改变对人、对事、对问题的认知方式；（2）关注表现，即注意到他们在思想、言语、行为等方面所出现的积极变化并予以肯定；（3）把握时机，即根据学生的日常表现，把握适合于师生坦诚交谈、双向互动的教育时机；（4）选择沟通方式，即根据不良品性的性质、程度以及学生的具体情况选择合适的交流方式；（5）营造宽松、理解、平等、合作的气氛。

3. 兴趣转移策略

对于多数具有不良品行的学生来说，迷恋某种不当活动，秉持某种不良习气，惯于某种不良行为，多为常态。班主任如果专注于此，教育行为便会裹足不前。事实上，每个学生都有自己的优点和潜质，或者在某方面有其闪光点。兴趣转移策略就是指班主任要善于发现和发掘学生的长处，捕捉他们身上的亮点，鼓励他们从事或参与有利于健康成长的活动，形成积极的学习性向和有意义的兴趣领域，由此转移他们的注意力，并将其长处朝着积极、正面的方向去表现。

4. 内在激励策略

针对品行不良的学生，许多班主任习惯于运用"胡萝卜加大棒"的外在赏罚策略，对进步予以奖励，反之则加重处罚。其实，无论这种外在赏罚策略是否有效，它针对的总是"过去"，着眼的总是"当下"。与此不同，内在激励策略则强调"现在"和"将来"，注重引导学生进行有利于改正不良言行的内外归因，帮助他们发现自己的优点、闪光点和内在潜质，使他们意识到并努力做到"我也能""我也行"。帮助品性不良学生在内心深处建立积极、正面的自我形象，是有效运用内在激励策略的关键所在。

5. 任务驱动策略

矫治不良品行的最终落脚点还在于指导学生去行动。对于许多具有不良品行的学生而言，他们并不是不能认识到自己的不良言行的后果及其影响，而是不知道该如何去行动。所以，班主任如果只是一味地批评、劝告，甚至想方设法让他们背上愧对父母、愧对老师的"包袱"，则可能于事无补。合宜的做法应当是，班主任根据学生的具体情况和当下表现，通过布置各种具体任务来驱动他们付诸行动。这一过程包括：指导和帮助他们确定可望、可及的阶段性目标，选择有针对性、力所能及的工作内容，制订切实可行的行动计划和步骤，采取适合自己、行之有效的行动方式。

6. 关系人互动策略

人是关系的人，关系的人需要通过人际沟通、人际互动来达到相互参照、相互影响的目的。对于学生来说，同班同学自然是他们在班级中最直接、最密切的关系人。可是，对于多数具有不良品行的学生来讲，往往并非如此。他们在班级中往往受到冷落、孤立、甚至被排斥。这种处境固然直接源于他们的不良品行，但也与他人的不友善态度和不当言行密切相关。关系人互动策略的核心，就是要设法通过各种教育活动，增进品行不良学生与班级其他成员之间的联系，通过沟通、理解、接纳、协作，让他们也能融入班级群体生活，真正成为班级一员。

第四节 班级学生评价

班级学生的身心发展状况及水平如何，班级教育是否有成效，涉及的是班级学生评价问题。与传统评价不同，真实性评价越来越受到重视。掌握和运用多种评价策略，对班级学生实施真实性评价，是对班主任素质的专业性要求。

一、学生评价的发展趋向

班级学生评价是班主任工作的又一项重要内容，也是提高班级管理和教育水平的重要手段。从教育评价的角度看，有效的学生评价具有诊断、导向、规训、激励、发展等多种功能。根据教育评价的分类方式，可以按照功能把班级学生评价区分为诊断性评价、形成性评价、终结性评价，或者按照方法区分为相对评价法、绝对评价法、个体内差评价法等，亦可按照教育目标领域区分为认知领域的评价、情感领域的评价、技能领域的评价等。

随着人们对学生发展和教育评价认识的深化，有关学生评价的目的、类型、方法及其操作程序处在不断的探索和变更之中。就整体趋向而言，我国中小学的学生评价正在发生如下变化。

（一）倡导以学生发展为本

传统的学生评价注重评价的竞争、比较、筛选功能，因此往往更多地把关注的焦点集中于学生过去或即时的状况或表现上。与此不同，以发展为本的学生评价更加关注学生可能的内在潜能，着眼于问题的发现与解决，着眼于未来的改进与提高，因而特别重视评价的动态性、层次性、差异性和多样性。

（二）注重质性评价甚于量性评价

随着量化评价方法的广泛应用，通过各种量化指标特别是考试分数来界定学生的表现，曾一度成为评价"科学化"的一种定势，以至于出现了将学生的思想、品行状况转化成分数的做法。鉴于对过度量性评价的反思，学生评价开始重新关注建立在观察、访谈、体验等基础上的质性评价方式，突出学生作为完整的、真实的、具有生命力的存在体的意义。当然，量性评价不可替代的独特价值亦不可否认。

（三）重视过程评价甚于结果评价

依据学生既定的选择或表现进行评价，突出的是结果本身，却忽视了学习过程、思维过程和行为动机。过分注重结果的评价对促进学生发展的意义显然很有限。随着教育改革的逐步深化和对学生发展过程的关注，过于关注结果的评价方式所造成的种种弊端促使学生评价在注重结果的同时，开始较多地关注学习过程和行为过程本身,注意考察其中的各个环节、各种表现,注意不同阶段、不同场景下的动态一致性。

(四)强调评价的真实性和情境性

为了克服纸笔测验特别是标准化考试的弊端和揭示由于种种原因学生在特定场景下思想和行为表现的虚假性,以促进学生发展为目的评价开始更多地注意评价的真实性、情境性,强调学生在具体情景中的真实思想、真实表现和真实能力与综合素质。美国学者韦伯(E. Weber)将传统意义上的书面测试性评价与注重情景的真实性评价的不同作了简要的区分(见表11-2),颇有启发。

表11-2　传统评价与真实性评价的分野[①]

	传统评价	真实性评价
评价工具	教师自编的小型测验; 教师提供教条式的正确答案; 辅助学生记忆的工具; 正规的、标准化的测验工具。	多种评价方法; 多种形式的奖励; 具有包容性的答案; 激活学生知识的多种途径; 注重现实问题的解决。
评价结果	学生容易遗忘所学知识; 评价不能反映学生的天赋和能力; 学生仅对孤立问题作出反应; 评价与学生课外生活无关; 竞争使学生处于敌对状态; 学生消极、被动地对待学习。	学生获得真实世界的知识; 评价结果反映学生的天赋和能力; 知识与课外生活相联系; 学生可以应用知识解决问题; 合作的学习方法激发学生的学习动力; 激发学生的求知欲和探索意愿、能力。

(五)强调多元评价

基于对人及其发展潜能的认识的不断深化,特别是多元智力理论的提出与应用,使得传统的单一性评价,即仅仅从一般智力维度或者认知维度对学生进行整体评价的方式,正在发生重大改变。注重评价的多种维度(如知、情、行或者语言、空间、人际、社会性等)、多种方法(如书写测验、问题解决、实验操作、展示、表演、作品集、观察、检核表等)的多元性评价,开始成为一种发展趋向。

(六)鼓励评价中的合作行为

传统学生评价的评价主体往往仅仅是教师,学生成了评价的局外人,只是被评价的对象。这种评价难以保证评价的客观性、公正性、全面性和合作性,也难以充分发挥评价的激励作用。新兴的评价方式主张评价主体的多元化,鼓励教师、家长、学生在评价中的全员参与和相互合作。学生既是评价的对象,也是评价的主体,学生的自评和相互之间的他评也是学生评价的一个信息源。这种评价同时还关

[①] [美]韦伯. 有效的学生评价[M]. 国家基础教育课程改革"促进教师发展与学生成长的评价研究"项目组,译. 北京:中国轻工业出版社,2003:216-217.

注家长对子女表现的评价，强调家长与教师的密切合作，共同关注学生的学习和生活，共同应对学生成长中的各种变化。

正是由于学生评价的此种变化，便出现了与传统评价相对应的真实性评价（authentic assessment），即在真实的生活环境中评价学生的表现，注重学生在具体情境中能够做到的或者知道怎么做的，而不是对他们的潜在能力进行抽象假设或者做出某种结论性的判断和预测。

二、班级学生评价的主要策略

这里仅从班主任工作的视角，介绍操行评定和成长记录袋两种评价策略。

（一）操行评定

操行评定是我国中小学班主任最常用的一种学生评价方法，是班主任采用书面报告的形式，对学生在一学期（或一学年）内的思想品德、学习、生活、人际交往等方面的表现、变化进行的总体评价。操行评定的目的主要在于让学生比较全面、准确地了解自己在一个阶段内各方面的突出表现及变化情况，包括优点和缺点、长处与不足，以便明确今后需要改进的地方和努力的方向，同时也帮助家长更好地了解孩子的情况尤其是在校表现，有利于家庭教育和学校教育更好地配合。

真正能够达到目的的操行评定，并非出自班主任对于学生日常表现的个人概括，而是建立在全面、准确、客观把握学生情况的基础之上的，包括对学生内心世界的把握和理解。为此，班主任需要在日常工作中做好有关记录，尤其是有关每个学生的突出表现或者印象深刻的事件的记录，并对这些表现或事件进行判断、反思、评价。为了避免一己之见，班主任还需要抓住适当时机，发动全班学生进行互评（结对评议、小组评议和集体评议等）和自评。最后，班主任对来自各方面的信息进行归纳、小结。至于操行评定是否应当给出评定等级乃至具体分数，人们的看法不尽相同。从学生评价的基本发展趋向看，对班级学生的操行进行明确的等级划分甚至是以百分制加以细化，似乎并不可取。

操行评定落实到书面上，就是具体的操行评语。操行评语的写作可以根据班主任对学生的把握，有的放矢地进行。写作的具体内容，可以涉及全面发展的方方面面，也可以有所侧重。在写作过程中，事实陈述应尽可能做到真实、客观，无论优点或缺点，都不能夸大其词；语言表述多以鼓励、行为指导为主，对存在的突出问题或今后的努力方向，应提出可供参照的指导性意见。为了避免千篇一律，评语应人性化和富于人情味，特别应能体现出学生的个性特色，以使他们在阅读评语过程中产生更多的积极情感反应。

（二）成长记录袋

成长记录袋是基于真实性评价思想而采用的一种学生评价策略，主要适用于对各科教学或者某种学习兴趣领域进行的评价，以求真实反映出学生的发展及其个体差异。随着对真实性评价认识的深入，基于多元智能对学生进行评价，使得成长记录袋的应用范围更加广泛。因此，在班主任工作中，对学生的兴趣爱好、特长的评价、对学生人际交往和亲社会情感的评价，对学生个人内省、自我反思的评价，等等，都可以尝试运用成长记录袋进行评价。

成长记录袋的基本思想是，根据教育教学目标，有意识地将学生的各种有关表现的作品及其他证据收集起来，通过合理的分析和解释，反映学生在学习与发展过程中的优势与不足，反映学生在达到目标过程中付出的努力和取得的进步，并通过学生的反思与改进，激励学生取得更高的成就。

成长记录袋包括过程型、目标型、展示型、评估型等几种类型。过程型成长记录袋着重记录学生在某一学习领域的进步过程，诊断他们在学习过程中取得的成绩和存在的问题，帮助他们发展对学习过程的自我思考和评估能力；目标型成长记录袋除了过程型的目标之外，还关注让学生学会制定计划与选择目标，有一个属于自己的创造空间，培养他们自我监控与自我反思的能力；展示型成长记录袋主要侧重优秀成果的记录，关注学生的个体差异，让每个学生都有机会展示自我，增强自信心；评估型成长记录袋主要是用于向家长、学校等方面提供学生在某一方面所取得成绩的标准化报告。

选择和运用成长记录袋需要注意的是：（1）明确评估的目的。旨在着重展示学生在某一学科、某一领域、某一方面取得的成绩或进步，多选用展示型成长记录袋，其材料或作品往往是每个人的最佳或最满意的作品；旨在描述学生在某一学科、某一领域、某一方面的学习过程及其成长、进步，多选用过程型成长记录袋，其材料收集的范围要广泛一些，反映某个阶段、某个侧面进步的作品都可收入；旨在作出某个阶段的水平性或终结性评价，则选用评估型成长记录袋，其内容通常是标准化的，包括作业、期末试卷、调查报告、设计作品等，可以用来作为选拔、录用的重要参照。（2）确定成长记录袋的主题和选材范围，尤其是要针对不同学生把握不同侧重点，从而确定主题，由此规定选择作品的基本范围和数量。（3）注重学生、家长、各科教师的合作与参与，尤其是要注重学生作为评价主体的自主性、参与性，并适时引导学生个体进行自主评价、自我反思。

本章小结

班级是学校教育的基本组织单位，是学生在学校生活中的首属群体。在我国中小学，班主任是班级管理和教育中的首席教师，是班集体的组织者、教育者和指导者。进行班级群体教育和班级个别指导，是班主任的主体工作内容。做好班级管理和教育工作，要求班主任必须明确岗位职责，完成角色转变，在把握班级教育规律的基础上，科学、规范、灵活地运用有关方法、策略，方能奏效。班级管理和教育的复杂性、艰巨性，要求班主任必须走专业发展之路。

实践·反思·探究

1. 结合自己受教育的经历，举例说明班级组织对学生个体成长的基本功能。

2. 班主任工作包括哪些基本内容？其依据何在？

3. 如何理解当今中小学班主任的角色转变？

4. 搜索有关材料，就班级管理和教育中的某种问题进行个案分析，并写出案例分析报告。

5. 分小组访谈2～3位有5年以上班主任工作经验的教师，就当前中小学班主任工作问题写出调查报告，并阐释自己对其中某些问题的看法。

推荐阅读

1. 钟启泉. 班级管理论［M］. 上海：上海教育出版社，2001.
2. 沈烈敏. 学业不良心理学研究［M］. 上海：上海教育出版社，2008.
3. 李镇西. 做最好的班主任［M］. 桂林：漓江出版社，2014.
4. ［美］戴维·谢弗. 社会性与人格发展（第5版）［M］. 陈会昌，等译. 北京：人民邮电出版社，2012。
5. 李家成. 班级日常生活重建中的学生发展［M］. 福州：福建教育出版社，2015.

郑重声明

高等教育出版社依法对本书享有专有出版权。任何未经许可的复制、销售行为均违反《中华人民共和国著作权法》，其行为人将承担相应的民事责任和行政责任；构成犯罪的，将被依法追究刑事责任。为了维护市场秩序，保护读者的合法权益，避免读者误用盗版书造成不良后果，我社将配合行政执法部门和司法机关对违法犯罪的单位和个人进行严厉打击。社会各界人士如发现上述侵权行为，希望及时举报，我社将奖励举报有功人员。

反盗版举报电话　　（010）58581999　58582371
反盗版举报邮箱　　dd@hep.com.cn
通信地址　　北京市西城区德外大街4号　高等教育出版社法律事务部
邮政编码　　100120